Das heutige Gebiet der Stadt Hürth auf den zwischen 1803 und 1815 von französischen Vermessern erstellten *Tranchot*-Karten. Die Karten wurden nach 1815 teilweise von preußischen Vermessern nachbearbeitet.

Manfred Faust

Geschichte der Stadt Hürth

Glück-Auf.

MANFRED FAUST

Geschichte der Stadt Hürth

Herausgegeben
vom Heimat- und
Kulturverein Hürth e.V.

J.P. BACHEM VERLAG

Wir danken allen Förderern für ihre Unterstützung bei der Drucklegung dieses Werkes.

gefördert durch die Kultur- und Umweltstiftung der Kreissparkasse Köln

Raiffeisenbank Frechen-Hürth eG

HÜRTH PARK Hier ist die City.

LVR Qualität für Menschen

STADT Hürth

Geschichte der Stadt Hürth
von Manfred Faust

Bibliografische Information
Der Deutschen Nationalbibliothek
Die Deutsche Nationalbibliothek verzeichnet diese Publikation in der Deutschen Nationalbibliografie; detaillierte bibliografische Daten sind im Internet über http://dnb.ddb.de abrufbar.

1. Auflage 2009

www.bachem.de

Lektorat und Redaktion: Stefan Wunsch, Köln
Bildredaktion: Manfred Faust und Stefan Wunsch
Reproduktionen: Reprowerkstatt Wargalla, Köln
Gestaltung: Hans Schlimbach ADG, Köln
Druck: Grafisches Centrum Cuno, Calbe

Printed in Germany
ISBN: 978-3-7616-2282-7

Umschlagsabbildungen:
Vorderseite (großes Bild): Goldenbergwerk in Knapsack und Arbeitersiedlung am Bertramsjagdweg um 1930.
Vorderseite (kleine Bilder von links nach rechts):
1. Die Römische Wasserleitung in Hermülheim an der Friedrich-Ebert-Realschule; 2. Das Hallenbad in (Alt-)Hürth bald nach seiner Eröffnung 1930; 3. Burg Gleuel; 4. Rat- und Bürgerhaus der Stadt Hürth.
Rückseite (von links nach rechts): 1. Das *Feierabendhaus* der Knapsack-Griesheim AG um 1960 vor der Kulisse der Phosphoröfen; 2. Die Alte Pfarrkirche *St. Katharina* in Alt-Hürth um 1970; 3. Die jüdische Familie Erder aus Berrenrath im Exil in Paris um 1939. Die Eltern und der Sohn Chaim (vorne) wurden später nach Auschwitz deportiert und ermordet; 4. Moderne Fernsehstudios an der *Medienmeile* Kalscheurener Straße.
Seite 2: Hürther Bergarbeiter 1921.
Seite 6: Kalscheurener Schulkinder vor ihrer neuen Volksschule 1927.

Vorwort

Die Stadt Hürth und der Heimat- und Kulturverein Hürth präsentieren Ihnen mit dem vorliegenden Buch gemeinsam eine wichtige und interessante Neuerscheinung: Unser langjähriger Stadtarchivar und Stadthistoriker Dr. Manfred Faust legt hiermit nach umfangreichen Detailforschungen, die sich über viele Jahre erstreckt haben, nun eine neue Gesamtdarstellung der Geschichte der Stadt Hürth vor. Das Buch umfasst den Zeitraum von der Vorgeschichte und Römerzeit über das Mittelalter bis zur Gegenwart. Der Schwerpunkt des Buches liegt bewusst auf der neueren Geschichte des 19. und 20. Jahrhunderts, von der wir bis heute in starkem Maße geprägt sind. Der Eisenbahnbau und die Braunkohlegewinnung, die Ansiedlung der chemischen Industrie und der Bau großer Kraftwerke machten um 1900 aus den kleinen Hürther Bauerndörfern eine durch die Großindustrie mit vielen Tausenden an Beschäftigten geprägte Region. Vor etwa 20 Jahren endete der Abbau der Braunkohle in unserer Stadt, und damit einher gingen erneute, starke Strukturveränderungen – weg von der Industriegesellschaft und hin zu einer Dienstleistungs- und Mediengesellschaft. Das alles wird in dem Buch fundiert und gut lesbar zugleich beschrieben.

Die letzte Gesamtdarstellung der Hürther Geschichte erschien 1961 aus der Feder von Clemens Klug, dem verdienstvollen, langjährigen Vorsitzenden des Heimat- und Kulturvereins und Schriftleiters der Vereinszeitschrift *Hürther Heimat*. Mit der Herausgabe des Buches von Manfred Faust setzt der Heimat- und Kulturverein also eine wichtige Tradition fort: Seit seiner Gründung 1950 ist die Erforschung und Darstellung der Hürther Geschichte immer ein besonderer Schwerpunkt seiner kulturellen Arbeit gewesen.

Das Erscheinen von Clemens Klugs *Hürth, wie es war, wie es wurde* liegt fast 50 Jahre zurück, und in dieser Zeit ist viel passiert. Zahlreiche Einzelforschungen, deren Ergebnisse zumeist in der *Hürther Heimat* bzw. seit 2008 in den *Hürther Beiträgen zur Geschichte, Kultur und Regionalkunde* veröffentlicht wurden, haben unser Wissen über die Hürther Geschichte stark erweitert. Zudem hat sich unser Blick auf die Geschichte verändert. Während man zum Beispiel 1960 noch dazu neigte, die Geschichte des Nationalsozialismus und seiner ungeheuerlichen Verbrechen, die auch in Hürth begangen wurden, schamhaft zu verschweigen, so ist es heute selbstverständlich, dass diese Zeit in diesem Buch ebenfalls ausführlich dargestellt wird. Auch etwa die Geschichte der sozialistischen und christlichen Arbeiterbewegung oder die Geschichte Hürths während der Zeit der Weimarer Republik, der ersten deutschen Demokratie, waren bisher weitgehend unbekannt. Und nicht zuletzt bietet das Buch von Manfred Faust erstmals einen zusammenhängenden Überblick über die gesamte Nachkriegszeit, in der Hürth sich zu einer Stadt mit heute fast 60.000 Einwohnern entwickelte.

Wir wünschen dem Buch, dass es viele interessierte Leser findet; Hürtherinnen und Hürther, denen es vielleicht sogar einen neuen Zugang zu *ihrer* Stadt ermöglicht, und fremde Leser, die unsere Stadt und ihre Geschichte kennen lernen wollen. Und natürlich haben wir auch die Hoffnung, dass es als Standardwerk der lokalen und regionalen Geschichte Eingang findet in den Unterricht an unseren Hürther Schulen.

WALTHER BOECKER
Bürgermeister

MANFRED GERMUND
Vorsitzender des Heimat- und Kulturvereins Hürth e.V.

Vorgeschichte und Römerzeit

In der mittleren und jüngeren Steinzeit (etwa 8.000–1.800 v. Chr.) lebten zumindest zeitweise Menschen im Gebiet der heutigen Stadt Hürth. Das belegen verschiedene Funde. Abgesehen von einer Feuersteinsteinspitze, die 1938 südwestlich von Fischenich an der Grenze zu Brühl-Heide entdeckt

Römischer Sarkophag, der 1934 in einer Braunkohlengrube bei Gleuel gefunden wurde. Er steht heute in den Grünanlagen des Schwimmbades *De Bütt*.
Rechts: Teilstück der römischen Wasserleitung in Hermülheim. Unten die erste Leitung aus der 1. Hälfte des 1. Jahrhunderts, darüber die Rekonstruktion der später gebauten und höher gelegenen zweiten Leitung.

wurde, konzentrieren die Funde sich auf den Bereich der zwischen dem Vorgebirge und dem Rheintal gelegenen *Mittelterrasse* zwischen Efferen, Hermülheim, Stotzheim, Gleuel und Sielsdorf. In das dicht bewaldete Vorgebirge sind die steinzeitlichen Menschen also noch nicht oder nur selten vorgedrungen. Aus der späteren Metallzeit, insbesondere der Eisen- und La Tène-Zeit (seit etwa 500 v. Chr.), gibt es erste Hinweise auf dauerhafte Besiedlungen: Ein größeres Hügelgräberfeld an der Grenze zu Brühl-Heide, zu dem eine Siedlung in der Nähe gehört haben muss, sowie zahlreiche Funde östlich von Efferen im Bereich Rondorfer Straße/ Höninger Weg. Dort wurden neben mit Siedlungsmaterial verfüllte Gruben auch verschiedene Pfostenlöcher angetroffen, die von ehemaligen Holzbauten stammen müssen.[1] Jakob Baumann geht aufgrund einer geografisch-geologischen Analyse des Hürther Stadtgebietes davon aus, dass sich die ältesten menschlichen Siedlungen wahrscheinlich am Villehang im Bereich von Fischenich und Kendenich befunden haben müssen, da hier zwischen 70 bis 90 Meter über dem Meeresspiegel in Höhe der ausgehenden Kohle- und Tonschichten an mehreren Stellen Quellwasser austritt. Die Ortsnamenendungen *-ich* der beiden Dörfer gehen auf das römische *-iacum* zurück und deuten auch hier auf eine bestehende Siedlung schon in vorrömischer Zeit hin.[2]

Dauerhafter und intensiver wurde das Stadtgebiet aber wohl erst in der Römerzeit besiedelt, die mit der Eroberung Galliens durch Cäsar zwischen 60 und 50 v. Chr. begann und etwa 450 n. Chr. endete. Als Cäsar versuchte, bis an den Rhein vorzudringen, lebten in unserer Region die Eburonen, die heftigen Widerstand gegen die römischen Eroberer leisteten. Die Truppen

Roms zerschlugen den Stammesverband der Eburonen, und in dem danach nur dünn besiedelten Gebiet siedelte Agrippa, Statthalter in Gallien, einige Zeit später die Ubier an, einen keltisch-germanischen Volksstamm, der bis dahin auf der rechten Rheinseite südlich der Sieg gelebt hatte. Die aus Holz errichteten ubischen Siedlungen sind aber nur schwer nachweisbar.

Römische Provinzialstraße und die Wasserleitungen nach Köln

Oben: Bei einer Ausgrabung 2008 war das Profil der alten Römerstraße deutlich zu erkennen.

Schon in den ersten Jahren nach der spätestens 20/19 v. Chr. erfolgten Gründung Kölns als Ubierstadt *(oppidum ubiorum)* begannen die römischen Truppen mit dem Bau einer Fernstraße zwischen Trier und Köln, die bis heute als Luxemburger Straße quer durch das Hürther Stadtgebiet verläuft. An den römischen Überlandstraßen befanden sich in regelmäßigen Abständen Straßenstationen *(stationes beneficiarum)*. Eine davon, die später sogenannte *Römerschanze*, lag am östlichen Villeabhang südwestlich von Kendenich.[3]

Bald nach dem Bau dieser wichtigen Provinzialstraße errichteten die Römer – sicher noch in der ersten Hälfte des 1. Jahrhunderts n. Chr. – im heutigen Stadtgebiet ein weiteres Großprojekt: die sogenannte Vorgebirgswasserleitung, die das 50 n. Chr. von Kaiser Claudius als *Colonia Claudia Ara Agrippinensium* zur Stadt erhobene Köln mit frischem Quellwasser versorgte. Hierzu fassten die Römer die Quellen der in Hürth entspringenden Villebäche, des Hürther oder Duffesbaches, des Burbacher und des Gleueler Baches und verlegten von dort aus Wasserleitungen bis in den Bereich des heutigen Hermülheimer Burgparks, von wo aus dann eine Sammelleitung bis nach Köln verlief. In Zusammenhang mit dem Bau einer etwa acht Meter hohen Stadtmauer um Köln zwischen 50 und 70 n. Chr. wurde von Hermülheim aus auch eine neue Sammelleitung mit geringerem Gefälle nach Köln errichtet, sodass die Leitung dort in Höhe der Krone der neuen Stadtmauer ankam. Von dem Sammelpunkt in Hermülheim aus lag die Leitung daher auf allmählich höher werdenden Aquäduktbögen, die in der Ausgrabung hinter der Friedrich-Ebert-Realschule in Hermülheim sehr gut zu sehen sind. Auch weitere Teilstücke der römischen Wasserleitung wurden in den vergangenen Jahrzehnten im Stadtgebiet immer wieder entdeckt und teilweise ausgegraben. Einige Jahrzehnte später wurde die fast 100 Kilometer lange neue Wasserleitung aus der Eifel gebaut und ebenfalls

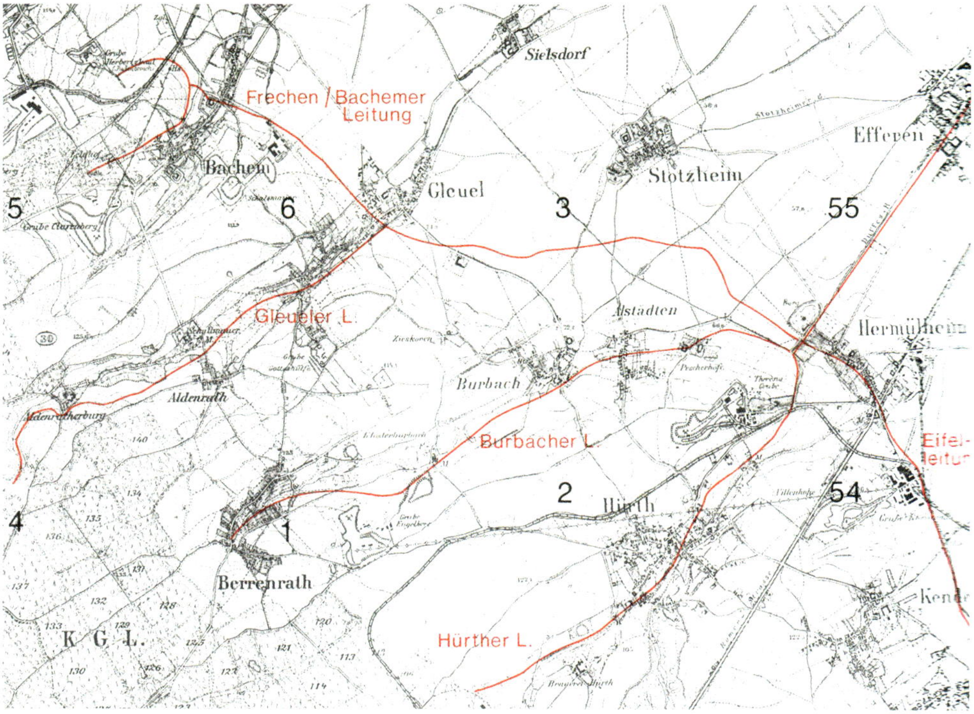

Verlauf der römischen Wasserleitungen in der Stadt Hürth.

zu dem alten Sammelpunkt in Hermülheim geführt. Wann genau dies geschah, ist unklar und umstritten. Man hat die domitianische Zeit (81–96) vermutet, möglicherweise ist die neue Leitung aber auch erst unter der Herrschaft des Kaisers Antoninus Pius (138–161) entstanden.[4]

Römische Besiedlung

Möglicherweise schon zur Zeit der Ubierstadt, sicher aber seit Gründung der *Colonia*, gehörte das Hürther Stadtgebiet zur *Civitas*, das heißt zum Verwaltungsbezirk, der Stadt Köln.[5] Durch die Provinzialstraße über Zülpich nach Trier wie durch die Wasserleitung nach Köln besaß das im Vorfeld der urbanen Siedlung gelegene Gebiet eine große Bedeutung für die Römer. Es muss daher mindestens seit der Zeitenwende regelmäßig von römischen Truppen besetzt und kontrolliert worden sein. Insbesondere zur Erreichbarkeit und Kontrolle der Wasserleitungen wurden neben der Provinzialstraße nach Trier schon zu römischer Zeit weitere Straßen angelegt. Dazu gehören sicher die heutige Bonnstraße sowie der Straßenzug Berrenrather Straße – Bachstraße – Kreuzstraße von Köln nach Alt-Hürth, die beide entlang den Wasserleitungssträngen verlaufen. Eine feste römische Besiedlung durch die planmä-

Gute erhaltene Glas- und Keramikgefäße aus dem römerzeitlichen Gräberfeld in Hermülheim.

ßige Anlage römischer Gutshöfe, der sogenannten *villae rusticae*, erfolgte wahrscheinlich spätestens seit dem 1. Jahrhundert n. Chr. 1953/57 konnte eine solche *villa rustica* im nicht unbeträchtlichen Ausmaß von 80 × 30 Meter auf dem Kummet in Alt-Hürth in der heutigen Römerhof-Straße ausgegraben werden. Sie besaß vielleicht einen eigenen Anschluss an die etwas oberhalb am Hang verlaufende Wasserleitung aus dem Hürther Tal und sicher eine Zufahrt von der heutigen Kreuzstraße aus.[6] Eine kleinere Villa befand sich am Kendenicher Güterbahnhof.

Auch an anderen Stellen im Stadtgebiet sind deutliche römische Siedlungsspuren gefunden worden: 1927 fand man westlich von Knapsack in der Grube Vereinigte Ville zwei römische Brunnen sowie Krüge, Scherben, Eimerreste, Leder und einen Mühlstein. Anfang 1943 wurden etwas nördlich davon und westlich von Berrenrath die Fundamentreste eines ausgedehnten Gebäudes oder Gebäudekomplexes mit mehreren Räumen entdeckt. 1955 und 1962 stieß man im Bereich der katholischen Pfarrkirche Efferen auf wahrscheinlich römische Mauerreste. 1981 wurden westlich der Grube Theresia bei Alt-Hürth die Fundamente eines 15 × 22 Meter großen Hauses sowie zahlreiche weitere Siedlungsspuren entdeckt. Es handelte sich wahrscheinlich um das Haupthaus einer *villa rustica* mit fünf bis sieben Räumen. Und immer wieder stieß man in den vergangenen Jahrzehnten im Bereich der ehemaligen Ziegelei Wortmann an der Rondorfer Straße in Efferen auf römische Siedlungsspuren, dort, wo ja auch schon mehrere vorgeschichtliche Funde gemacht wurden.[7]

Die villa rustica auf dem Kummet in (Alt-)Hürth. Die vorgefundenen Fundamente sind in braun eingezeichnet.

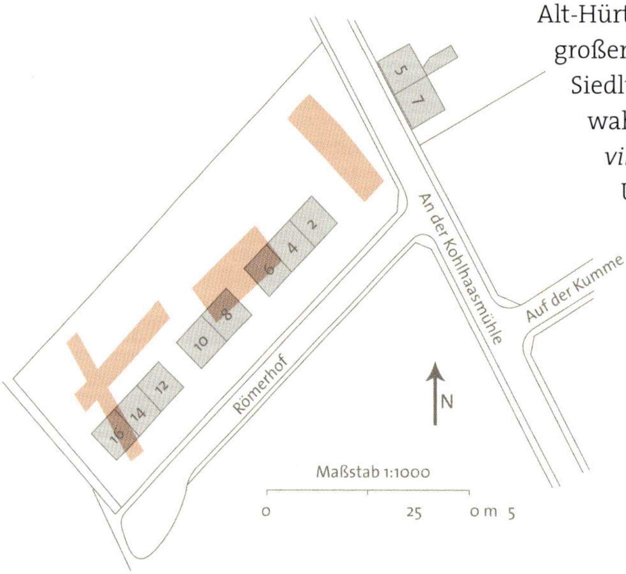

Zahlreiche Grabanlagen

Zudem weisen Grabanlagen auf weitere Siedlungen hin. Eine gut erhaltene römische Grabkammer in Efferen, die ein Doppelgrab mit zwei Steinsarkophagen enthält, wurde 1899 beim Bau des Efferener Bahnhofes der Köln-Bonner-Eisenbahn an der Luxemburger Straße entdeckt.[8] Sie wird auf die späte Römerzeit, das 4./5 Jahrhundert n. Chr., zu datieren sein, wie die Wandsteine, bei denen es sich um wiederverwendetes Baumaterial, sogenannte *Spolien,* handelt, nahelegen. Die Grabkammer könnte zu der vermuteten Siedlung im Bereich der Efferener Kirche gehört haben. Zwischen dem frühen 3. und dem beginnenden 5. Jahrhundert wurde ein großes Gräber-

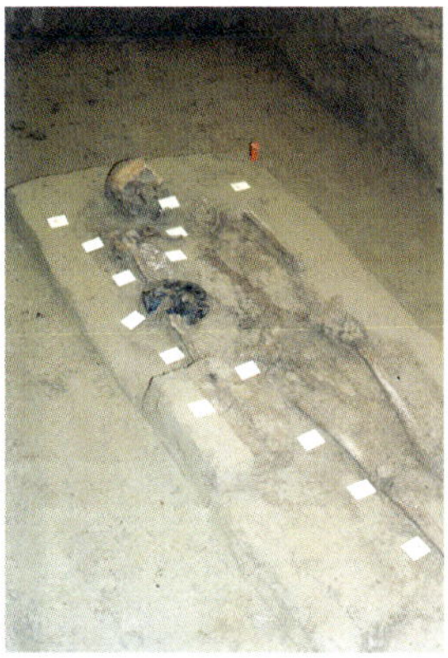

Links: Römerzeitliches Skelett, das 2005 im großen Gräberfeld in Hermülheim angetroffen wurde.
Rechts: Blick in die römische Grabkammer in Efferen.

feld benutzt, das 1987 und 2005 im Bereich der Kölnstraße/Am Alten Bahnhof in Hermülheim, also ebenfalls nahe der Luxemburger Straße und in der Nähe der Eifelwasserleitung, freigelegt wurde. Es fanden sich fast 50 Gräber, in denen teilweise Germanen bestattet waren, die noch nicht oder jedenfalls noch nicht lange romanisiert waren.[9] In diesem Bereich waren schon um 1910 einige Brandgräber und vor allem mehrere Altarsteine gefunden worden, die lokalen Fruchtbarkeitsgöttinnen, den sogenannten *Audrinehischen Matronen,* geweiht waren.[10] Einzelne römische Sarkophage und Brandgräber sind vor allem im Bereich der alten römischen Provinzialstraße, aber auch an mehreren anderen Stellen, gefunden worden. In Gleuel wurden 1893 beim Abriss der alten romanischen Kirche im Altar eingemauerte römische Altar- und Weihesteine entdeckt, die der höchsten römischen Göttin Juno sowie wiederum den *Audrinehischen Matronen* geweiht waren und von denen einer 201 n. Chr. errichtet wurde.[11] Insgesamt ergibt sich für das 3. und 4. Jahrhundert das Bild einer relativ dichten römischen Besiedlung im Hürther Raum.[12]

Mittelalter und Frühe Neuzeit

Oben: Turm der katholischen Kirche *St. Johannes Baptist* in Kendenich von 1682.
Rechts: Der gotische Tortum von Burg Efferen, das letzte aus dem Mittelalter stammende Gebäude in der Stadt Hürth.

Fränkische Siedlungen

Im Jahre 355 n. Chr. fiel Köln bereits einmal in die Hände der Franken, und dabei scheint die römische Wasserleitung nach Köln endgültig zerstört worden zu sein. Der damalige *Caesar* und spätere römische *Augustus* Julianus konnte Köln zwar noch einmal zurückgewinnen, aber 100 Jahre später endete mit dem Zusammenbruch des römischen Reiches auch die römische Herrschaft am Rhein. Unser Gebiet wurde nun von den Franken beherrscht und besiedelt. Die meisten römischen Siedlungen im Hürther Stadtgebiet haben die Frankeneinfälle des 4. und 5. Jahrhunderts nicht überstanden. Daher kann eine Siedlungskontinuität zwischen römischer und fränkischer Zeit mit einiger Wahrscheinlichkeit wohl nur in Fischenich und Kendenich, eventuell noch in Efferen, angenommen werden.[1] In diesen Orten haben die Franken deutliche Spuren hinterlassen.

In Kendenich an der Ortshofstraße wurde 1953 etwa 350 Meter oberhalb der Burg ein fränkisches Gräberfeld mit sechs Gräbern aus der Merowingerzeit (6./7. Jahrhundert) aufgedeckt.[2] Die hierzu gehörige Siedlung ist im Bereich der Pfarrkirche St. Johannes Baptist und der Burg Kendenich zu suchen. Archäologische Untersuchungen des Kirchengeländes, die ein Jahr später aus Anlass des Neubaus der Kirche vorgenommen wurden, erbrachten den Beweis, dass die Kirche innerhalb einer fränkischen Wohnstätte des 8./9. Jahrhunderts steht. Unweit des Kendenicher Burgbereiches fand man 1965 in Fischenich in der Burggartenstraße ein fränkisches Plattengrab.[3] Auch die Kirchenpatrozinien in Kendenich (hl. Johannes der Täufer) und Fischenich (hl. Martin) deuten auf ein frühes Entstehen der beiden Pfarrkirchen schon in der Merowingerzeit und damit auf sehr alte Siedlungen hin. Die Bedeutung Kendenichs im Mittelalter zeigt sich darin, dass bis 1304 auch Brühl, Kierberg und Vochem zum Kendenicher Pfarrbezirk gehörten.

Ein fränkisches Plattengrab, das 1958 in Efferen gefunden wurde.

Das bei weitem größte bisher bekannte fränkische Gräberfeld befand sich in Efferen im Bereich Frankenhof/Kochstraße. Bei drei Grabungen in den Jahren 1957/58, 1963 und 2000 fanden sich insgesamt 58 Gräber mit zahlreichen wertvollen Grabbeigaben. Der Friedhof wurde etwa 150 Jahre, von der Mitte des 6. bis zum Ende des 7. Jahrhunderts n. Chr., benutzt.[4] Die dazu gehörige größere Siedlung befand sich wahrscheinlich im Bereich des alten Efferener Ortskernes um Burg und Kirche. Um 700 schenkte Plektrudis, die Ehefrau des fränkischen Hausmeiers Pippins des Mittleren, möglicherweise der von ihr gestifteten Kölner Kirche St. Maria im Kapitol Güter in Efferen, Stotzheim und Fischenich. Es ist zu vermuten, dass die Efferener Kirche St. Mariae Geburt um diese Zeit, das heißt am Ende der Merowingerzeit, entstanden ist. Die Siedlungen in Efferen und in den Hanglagen von Kendenich und Fischenich selbst sind, da die Franken ausschließlich mit Holz bauten, nur schwer auszumachen.

Etwa 100 Jahre später, in der karolingischen Zeit des 8./9. Jahrhunderts, ist wohl die sogenannte *Teufelsburg* entstanden, die sich nördlich der alten Luxemburger Straße zwischen Knapsack und Kendenich in der *Kranzmaar* befand. Es handelte sich um eine fränkische Fliehburg oder *Motte,* die den Menschen etwa zur Zeit der Normanneneinfälle Ende des 9. Jahrhunderts Schutz geboten haben könnte. Leider wurde dieses wichtige und einzigartige Kulturdenkmal des frühen Mittelalters 1971 beim Bau des neuen Werksteils Hürth der Hoechst AG ohne vorherige archäologische Untersuchung zerstört.[5]

Wertvolle fränkische Scheibenfibel mit christlichen Symbolen aus der Grabung in Efferen 2000.

Erste urkundliche Erwähnungen

Seit dem Ende des 9. Jahrhunderts, also seit der Karolingerzeit, werden auch die übrigen Hürther Orte erstmals urkundlich erwähnt. Diese Ersterwähnungen müssen insofern kritisch betrachtet werden, als sie nur aussagen, dass ein Ort zu diesem Zeitpunkt schon bestanden hat. Sie geben lediglich einen vagen Anhaltspunkt zu der Frage, wann eine Siedlung tatsächlich entstanden sein könnte. Gemäß den Ersterwähnungen in einer Urkunde wären Gleuel und Sielsdorf die ältesten Hürther Stadtteile, was aber, wie wir gesehen haben, eher zweifelhaft ist.

Die ersten urkundlichen Erwähnungen der Hürther Stadtteile[6]

Gleuel und Sielsdorf 898: König Zwentibold von Lothringen (895–900) schenkt dem Stift Essen einen Hof und die Kirche in *Gloulo* sowie Besitzungen in *Selstena.*

Berrenrath 922: Der Kölner Erzbischof Hermann I. (889–924) schenkt dem Kloster Gerresheim einen Hof und Ländereien in *Bairincrothe.*

Kendenich 941: Das Kölner St. Cäcilienstift erhält von Erzbischof Wichfrid (924–953) den Zehnten des Herrenhofes zu *Cantinich* zugesprochen.

Hermülheim 943: Als *Villa Molinen* in einer Urkunde der Abtei Prüm erwähnt. Ein Richizo de *Mulenhem* wird erstmals 1166 genannt.

Efferen 1158: Erzbischof Friedrich II. (1156–1158) bestätigt den Pächtern der Höfe in *Efferen* und *Vischenigh* die ihnen von der Äbtissin von St. Maria im Kapitol verliehenen Rechte. Die erwähnte Schenkung aus dem Jahr 700 ist nicht urkundlich belegt, sondern nur durch eine Inschrift in der Kölner Kirche St. Maria im Kapitol bekannt.[7]

Fischenich 1158: Wie Efferen; der Konraderhof bei Fischenich wird bereits 1139 erstmals genannt.

(Alt-) Hürth 1170: In einer Urkunde des Erzbischofs Philipp I. (1167–1191) zur Bestätigung einer Stiftung der Freifrau von Heinsberg wird der Zehnte von *Hurten* erwähnt.

Alstädten 1185: Erzbischof Philipp I. bestätigt den Erwerb eines Besitztums in *Alstedin* durch das Kloster Mechtern (im Bereich des heutigen Kölner Stadtteils Ehrenfeld). In dieser Urkunde werden auch *Hurte* und der Rüscherhof *(curtis ruzin)* in (Alt-)Hürth genannt.

Stotzheim 1223: In einer Urkunde der Äbtissin von St. Maria im Kapitol wird eine Sofie von Stotzheim genannt, die damals Mitglied des Konvents war.

Burbach 1241: Erzbischof Konrad I. (1238–1261) besiegelt zwei Urkunden der Guderadis über Grundstücksschenkungen an das Kloster Marienborn *(ad fontem s. mariae)*, das bei Burbach über Landbesitz verfügt.[8]

Kalscheuren 1301: Heinrich von Kendenich und seine Frau verkaufen Land bei *Kaldescure* an das Deutschordenshaus St. Katharina in Köln.

Landesherrschaften: Kurköln, Jülich und Brabant

Das heutige Hürther Stadtgebiet lag im Grenzbereich zwischen dem Kurfürstentum Köln und dem Herzogtum Jülich, die beide hier um eine Ausweitung ihrer Macht und ihres Territoriums kämpften. Der Kölner Erzbischof stand an der Spitze sowohl des Erzbistums als auch des weltlichen Kurstaates. Erzbistum und Kurfürstentum waren nicht deckungsgleich, das Erzbistum war deutlich größer. Der Kurfürst und Landesherr vergab die Unterherrschaften zu Lehen, die aber mit der Zeit erblich wurden. Daneben baute er

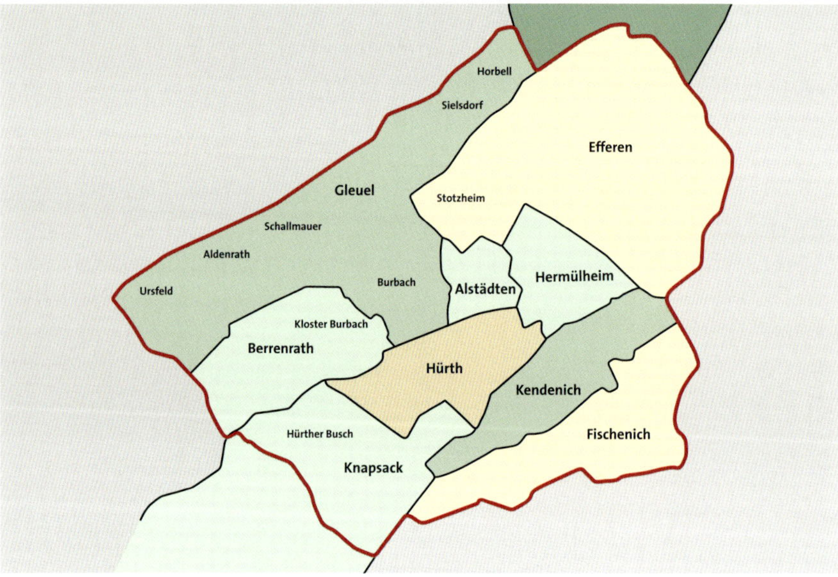

Die Grenzen und Territorialzugehörigkeiten der Gemeinden im Mittelalter

Kurfürstentum Köln, Amt Brühl
Kurfürstentum Köln, Amt Lechenich
Kurfürstentum Köln, Amt Hülchrath
Herzogtum Jülich, Amt Bergheim
Herzogtum Limburg-Brabant, Herrschaft Valkenburg

etwa seit dem 13. Jahrhundert eine eigene, kurfürstliche Verwaltung auf und schuf als unterste Verwaltungseinheiten Ämter, an deren Spitze in der Regel ein Amtmann stand. Das heutige Hürther Stadtgebiet gehörte zu den Ämtern Brühl und Lechenich. Der Kurstaat hatte eine landständische Verfassung. Das Kölner Domkapitel, die Grafen- und die Ritterschaft sowie die Städte waren im Landtag vertreten. Die Güter und Adelssitze Aldenrath, Gleuel, Horbell und Kendenich *qualifizierten,* wie man früher sagte, ihre Besitzer zur Mitgliedschaft in der Ritterschaft des kurkölnischen Landtages. Die zu Jülich zählenden Dörfer Efferen, Stotzheim und Fischenich gehörten dort zum Amt Bergheim. Alt-Hürth gehörte zum Herzogtum Brabant. Bis zum Ende des Mittelalters bildeten sich im Einzelnen die folgenden Zugehörigkeiten heraus:[9]

Kurfürstentum Köln

Amt Brühl: Herrlichkeit Gleuel mit Aldenrath, Bell und Horbell,
Burbach (nördlicher Teil), Sielsdorf, Schallmauer, Ursfeld und Zieskoven;
Herrlichkeit Kendenich mit dem Hof Kalscheuren

Amt Lechenich: Herrschaft Hermülheim;
Knapsack, Alstädten, Berrenrath, Kloster Burbach, Burbach (südlicher Teil)

Herzogtum Jülich

Amt Bergheim: Gericht Efferen mit Efferen und Stotzheim;
Herrlichkeit Fischenich

Herzogtum Limburg-Brabant (Spanische/Österreichische Niederlande)
Herrschaft Valkenburg: Herrlichkeit Hürth

Der größte Teil des heutigen Stadtgebietes gehörte somit zum Kurfürstentum Köln. Innerhalb des kurfürstlichen Territoriums gab es jedoch drei Inseln, die zu anderen Herrschaften zählten: Efferen und Stotzheim sowie Fischenich gehörten zu Jülich, (Alt-) Hürth zu Limburg-Brabant. Eine gewisse Sonderstellung nahm auch Hermülheim ein, das sich im Besitz des *Deutschen Ordens* befand. Es gab im heutigen Stadtgebiete sechs Hauptorte, in denen seit dem Mittelalter Kirchen bestanden. Diese traditionellen *Kirchspiele* waren Efferen, Fischenich, Gleuel, Hermülheim, (Alt-) Hürth und Kendenich.

Die Entwicklung der einzelnen Orte, ihrer Burgen und Kirchen

Alstädten

Der Name könnte bereits auf ein hohes Alter des 1185 erstmals erwähnten Ortes hindeuten.[10] Seine ältere Geschichte ist eng mit der des benachbarten *Pescherhofes* verbunden, der in den frühesten Urkunden auch *Hof Alstädten* genannt wird. Dieser gehörte ursprünglich dem Kloster Mechtern bei Köln und gelangte nach der Auflösung des Klosters 1474 in den Besitz des Kölner Frauenklosters St. Apern. Nach der Säkularisation wurde der Hof von dem damaligen Pächter Rolshoven erworben und später infolge von Erbgängen in die beiden getrennten *Pescher Höfe I und II* geteilt. In und um Alstädten besaß auch der Deutsche Orden in Hermülheim Ländereien. Schon sehr früh gehörten der Pescherhof kirchlich zu Hermülheim und das Dorf Alstädten zu (Alt-) Hürth. Im 19. Jahrhundert wurde Alstädten entsprechend auch zur Zivilgemeinde Hürth geschlagen, während die Pescherhöfe zu Hermülheim gehörten.

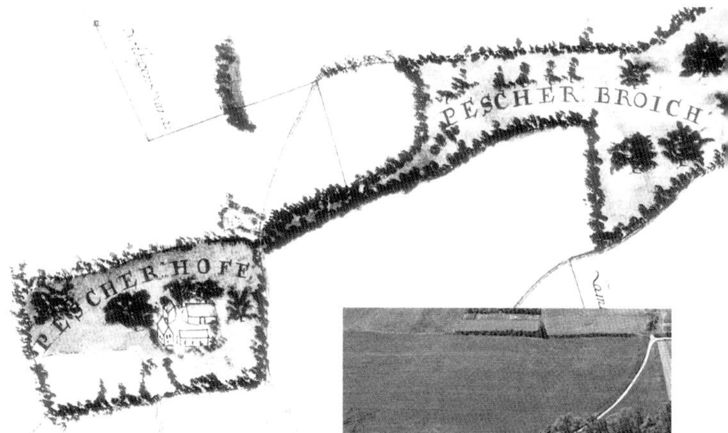

Die Pescher Höfe um 1762 und auf einem Luftbild von 1962.

Die Kirche in Alt-Berrenrath auf einer kolorierten Ansichtskarte von etwa 1900.

Berrenrath

Die mittelalterliche Geschichte Berrenraths ist eng mit der Entwicklung des 1233 gegründeten Zisterzienserinnenklosters Marienborn verknüpft. Bald nach der Gründung erwarb das Kloster 1236 den Fronhof in Berrenrath, der schon in der ältesten Urkunde von 922 erwähnt wird. 1298 errichteten die Schwestern in Berrenrath eine Säule mit dem hl. Wendelinus, die dem Konvent als Wallfahrtsziel eine neue Einnahmequelle erschließen sollte. 1623 baute das Kloster anstelle der Säule eine dem gleichen Heiligen geweihte Kapelle. Kirchlich gehörte Berrenrath zur Pfarre Gleuel, allerdings besuchten die Berrenrather aufgrund der Jahrhunderte langen Verbindung bis zu dessen Aufhebung eher den Gottesdienst im Kloster Burbach. Erst 1849/50 wurde Berrenrath kirchlich von Gleuel getrennt und zur selbstständigen Pfarrei erhoben.

Burbach

Der Name des 1241 erstmals erwähnten Ortes rührt vom *Bornbach* her, der das Dorf an seinem südlichen Rand durchfloss. Der Bach, in alten Quellen auch *Schafsbach* genannt, stellte hier die Grenze zwischen den kurkölnischen Ämtern Brühl und Lechenich dar, sodass der größere nördliche Teil von Burbach mit der Herrlichkeit Gleuel zum Amt Brühl und der kleinere südliche Teil zum Amt Lechenich gehörten. Ende des 13. Jahrhunderts werden ein Ritter Werner und ein Thilmann von Burbach erwähnt. Im Dorf gab es zwei große Höfe, der dem Kloster Marienborn gehörige *Stumbshof* und der *Jabacher Hof* mit der dazu gehörigen Dorfmühle.

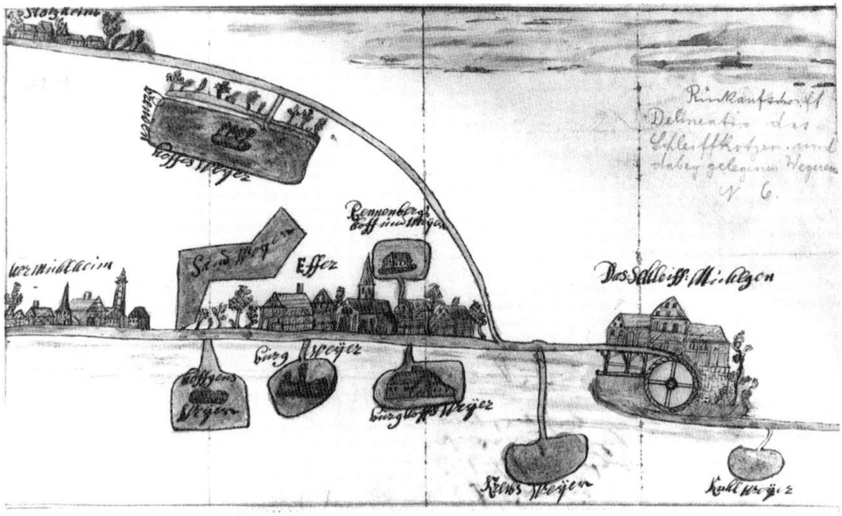

Efferen auf einer Karte aus dem Jahre 1724.

Efferen

Aufgrund der Schenkung von Gütern in Efferen, Fischenich und Stotzheim durch Plektrudis an St. Maria im Kapitol im Jahre 700 wurde die Kirche Grundherrin in den drei Orten. Die Äbtissin eines Frauenstifts durfte jedoch keine höhere Gerichtsbarkeit ausüben und keine Todesurteile aussprechen und vollstrecken. Das Stift unterstellte daher seinen hiesigen Besitz der Schutz- und Gewaltherrschaft des Herzogs von Jülich, der in Efferen dreimal jährlich durch einen Vogt einen Gerichtstag abhalten ließ. Die Burganlage ist seit dem 14. Jahrhundert nachweisbar, als auf ihr ein Zweig der bekannten Kölner Patrizierfamilie von Overstolz als Lehensnehmer von St. Maria im Kapitol saß. Die Familie nannte sich seit dem Ende des 14. Jahrhunderts nur noch *von Efferen.*

Durch die Schutz- und Gewaltherrschaft des Herzogs von Jülich über den klösterlichen Besitz gerieten Efferen, Fischenich und Stotzheim unter die Kontrolle von Jülich. Nahe zur Kölner Stadtgrenze gelegen, spielte Efferen daher zeitweise eine wichtige Rolle in den kriegerischen Auseinandersetzungen Jülichs und der Stadt Köln gegen den Kölner Erzbischof, die 1288 in der Schlacht bei Worringen ihren Höhepunkt erlebten. Die Stadt Köln ließ die Burg Ende des 14. Jahrhunderts ausbauen und befestigen und mit Soldaten belegen. Aus dieser Zeit stammten wahrscheinlich die drei Wehrtürme, die die Anlage einst besaß. Hiervon ist nur noch einer erhalten. Dieser gotische Torturm ist das einzige mittelalterliche Gebäude, das in Hürth noch steht.

Nach den Overstolzen ging die Burg in den folgenden Jahrhunderten durch die Hände zahlreicher adliger Lehensträger, die sich heute in den Straßennamen rund um die Burg wiederfinden: Von Cuesin (1393–1461),

Rauftesch (1461–1482), Diepenbroich (1482–1535), Orsbeck (1535–1635), Bourtscheid (1635–1836), Schaesberg (1836–1870) und Fürstenberg-Stammheim (1870–1894). 1769 ließ Franz Karl Freiherr von Bourtscheid das heutige spätbarocke Burghaus errichten und auf den ehemaligen Wehrturm eine barocke Schieferhaube setzen. Das Wappen der Familie findet sich im Zwerchgiebel des Mittelrisalits an der Straßenfront zur Bachstraße. 1894 wurde die Burg an den langjährigen Pächter Mathias Joseph Koch verkauft und ging damit in bürgerliche Hände über. Neben der Burg befanden sich in Efferen vom Mittelalter bis in das 19. Jahrhundert mehrere große Höfe, die heute zum Teil ebenfalls in Efferener Straßennamen fortleben: Brentengut, Lupenaugut, Rennenberger Hof, Bredemarhof, Lindlarer Hof, Großer- oder Mirweiler Hof, Fronhof.

Wappen der Familie von Bourtscheid an der Burg Efferen.

Die Pfarre Efferen wird erstmals in einer Urkunde des Erzbischofs Philipp von Heinsberg aus dem Jahre 1189 erwähnt, obwohl sie, wie oben dargestellt, wahrscheinlich deutlich älter ist. Das Patronat der Pfarrei besaß immer die Äbtissin von St. Maria im Kapitol. Bis 1861 gehörte auch Stotzheim zur Efferener Pfarrei. Die alte romanische Kirche stand, vom Kirchhof umgeben, in etwa am Standort der heutigen Kirche. Sie wurde 1869 abgerissen und durch eine größere, neugotische Kirche des Baumeisters Heinrich Nagelschmidt auf der gegenüberliegenden Straßenseite der Kirchstraße/ Kaulardstraße ersetzt.

Fischenich

Auch in Fischenich gelangten die Grundherrschaft durch die erwähnte Schenkung der Plektrudis an St. Maria im Kapitol und die Territorialherrschaft an Jülich. Die Burg entstammt dem 12. oder beginnenden 13. Jahrhundert und ist als die älteste erhaltene Burganlage zwischen Köln und Bonn einzustufen. Es handelte sich um einen sogenannten *Rundling,* eine von einem Graben umgebene Ringmauer, die in einer Höhe zwischen sechs und zehn Metern erhalten ist. Die Burgmauer wurde zumindest teilweise aus Gussbetonblöcken der römischen Eifelwasserleitung errichtet, die ganz in der Nähe am Fuß des Vorgebirges verlief. Diese aus der römischen Wasserleitung herausgebrochenen Betonblöcke sind mit ihren rötlichen Wasserputzstreifen bis heute gut auszumachen. Die Burganlage wurde bereits im *Truchsessischen Krieg* 1584 zerstört und ist seitdem Ruine. Als Besitzerin der Burg erscheint seit dem 12. Jahrhundert eine Familie *von Fischenich,* die eine nicht unbedeutende Rolle in der mittelalterlichen Geschichte des Rheinlands gespielt hat. Seit dem beginnenden 16. Jahrhundert ging die Burg durch verschiedene Hände. 1725 wurde sie von der freiherrlichen Familie Wolff-Metternich zur Gracht erworben, die das Burggelände 1904 an die Raiffeisenbank verkaufte. An der Burgruine entstand 1907 eine Klosterniederlassung mit Altenheim der Kölner Cellitinnen, die dazu gehörigen Ländereien wurden von der Raiffeisenbank parzelliert und an die Fischenicher Bauern weiterverkauft.

Das Mauerwerk der Fischenicher Burg wurde aus Gussbetonblöcken der römischen Wasserleitung errichtet.

Das Stift St. Maria im Kapitol verfügte im mittelalterlichen Fischenich über Höfe, die es zu einem Lehenshöfeverband zusammenfasste, der vom Fronhof aus geleitet wurde. Das 1770 neu errichtete Herrenhaus des Fronhofes unterhalb der Kirche ist erhalten. Zu diesem Verband gehörten folgende Höfe, die bis heute zum Teil noch vorhanden sind: Zudendorfer Hof, Plettenberg-, Harfen- oder Kutzhof, Kartäuserhof, Frentzenhof und Konraderhof. Als klösterlicher Besitz wurde der Fronhof nach der Säkularisation verkauft und kam für längere Zeit in den Besitz der Familie von Groote. Neben dem Kartäuserhof erwarben die Kölner Kartäusermönche 1348 noch den außerhalb des Dorfes gelegenen Weilerhof, der nach 1802 ebenfalls der Säkularisation anheimfiel. Die Kartäuser nutzten ihre Fischenicher Besitzungen auch für den Weinbau.

Die Fischenicher Kirche hat wahrscheinlich, wie oben erläutert, schon merowingerzeitliche Wurzeln. Im 12. Jahrhundert wurde eine neue kleine romanische Kirche erbaut, an die 1728 ein neuer Kirchturm angebaut wurde, der bis heute erhalten ist. An diesen Kirchturm wurde 1890 nach Plänen des späteren Straßburger Dombaumeisters Franz Schmidt eine neugotische, dreischiffige Backsteinkirche angebaut, welche 1975 durch einen Anbau nochmals erweitert wurde.

Der Weilerhof bei Fischenich in einer Aufnahme von circa 1980.

Der niedrigere und ältere Südwestflügel der Burg Gleuel mit schönem gestreiften Treppengiebel.

Gleuel

Gleuel und Sielsdorf sind die beiden Orte mit der frühesten urkundlichen Erwähnung (898) in der Stadt Hürth. Spätestens seit dem 12. Jahrhundert übte das Kölner Domkapitel hier die Grundherrschaft aus, weshalb der Ort Gleuel zum Amt Brühl des Kölner Kurfürstentums zählte. Das Domkapitel verfügte in Gleuel über einen Fronhof, an den die übrigen Güter ihre Abgaben abliefern mussten. Der teilweise erhaltene Fronhof lag neben der Burg, dort wurde auch Gericht gehalten und dort befand sich das – ebenfalls erhaltene – Gefängnis. Neben dem Domkapitel besaßen mehrere Kölner Klöster und Stifte Land und Höfe in Gleuel.

Die Burg war ein Adelssitz, der seinen Besitzer zur Mitgliedschaft im kurkölnischen Landtag berechtigte. Die hier residierende Familie nannte sich *von Gleuel*. Im Jahre 1260 wird erstmals ein Gerard von Gleuel erwähnt. Nach dem Aussterben der Familie von Gleuel kam die Burg im 16. Jahrhundert an die Familie Schall von Bell und im 17. Jahrhundert an die Familie von Cölln. Das barocke Burggebäude stammt in seiner heutigen Form aus dieser Zeit. Der Kölner Ratsherr und Kaufmann Johann von Cölln, der die Burg 1630

Kirche und Burg Gleuel 1751.

erworben hatte, ließ den mit dem Giebel zum Hof hin stehenden Flügel 1632 neu errichten. Der zum Burgpark hin ausgerichtete, niedrigere Südwestflügel mit geschweiftem Treppengiebel ist älter, vor dem Anbau stand er wahrscheinlich allein und besaß auf beiden Schmalseiten einen Treppengiebel. Als kirchlicher Besitz des Kölner Domkapitels wurde die Burg 1802 säkularisiert und von Heinrich Felten erworben, der 1817 Bürgermeister der Bürgermeisterei Hürth wurde und sein Amt von der Burg Gleuel aus bis 1845 ausübte.[11]

Eine Kirche oder Kapelle bestand ausweislich der Urkunde des Königs Zwentibold von Lothringen in Gleuel bereits 898. Eine kleine romanische Kirche wurde wahrscheinlich im 11. Jahrhundert errichtet und dann 1893 durch eine neugotische Kirche nach den Plänen des Neusser Regierungsbaumeisters Julius Busch ersetzt. Die Kirche ist dem hl. Dionysius Areopagita geweiht.

Aus dem Jahre 1637 sind zwei Fälle von Hexenverfolgung und Hexenwahn in Gleuel bekannt. Betroffen war einmal der Gleueler Pfarrer

Burg Schallmauer bei Berrenrath 1984. Sie blieb vom Braunkohlenabbau verschont und wurde um 1980 renoviert.

Michael Wollersheim, der beschuldigt wurde, die mit *seiner Concubine* gezeugten Kinder *in des Teufels Namen getauft sowie auf dem Hexentanz celebriert zu haben.* Er wurde an den Kölner Domdechanten ausgeliefert, während seine Ehefrau Elisabeth Nissen als angebliche Hexe festgenommen und im Gleueler Gefängnis im Fronhof verhört wurde. Sie konnte entkommen, floh zuerst nach Düren und, da sie schwanger war, dann zu ihrer Schwägerin nach Köln, wo sie erneut verhaftet und in den Turm geworfen wurde. Um den schrecklichen Folterungen zu entgehen, gestand sie alles, was man ihr an Hexereien und Bündnissen mit dem Teufel in den Mund legte: Sie bat und erbot sich schließlich, *gerne zu sterben, wenn sie nur der großen Peinigungen der Torturen enthoben bleiben möchte, denn sie wünsche nichts lieber, als daß sie vom Leben gebracht werde.* Sie wurde daraufhin dem Gleueler Schultheisen Gerhard von Werth übergeben, *um derselben, was Recht ist, widerfahren zu lassen.*[12] Man kann davon ausgehen, dass sie nicht mit dem Leben davonkam.

Burg Aldenrath um 1935 kurz vor ihrem Abriss.

Zur mittelalterlichen *Herrlichkeit Gleuel* gehörten neben Burg und Hauptort noch die Burgen und Wohnplätze Aldenrath, Horbell und Bell, Schallmauer, Sielsdorf, Ursfeld, Ziskoven sowie ein Teil von Burbach. Der Name Schallmauer stammt wahrscheinlich von der in Gleuel residierenden Familie Schall von Bell, die hier ein mooriges Gelände *(Schallmoor)* besaß. Schon im 16. Jahrhundert bestand dort ein vom Wald umgebenes, kleines Landschloss der Kölner Domherren. Nach einer Kriegszerstörung im Jahre 1673 ließ der neue Pächter Adolf von Geyr 1714 das jetzige schlichte Landschlösschen errichten.[13]

Unmittelbar südlich von Schallmauer lag das kleine Dörfchen Aldenrath, das um 1950 abgerissen wurde, um dem fortschreitenden Braunkohlenabbau Platz zu machen. Die weiter westlich im Tal des Gleueler Baches gelegene Burg Aldenrath und ein Geschlecht gleichen Namens werden seit dem 13. Jahrhundert genannt. Die Burg war ein Lehen des Kölner Domprobstes, dem Vorsteher des Domkapitels. Ihr Besitz berechtigte zur Mitgliedschaft im kurkölnischen Landtag. Seit 1770 war sie im Besitz der Familie von Mylius. Die Burg wurde wie das benachbarte Dörfchen Ursfeld um 1936 abgebrochen. Auch Horbell war ein Lehen des Kölner Domprobstes, dort saßen im 14. Jahrhundert die Ritter von Fischenich, die sich später den Beinamen Bell zulegten. Das ganz in der Nähe liegende Hofgut Bell wurde zeitweilig mit Horbell vereint, aber auch immer wieder von diesem abgetrennt. 1713 wurde das noch bestehende Herrenhaus errichtet. Nach der Säkularisation kaufte der belgische Baron Dubois de Bianco Horbell, Bell und den Hubertushof in Sielsdorf. Seine Erben veräußerten 1955 den gesamten Besitz an die Gemeinde Hürth.

Hermülheim

Hermülheim liegt an der Kreuzung zweier wichtiger ehemaliger Römerstraßen, der Luxemburger und der Bonnstraße. An der Südwestseite dieser Kreuzung befand sich mindestens seit dem 13. Jahrhundert eine Mühle am Duffesbach. Auf der gegenüberliegenden Seite der Luxemburger Straße stand, 1612 erstmals erwähnt, aber sicher ebenfalls deutlich älter, ein altbekanntes Gasthaus, die Hermülheimer *Krone*. Das Dorf selbst entstand etwas weiter nördlich entlang der früheren römischen Wasserleitung aus der Eifel und des späteren künstlichen Bachlaufs des Duffesbaches an der heutigen

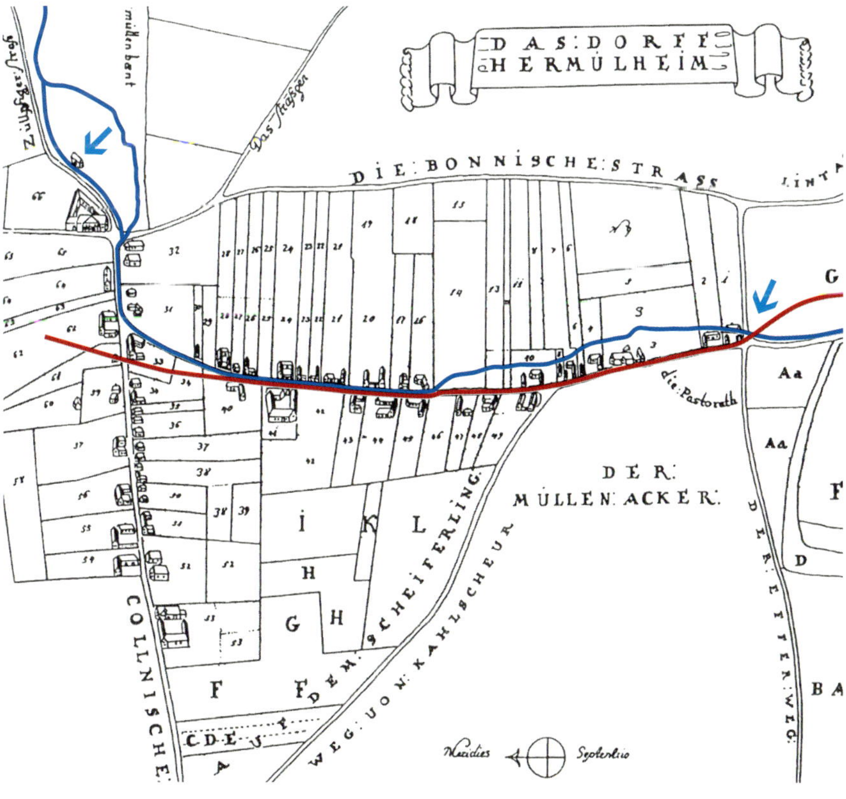

Hermülheim am umgeleiteten Duffesbach (blau) im 18. Jahrhundert. Oben links die Kreuzung Luxemburger (Zülpicher) und Bonnstraße mit dem Gasthaus Krone und der Herrenmühle (blauer Pfeil). Der blaue Pfeil rechts zeigt die Lage der Abtsmühle. Der Verlauf der römischen Eifelwasserleitung ist rot eingetragen (Entwurf: Manfred Faust).
Zeichnung Elmar Brohl, in: Hermülheimer Sippenbuch 1986, IX.

Severinusstraße. In vorrömischer Zeit war der Duffesbach - wie alle anderen Vorgebirgsbäche auch – irgendwo zwischen Hermülheim, Kalscheuren und Zollstock im Kies der Rheinebene versickert.[14] In römischer oder nachrömischer Zeit, vielleicht bald nach dem Verfall der Wasserleitung, wurde er ab der Kreuzung Luxemburger Straße/Bonnstraße nach Norden entlang der ehemaligen Wasserleitung durch die heutige Severinusstraße an den Sammelpunkt der früheren Wasserleitungsstränge umgeleitet, um von dort in einem ebenfalls künstlichen Bachbett weiter nach Köln zu fließen. Möglicherweise ist die heutige Severinusstraße, wie die Bonnstraße in Richtung Fischenich, aus einem römischen Kontrollweg entlang der Eifelwasserleitung hervorgegangen.

Hier wird Wilhelm, Ritter von Richemulnheim in der Urkunde von 1256 genannt (vergrößerter Ausschnitt).

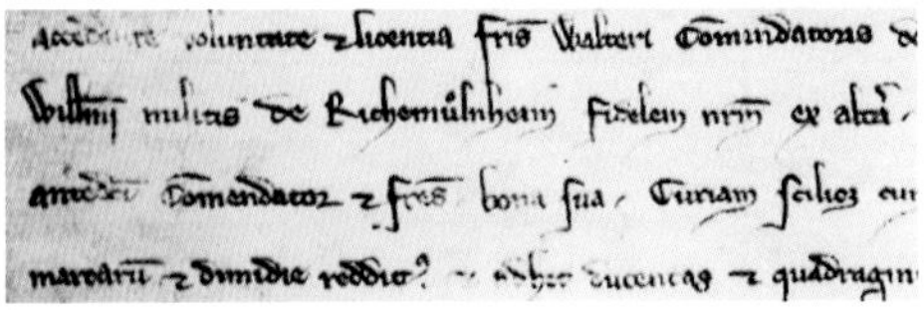

Urkunde über den Erwerb Hermülheims durch den Deutschen Orden 1256.

Von der Mühle an der Luxemburger Straße stammt die Endung *-mülheim* im Ortsnamen. Nach Richezo von Mulenheim, der im 11. Jahrhundert Herr von Hermülheim war, nannte das Dorf sich damals *Richemülheim.* Zu der Umbenennung in Her(ren)-mülheim kam es, weil der Deutsche Orden, die *Deutschherren,* 1256 von Diethelm von Richemulenheim dessen Hof mit großen Ländereien im Austausch gegen Güter in Erp erwarb. Der Deutsche Orden war ursprünglich ein Kreuzritterorden, der sich nach der Verdrängung aus Palästina im 13. Jahrhundert auf die Missionierung des östlichen Ostseeraumes konzentrierte und dort den bekannten Ordensstaat schuf, aber auch Besitzungen in anderen Gebieten des Reiches besaß. In den ersten 50 Jahren nach dem Tausch von 1256 konnte die Kölner *Kommende* des Deutschen Ordens weiteren umfangreichen Grundbesitz in Hermülheim, Efferen und Stotzheim mit dem Ergebnis erwerben, dass dem Orden schon um 1300 etwa 1200 Morgen von insgesamt 1420 Morgen in Hermülheim gehörten.[15] 1368 kam auch noch der Kalscheurener Hof dazu. Der Deutsche Orden behielt seine gesamten Besitzungen bis zur Säkularisation 1802.

Eine kleine Burganlage bestand in Hermülheim wohl schon vor 1256. Sie war an der Stelle entstanden, wo in der Römerzeit die verschiedenen Stränge der Wasserleitung zusammengeführt worden waren und von wo aus im Mittelalter der Duffesbach nach Köln floss. Die Anlage wurde von

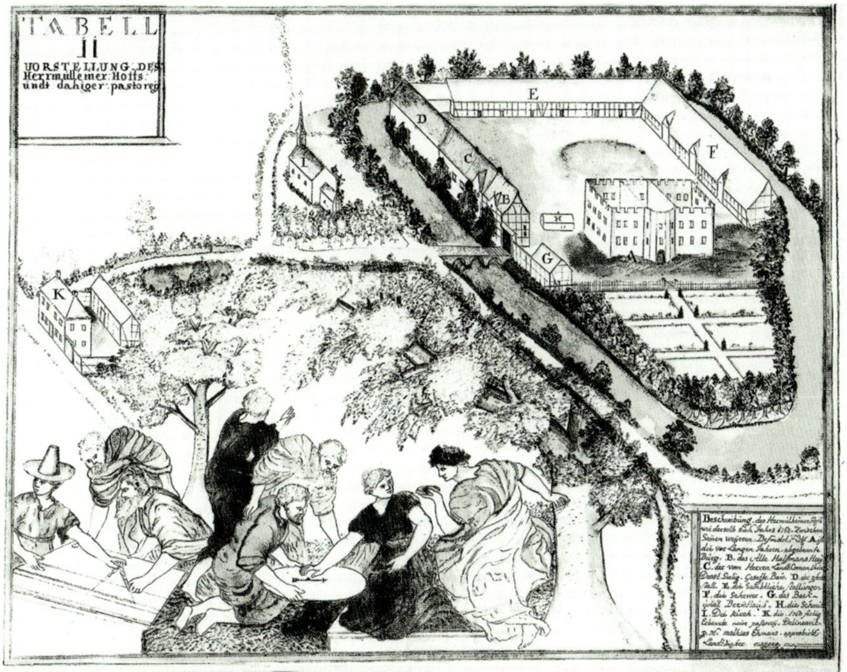

Die Hermühlheimer Burg 1762.

den Deutschherren bedeutend vergrößert. Herrenhaus und Vorburg wurden im Laufe der Jahrhunderte durch Feuer oder kriegerische Auseinandersetzungen immer wieder stark beschädigt. Matthias Ehmanns zeigt das Herrenhaus in seinem Kartenwerk von 1762 als Ruine ohne Dach.

Der Kölner Landkomtur der Ballei Koblenz des Deutschen Ordens, Ignaz Felix von Roll (1754-1792), residierte zeitweilig in Hermülheim und ließ das Burghaus wieder aufbauen. In der Franzosenzeit wurde es aber erneut ruiniert. Von Roll beauftragte 1761–1763 die Landmesser Mathias und Frantz Ehmanns, Karten des Hermülheimer Ordensbesitz anzufertigen. Nach der Säkularisation ging die Burg in private Hände über und wurde schließlich 1835 von Eberhard von Groote erworben, der das Burghaus bald nach dem Erwerb ganz neu aufführen und um ein drittes Stockwerk erweitern ließ. In dieser Form war es bis 1959 bewohnt und wurde 1964 von der Gemeinde Hürth abgerissen, nachdem diese es von der Familie von Groote im Tausch gegen den Hof Bell zwischen Sielsdorf und Marsdorf erworben hatte.

Das Wappen der Freiherren von Roll.

Die dem hl. Severin geweihte Kirche befand sich, wie aus der Ehmann'-schen Karte von 1762 deutlich zu ersehen ist, unmittelbar vor der Burg an deren Zufahrt. Sie stand auf Hofesland und war eine Eigenkirche der Hermülheimer Burgherren, in deren Besitz sie sich 1256 beim Erwerb durch den Deutschen Orden bereits befand. Der Zeitpunkt ihrer Gründung ist unklar. Möglicherweise entstand sie in der Zeit der aufkommenden, allgemeinen Severinsverehrung in der zweiten Hälfte des 10. Jahrhunderts.[16] Ursprünglich wird es eine kleine Fachwerkkirche gewesen sein, bis der Deutsche Orden in der zweiten Hälfte des 13. Jahrhunderts ein Kirchlein aus Stein errichtete, das später wiederholt umgebaut und erweitert und 1889 nach dem Bau der großen neugotischen Kirche in Hermülheim abgerissen wurde.

(Alt-) Hürth

Die Herrlichkeit Hürth spielt in der mittelalterlichen Geschichte insofern eine ganz besondere Rolle, als sie weder zum Kurfürstentum Köln noch zum Herzogtum Jülich gehörte, sondern als Valkenburgisches Lehen Teil des Herzogtums Brabant war. Wahrscheinlich war der Ort im 12. Jahrhundert über das Haus Heinsberg an die Herrschaft Valkenburg in den Niederlanden gelangt, was weitreichende Folgen für die spätere territoriale Zugehörigkeit hatte. Als brabantischer Besitz wurde die Herrlichkeit Hürth nach der Abdankung Kaiser Karls V. 1556 mit den Niederlanden der spanischen Linie des Hauses Habsburg zugeschlagen. 1661 musste Spanien aber im sogenannten *Partagetraktat* die Hoheit über Hürth zugunsten der niederländischen Generalstaaten aufgeben. Nach dem spanischen Erbfolgekrieg (1701–1713) kam der Ort an die Österreichischen Niederlande.[17]

1256 tritt erstmals ein *Henricus de Hurte* auf, dessen Familie *von Hürth* jedoch um 1400 ausgestorben zu sein scheint. Als Herren von Hürth folgen die Familien von Holtorp (1416–1439), von der Horst (1439–1552), von Harff (1552–1675), von Tzerklaes (1675–1721), von Köln (1721–1749), von Renschenberg zu Selikum (1749–1760) und seit 1760 von Wolffen. Ferdinand von Wolffen war der letzte adelige Besitzer Hürths, dessen Herrschaft 1794 durch die französischen Revolutionstruppen beendet wurde. Die Herren von Hürth besaßen dort die höhere und niedere Gerichtsbarkeit.

Die Hürther Burg befand sich an der Stelle des heutigen Pfarrhauses. Sie gründete möglicherweise auf römischem Mauerwerk und war von einem Wassergraben umgeben. Nach dem Tod von Ferdinand von Wolffen im Jahre 1816 verkauften seine Erben die Burg an die Kölner Geschäftsleute Gerhard Ritter und Christian Renner. Die Käufer parzellierten die Ländereien und verkauften sie weiter. Die Burg mit den noch vorhandenen Gebäuden kam in den Besitz des Kölner Gutsbesitzers Clouth. 1852 residierte hier kurzfristig der neue Bürgermeister Franz Rosell. 1865 erwarb die Zivilgemeinde Hürth das Gebäude und richtete dort ein neues Pfarrhaus ein, das 1880 in das Eigentum der Kirchengemeinde überging.[18]

Die der ehemaligen Burg gegenüberliegende alte Pfarrkirche ist aus einer Burgkapelle hervorgegangen und war ursprünglich die Eigenkirche der Hürther Burgherren. Als Kirchort erscheint Hürth erst um 1300 in einem Steuerverzeichnis der Kölner Erzbischöfe, dem sogenannten *Liber Valoris.* Nach dem Patrozinium der hl. Katharina ist aber davon auszugehen, dass die Kirche mindestens seit der Mitte des 13. Jahrhunderts bestand. Der noch vorhandene Kirchturm ist im Wesentlichen gotisch, enthält aber im unteren Teil noch Überreste eines älteren romanischen Baus. Ihm war einstmals eine nach Osten ausgerichtete, gotische Kirche vorgestellt, die nach dem Neubau eines barocken Kirchenschiffs 1695/96 an der Westseite abgebrochen wurde. Nach dem Bau einer neuen, größeren Pfarrkirche stand das Gebäude seit 1895 leer und diente später von 1914 bis 1984 als Klosterniederlassung der Hiltruper Missionsschwestern vom Heiligsten Herzen Jesu.

Die alte Pfarrkirche in (Alt-)Hürth 1906. Aquarell von Franz Hopmann.

Kalscheuren

Kalscheuren ist der einzige Hürther Stadtteil, der nicht mittelalterlichen oder älteren Ursprungs ist. Bis zur Mitte des 19. Jahrhunderts gab es dort nur den 1301 erstmals erwähnten *Hof Kalscheuren,* der im Mittelalter dem Deutschen Orden gehörte und durch die Säkularisation an die Armenverwaltung der Stadt Köln gelangte. Die Wohnsiedlung entstand erst infolge der Industrialisierung nach dem Bau der Eisenbahnlinie und des Bahnhofs in der Mitte des 19. Jahrhunderts.

Kendenich

Im frühmittelalterlichen Kendenich gab es zwei Fronhöfe: Einer lag an der heutigen Nussallee und gehörte dem Kölner Stift St. Ursula. Der zweite befand sich unmittelbar daneben und war dem Stift St. Cäcilia angegliedert. Aus Letzterem ist die Burg hervorgegangen, deren Herren seit dem 12. Jahrhundert erwähnt werden. Mitte des 15. Jahrhunderts ging sie durch Heirat auf die Familie Wallraven über, dann auf die Familie von Orsbeck und von diesen auf die Freiherren Raitz von Frentz. Johann Sigismund Raitz von Frentz ließ in der Zeit von 1660 bis 1664 das heute noch bestehende barocke Schloss errichten. 1766 wurde es von dem Kölner Bürgermeister Maria Franz Jakob von Groote ersteigert. Die Familie von Groote war eine angesehene, ursprünglich aus Flandern stammende, Kölner Kaufmannsfamilie. Durch Heirat kam der Besitz 1821 an die Familie von Kempis, die das Schloss 1964 an die Gemeinde Hürth veräußerte.

Die Burg Kendenich um 1860, Darstellung aus der Grafiksammlung Preußischer Schlösser von Alexander Duncker. *Unten:* Luftaufnahme der Burg Kendenich mit der benachbarten Kirche, um 1935.

Die unter dem Patrozinium Johannes des Täufers stehende Kirche ist wie die im benachbarten Fischenich eine sehr alte Kirche, die nachweislich schon vor 1159 bestand. Sie war *seit altersher,* wie es in der Urkunde von 1159 heißt, dem Kölner Stift St. Ursula zugehörig.[19] Die alte romanische Kirche wurde 1859 abgerissen und durch eine neue Kirche nach Plänen des Kölner Baumeisters Heinrich Nagelschmidt (1822–1902) in neoromanischen Stil ersetzt. Dabei blieb jedoch der Kirchturm aus dem Jahre 1682 ebenso erhalten wie bei dem erneuten Um- und Ausbau durch Karl Band im Jahre 1956. Zum Kirchspiel Kendenich zählte auch der Kalscheurener Hof, der von 1368 bis zur Säkularisation dem Deutschen Orden gehörte.

Knapsack

Die Entstehungszeit des Ortes Knapsack ist unklar. Mit einiger Sicherheit entstand die Siedlung aber erst am Ausgang des Mittelalters. 1558 wird erstmals das Häuschen eines *Waldbruders* erwähnt. Diese *Einsiedelei* oder *Eremitage*, in der ein frommer Waldbruder oder Eremit lebte und eine kleine Wallfahrtskapelle unterhielt, lag, fast ganz von Wald umgeben, an der Ecke der heutigen Industriestraße/Kirchstraße. Die dazugehörige Kapelle war dem hl. Joseph geweiht. Die Eremitage wurde mit der Säkularisation 1802 aufgehoben. Um die gleiche Zeit wie die Eremitage wird 1556 auch erstmals ein *Knapsacker Velt* genannt. Zu dieser Zeit muss also schon eine Rodung und damit wahrscheinlich neben der Einsiedelei auch eine kleine Ansiedlung bestanden haben. 1651 gab es in Knapsack 19 Männer, die zum Dienst bei den Schützen des kurkölnischen Amtes

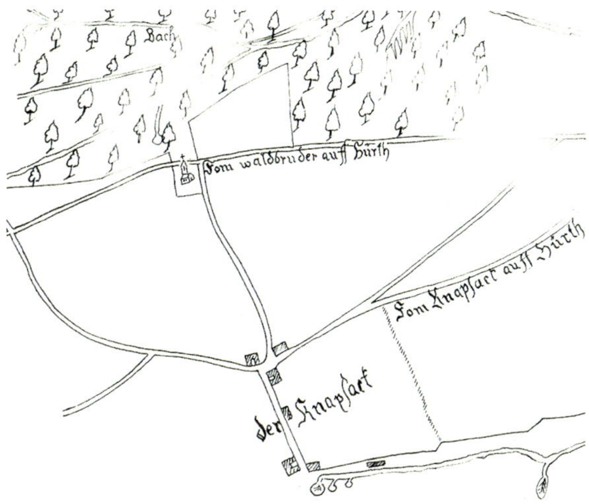

Knapsack 1733 auf der Karte von Petrus Solff: oben die Eremitage an der heutigen Industriestraße, unten das kleine Dorf an der Alleestraße/Wasserturmstraße; ganz unten sind die Quellen des Knapsacker oder Duffesbaches zu sehen.

Die Legende vom Knap(p)sack

Herkunft und Bedeutung des Namens Knapsack sind ungeklärt. Aber es gibt – in verschiedenen Variationen – eine schöne Legende dazu:[20] Als der Kölner Bischof, der hl. Maternus, im 4. Jahrhundert mit Gefolge von einem Konzil in Arles in die Domstadt zurückkehrte, musste die Reisegesellschaft auch den dichten Villewald durchqueren. Als die Herren aus dem Wald heraustraten, waren sie vom Anblick begeistert, den die schöne Stadt am Rhein von der Anhöhe der Ville aus bot, und beschlossen, dort eine letzte Rast einzulegen. Nach einer ordentlichen Stärkung wanderten sie weiter, bis dem hl. Maternus auffiel, dass er am Rastplatz seinen Proviantbeutel, seinen *Knappsack*, vergessen hatte. Sofort eilte einer der Begleiter des Bischofs, der hl. Eucharius, zurück und fand den Sack, in dem sich auch wichtige Papiere und heilige Gerätschaften befanden, unversehrt wieder. Seitdem heißt der Ort, an dem sich der Rastplatz befunden hatte, Knapsack, und an dieser Stelle entstand auch die Kapelle des Knapsacker Einsiedlers.

Lechenich verpflichtet waren.[21] Das kleine, nur aus wenigen Häusern bestehende Dorf entwickelte sich südöstlich der Einsiedelei in der Nähe der Quellen des Knapsacker Baches an der Kreuzung Alleestraße/Kirchstraße/Wasserturmstraße, dort wo sich bis zur Umsiedlung im 20. Jahrhundert immer noch der Dorfmittelpunkt befand.

Sielsdorf

Das kleine Dorf wird zusammen mit Gleuel schon 898 erwähnt. In einer Urkunde von 922 wird eine Schenkung von Ländereien an das Kölner Stift St. Ursula bestätigt. Auch andere Kölner Klöster hatten hier Landbesitz. Der Reuschhalfenhof nördlich der heutigen Ortslage gehörte dem Kölner Domkapitel. Der Hubertushof gehörte zu St. Aposteln und die bereits 1267 erwähnte Sielsdorfer Mühle zu St. Pantaleon. Im 14. und 15. Jahrhundert nannte sich eine adelige Familie *von Sielsdorf*.

Stotzheim

Stotzheims Geschichte hängt eng mit der Efferens zusammen. In beiden Dörfern war aufgrund der Schenkung durch Plektrudis das Kölner Stift St. Ma-

Ortsplan von Stotzheim 1819.

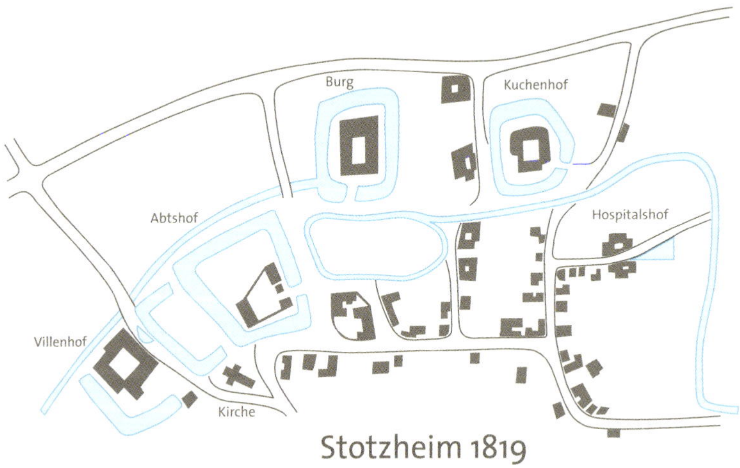

ria im Kapitol Grundherrin, später gehörten beide Dörfer zum Herzogtum Jülich. In einer Urkunde von 1223 wird erstmals eine adelige Familie erwähnt, die sich *von Stotzheim* nannte und auf der dortigen Burg an der Stelle des heutigen Schlebuschhofes residierte. Seit Ende des 14. Jahrhunderts taucht der Familienname allerdings nicht mehr auf. Neben der Burg bestand das Dorf im Wesentlichen aus einer Ansammlung größerer, von

Wassergräben umwehrter Höfe, die alle Lehen des Stiftes St. Maria im Kapitol waren: Villenhof, Hallen- oder Abtshof, Kuchenhof, Hospitalshof. Auch ein Mühlengut wird seit dem 15. Jahrhundert erwähnt, dessen Gebäude aber zu Beginn des 19. Jahrhunderts schon nicht mehr vorhanden waren. Neben den Höfen gab es 1632 in Stotzheim nur noch 15 weitere Häuser.

Das Kloster Burbach

Siegel der Äbtissin des Klosters Burbach an einer Urkunde von 1626. Das Siegel zeigt, wie bei den Zisterziensern üblich, eine Darstellung Marias mit dem Jesuskind.

Das 1233 gegründete Zisterzienserinnen-Kloster Marienborn oder Marienbrunn (*ad fontem Sanctae Mariae:* wörtliche Übersetzung: *bei der Quelle der Heiligen Maria*) spielte in der älteren Geschichte Hürths eine besondere Rolle. Gestiftet wurde es von Guderadis, der Witwe des wohl 1231 verstorbenen, reichen Kölner Patriziers Hartmann von Geyr (oder Gir), *zu ihrem und ihres Mannes Seelenheil.* Das Kloster wurde im abgelegenen Tal des Burbacher Baches in der Nähe einer schon bestehenden Mühle errichtet und von Nonnen des Kölner Klosters *Mariengarten* besetzt. Auch ein Teil der Güter von Mariengarten wurde auf das neue Kloster Marienborn übertragen. Weitere Schenkungen und Stiftungen machten das Kloster zum bedeutendsten Grundeigentümer der Gegend. Es besaß Mitte des 18. Jahrhunderts sieben größere Höfe und umfangreiche Ländereien von insgesamt rund 500 Hektar Größe auch weit über das heutige Stadtgebiet hinaus, wobei die Berrenrather vom Grundbesitz des Klosters in besonderem Maße abhängig waren.[22] Zudem verfügte das Kloster noch über städtischen Hausbesitz in Köln. Die Verpachtung von Ländereien stellte die wichtigste Einnahmequelle für das Kloster dar. Die Pacht wurde in der Regel in Naturalien, überwiegend Getreide, entrichtet. Eier, Butter, Geflügel, Schweine und Lämmer erhielt das Kloster nur von den eigenen Höfen.

Die Äbtissin wurde von den Nonnen gewählt. Bei der Wahl zugegen waren der Generalvisitator, der Abt von Heisterbach im Siebengebirge, und der Visitator, der Abt von Kloster Kamp am Niederrhein. Neben der Verwaltung des Klosters oblag der Äbtissin auch die Rechtsprechung in der niederen Gerichtsbarkeit im Dorf Berrenrath. 34 Äbtissinnen sind mit zeitlicher Zuordnung nachgewiesen. Der Äbtissin zur Seite stand die Priorin, die den Chor leitete und die Funktion einer Stellvertreterin für die Äbtissin einnahm. Im 17. und 18. Jahrhundert lebten etwa 15 Nonnen im Kloster, bei seiner Auflösung 1802 waren es nur noch acht. Von den Nonnen räumlich getrennt wohnten und arbeiteten auch Laienschwestern, für die die Klosterregeln

Kloster Burbach in einer Fotografie aus dem Jahre 1935.

nur in abgemilderter Form galten. Im Kloster lebte ferner ein Pater, der den Gottesdienst versah, die Beichte abnahm und zusammen mit der Äbtissin für die Verwaltung der Klostergüter verantwortlich war. Beide hatten vor dem Abt des Klosters Kamp, der auch für die geistliche Aufsicht zuständig war und die Visitationen durchführte, Rechenschaft abzulegen. Der Pater hatte zudem den Gottesdienst für die Bewohner von Berrenrath abzuhalten.

Der Duffesbach

So wie Köln am Rhein und Wien an der Donau liegen, so lag und liegt Hürth am Duffesbach. Der kleine Bach war immer *der* Bach in Hürth, und er hat in der Geschichte Hürths eine ganz besondere Rolle gespielt.

Wir müssen uns zunächst daran erinnern, dass der Bach ab Hermülheim seit vielen Jahrhunderten in einem künstlichen Bachbett verlief und darin bis in die 20er-Jahre des 20. Jahrhunderts immer mit großer Mühe festgehalten werden musste. In vorrömischer Zeit war der Duffesbach ja irgendwo zwischen Hermülheim, Kalscheuren und Zollstock versickert. Später wurde er ab der Kreuzung Luxemburger Straße/Bonnstraße nach Norden durch die heutige Severinusstraße in den Burgpark umgeleitet, um von dort in einem ebenfalls künstlichen Bachbett weiter nach Köln zu fließen. Die Kurve an der Ecke Luxemburger/Severinusstraße, wo der Bach in einem künstlichen Bachbett oberhalb des natürlichen Geländes geführt werden musste, blieb immer der neuralgische Punkt. Bei jedem Unwetter und jedem größeren Hochwasser durchbrach der Bach hier die Ufermauern und floss wieder wie früher über die Luxemburger Straße in Richtung Kalscheuren. Die Umleitung des Baches in diesem Bereich muss in Zusammenhang mit der römischen Eifelwasserleitung stehen, denn von hier ab folgte der Bach genau dieser Wasserleitung zunächst zum Hermülheimer Burgpark und von dort weiter bis nach Köln. Entweder wurde er schon beim Bau der Eifelwasserleitung ab Hermülheim umgeleitet, um das neue Bauwerk nicht zu gefährden. Oder die Umleitung erfolgte nach dem etwa im 4. Jahrhundert eingetretenen Verfall der Wasserleitung, um nun, wo das Eifelwasser nicht mehr floss, wenigstens noch das Wasser des Duffesbaches bis nach Köln gelangen zu lassen.[23]

Auf diesem Blick von der Luxemburger in die Severinusstraße aus der Zeit um 1920 sieht man links den durch eine Mauer künstlich in seinem Bach gehaltenen Duffesbach.

Der Duffesbach und seine Nutzer

Vom Mittelalter und bis ins 19. Jahrhundert gab es ständig Ärger und Streit um den Bach. Zu viele Interessenten wollten und mussten nämlich das wenige Wasser des kleinen Baches nutzen:

- Die Herren von etwa zehn Herrenhöfen in (Alt-) Hürth, Hermülheim, Efferen, Sülz und Klettenberg, die mit dem Wasser ihre Burgweiher speisen und im Sommer ihre Felder bewässern wollten.
- Die sieben Müller in Hürth, die mit dem Bachwasser ihre Mühlen antrieben.
- Vor allem aber die Gerber, Färber und Walker, die in der Stadt Köln an den sogenannten *Bächen* lagen – in Wahrheit war es natürlich nur ein Bach, nämlich unser Duffesbach.

Wenn aus Hürth kein Wasser in Köln ankam, und das war zum Leidwesen der Kölner öfters der Fall, saßen Letztere buchstäblich auf dem Trockenen. Die *Bachherren* des Kölner Stadtrates wurden dann sofort in Begleitung einer bewaffneten Reiterschar nach Hürth in Marsch gesetzt, um dort feststellen zu müssen, dass die Bachufer wieder einmal irgendwo durchstochen waren und das Wasser abgeleitet wurde. Bei diesen Auseinandersetzungen vertrat die Stadt Köln den Rechtsstandpunkt, der Duffesbach sei kein öffentlicher Wasserlauf mit Gemeingebrauch, sondern unterliege als ein von ihr *künstlich angelegter und unterhaltener Bachlauf* auch ihrem ausschließlichen Nutzungsrecht. Lediglich von Samstagmittag bis Sonntagmittag sollten die Hürther das Wasser des Baches nutzen dürfen, da sonntags in den Kölner Handwerksbetrieben nicht gearbeitet wurde. Die Kölner konnten sich mit dieser Position zwar grundsätzlich immer durchsetzen, aber das hinderte die Hürther keineswegs daran, das Wasser weiterhin zu stauen, ab- oder umzuleiten und für ihre Zwecke zu gebrauchen. Und wenn man die grundsätzlichen Wasserrechte der Stadt Köln auch nicht dauerhaft antasten konnte, so ließ sich doch zumindest immer wieder eine neue Entschädigungszahlung dafür herausschlagen, dass man das Wasser ungehindert nach Köln fließen ließ.

Über viele Jahrzehnte beschäftigte dieser Streit im 16. und 17. Jahrhundert sogar die höchsten Institutionen des *Heiligen Römischen Reiches Deutscher Nation,* den Kaiser in Wien ebenso wie den Reichstag und das Reichskammergericht.[24] Hürth wurde dadurch damals *weltberühmt.* Bereits 1321 legte die Stadt Köln erstmals Beschwerde bei Papst Johannes XXII. ein, da der Deutsche Orden in Hermülheim widerrechtlich Abflussgräben am Duffesbach angelegt habe. In der zweiten Hälfte des 16. Jahrhunderts eskalierten die Auseinandersetzungen erneut: Obwohl es der Stadt Köln 1558 gelungen war, mit dem Herrn von Hürth einen Vertrag über die Wasserrechte abzuschließen, blieb das Wasser im Juli 1560 doch wieder aus. Eine dreiköpfige Abordnung des Kölner Rates ritt sofort nach Hürth und musste feststellen, dass die Randbefestigungen des Baches sowohl in Hermülheim als auch in (Alt-)Hürth durchstochen waren und das Wasser auf die Felder floss. In (Alt-)Hürth wurden die Kölner Bachherren von den aufgebrachten Dorfbewohnern mit Knüppeln, Spießen und Mistgabeln bedroht und festgesetzt. Daraufhin sandte die Stadt Köln eine große Schar bewaffneter Reiter in das kleine Dorf, um nun ihrerseits den Herrn von Hürth, Wilhelm von Harff, zu verhaften.

Die Stadt Köln verklagte Wilhelm von Harff vor dem Reichskammergericht in Wetzlar, dem obersten Gericht des Deutschen Reiches. Von Harff erkannte die Zuständigkeit des Reichskammergerichts jedoch nicht an, da er allein im König von Spanien seinen Herren sehe. Er verklagte seinerseits die Stadt Köln vor den Gerichten des Fürstentums Brabant in Brüssel, deren Zuständigkeit die freie Reichsstadt Köln wiederum nicht anerkannte. Der Fall des Hürther Baches wurde so unversehens zu einem Politikum der großen deutschen und europäischen Politik. Die Niederlande gehörten zwar offiziell noch zum Reich, waren aber, wie oben bereits dargestellt, 1556 der spanischen Linie des Hauses Habsburg zugeschlagen worden und wollten sich nun ganz aus dem Heiligen Römischen Reich Deutscher Nation lösen. Die Klagen von Harffs in Brüssel trafen die Stadt Köln wegen ihrer ausgeprägten Handelsbeziehungen mit Brabant und den Niederlanden an einem wunden Punkt. Die Brüsseler Behörden verhängten nämlich Repressalien gegen Kölner Kaufleute, um die Reichsstadt zur Anerkennung der Zuständigkeit der brabantischen Gerichte zu zwingen. Diese, durch den kleinen Hürther Bach ausgelösten, heftigen und äußerst komplizierten juristischen Auseinandersetzungen beschäftigten mehrfach auch Reichs- und Kurfürstentage und konnten endgültig erst 1643 – gegen Ende des Dreißigjährigen Krieges - durch einen außergerichtlichen Vergleich zwischen der Stadt Köln und dem Herren von Hürth beigelegt werden.

Wirtschaftliche Grundlagen: Landwirtschaft, Mühlen, Weinbau

Über viele Jahrhunderte hinweg war das Leben der Menschen äußerst mühselig und ärmlich. Landwirtschaft war praktisch die einzige Möglichkeit zum Broterwerb, und Mangel in allen Bereichen bestimmte das Leben der Menschen: Mangel an Land, Mangel an Viehfutter, an Düngemitteln und Brennstoffen. Große Teile des Landes gehörten dem Adel, dem Kloster Burbach oder den großen Kölner Stiften und Klöstern, von denen die Bauern in vielfältiger Weise abhängig waren. Im Mittelalter wurde die sogenannte *Dreifelderwirtschaft* betrieben, bei der dem Anbau von Winter- und Sommerfrucht ein Jahr Brache folgen musste, damit der Boden sich erholen konnte. Dünger stand fast nur in Form von Viehdung zur Verfügung, und die Viehhaltung konnte wegen der knappen Weideflächen und des zu geringen Viehfutters nicht ausgeweitet werden. Teilweise konnte das Vieh auch im Villewald gehütet werden. Da das Holz des Waldes aber auch für die Feuerung erforderlich war, war die Waldnutzung insgesamt zu intensiv und führte zu einer dauerhaften Schädigung des Waldes, der zum Niederwald wurde oder zu *Heiden* verkümmerte, sodass wiederum eine Ertragsminderung die Folge war. Obwohl am Villehang und auf der östlich davor liegenden Mittelterrasse gute Lößböden vorherrschen, blieben die Ernteerträge gering. Seit dem 18. Jahrhundert wurde die Dreifelderwirtschaft allmählich durch eine etwas ertragreichere sechsjährige Fruchtfolge abgelöst, bei der wenigstens einmal die Brache durch den Anbau von Blattfrüchten wie Klee oder Hülsenfrüchten ersetzt wurde.[25]

Wegen der drei das heutige Stadtgebiet durchfließenden Bäche – Hürther, Burbacher und Gleueler Bach – spielten die Wassermühlen eine wichtige Rolle im Wirtschaftsleben. Insgesamt ist die Existenz von 16 Mühlen an den nur vier bis fünf Kilometer langen Bachläufen belegt. In (Alt-) Hürth und Gleuel betrug der Abstand zwischen den Mühlen jeweils nur einige hundert Meter, was naturgemäß ständige Auseinandersetzungen um die Wasserführung und Wasserrechte zur Folge haben musste.

Die Mühlen an den Hürther Bächen

Hürther oder Duffesbach: Obere oder Talmühle, Horster oder Metternichs-Mühle, Mittlere oder Hammermannsmühle, Untere oder Schollsmühle (Alt-Hürth), Herrenmühle, Abtsmühle (Hermülheim); Schleifkotten (Efferen)

Burbacher Bach: Öl- und Mahlmühle des Klosters, Burbacher Dorfmühle

Gleueler Bach: Ölmühle Schallmauer, Oberste oder Oebelsmühle, Keips- oder Correnssmühle, Burgs- oder Mertensmühle, Unterste Mühle (Gleuel), Sielsdorfer Mühle.[26]

Die Metternichsmühle in Alt-Hürth um 1910.

Die Herrenmühle in Hermülheim um 1910.

Einige Mühlen bestanden bereits seit dem Hochmittelalter. Falls die Erwähnung der *Villa Molinen* in der Prümer Urkunde von 943 sich tatsächlich auf Hermülheim bezieht, würde dies bedeuten, dass sich dort schon im 10. Jahrhundert eine Mühle befand. Sicher belegt ist dies für 1166, als der Ort *Mulenhem* genannt wurde. Bei Gründung des Klosters Burbach 1233 bestand dort schon eine Mühle. Die Hermülheimer Abtsmühle wird erstmals 1260 erwähnt und die Sielsdorfer Mühle 1267. Da die Villebäche nur wenig Wasser führten und das Gefälle gering war, waren die Hürther Mühlen nicht sehr leistungsfähig. In der Regel konnte nur wenige Stunden am Tag gemahlen werden, wofür das Wasser in einem oberhalb der Mühle gelegenen Mühlenteich erst angestaut werden musste. Am Duffesbach waren die Nutzungsmöglichkeiten noch zusätzlich durch die von der Stadt Köln beanspruchten Wasserrechte eingeschränkt. Bis zur Franzosenzeit herrschte Mahlzwang, das heißt die Bauern waren verpflichtet, nur die zu ihrer Grundherrschaft gehörige Mühle zu benutzen. In Teilen erhalten sind heute nur noch die Burbacher Dorfmühle sowie die Correnspmühle in Gleuel.

Vom Mittelalter bis zur Mitte des 19. Jahrhunderts wurde an den Villehängen zwischen Alstädten und Fischenich auch Wein angebaut.[27] Einige Straßennamen in Hürth wie Wingertstraße (Alt-Hürth), Weingartenstraße (Kendenich) und Rebenfeld (Fischenich) erinnern noch daran. Beim Kauf Hermülheims durch den Deutschen Orden 1256 erwarb dieser auch vier Morgen Weinberge. 1389 erstand die Kölner Kartäusermönche, die seit 1348 den Weilerhof besaßen, in Fischenich einen halben Morgen Weingarten.

Auf der Zeichnung der **Burg Kendenich** von Renier Roidkin von etwa 1732 sind rechts am Hang neben der Burg Kendenich deutlich die **Weinstöcke** im Kendenicher Weinberg zu erkennen.

Mit dem Kauf des später so benannten Kartäuserhofes im Jahre 1408 kamen weitere zweieinhalb Morgen und ein Kelterhaus hinzu. 1669 gab es in Kendenich 15 Morgen, das sind etwa vier Hektar Weinberge und Weingärten. 1782, am Vorabend der Französischen Revolution, waren es gut 19 Morgen.[28] Für Alstädten wird bereits 1262 ein Weinberg erwähnt. In Kendenich gab es bis ins 18. Jahrhundert ein kurfürstliches Weinhaus, die *Lockmeis,* in der der hier gewonnene Wein verzapft wurde.

In den Kriegswirren der Franzosenzeit wurde ein größerer Teil der Weinberge zerstört, was offenbar das Ende des Weinbaus in Kendenich bedeutete. In Fischenich wurde der Weinbau aber auch nach der Franzosenzeit noch weiter betrieben und von den neuen preußischen Behörden seit 1815 auch gefördert. 1838 war in Fischenich an der Burgruine nach einem Bericht des Bürgermeisters Felten noch eine Fläche von 67 Quadratruthen, das waren etwa 950 Qudratmeter, mit 240 Weinstöcken roten Weines besetzt. Die Stöcke waren um 1830 neu angepflanzt worden. Das kleine Weingut gehörte dem Grafen Wolff-Metternich zu Liblar und wurde von Bertram Auweiler als Pächter bearbeitet.[29] Um die Mitte des 19. Jahrhunderts wurde der Weinbau am Vorgebirge und damit auch in Hürth aber endgültig durch den zunehmenden Gemüse- und Obstanbau verdrängt, da der kontinuierliche Verkauf von Obst und Gemüse auf den wachsenden städtischen Märkten in Köln und Bonn für die Bauern lukrativer war, zumal die beiden Städte seit dem Bau der Eisenbahnlinie Köln–Bonn 1844 deutlich einfacher zu erreichen waren. Mit beigetragen zur Aufgabe des Weinbaus haben auch mehrere Missernten zu Beginn der 1840er-Jahre sowie die durch den Eisenbahnbau verbesserten Möglichkeiten, qualitativ bessere Weine aus Süddeutschland nach Preußen einzuführen.[30]

Die Zeichnung Roidkins zeigt links auch Kirche und Burgruine in Fischenich. Rechts im Hintergrund sind Efferen und Köln/Cologne angedeutet.

Die Franzosenzeit 1794–1814

Französische Besetzung und Verwaltungsneuorganisation: Geburtsstunde der modernen Gemeinde Hürth

Mit der Kriegserklärung des revolutionären Frankreich an Österreich vom 20. April 1792 begann eine mehr als 20-jährige Phase der Kriege in Europa, die auch das Hürther Gebiet nicht nur tangierte, sondern völlig umgestaltete, im Sinne des Wortes tatsächlich revolutionierte. Zunächst litten die Menschen unter den Einquartierungen und Requirierungen der Armee des deutschen Reiches. Nachdem die französischen Truppen am 12. Juni 1794 bei Fleurus die österreichische Armee entscheidend geschlagen hatten, rückten sie schnell in Richtung Rhein vor. Am 23. September besetzten sie kampflos Aachen, am 2. Oktober setzten sie über die Rur. Am 3. Oktober floh der Kölner Kurfürst Max Franz aus seiner Residenzstadt Bonn auf die rechte Rheinseite, und die Hürther Familie von Groote von Burg Kendenich folgte ihm ebenso wie der Komtur des Deutschen Ordens in Hermülheim.[1] Am 6. Oktober 1794 zogen die Franzosen in Köln ein, und damit stand auch das Gebiet der heutigen Stadt Hürth unter ihrer Kontrolle. Die Besitztümer der adligen Emigranten, wie der Familie von Groote, und die klösterlichen Besitzungen wurden beschlagnahmt und einer französischen Verwaltung unterstellt.

Darstellung der Republik auf einem Ausweis für den Kölner Peter Gottschalk Wasserfall vom November 1797.

Die Franzosen richteten noch im Oktober 1794 in Aachen eine Zentralverwaltung für die besetzten Gebiete ein, die in den folgenden Wochen in sieben *Arrondissements* (Bezirke), diese in *Kantone* (Kreise) und letztere wiederum in *Munizipalitäten* (Ämter) aufgeteilt wurden. Es ging ihnen dabei zunächst darum, die Truppen in den eroberten Gebieten versorgen zu können. Die nicht geflohenen Verwal-

tungsbeamten wurden deshalb zur Weiterarbeit verpflichtet. Bei der Einteilung in Arrondissements hielt man sich zunächst weitgehend an die alten territorialen Verhältnisse, die im Wesentlichen durch eine Aufteilung des nördlichen linken Rheinlandes zwischen dem Herzogtum Jülich und dem Kurfürstentum Köln geprägt gewesen waren. Daher umfasste der Bezirk (Arrondissement) Aachen das Gebiet des ehemaligen Herzogtums Jülich und der freien Reichsstadt Aachen, der Bezirk Köln mit Sitz in Bonn das Gebiet des ehemaligen Kurfürstentums Köln und der freien Reichsstadt Köln.

Dies bedeutete für unser Stadtgebiet, dass die zum Amt Bergheim des Herzogtums Jülich gehörigen Dörfer Efferen, Stotzheim und Fischenich dem Kanton Jülich im Arrondissement Aachen zugeschlagen wurden. Die übrigen, zum Kurfürstentum Köln gehörigen Dörfer kamen entsprechend zum Kanton Köln im Arrondissement Köln/Bonn.[2] Im Juni 1795 wurde der Kanton Köln in die Munizipalitäten Köln, Brühl und Brauweiler gegliedert.

Eine Jakobinermütze, um 1793. Symbol der französischen Revolution.

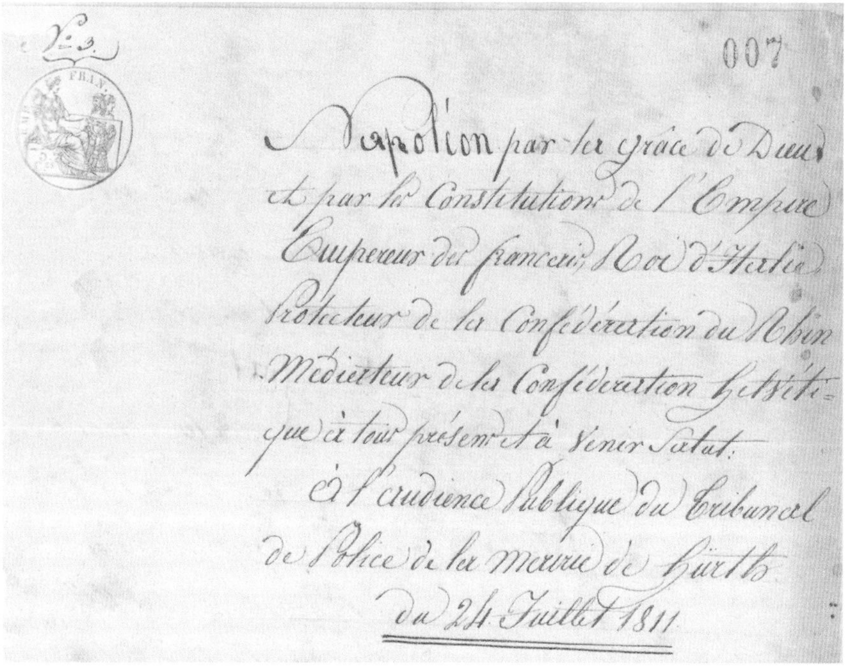
N° 3.

007

Napoléon par la grâce de Dieu
et par la Constitution de l'Empire
Empereur des français, Roi d'Italie
Protecteur de la Confédération du Rhin
Médiateur de la Confédération helvéti-
que à tous présens et à venir Salut.
À l'audience publique du Tribunal
de Police de la mairie de hürth
du 24 Juillet 1811.

Urteil des Polizeigerichts der *Mairie Hürth* in französischer Sprache vom 24. Juli 1811.

Mit dieser Verwaltungsreform verbunden war eine weitreichende Justizreform. Die vielen weltlichen und kirchlichen Gerichte, deren Zuständigkeiten selbst den Juristen nicht klar waren, wurden durch eine einfache, überschaubare Gerichtsorganisation ersetzt. In jeder Munizipalität wurde ein Friedensgericht für kleinere Fälle eingesetzt. In den Kantonen entstanden Zivil- und Strafgerichte der ersten Instanz, und in den Arrondissements Berufungsgerichte (Appellationsgerichte).

Die Munizipalität Köln umfasste die Stadt Köln innerhalb ihrer Stadtmauern. Als Grenze zwischen den Munizipalitäten Brühl und Brauweiler, die jeweils noch in vier Distrikte unterteilt wurden, wurde der Duffesbach von seiner Quelle bis zur Kölner Stadtgrenze festgelegt, wobei die am Bach liegenden Orte Brauweiler zugeschlagen wurden. Kendenich mit dem Kalscheurener Hof kam also zur Munizipalität Brühl und bildete dort zusammen mit Meschenich, Vochem und Klettenberg den vierten Distrikt. Ursprünglich war die Zuordnung des zu Valkenburg/Brabant gehörigen (Alt-) Hürth nach Aachen/Jülich vorgesehen gewesen,[3] man entschied sich dann aber doch für die Munizipalität Brauweiler im Kanton Köln. Bei der Distrikteinteilung der Munizipalität Brauweiler zeichnen sich erstmals die Umrisse der späteren Gemeinde Hürth ab. Denn alle Dörfer am Duffesbach und nördlich davon - außer Efferen und Stotzheim – gehörten nun zum zweiten Distrikt innerhalb der Munizipalität Brauweiler. In dem Protokoll werden genannt: *Gleuel, Silsdorf, Hornbell, Zieskoven, Bourbach, Aldenrath, Ursfeld, Altstetten, Hürth, Hermülheim, Berrenrath und Knapsack.*[4]

Die neuen Verwaltungen konnten die wachsenden Probleme jedoch nicht bewältigen: Unordnung, Chaos, Korruption, wirtschaftliche Not und Hunger nahmen zu. Das Pariser Direktorium unterstellte daher im Februar 1797 das gesamte besetzte Gebiet dem Kommandeur der Maas- und Sambre-Armee, General Lazare Hoche, der keinen anderen Ausweg sah, als die alten Verwaltungsbehörden der vorrevolutionären Zeit wieder einzusetzen. Hoche verfolgte damit auch das Ziel, eine eigenständige, wenn auch von Frankreich abhängige, *Cisrhenanische Republik* zu schaffen. Der unerwartete Tod Hoches und die militärischen Erfolge Napoleons führten aber schon im Oktober 1797 zu einer erneuten Wendung in der französischen Rheinlandpolitik. Nachdem das geschlagene Österreich am 17. Oktober 1797 im Friedensvertrag von Campo Formio die Abtretung der linksrheinischen Gebiete zugestanden hatte, sollten diese nun völlig in den französischen Staat integriert werden. Am 4. November 1797 ernannte das Pariser Direktorium den Richter am Pariser Kassationsgerichtshof, Franz Joseph Rudler, der als Elsässer Französisch und Deutsch sprach, zum neuen Regierungskommissar für die besetzten Gebiete.

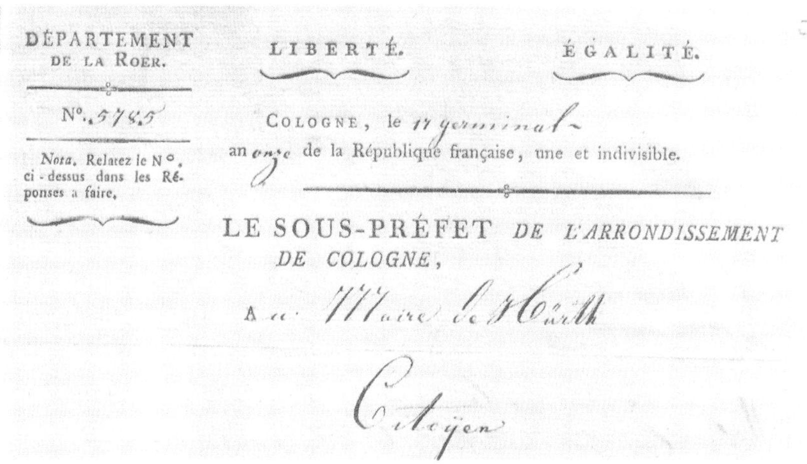
DÉPARTEMENT DE LA ROER.

N°. 5785

Nota. Relatez le N°. ci-dessus dans les Réponses à faire.

LIBERTÉ. ÉGALITÉ.

COLOGNE, le 17 germinal an onze de la République française, une et indivisible.

LE SOUS-PRÉFET DE L'ARRONDISSEMENT DE COLOGNE,

Au Maire de Hürth

Citoyen

Schreiben des Unterpräfekten des Arrondissement Köln an den *Bürger Bürgermeister* von Hürth vom 17. Germinal des Jahres XI der Französischen Republik (7. April 1803).

Rudler teilte das besetzte Gebiet am 23. Januar 1798 entsprechend der Verwaltungsorganisation in Frankreich in vier Départements ein. Unser Gebiet gehörte zu dem nördlichsten, nach dem Fluss Rur benannten, Roer-Département mit Sitz in Aachen und darin zum Arrondissement Köln. Der Kölner Bezirk bestand aus zehn Kantonen, darunter in unserem Bereich Köln, Weiden, Bergheim, Kerpen, Brühl und Lechenich. Mit dieser Neuordnung wurden die alten Grenzen zwischen Jülich und Kurköln endgültig aufgehoben. Der ehemalige zweite Distrikt der Munizipalität Brauweiler kam zusammen mit Fischenich und Kendenich zum Kanton Brühl. Efferen und Stotzheim schieden aus dem Bergheimer Amtsbereich aus und wurden als eine Gemeinde Efferen-Stotzheim zusammen mit Bachem, Frechen, Junkersdorf und Melaten-Kriel dem Kanton Weiden zugeschlagen.[5] Für folgende *Gemeinden* wurden Gemeindevorsteher *(Agents Municipaux)* und Beigeordnete *(Adjoints)* eingesetzt: Gleuel mit Berrenrath und Knapsack (Joseph Theisen und Peter Klein), Hermülheim (Peter Joseph Honnecker und Lambert Draf), Hürth mit Alstädten (Franz Becker und Christian Schiffer), Kendenich (Wilhelm Correns und Tilman Dorp), Fischenich (Scheber und Johann Schüller), Efferen mit Stotzheim und Lind (Mathias Niesen und Mathias Storck).[6] Dies waren die Hauptorte, die eine eigene Kirche besaßen, also die alten *Kirchspiele* der vorrevolutionären Zeit.

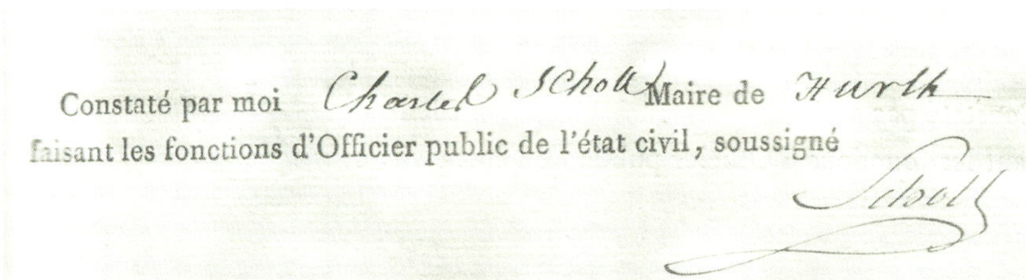
Constaté par moi Charles Scholl Maire de Hurth
faisant les fonctions d'Officier public de l'état civil, soussigné
Scholl

Unterschrift des Bürgermeisters *Charles* Scholl unter einer Sterbeurkunde vom 20. Juni 1808.
unten: Napoleon Bonaparte.

Die Machtübernahme Napoleons am 9. November 1799, der nun mit zwei weiteren Konsuln Frankreich regierte, führte zu einer erneuten Verwaltungsänderung. Jede Gemeinde sollte nun einen *Maire* (Bürgermeister) sowie einen *Adjoint* (Beigeordneten) als dessen Vertreter erhalten. Da diese selbstverständlich gut Französisch sprechen und schreiben können mussten, fanden sich allerdings zu wenige geeignete Kandidaten. Deshalb wurden in den rheinischen Départements jeweils mehrere Gemeinden zu einer *Mairie* (Bürgermeisterei) zusammengefasst, womit nun endgültig die Geburtsstunde der heutigen Stadt Hürth schlagen sollte. Aus dem zweiten Distrikt der ehemaligen Munizipalität Brauweiler sowie Kendenich und Fischenich

Emmanuel Scholl (1779–1849). Theresia Scholl, geb. v. d. Rennen (1775–1829).

Karl Josef Scholl

Der 1743 geborene Scholl war ein wohlhabender Mann. Er entstammte einer Koblenzer Ratsherrenfamilie, hatte 1772 eine Tochter des Kölner Ratsherrn Adam Joseph Schülgen geheiratet und danach die Direktion der Kölner Lottogesellschaft übernommen. Sein so verdientes Geld investierte er in Ländereien rund um Hürth und Hermülheim. Nach der Säkularisation erwarb Scholl gemeinsam mit seinem Schwager Schülgen weitere umfangreiche Ländereien in der nun von ihm verwalteten *Mairie Hürth.* Dazu gehörten nun der Weilerhof und der Kartäuserhof in Fischenich sowie Grundbesitz des aufgelösten Klosters Burbach. Vermittelt wurden diese Ankaufe von seinem Sohn Emmanuel (1779–1849), der als Steuereinnehmer für die Franzosen arbeitete und so über beste Beziehungen zu der für die Abwicklung der Säkularisation zuständigen Domänendirektion verfügte. Karl Josef Scholl starb als *Rentier* am 28. Oktober 1809 in Hürth. Emmanuel Scholl übernahm den Hürther Grundbesitz und begann seit 1813 mit dem Aufschluss der *Grube Theresia* am Alstädter Berg.

wurde bis zum August 1800 die *Mairie Hurth* (Bürgermeisterei Hürth) gebildet und dem Kanton Brühl zugeordnet. Am 9. Oktober 1800 wurde Karl Joseph Scholl als erster Bürgermeister der neuen Bürgermeisterei Hürth vereidigt. Er ging Ende 1808 in Pension. Sein ältester Sohn, der Arzt Adam Joseph Scholl, wurde am 9. November 1809 sein Nachfolger und blieb über das Ende der französischen Herrschaft hinaus bis 1817 Bürgermeister von Hürth.[7]

Zum Bürgermeister der *Mairie Efferen* wurde am 4. März 1801 Johann Huberty ernannt. Der 1770 geborene Huberty hatte studiert und wurde

Amtsstempel der *Mairie d'Efferen* und Unterschrift des Bürgermeisters Huberty.

danach Steuereintreiber, Munizipalagent sowie Assessor beim Friedensgericht in Weiden. 1812 stellten die französischen Behörden ihm ein gutes Zeugnis aus, sein *Bürgersinn* und sein *Diensteifer* wurden dabei besonders hervorgehoben. Zu diesem Zeitpunkt war er auch als Küster tätig.[8] Huberty blieb bis 1845 Bürgermeister von Efferen. Gleichzeitig mit der Ernennung der Bürgermeister wurde je ein Gemeinderat *(Conseil municipal)* für die beiden neuen Mairies ernannt, die sich damit zu zwei einheitlichen Verwaltungsbezirken entwickelten.[9]

1799 führten die Franzosen eine erste Volkszählung in unserem Gebiet durch. Danach lebten damals im heutigen Stadtgebiet 3.721 Menschen in 679 Haushalten, darunter 36 Juden:[10]

Tabelle 1: **Einwohnerzahlen 1799**

Kommune	Einwohner	davon unter zwölf Jahren	Haushalte
Efferen	440	111	66
Stotzheim	249	55	39
Sielsdorf	34	6	12
Gleuel	426	123	89
Alstädten	234	62	46
Burbach	102	32	23
Hermülheim	356	122	63
Hürth	466	130	89
Berrenrath und Knapsack	183	39	40
Kendenich	472	128	82
Fischenich	759	234	130

Freiheitsbäume und Kontributionen

Die französischen Revolutionäre brachen mit Macht in ein rückständiges Land ein, in dem sich seit dem Ausgang des Mittelalters kaum etwas verändert hatte. Das mehr oder weniger, meist weniger, auskömmliche bäuerliche oder handwerkliche Leben, der Gehorsam gegenüber Adel und Kirche, ein verwickeltes und kompliziertes System von Abhängigkeiten und Rechten prägten das Leben der Menschen. Nun mussten die Rheinländer mit einem Schlag und in kürzester Zeit eine Veränderung ihrer gesamten Lebensverhältnisse verkraften. Die Franzosen beendeten die Kleinstaaterei und führten ein rationales Verwaltungs- und Rechtssystem ein, das den alten Verhältnissen haushoch überlegen war und in aller Welt Vorbild werden sollte. Dazu gehörten die Abschaffung der Adelsprivilegien und der Leibeigenschaft, eine zivile Verwaltung, die Unabhängigkeit und Öffentlichkeit der Gerichte, die Gewerbefreiheit. Es gab im Rheinland, vor allem in den Städten und größeren Orten, Menschen, die mit der französischen Revolution und den französischen Revolutionären sympathisierten. Zumindest in Bergheim und Brühl errichteten Gruppen von Republikanern Freiheitsbäume und unterstützten die Bildung einer Rheinischen Republik oder später den Anschluss der besetzten Gebiete an Frankreich.

Dieser Freiheitsbaum wurde am 9. Oktober 1794 auf dem Kölner Neumarkt errichtet.

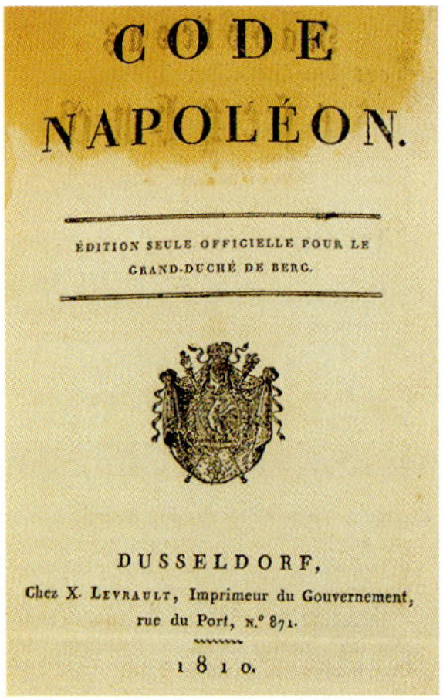
CODE NAPOLÉON.

ÉDITION SEULE OFFICIELLE POUR LE GRAND-DUCHÉ DE BERG.

DUSSELDORF, Chez X. LEVRAULT, Imprimeur du Gouvernement, rue du Port, N.° 871.

1810.

Der Code Civil, auch als »Code Napoléon« bezeichnet, das wichtigste Gesetzbuch der Reform des Rechtswesens in der französischen Zeit.

Aber die Begeisterung für die neuen Freiheiten wurde getrübt durch die schweren Belastungen, die Kriege und Besatzung mit sich brachten. Die französischen Truppen brachten außer revolutionärem Elan und großem Hunger nichts mit. So kam es auch in Hürth schon bei ihrem Einmarsch 1794 zu schweren Plünderungen. Auf dem Kalscheurener Hof stahlen die Soldaten einen Wagen mit zwei Pferden und Geschirr, vier Schweine, einen Schinken, 80 Zentner Hafer, 140 Zentner Heu, einen Ring, ein Kreuz, 36 silberne Löffel, zehn Tischtücher, 30 Hemden, 80 Taler und Brennholz, zusammen im Wert von 1300 Reichstalern.[11] Ständig mussten neue Truppen einquartiert und versorgt, neue Kontributionen aufgebracht, Pferde und Vieh abgeliefert und neue Steuern gezahlt werden. Seit 1798 forderte der französische Staat Grund-, Kopf-, Mobiliar-, Tür-, Fenster- und Patentsteuern. Nachdem das Rheinland 1801 Bestandteil Frankreichs geworden war, unterlagen alle unverheirateten Männer zwischen 20 und 25 Jahren der Wehrpflicht. Das Los entschied, wer tatsächlich den Dienst in der Armee leisten musste. 1809 waren dies 14 und 1811 20 junge Männer aus Hürth und Efferen. Zwölf Hürther sind namentlich bekannt, die 1812 im Russlandfeldzug Napoleons ums Leben kamen.[12]

Kirchen- und Schulpolitik, Säkularisation und Aufhebung des Klosters Burbach

1794 befanden sich 54 Prozent, also über die Hälfte des heutigen Stadtgebietes, in kirchlichem Besitz. Die größten Grundbesitzer waren das Kölner Stift St. Maria im Kapitol mit 730 Hektar (Großer Hof, Lindlarer Hof, Fronhof, Bredemarhof in Efferen, Villenhof und Mühlengut in Stotzheim), die Hermülheimer Kommende St. Katharina des Deutschen Ordens mit 542 Hektar (Burghof und Mühle in Hermülheim, Kalscheurener Hof, Schullerhof in Ursfeld), das Kölner Domkapitel mit 362 Hektar (Burghof, Großer Hof und Mühlen in Gleuel, Burg Horbell, Keuschhof in Sielsdorf, Domhof in Ursfeld) und das Zisterzienserinnenkloster bei Burbach mit 231 Hektar. Darüber hinaus besaßen zahlreiche weitere Kölner Klöster und Stifte Höfe, Mühlen sowie größere und kleinere Ländereien im heutigen Stadtgebiet. Die 1802 erfolgte Enteignung all dieser Güter und ihre anschließende Versteigerung und Privatisierung – dieser Prozess wird als Säkularisation bezeichnet – bedeutete die größte Vermögensumwälzung, die es in der Hürther und rheinischen Geschichte je gegeben hat.

Vor der Säkularisation hatte es bereits eine Vielzahl antikirchlicher Maßnahmen gegeben, deren Zahl und Intensität sich vor allem seit 1798 nach der Übernahme der Verwaltung der besetzten Gebiete durch Franz Joseph Rudler steigerte. Der Staat forderte, dass Mönche und Nonnen die Klöster verließen, und er verbot die Neuaufnahme von Novizinnen und Novizen. 1798 wurden die Zivilstandsregister eingeführt – bis dahin hatten die Pfarrer über Jahrhunderte die Geburts-, Heirats- und Sterberegister geführt. Besonders einschneidend war die Einführung des republikanischen Kalenders am 20. Juli 1798: Die siebentägige Woche wurde durch eine zehntägige Dekade ersetzt, und alle christlichen Feiertage wurden abgeschafft. Ende 1801 wurde die katholische Kirche verstaatlicht und neu organisiert. Der Klerus, der seine bisherigen Pfründen und Einnahmen verloren hatte, wurde nun vom Staat bezahlt. In jedem Friedensgerichtsbezirk oder Kanton wurde eine Hauptpfarrei errichtet (in unserem Gebiet war das St. Margareten in Brühl), der in den einzelnen Orten Hilfspfarreien unterstellt wurden. In der Mairie Hürth gab es damals Kirchen in Fischenich, Gleuel, Hermülheim, Hürth und Kendenich, ferner existierten je eine Kirche in Efferen und Stotzheim. Um die Aufteilung der Hilfspfarreien kam es zu langen Auseinandersetzungen, in deren Folge die Pfarrei St. Severin in Hermülheim 1808 aufgehoben und der Pfarre St. Katharina in Hürth zugeschlagen wurde.[13] Erst 1834 in preußischer Zeit erlangte die Hermülheimer Severinus-Pfarre wieder ihre Selbstständigkeit.

Französische Assignate – Das Geld der französischen Republik.

Mit der Verstaatlichung der Kirche wurden auch die Schulen säkularisiert und den Gemeinden unterstellt. Die Schulgesetze von 1798 und 1802 entzogen den Pfarrern die Schulaufsicht und das Recht zur Anstellung der Lehrer und übertrugen es auf die Zivilgemeinden, die die Lehrer nun auch besolden und ihnen eine Wohnung zur Verfügung stellen mussten. Die Lehrer benötigten jetzt auch einen Ausbildungsnachweis – in Brühl wurde dazu eine Schulmeisterschule eingerichtet – und eine staatliche Unterrichtserlaubnis. Allerdings blieb der Schulbesuch weiter freiwillig, und die Eltern mussten nach wie vor Schulgeld bezahlen. Für arme und Not leidende Familien wurde das Schulgeld jedoch, auch dies eine wichtige Neuerung, von den neu geschaffenen Wohlfahrtsämtern übernommen. 1802 gab es

Primarschulen, wie sie nun genannt wurden, in Alstädten, Berrenrath, Fischenich, Gleuel, Hermülheim, Hürth und Kendenich sowie in Efferen und Stotzheim. Trotz des fehlenden Schulzwangs zeigten die französischen Maßnahmen positive Wirkungen: Eine Auswertung der Heiratsurkunden im Hürther Standesamt ergab, dass 1801 nur elf Prozent der Brautleute ihren Namen schreiben konnten, 1820 hingegen waren es schon 40 Prozent. Obwohl 1825 im preußischen Rheinland die Schulpflicht eingeführt wurde, lag der Prozentsatz 1840 immer noch bei nur 40 Prozent.

Die Hürther Bachtäler um 1810, Detail aus der Tranchotkarte.

Am 11. August 1802 wurde das traditionsreiche Kloster Burbach aufgehoben. Zu diesem Zeitpunkt lebten dort neben dem Prior Dionis Miltz und der Äbtissin Mechtild Kesselkaul noch sieben Nonnen und neun Bediens-tete. Das Kloster wurde der neu geschaffenen *Ehrenlegion* zugeschlagen, die es 1803 an Bürgermeister Karl Josef Scholl verpachtete. Ein Versuch zur Versteigerung 1805 schlug fehl. Die Klostergebäude verfielen, 1809 waren sie bereits heruntergekommenem und in einem nicht mehr nutzungsfähigen Zustand. Bis zum Ende der französischen Herrschaft gelang es nicht, das Kloster zu veräußern, und so kamen die dann noch erhaltenen Gebäude 1815 an den preußischen Staat, der darin ein Forstamt einrichtete. Die ruinöse Kirche wurde 1818 der Gleueler Kirchengemeinde übertragen, die das Baumaterial zur Reparatur der Pfarrkirche in Gleuel verwendete.[14]

Wie das Kloster Burbach wurden auch andere große Höfe und Güter als *Dotationen* (Zuwendungen) an die *Ehrenlegion* (Pescherhof in Alstädten, Stumbshof in Burbach, Fronhof und Kartäuserhof in Fischenich, Burghof Gleuel, Burg Horbell, Kalscheurener Hof, Pantaleonshof und Fronhof in Kendenich, Huppertzhof und Keuschhof in Sielsdorf, Abtshof in Stotzheim, Domhof und Schullerhof in Ursfeld) oder an die *Senatorie*[15] von Poitiers (Großer Hof Gleuel, Burghof Hermülheim, Großer Hof, Bredemarhof, Lindlarer Hof in Efferen, Villenhof und Mühlenhof in Stotzheim, Weilerhof in Fischenich) übertragen. Diese Güter wurden meist erst später versteigert, nachdem Napoleon 1809 die Dotationen wieder rückgängig gemacht und den Adelsstand in Frankreich wieder eingeführt hatte. Andere, vor allem kleinere Höfe und Parzellen wurden schon vorher, hauptsächlich zwischen 1806 und 1808 veräußert. Es war die große Zeit der Immobilienspekulation. Wer Geld hatte, konnte günstig große Ländereien erwerben und so sein Vermögen gehörig mehren. Dazu gehörte sicher der Hürther Bürgermeister Scholl, der Immobilien im Wert von 85400 Franc erwarb. Die meisten Erwerber waren jedoch auswärtige Kapitalanleger. Nur etwa 18 Prozent der Grundstücke wurden von Ortsansässigen gekauft, darunter waren einige reichere Bauern, die die bisher von ihnen gepachteten Höfe erwerben konnten.[16]

Horbell
Bellerfeld
Sielsdorf
Sielsdorferfeld
Bachem.
Gleuelerfeld.
Stotzen
Stotzener
Gleuel
Aldstäden
Bourbach.
Chateau
Convent de Burbach
Supprimé.
Hurther Feld.
Berrenrath
Hürth
Berenratherbusch.
CANTON
Hurther Busch.
Knabsack
DIE VILLE

Das 19. Jahrhundert bis zum Ersten Weltkrieg

Gemeindeentwicklung und Kommunalpolitik

Ein Blick in die Tonröhrenfabrik der Ribbertwerke bei Hermülheim um 1890. Über zahlreiche Transmissionen werden die Maschinen zur Bearbeitung des Tons angetrieben. Ein gestrenger Aufseher überwacht die Arbeiter.

Das Rheinland wurde 1815 durch den Wiener Kongress dem Königreich Preußen zugeschlagen, welches hier zunächst zwei Herzogtümer, das Herzogtum Berg und das Großherzogtum Niederrhein, errichtete, um diese 1822 dann zu einer *Rheinprovinz* mit Sitz des Oberpräsidenten in Koblenz zusammenzufassen. Die neue Provinz bestand aus sechs Regierungsbezirken, die in etwa den französischen Arrondissements entsprachen, und diese wurden in Städte und Landkreise, ähnlich den bisherigen Kantonen gegliedert. Die Bürgermeistereien Hürth und Efferen wurden Bestandteil des Landkreises Köln im Regierungsbezirk Köln.

Die kommunalen Ordnungen und Institutionen aus der französischen Zeit wurden beibehalten, das heißt, es gab weiterhin die beiden *Mairies* Hürth und Efferen, jetzt Bürgermeistereien genannt, mit den Bürgermeistern Scholl und Huberty an der Spitze. In beiden Bürgermeistereien bestand jeweils ein Gemeinderat, für den neue Mitglieder nun bei Bedarf auf Vorschlag der Bürgermeister und des Landrates von der Königlichen Regierung in Köln ernannt wurden. Die Aufsichtsbehörden achteten hierbei offenbar darauf, dass aus jedem Dorf ein Gemeinderatsmitglied, oft auch als *Schöffe* bezeichnet, ernannt wurde, der vor Ort dann meist gleichzeitig die Rolle eines *Ortsvorstehers,* gelegentlich auch Bürgermeister genannt, ausübte. Allerdings gab es für dieses Institut eines Ortsvorstehers oder Ortsbürgermeisters keine rechtliche Basis. 1836 schrieb der Kölner Landrat deshalb ausdrücklich an den Hürther Bürgermeister Heinrich Felten: *Die Ortsvorsteher sind keine Beamte, unsere Gesetze kennen sie nicht. Alles, was diese besorgen, thun sie lediglich unter Verantwortung des Bürgermeisters, daher denn auch diese Angestellten von der oberen Verwaltungsbehörde ihre Ernennungen nicht erhalten können.*[1]

Seit 1820 wurden jahrzehntelange und komplizierte Verhandlungen im Rheinischen Provinziallandtag und mit den Preußischen Behörden über die Frage einer neuen rheinischen Gemeinde- und Städteordnung geführt, die erst mit dem Erlass der *Rheinischen Gemeindeordnung* von 1845 endeten. Diese sah in § 1 grundsätzlich die Beibehaltung der in französischer Zeit geschaffenen Gemeindeverbände (*Mairies* bzw. *Bürgermeistereien*) vor, die, wie Hürth und Efferen, jeweils über einen gemeinsamen Gemeinderat und Gemeindehaushalt verfügten. In dieser Beziehung waren aber die Verhältnisse in Hürth nicht eindeutig. Es gab zwar nur einen Gemeinderat für die gesamte Bürgermeisterei, aber seit 1824 hatte man doch innerhalb des Gesamthaushaltes *für die besonderen Einkünfte und den verschiedenen Bedarf der Einzelgemeinden einen separaten Haushalt aufgestellt.*[2] Anlass hierzu waren vor allem die Schulbauten, mit deren Errichtung in diesen Jahren in den Dörfern begonnen wurde. In einer Vermögensaufstellung von 1833 werden folgende acht Gemeinden in der Bürgermeisterei Hürth aufgeführt: *Fischenich, Kendenich, Hermülheim, Hürth, Alstätten, Burbach, Berrenrath und Gleuel.*[3]

Die Mitglieder der Bürgermeisterei-Versammlung Hürth im Jahre 1847.

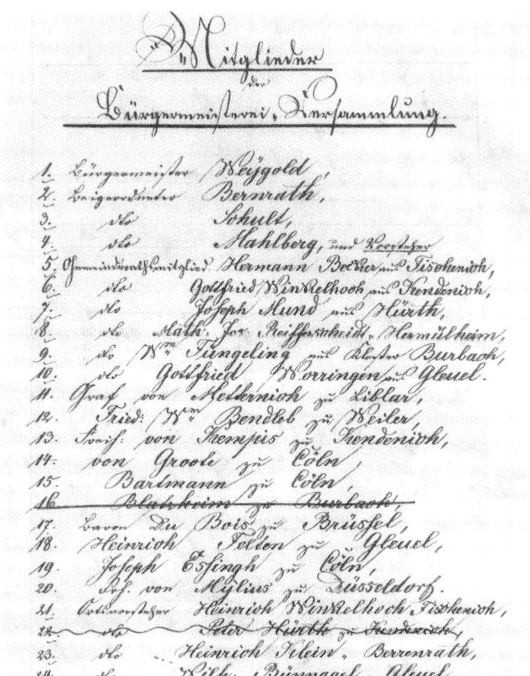
Mitglieder der Bürgermeisterei-Versammlung.

1. Bürgermeister Weygold,
2. Beigeordneter Bernrath,
3. do Schult,
4. do Mahlberg, und Vorsteher
5. Gemeinderathsmitglied Hermann Becker aus Fischenich,
6. do Gottfried Winkelhoch aus Kendenich,
7. do Joseph Mund aus Hürth,
8. do Math. Jos. Reifferscheidt, Hermülheim,
9. do Wm Jüngeling aus Kloster Burbach,
10. do Gottfried Worringen aus Gleuel.
11. Graf von Metternich zu Liblar,
12. Fried: Wm Bendleb zu Weiler,
13. [illegible] von Kempis zu Kendenich,
14. von Groote zu Cöln,
15. Bartmann zu Cöln,
16. ~~Blatzheim zu Burbach,~~
17. Baron Du Bois zu Brüssel,
18. Heinrich Felten zu Gleuel,
19. Joseph Essingh zu Cöln,
20. [illegible] von Mylius zu Düsseldorf.
21. [illegible] Heinrich Winkelhoch, Fischenich,
22. ~~do Peter Hürth zu [illegible]~~
23. do Heinrich Klein, Berrenrath,
24. do Wilh: Bünnagel, Gleuel.

Im April 1846 fanden die ersten Gemeinderatswahlen nach der neuen Gemeindeordnung statt.[4] Sie erfolgten auf der Grundlage des sogenannten *Dreiklassenwahlrechts.* Wahlberechtigt waren danach nur Männer, die einen Mindeststeuersatz von drei Talern entrichteten. Frauen und die ärmere Bevölkerung besaßen also gar kein Wahlrecht, und das war die große Mehrheit. Unter den wenigen Wahlberechtigten war das Gewicht ihrer Stimmen umso größer, je höher der Steuersatz war. In der Bürgermeisterei Hürth wählten 17 Wähler der I. Klasse, 48 Wähler der II. Klasse und 105 Wähler der III. Klasse jeweils sechs Ratsmitglieder. Neben den 18 gewählten Ratsmitgliedern waren noch zwölf besonders begüterte Herren *geborene* Mitglieder des Gemeinderates. Es waren dies vor allem die *Rittergutsbesitzer,* denen die Burgen und Schlösser in den einzelnen Dörfern gehörten, sowie einzelne besonders wohlhabende Bauern und Grundbesitzer. Dazu zählten etwa die Herren von Groote (Burg Hermülheim), von Kempis (Burg Kendenich), von Metternich (Burg Fischenich), von Mylius (Burg Aldenrath),

Dubois de Bianco (Horbell), Heinrich Felten (Burg Gleuel) oder Emanuel Scholl, der Sohn des ehemaligen Bürgermeisters.[5]

Gewählt wurde ein Gemeinderat für die Bürgermeisterei Hürth als einer einzigen Gemeinde. Gleichzeitig regte sich aber allenthalben in den Dörfern der Wunsch nach (Wieder-)Herstellung von Spezialgemeinden. Nach § 2 der neuen Gemeindeordnung sollten nämlich frühere Gemeinden beim Fortbestand *erheblicher Sonderinteressen* ihre verlorene Selbstständigkeit wieder erlangen können. Anstelle der acht *Gemeinden*, die in dem Verzeichnis von 1833 aufgeführt worden waren, führte Bürgermeister Weygold Ende 1845 nur noch fünf Gemeinden an, die für eine Wiedererrichtung in Frage kämen: *Fischenich, Kendenich, Hermülheim, Hürth und Gleuel.* Das waren wieder jene fünf alten Kirchspiele, für die in der Franzosenzeit 1798 Gemeindevorsteher eingesetzt worden waren, und dementsprechend vermerkte Weygold auch: *Zu der vorstehenden Eintheilung ist jede Pfarrgemeinde als eine Spezialgemeinde betrachtet worden.* Die Burbacher forderten daraufhin in einem langen Schriftsatz vom 29. Januar 1846 vehement ihre kommunale Selbstständigkeit, konnten sich damit aber nicht durchsetzen.[6] Eine Versammlung der *Meistbeerbten*, das heißt der für die Gemeinderatswahlen wahlberechtigten Männer, beschloss am 10. Mai 1846 die Aufteilung der Bürgermeisterei Hürth in folgende sechs *Spezialgemeinden:*

- *Hürth mit Knapsack, Villenhaus, Altstädten und Pescherhöfe*
- *Fischenich mit Weiler*
- *Kendenich mit Kranzmaar und Kalscheuren*
- *Hermülheim mit Theresiengrube*
- *Berrenrath mit Kloster Burbach*
- *Gleuel mit Ursfeld, Aldenrath, Burbach, Zieskoven, Sielsdorf, Schallmauer, Aldenrather Burg und Horbell.*

Es ist unklar, wieso die Berrenrather im Gegensatz zu den Burbachern damals ihre Eigenständigkeit erlangen konnten. Möglicherweise hängt es damit zusammen, dass sie sich seinerzeit gleichzeitig und ebenfalls erfolgreich darum bemühten, ihre im Dorf seit 1623 bestehende Wendelinuskapelle zu einer eigenständigen Kirche erheben zu lassen. 1850 wurde die Pfarrgemeinde Berrenrath errichtet, sodass das Dorf dann auch als *Kirchspiel* im alten Sinne angesehen werden konnte.[7]

In Efferen sollte es zunächst ebenfalls bei einer Gesamtgemeinde bleiben. Da es aber auch hier zu Unstimmigkeiten vor allem über die Schulbaukosten kam, beantragten die *Gemeinden* Stotzheim und Kriel die Wiederherstellung ihrer Eigenständigkeit, und der Oberpräsident der Rheinprovinz in Koblenz entschied Anfang 1852 in ihrem Sinne.[8] Mit den Jahren 1846/52 haben

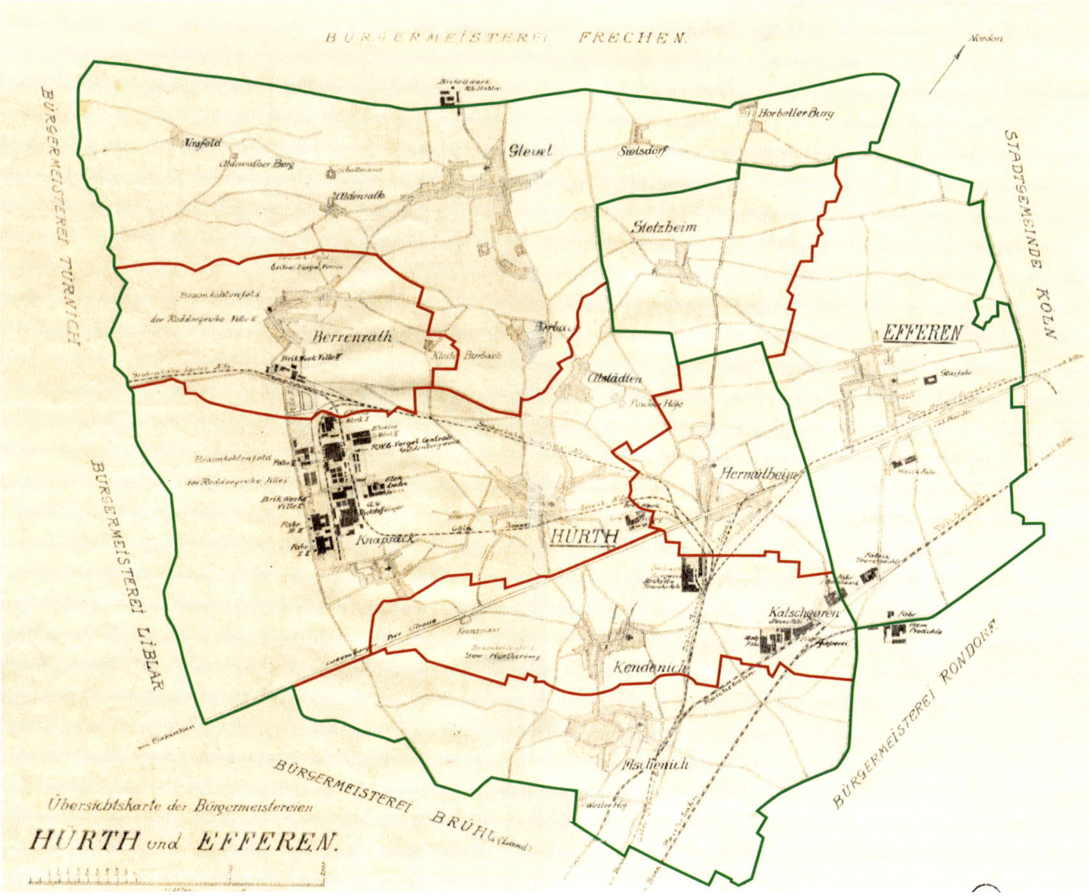

Karte der Bürgermeistereien Hürth und Efferen mit den acht Einzelgemeinden Gleuel, Berrenrath, Hürth, Hermülheim, Kendenich, Fischenich sowie Efferen und Stoitzheim. Die Grenzen wurden farblich hervorgehoben.

wir also nach der Gründung der Bürgermeistereien 1800 einen weiteren wichtigen Meilenstein beim Werden der modernen Stadt Hürth erreicht. Die damals vorgenommene kommunale Gliederung blieb im Wesentlichen bis zur Bildung der *Großgemeinde Hürth* 1930 und darüber hinaus bei der Bezirkseinteilung bis zur kommunalen Neugliederung 1975 erhalten. Lediglich die Gemeinde Kriel, die die heutigen Stadtteile Lindenthal, Deckstein und Sülz umfasste, ging 1888 an die Stadt Köln verloren.

1894 versuchte der Pächter des Rittergutes Horbell, Theodor Fühling, eine Loslösung von Horbell und Sielsdorf aus dem Gemeindeverband Gleuel zu erreichen und für die beiden kleinen Siedlungen eine eigene Gemeinde innerhalb der Bürgermeisterei Hürth zu schaffen, da vor allem von seinem Gut hohe Steuern an die Gemeinde gezahlt würden, die beiden abgelegenen Orte aber von den Gleuelern immer ganz stiefmütterlich behandelt würden. Bürgermeister Heinrich Rosell unterstützte Fühlings Argumentation, aber die Gleueler wehrten sich natürlich gegen den Verlust des wichtigen Steuerzahlers, und auch der Landkreis lehnte die Neubildung einer so kleinen Gemeinde mit nur 174 Einwohnern ab. Bürgermeister Rosell machte daraufhin den Vorschlag, Sielsdorf und Horbell eventuell der benachbarten kleinen Gemeinde Stotzheim zuzuschlagen. Das hätte aber zugleich ein Ausscheiden aus der Bürgermeisterei Hürth bedeutet und traf daher nun hier auf Widerstand. Letztlich verlief die Sache im Sande, am 21. August 1895 lehnte der Kölner Regierungspräsident eine Neuregelung der Verhältnisse endgültig ab.[9] So blieb bis 1975 alles beim Alten, als Horbell der Stadt Köln zugeschlagen wurde und Stotzheim und Sielsdorf dann doch, wie von Rosell 80 Jahre vorher schon einmal angedacht, zu einem gemeinsamen Gemeindebezirk zusammen geschlossen wurden.

Die Burg Horbell, ehemals Rittergut, mit den Gebäuden der Vorburg 1967.

Ein Rathaus gab es in beiden Bürgermeistereien das ganze 19. Jahrhundert über nicht. Das Bürgermeisteramt befand sich im jeweiligen Wohnhaus des Bürgermeisters. Aus den Bürgermeistern, die bis zum Ende des Kaiserreiches in Hürth und Efferen amtierten, ragen einige schon aufgrund ihrer langen Amtszeit hervor.

Tabelle 2: **Bürgermeister der Bürgermeistereien Hürth und Efferen 1800–1945**

Hürth		Efferen	
1800–1809	Karl Josef Scholl	1801–1845	Johann Huberty
1809–1817	Adam Josef Scholl		
1817–1845	Heinrich Felten		
1845	Engelbert Grouven	1845–1846	Franz Andreas Klein
		1846–1847	Tillmann Klein
1845–1851	Johann Peter Weygold	1847–1864	Johann Peter Weygold
1851–1876	Franz Rosell	1864–1883	Franz Weygold
		1883–1888	Gerhard Sugg
1876–1920	Heinrich Rosell	1888–1920	Heinrich Rosell
1920–1933	Werner Disse	1920–1933	Karl Kuenen
1933–1944	Heinrich Goß		
1944–1945	Jakob Zimmermann		

Johann Huberty (Efferen) war bereits 15 Jahre Bürgermeister unter den Franzosen gewesen und wurde daher von den neuen preußischen Aufsichtsbehörden mit äußerster Skepsis beurteilt, zumal er über kein größeres Vermögen verfügte und auch schon älter war. Anders sein erst 1817 eingesetzter Hürther Kollege Heinrich Felten, der als Besitzer der Burg Gleuel wohlhabend war und als nicht oder jedenfalls weniger von den gefährlichen französischen Revolutionsideen infiziert galt. Er wurde von den preußischen Behörden als *vorzüglicher Bürgermeister* eingeschätzt.[10] Sein Nachfolger war Johann Peter Weygold (1811–1876), der als Gutsbesitzer auf dem Stotzheimer Hospitalshof residierte und von 1847 bis 1864 auch Bürgermeister in Efferen war. In den wichtigen Revolutionsjahren 1847 bis 1851 wurden die beiden Bürgermeistereien also erstmals gemeinsam von einem Bürgermeister verwaltet, was später in der Wilhelminischen Ära von 1888–1920 unter Heinrich Rosell noch einmal der Fall sein sollte. Die Wiederwahl Weygolds durch die Hürther Bürgermeistereiversammlung im Jahre 1851 wurde vom Regierungspräsident nicht bestätigt, woraufhin Franz Rosell zum neuen Bürgermeister gewählt und ernannt wurde.[11]

Grabmal des Bürgermeisters Heinrich Felten auf dem alten Friedhof in Gleuel.

Johann Peter Weygold war der erste Hürther Politiker, der es zu höheren Weihen brachte. Er war von 1862 bis 1870 Mitglied des Preußischen Abgeordnetenhauses und 1867 auch Abgeordneter des ersten Reichstages des Norddeutschen Bundes. Das war die bewegte Zeit des preußischen Verfassungskonfliktes und der deutschen *Einheitskriege* – und Weygold stand dabei als entschiedener Liberaler auf Seiten der liberal-demokratischen Opposition gegen König, Bismarck und die Konservativen. Er gehörte dem linken *Centrum* an, auch *Fraktion Bockum-Dolffs (FBD)* genannt, einer vor allem im industriell fortgeschrittenen Rheinland vertretenen, liberalen Gruppierung, die eng mit der linksliberalen *Deutschen Fortschrittspartei* zusammenarbeitete.[12] Nachdem Bismarck 1863 das widerspenstige Preußische Abgeordnetenhaus aufgelöst hatte, versuchten der Landrat und die übrigen Bürgermeister des Landkreises Köln eine Wiederwahl des als regierungsfeindlich geltenden Weygold zu verhindern. Der Landrat warnte Weygold ausdrücklich *vor den Wegen, die er betrete* und den Folgen seines *unangemessenen Verhaltens.* Und tatsächlich wurde Weygold wenige Wochen nach seiner Wiederwahl durch den Kölner Regierungspräsidenten seines Bürgermeisteramtes in Efferen enthoben. Zur Begründung hieß es, Weygold habe sich seinen Dienstpflichten *durch wiederholte längere Entfernung entzogen* – gemeint waren damit die Sitzungsperioden des Abgeordnetenhauses in Berlin![13] Das war die neue Bismarcksche Politik der Einschüchterung der Liberalen.

Zu seinem Nachfolger als Efferener Bürgermeister wurde 1864 Weygolds 1835 geborener Sohn Franz ernannt, der, wie der Landrat berichtete, ein ehrenwerter Landwehroffizier sei und die politischen Ideen seines Vaters nicht teile. Er wolle auch sofort das Haus seines Vaters verlassen und seinen Wohn- und Amtssitz in der Gemeinde Kriel nehmen. Franz Weygold baute sich an der Bachemer Straße in Lindenthal ein neues Haus. Weil er sich dabei finanziell übernahm, unterschlug er jahrelang große Summen aus der Bürgermeistereikasse, insgesamt über 40 000 Mark. Im November 1883 wurde er von seinem Amt suspendiert und im März 1885 vom Landgericht Köln zu sechs Jahren Gefängnis verurteilt – ein großer Skandal in der Efferener Kommunalpolitik.[14]

Der Nachfolger Johann Peter Weygolds als Bürgermeister der Bürgermeisterei Hürth, Franz Rosell, wurde 1851 zugleich zum Bürgermeister der Einzelgemeinde Hürth mit der Verpflichtung ernannt, dort seinen Wohn- und Amtssitz zu nehmen. Rosell ist für die – dann letztlich dauerhafte – Verlegung des Amtssitzes des Hürther Bürgermeisters nach Hermülheim verantwortlich. Denn wenige Monate nach seiner Ernennung beantragte er, da er in (Alt-) Hürth nur eine völlig unzureichende Wohnung für kurze Zeit habe mieten können, ein Haus an der *Luxemburger Chaussee* in Hermülheim bauen und seinen Wohn- und Amtssitz dorthin verlegen zu dürfen. Ein Hausbau in (Alt-) Hürth, so weiter seine interessante Begründung, sei ihm wirtschaftlich nicht zumutbar, da er oder seine Erben in dem ohne Verkehrsanbindung völlig abgelegenen Dorf ein Haus im Bedarfsfall nur mit großem Verlust wieder verkaufen könne. Die (Alt-) Hürther wehrten sich in mehreren eindringlichen Schriftsätzen an den Landrat gegen diesen Antrag und machten verschiedene Vorschläge für einen angemessenen Wohnsitz Rosells in ihrer Gemeinde. Aber der Regierungspräsident genehmigte den Antrag Rosells, der am 27. Juli 1853 nach Hermülheim umzog.[15] Das war eine für die weitere Entwicklung Hürths grundlegende Entscheidung, denn von nun an blieb es dabei, dass die Bürgermeisterei zwar nach (Alt-) Hürth benannt war, der Verwaltungssitz sich aber in dem viel kleineren, dafür aber verkehrsgünstiger gelegenen Hermülheim befand. Über viele Jahrzehnte hieß es denn auch im Briefkopf offizieller Schreiben: *Bürgermeisterei Hürth in Hermülheim.*

Als Franz Rosell 1876 überraschend an Herzversagen starb, wurde sein Sohn Heinrich zu seinem Nachfolger gewählt. Er sollte es fast ein halbes Jahrhundert lang bis 1920 bleiben.

Bürgermeister Heinrich Rosell (1848–1932)

Heinrich Rosell wurde am 28. Oktober 1848 auf dem Nüssenberger Hof in Longerich geboren. Seit 1866 arbeitete er als Verwaltungssekretär im Büro seines Vaters, wurde Standesbeamter in Nippes und 1874 Erster Beigeordneter der Bürgermeisterei Hürth. Als er 1876 sein Amt als neuer Bürgermeister antrat, war er gerade einmal 27 Jahre alt. Zu dieser Zeit war Hürth noch eine rein ländlich geprägte Bürgermeisterei, aber schon zwei Jahre später ging mit den Ribbertwerken in Hermülheim die erste Brikett- und Tonröhrenfabrik in Betrieb. Rosell sollte dann in seiner langen, fast das ganze Wilhelminische Kaiserreich währenden Amtszeit all die großen, durch die Industrialisierung bedingten Veränderungen erleben und mitgestalten. Nach der Eingemeindung Kriels in die Stadt Köln verwaltete Rosell seit 1888 auch die kleine Bürgermeisterei Efferen in Personalunion mit. In seiner Amtszeit wurden unter anderem das Hermülheimer Rathaus, das Wasserwerk, das Gemeindekrankenhaus und die Köln-Bonner Eisenbahn gebaut.

Rosell war ein preußischer Beamter alter Schule, ein pflichtbewusster, strenger Mann mit überaus konservativen Ansichten. Für die Bestrebungen der Sozialdemokratie hatte er keinerlei Verständnis und er unternahm alles, um diese in seinen Bürgermeistereien so weit wie möglich zu unterdrücken. 1881 forderte er die Einführung der Prügelstrafe für Bettler und Vagabunden.[16] Mit der Niederlage im Ersten Weltkrieg, der Novemberrevolution, der Abdankung des Kaisers und der Einführung demokratischer Verhältnisse ging seine Welt unter. Der 70-Jährige versuchte, trotzdem auf dem Posten zu bleiben, aber als Unruhen und Streiks die Bürgermeistereien erschütterten, ließ er sich zum 1. April 1920 in den Ruhestand versetzen. 1928 lehnte der Beamtenausschuss der Bürgermeisterei Hürth es ab, dem früheren Bürgermeister zu gratulieren, da *das Verhalten desselben der Beamtenschaft gegenüber nicht so gewesen sei, dass für diese zu einer Gesamtbeglückwünschung Anlass bestehe.*[17] Rosell starb am 31. Januar 1932 in Hermülheim.

Bürgermeisters Heinrich Rosell. Zeichnung des Berrenrather und Kölner Malers Toni May.

Im Gegensatz zu den Wahlen zum Preußischen Abgeordnetenhaus und zu den Gemeinderäten galt für die Wahlen zum Reichstag des Norddeutschen Bundes und ab 1871 des Deutschen Reiches das allgemeine, gleiche und geheime Wahlrecht für alle Männer ab 25 Jahren. Daher ermöglichen die Reichstagswahlergebnisse einen Einblick in die politischen Stimmungen und Kräfteverhältnisse in der Bevölkerung. Bei der ersten Wahl zum Reichstag des Norddeutschen Bundes erzielte der liberale Efferener Bürgermeister Johann Peter Weygold mit 406 von 833 Stimmen (48,7 Prozent) die Mehrheit und wurde als Abgeordneter für den Landkreis Köln in den Reichstag gewählt.[18] Die Analyse der späteren Wahlergebnisse zeigt, dass die Bedeutung der Liberalen schnell abnahm und die 1870 gegründete katholische *Zentrumspartei* ebenso schnell eine dominierende Stellung erringen konnte. Mit Beginn der im folgenden Kapitel dargestellten Industrialisierung und nach dem Auslaufen des Sozialistengesetzes 1890 erwuchs dem Zentrum in der Sozialdemokratie allmählich eine ernst zu nehmende Konkurrenz. Die *SPD* konnte ihre Stimmenzahl und auch ihren Stimmenanteil bis zum Ersten Weltkrieg kontinuierlich steigern. Allerdings konnte auch das Zentrum seine Stimmenzahl von Wahl zu Wahl erhöhen, sodass es bis 1914 seine absolute Mehrheit in Hürth nicht verlor. Die steigende Wahlbeteiligung weist auf eine zunehmende Politisierung in der Bevölkerung hin, die im Aufkommen der Sozialdemokratie und der Arbeiterbewegung begründet lag.

Tabelle 3: **Reichstagswahlergebnisse Bürgermeisterei Hürth 1871–1914**[19]

	Wahlberechtigte	Abgegebene Stimmen	Zentrum	SPD	Liberale
1871		699	492 (70,4 %)		206(29,5 %)
1881	1.659	616 (37,1 %)	586 (95,1 %)	22 (3,6 %)	
1884	1.654	735 (44,4 %)	674 (91,7 %)	31 (4,2 %)	19 (2,6 %)
1898[20]	2.459	1.135 (46,2 %)	912 (80,4 %)	180 (15,9 %)	
1903	2.299	1.712 (74,5 %)	1.195 (69,8 %)	490 (28,6 %)	8 (0,5 %)
1907	2.538	2.164 (85,3 %)	1.531 (70,7 %)	547 (25,3 %)	80 (3,7 %)
1912		2.628	1.721 (66,5 %)	811 (30,9 %)	96 (2,9 %)
1914		3.307	2.040 (61,7 %)	1.170 (35,4 %)	97 (2,9 %)

Die Industrielle Revolution

Vorindustrieller Braunkohlenabbau

Seit etwa 1750 wurde im Hürther Gebiet Braunkohle in einfachen *Kuhlen* oder *Tummeln* gewerbsmäßig abgebaut. Vorher lohnte sich der Abbau des stark wasserhaltigen und daher schwer brennbaren *Turffs* nur wenig, da genügend Holz zur Feuerung zur Verfügung stand. Erst als Holz knapper und damit teurer wurde, wurde die Gewinnung der vor allem in den Bachtälern am Rande der Ville teilweise offen zutage tretenden Braunkohle interessanter. Die Kohle wurde in einem mühsamen Verfahren mit Eimern zu sogenannten *Klütten* geformt und anschließend an der Luft getrocknet. Kleinere Gruben entstanden nun am Hürther Berg in der *Kranzmaar,* am Alstädter Berg und bei Gleuel. Jeder Grundstückseigentümer konnte auf seinem Grundstück nach Kohle oder *Turff* suchen und graben. Stieß man auf Grundwasser, gab man diese *Kuhle* auf und begann daneben mit der Anlage einer neuen. In Gleuel versuchte der Schöffe Hermann Dümgen, wenn auch zunächst mit wenig Erfolg, durch Anlage eines Entwässerungsstollens auf einem großen, dem Kölner Domkapitel gehörigen Gelände auch tiefere

Kohleschichten abzubauen. Hieraus entstand später die dortige Grube *Gotteshülfe.*

Bis zum Beginn des 19. Jahrhunderts wurde die Braunkohle nicht als bergrechtliches *Regal* betrachtet, deren Ausbeutung an die Genehmigung des Landesherrn gebunden war. So konnte jeder Eigentümer, aber auch nur der Eigentümer, auf seinem Grundstück diesen vermeintlich minderwertigen *Torf* gewinnen. Erst das französische Berggesetz von 1810 brachte hier eine wichtige Änderung, da in seiner Folge auch die Braunkohle als wertvoller Bodenschatz und damit als bergrechtliches Regal betrachtet wurde, für deren Abbau bei den staatlichen Behörden eine Konzession, die sogenannte *Mutung,* beantragt werden musste. Dies bedeutete auf der anderen Seite, dass das Recht zur Gewinnung der Braunkohle nicht mehr dem Grundeigentümer vorgehalten blieb, sondern auf Antrag an jeden, der über das nötige Kapital verfügte, verliehen werden konnte. Dies war die Voraussetzung dafür, dass sich ein von privaten Unternehmern betriebener, großflächiger und schließlich industrieller Braunkohleabbau über die Grundstücksgrenzen der bisherigen Klein- und Kleinstgruben hinweg entwickeln konnte.[21]

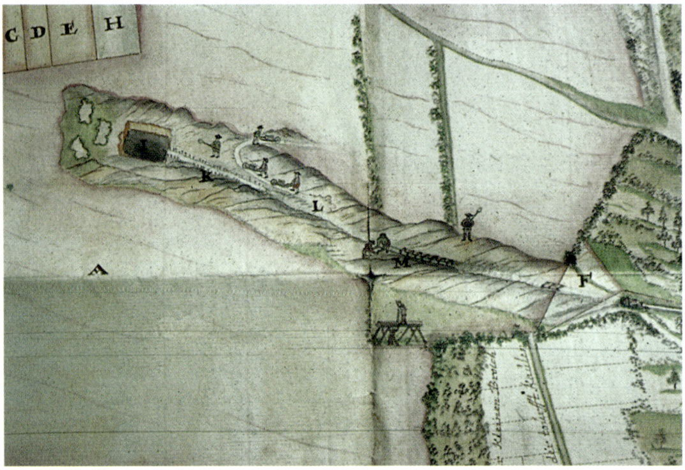

Vorindustrieller Braunkohleabbau in der Grube Gotteshülfe bei Gleuel 1767.

Nun entstanden allmählich zahlreiche Abbaufelder, deren Namen zum Teil heute noch bekannt oder sogar gebräuchlich sind. Als erster beantragte in Hürth 1813 Emmanuel Scholl, der Sohn des ersten Bürgermeisters Karl Josef Scholl, eine Abbaukonzession für ein Feld zwischen Hermülheim und Alstädten und benannte dieses nach seiner Ehefrau *Theresia.* Für den Hürther Berg und die Umgebung der Kranzmaar beantragte der Herr der Hürther Burg, Freiherr Friedrich von Wolffen, 1815 eine Bergbaukonzession. Nach seinem Tod ein Jahr später erwarben die Kölner Kaufleute Ritter und Renner die Burg und erhielten 1822 eine Abbaukonzession für ein Feld, das seit 1841 den Namen *Hürtherberg* trug. Zwar wurde nun auf diesen Gruben auch eine größere Zahl an Tagelöhnern beschäftigt, trotzdem blieben die Abbauziffern insgesamt sehr bescheiden. Erst die Erfindung und Einführung der Brikettpresse sollte in den 1870er-Jahren die entscheidende Wende im Rheinischen Braunkohlenrevier bringen.

Tabelle 4: **Braunkohlenförderung auf den Gruben Theresia und Hürtherberg 1830–1860**[22]

	Theresia *Förderung t*	*Belegschaft*	Hürtherberg *Förderung t*	*Belegschaft*
1830	18.364	13	837	13
1835	17.272	13	2.061	10
1840	35.943	20	877	5
1845	27.572	21	698	13
1850	30.780	23		
1855	30.500	25	283	2
1860	4.863	6	1.750	10

Eisenbahnbau und erste Dampfmaschinen

Wie überall stand auch in Hürth der Eisenbahnbau am Beginn der Industrialisierung. Die von der *Bonn-Cölner Eisenbahn-Gesellschaft* 1844 gebaute Bahnverbindung zwischen Köln und Bonn durchschnitt die beiden Bürgermeistereien Hürth und Efferen an ihren östlichen Rändern. Ein Haltepunkt wurde dabei auf offenem Feld in der Nähe des Kalscheurener Hofes an der Stelle eingerichtet, wo die Bahnstrecke den Verbindungsweg von Hermülheim nach Meschenich kreuzte. Nachdem die Betreibergesellschaft 1858 von der größeren *Rheinischen Eisenbahngesellschaft* übernommen worden war, baute diese – zeitgleich mit dem ersten Kölner *Zentralbahnhof* – 1859 auch in Kalscheuren ein Stationsgebäude. 1875 wurde der Kalscheurener Bahnhof nach dem Bau der Eifelstrecke durch das Vorgebirge in Richtung Euskirchen-Trier sogar zum Kreuzungsbahnhof.

1855 wurde auf der *Sielsdorfer Mühle* erstmals in Hürth eine Dampfmaschine eingesetzt. Die alte wasserbetriebene Mahlmühle in Sielsdorf war in den 1830er-Jahren in eine Papiermühle und später in eine Spinnerei und Wollfärberei umgestaltet worden. 1855 erwarb der Kölner Unternehmer Johann Classen-Kappelmann die Mühle und stellte den Antrieb von Wasser- auf die neue Dampfkraft um. 1861 waren in diesem

Der 1859 errichtete Bahnhof Kalscheuren um 1950. Im Hintergrund der Kalscheurener Hof und die Rußfabrik der Firma Degussa, vorne ein Güterschuppen.
Unten: Fahrplan für die Rheinstrecke nach Remagen bzw. – nach Verlängerung der Strecke – nach Bingen mit Halt in Kalscheuren von 1858 und 1860

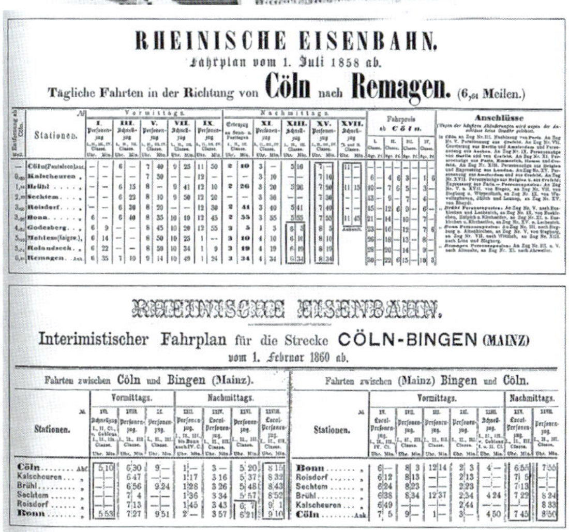

RHEINISCHE EISENBAHN.
Fahrplan vom 1. Juli 1858 ab.
Tägliche Fahrten in der Richtung von **Cöln** nach **Remagen.** (6,64 Meilen.)

Entfernung ab Cöln, Meil.	Stationen	I. Personenzug	III. Schnellzug	V. Personenzug	VII. Schnellzug	IX. Personenzug	Extrazug an Sonn- u. Festtagen	XI. Personenzug	XIII. Schnellzug	XV. Personenzug	XVII. Schnellzug	Fahrpreis ab Cöln I. Classe	II. Classe	III. Classe	IV. Classe
—	Cöln (Pantaleon) Abf.	— —	6 —	7 40	9 25	11 50	2 10	3 —	5 10	7 —	11 —	—	—	—	—
0,60	Kalscheuren	— —	— —	7 50	— —	12 —	— —	3 10	— —	7 10	— —	6 —	4 6	3 —	1 6
1,36	Brühl	— —	6 15	8 —	9 41	12 10	2 26	3 20	5 26	7 20	11 15	10 —	7 6	5 —	3 —
2,[illegible]	Sechtem	— —	6 23	8 10	9 50	12 20	— —	3 30	— —	7 30	— —	13 —	9 —	7 —	4 —
3,00	Roisdorf	— —	6 30	8 20	— —	12 30	2 41	3 40	5 41	7 40	— —	15 —	12 6	9 —	6 —
3,[illegible]	Bonn	6 —	6 40	8 35	10 10	12 45	2 55	3 55	5 55	7 55	11 45	21 —	14 —	10 —	7 —
4,[illegible]	Godesberg	6 9	— —	8 45	10 20	12 55	3 5	4 5	6 5	8 5	Ankunft	23 —	16 —	12 —	7 6
5,[illegible]	Mehlem (Königsw.)	6 14	— —	8 50	10 25	1 —	3 10	4 10	6 10	8 10		26 —	18 —	13 —	8 —
5,[illegible]	Rolandseck	6 22	— —	8 58	10 34	1 9	3 19	4 19	6 19	8 19		28 —	20 —	14 —	9 —
6,64	Remagen Ank.	6 35	7 10	9 14	10 49	1 24	3 34	4 34	6 34	8 34		30 —	22 6	15 —	10 3

Anschlüsse [illegible]

RHEINISCHE EISENBAHN.
Interimistischer Fahrplan für die Strecke CÖLN-BINGEN (MAINZ)
vom 1. Februar 1860 ab.

Fahrten zwischen Cöln und Bingen (Mainz).

Stationen	Vormittags. Schnellzug	Personenzug	Personenzug	Nachmittags. Personenzug	Local-Personenzug	Personenzug	Local-Personenzug
Cöln Abf.	5 10	6 30	9 —	1 —	3 —	5 20	8 15
Kalscheuren	—	6 47	—	1 17	3 16	5 37	8 32
Brühl	—	6 56	9 24	1 28	3 26	5 48	8 43
Sechtem	—	7 4	—	1 36	3 34	5 57	8 52
Roisdorf	—	7 13	—	1 45	3 43	6 7	9 1
Bonn	5 53	7 27	9 51	2 —	3 57	6 21	9 10

Fahrten zwischen (Mainz) Bingen und Cöln.

Stationen	Vormittags. Local-Personenzug	Personenzug	Personenzug	Personenzug	Schnellzug	Nachmittags. Local-Personenzug	Personenzug
Bonn	6 —	8 3	12 14	2 3	4 —	6 55	7 55
Roisdorf	6 12	8 13	—	2 13	—	7 5	—
Sechtem	6 24	8 23	—	2 23	—	7 13	—
Brühl	6 38	8 34	12 37	2 34	4 24	7 22	8 24
Kalscheuren	6 49	—	—	2 44	—	—	8 33
Cöln Ank.	7 5	9 —	1 —	3 —	4 50	7 45	8 50

frühen Hürther Industriebetrieb immerhin 15 Arbeiter und vier Arbeiterinnen beschäftigt. 1874 ging er in der *Gründerkrise* in Konkurs. 1895/96 richtete Wilhelm Bossbach dort eine Filzfabrik ein. Nach dem Ersten Weltkrieg wurde die Produktion ganz eingestellt und das Areal von Kölner Geschäftsleuten zu einem repräsentativen Landsitz umgewandelt.[23]

612
Filzfabrik Sielsdorf
Bossbach & Co.
Telegramm-Adresse: BOSSBACH, SIELSDORF-KÖLN.
Fahrradübersättel
Sielsdorf b. Köln, den ... 1900

Briefkopf der Filzfabrik Sielsdorf 1900.

Nach diesem bescheidenen Vorläufer vollzog sich die eigentliche Industrialisierung in drei Phasen: Seit 1885 wurden am Osthang der Ville bei Hermülheim zwei Brikettfabriken errichtet – die *Ribbertwerke* und die *Grube Theresia*. Die Erfindung der dampfbetriebenen Brikettpresse durch den mitteldeutschen Ingenieur Carl Exter 1856 ließ die Braunkohle zu einem gegenüber der Steinkohle konkurrenzfähigen Produkt werden. Seit 1890 siedelten sich dann mehrere große Betriebe rund um den Kalscheurener Bahnhof an, und mit dem Aufschluss der Grube Engelbert bei Berrenrath 1897 und der Grube Vereinigte Ville bei Knapsack begann schließlich die Industrieansiedlung auf dem bis dahin dicht bewaldeten Villerücken.

Erste Phase der Industrialisierung: Ribbertwerke und Grube Theresia

1877 wurden auf der Roddergrube bei Brühl die ersten Briketts im Rheinischen Revier gepresst. Die erste Hürther Brikettfabrik errichteten 1885/86 die Kaufleute Emil Sauer aus Essen und Moritz Wilhelm Ribbert aus Hohenlimburg zwischen Kendenich und Hermülheim. Ribbert war der Financier und übernahm die Fabrik 1887 ganz. Seine Familie hatte in Russland mit der Herstellung von Textilien sehr viel Geld verdient, das er nun als junger

Moritz Wilhelm Ribbert (1866–1941).

Mann im aufstrebenden Rheinischen Braunkohlenbergbau investierte.[24] Da sich unterhalb der Braunkohle immer eine wasserundurchlässige Tonschicht befindet, ohne die die Braunkohle nicht hätte entstehen können, schlossen Sauer und Ribbert der Brikettfabrik eine Tonröhrenfabrik an. Im September 1886 konnten die ersten Briketts gepresst werden, zwei Jahre später wurde die Fabrik mit einem Gleis an die Staatsbahn in Kalscheuren angeschlossen. Schon bald zeigte sich jedoch, dass die Ribbert gehörenden Kohlefelder *Kendenich* und *Franziska I* am Kendenicher Hang nicht ergiebig genug für einen dauerhaften Betrieb waren,

Ansichtskarte von etwa 1910 mit der Lastseilbahn der Ribbertwerke, die in Höhe der Kreuzung mit der Trierer Straße die Luxemburger Straße überquerte.

weshalb er 1897 die *Grube Engelbert* bei Berrenrath aufschloss und mittels einer fast fünf Kilometer langen Lastseilbahn mit der Brikettfabrik verband.

Die *Ribbertwerke* entwickelten sich schnell zum wichtigsten und größten Hürther Industriebetrieb, der im Juli 1899 bereits 480 Arbeiter und damit mehr als die Hälfte aller Industriearbeiter in der Bürgermeisterei Hürth beschäftigte.[25] 1920 verkaufte Ribbert seine Fabrik an den *Eschweiler Bergwerksverein* und verlor in den anschließenden Inflationsjahren den größten Teil seines Geldes. 1926 errichtete er in Kalscheuren eine neue Tonröhrenfabrik und finanzierte dies durch den Verkauf des Familienschmucks. Wegen des Auslaufens der Förderung in der Grube Engelbert veräußerte der Eschweiler Bergwerksverein 1928 die ehemalige Ribbertsche Brikettfabrik an die *Roddergrube*. 1944 wurde das Werk durch einen Bombenangriff zerstört und danach endgültig stillgelegt.

Die Brikettfabrik der Ribbertwerke (links) und der Grube Theresia um 1900.

Im Gegensatz zu den Ribbertwerken kam die 1891 zwischen Hermülheim und Alstädten – ungefähr auf dem Gelände des heutigen Einkaufszentrums – errichtete Brikettfabrik der *Grube Theresia* aus den wirtschaftlichen Schwierigkeiten nie richtig heraus. Erst 1897 wurde das Anschlussgleis von Kalscheuren zu den Ribbertwerken dorthin verlängert, und schon vor dem Ersten Weltkrieg wurden der Betrieb wieder ganz eingestellt und die Fabrikationsanlagen abgebrochen.[26]

Briefkopf der Grube Theresia mit Darstellung der Fabrikanlagen, 1901.

Zweite Phase: Industrieansiedlungen in Kalscheuren

Seit 1890 siedelten sich mehrere Industriebetriebe rund um den Kalscheurener Bahnhof an. Der Grund war hier nicht die Braunkohle, sondern allein die vorteilhafte Lage und die günstigen Grundstückspreise auf dem freien Feld direkt am Bahnhof. Zu nennen sind die *Tonröhrenfabrik von Nicolaus Grosman* (1890), die *Dachpappen-, Asphalt- und Teerfabrik von Beer & Söhnen* (Beerso, 1893), die *Rußfabrik Wegelin* (1895, später *Degussa,* heute *Evonik*), eine Eisengießerei (1896), die *Malzfabrik von Winter & Salomon* (1903) sowie die *Schokoladenfabrik von Thelen & Krämer* (1906). Die Rußfabrik lag allerdings nicht auf Hürther, sondern auf Rondorfer Gebiet, sie gehört daher heute zur Stadt Köln. Die Schokoladenfabrik stellte schon 1909 ihren Betrieb wieder ein, auf ihrem Gelände siedelte sich 1911 eine Barackenbaugesellschaft an, die späteren *Kölner Holzbauwerke.* Die Besitzer der Malzfabrik, Karl und Hans Winter, waren Juden, sie mussten daher 1936 ihr Werk an einen *arischen* Besitzer veräußern. So kam die Malzfabrik in den Besitz der Neusser Ölmühlenbesitzer Thywissen.

Ansicht der Malzfabrik Winter in Kalscheuren, um 1900.

Arbeiter der Tonröhrenfabrik von Nicolaus Grosmann in Kalscheuren, um 1905.

Durch diese Ansiedlungen wie durch die Ribbertwerke, die ebenfalls zum größeren Teil auf ihrem Gebiet lagen, erhielt die Gemeinde Kendenich einen nennenswerten Industriebesatz und zählte fortan zu den eher reichen Kommunen innerhalb der Bürgermeisterei Hürth. Und erst in Folge der Industrieansiedlungen entstand seit etwa 1900 auch allmählich eine Wohnbebauung rund um den Kalscheurener Bahnhof.

Dritte Phase: Braunkohlenindustrie auf dem Villerücken zwischen Knapsack und Berrenrath

Der dritte und wichtigste Schritt bei der Industrialisierung Hürths begann mit dem Aufschluss der Gruben *Engelbert* und *Vereinigte Ville* 1897/1901 auf dem bis dahin dicht bewaldeten Villerücken. Hier waren die Abbauverhältnisse besonders günstig, denn über einem mächtigen Braunkohlenflöz lagerte ein nur dünnes Deckgebirge. Allerdings war die Verkehrslage im dortigen *wilden Westen* umso schlechter. Die Grube Engelbert wurde daher durch eine Lastseilbahn mit der Brikettfabrik an der Bonnstraße verbunden. Das Baumaterial und die Maschinen für die erste Brikettfabrik der Vereinigten Ville am Bertramsjagdweg mussten mühsam mit Pferdefuhrwerken auf unbefestigten Wegen den Berg hinauf transportiert werden, da eine Bahnverbindung erst 1903 fertiggestellt werden konnte. Diese dann sogenannte *Villenbahn* entstand durch eine erneute Verlängerung der Anschlussbahn von Kalscheuren über die Ribbertwerke und die Brikettfabrik Theresia hinaus.

Mühsamer Transport einer großen Kabeltrommel vom Bahnhof Kalscheuren durch den Villewald nach Knapsack, etwa 1900.

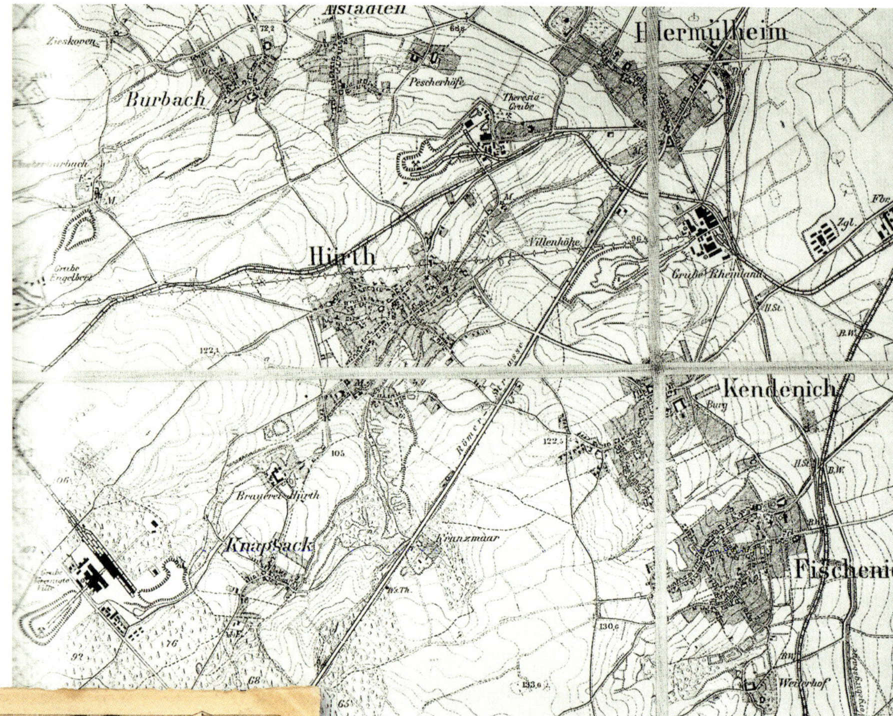

Hürth um 1905 mit den ersten Braunkohlengruben und Brikettfabriken. Oben rechts der Staatsbahnhof Kalscheuren, von dem aus die Villenbahn abzweigt zu den Ribbertwerken (Grube Rheinland), der Grube Theresia und zur soeben aufgeschlossenen Grube Vereinigte Ville in Knapsack (unten links).

Auf dieser Ansichtskarte ist der frühe Braunkohlenabbau in der neuen Grube Vereinigte Ville in Knapsack direkt hinter der Brikettfabrik gut zu erkennen. Die Karte wurde 1904 von einem belgischen Besucher an seine Verlobte in Lüttich geschickt.

Die Gewerkschaft *Vereinigte Ville,* die 1903 von der Brühler *Roddergrube* übernommen wurde, errichtete entlang des Bertramsjagdweges bis zum Ersten Weltkrieg in schneller Folge fünf Brikettfabriken und überflügelte so bald die Ribbertwerke an Größe und Bedeutung. Im Ersten Weltkrieg schloss die Roddergrube noch eine weitere Grube, die *Grube Berrenrath,* auf.

Seit 1906 investierte die bekannte Neusser Industriellenfamilie Werhahn in den rheinischen und Hürther Braunkohlenbergbau durch den Aufschluss des Tagebaus *Hürtherberg* am Villehang südlich Hermülheim. Die zwischen den Ribbertwerken und der Grube Theresia gelegene Brikettfabrik ging 1909 in Betrieb. Erster Betriebsdirektor war Max Sievers, 1918 folgte ihm Adolf Dasbach, der das Werk bis zu seiner Schließung 1960 über 40 Jahre lang in patriarchalischer Manier leitete und zu einer legendären Figur unter den Hürther Industriekapitänen wurde. 1920 kam die Gewerkschaft Hürtherberg in den Besitz der *Van der Zypen und Wissener Eisenhütten AG* und von dieser 1933 schließlich in den des Großkonzerns der *Vereinigten Stahlwerke* mit Sitz in Düsseldorf.

Adolf Dasbach (1887–1961)

Der Vater von Adolf Dasbach, Martin Dasbach, war bereits auf der Grube Berggeist bei Brühl als Steiger und Berginspektor tätig gewesen, und sein Sohn Adolf schlug die gleiche Laufbahn ein. Er studierte an den Bergakademien in Berlin und Clausthal. 1911 leitete er als Betriebsingenieur den Aufschluss der Grube Lucretia und übernahm 1915 die Leitung der Grube Berggeist. Von 1919 bis 1960 war er Direktor der Gewerkschaft *Hürtherberg* bei Hermülheim. Er leitete diese als unumschränkter Patriarch und Grandseigneur, bemühte sich schon früh um eine Rekultivierung der ausgekohlten Grubenflächen und war bei den Arbeitern des Hürtherberges immer sehr beliebt. Dasbach war ein leidenschaftlicher Jäger und Förderer des Hermülheimer Fußballvereins SC Viktoria. Und er war immer auch Politiker. Er war zunächst Mitglied der nationalliberalen *Deutschen Volkspartei (DVP)* Gustav Stresemanns gewesen, die er in der Weimarer Republik im Kreistag des Landkreises Köln vertrat. Am 1. Mai 1933 trat er der NSDAP bei und entwickelte den Hürtherberg zu einem nationalsozialistischen Musterbetrieb, der 1938 mit dem *Gaudiplom für hervorragende Leistungen* ausgezeichnet wurde. Bis zum bitteren Ende 1945 blieb Dasbach Mitglied des Hürther Gemeinderates. 1948 ließ er sich, nun für die CDU, wiederum in den Gemeinderat wählen. 1950 gehörte er zu den Initiatoren des Hürther *Heimatvereins*, dessen Vorsitzender er bis zu seinem Tod war. 1952 gründete er in Hürth einen Ortsverband der FDP und kehrte damit nach langen und schwierigen Umwegen zu seiner ursprünglichen politischen Heimat zurück.

So bildeten sich bis zum Ersten Weltkrieg drei Komplexe an Braunkohlengruben und Brikettfabriken heraus:

- Die große und mächtige *Roddergrube* mit ihren Gruben und Fabriken am Bertramsjagdweg zwischen Knapsack und Berrenrath und mehr als 1000, zeitweise bis zu 3000 Beschäftigten.
- Die kleineren *Ribbertwerke* zwischen Kendenich und Hermülheim, die 1920 vom Eschweiler Bergwerksverein und 1928 ebenfalls von der Roddergrube übernommen wurden und ungefähr 300 Leute beschäftigten.
- Der ebenfalls kleinere Hürtherberg zwischen Hermülheim und (Alt-) Hürth mit einigen Hundert Beschäftigten, der sich, da die Eigentümer nicht im Revier saßen, unter der Leitung von Adolf Dasbach bis zu seiner Einstellung 1960 immer eine starke Unabhängigkeit von den anderen, größeren Gruben bewahren konnte.

Kohlenbagger in der Grube Vereinigte Ville 1914.

Das erste Fabrikgebäude der AG für Stickstoffdünger in Knapsack, um 1910 (links). Auf dem Foto rechts ist die gleiche Halle mit dem davorstehenden-Verwaltungsgebäude zu sehen.

Chemie- und Elektroindustrie

Im Gefolge der Braunkohlenindustrie siedelten sich vor dem Ersten Weltkrieg noch zwei weitere Industriezweige in Knapsack an: Die Chemie- und die Elektroindustrie. Ende des 19. Jahrhunderts drohten die Vorkommen von Chilesalpeter, der für die Düngung in der Landwirtschaft unverzichtbar war, zu Ende zu gehen. Schließlich konnte ein synthetisches Verfahren zur Herstellung von Kalkstickstoff entwickelt werden, bei dem unter hohen Temperaturen der Luftstickstoff an Calciumcarbid gebunden wurde. Zur Carbidherstellung war viel Energie erforderlich, und deshalb entschied die 1906 in Frankfurt am Main gegründete *Deutsche Carbid AG* sich für Knapsack als Standort für den Bau einer Kalkstickstoff- und Carbidfabrik, denn hier war die erforderliche Energie in Form der Braunkohle sehr preiswert zu beziehen. Die Produktion wurde 1908 aufgenommen. Die 1909 in *AG für Stickstoffdünger* umbenannte Firma schloss mit der benachbarten Roddergrube/ Vereinigte Ville ein langfristiges Kohlelieferungsabkommen über zunächst 400 000 Tonnen Rohbraunkohle jährlich ab, mit der ein eigenes Kohlekraftwerk befeuert wurde. Im Gefolge der Carbid- und Kalkstickstoffproduktion wurde bis zum Ersten Weltkrieg die Herstellung weiterer, verwandter Chemikalien aufgenommen: Acetylen, woraus später in Knapsack die Autogenschweißtechnik entwickelt wurde, Acetaldehyd, Essigsäure, Essigsäureanhydrid und Aceton.[27] 1910 beschäftigte man 113 Arbeiter und 1914 etwa 400 Mitarbeiter.[28] 1913 errichtete das Essener *Rheinisch-Westfälische Elektrizitätswerk (RWE)* in Knapsack noch ein großes Braunkohlekraftwerk. Planer war der Oberingenieur Bernhard Goldenberg, nach dem das zunächst als *Vorgebirgszentrale* bezeichnete Kraftwerk seit 1920 benannt wurde. Zum Betrieb des Elektrizitätswerkes wurde wiederum ein langfristiger Kohlelieferungsvertrag mit der Roddergrube geschlossen. Die zwölf hohen, von der Hürther

Bevölkerung bald als *Zwölf Apostel* bezeichneten Schornsteine des Werkes stellten über viele Jahrzehnte ein weithin sichtbares Wahrzeichen Hürths dar. 1918 waren dort etwa 400, ein Jahr später schon mehr als 1000 Menschen beschäftigt.

Links: Die ersten Industrieanlagen in Knapsack um 1910. Links hinten die Stickstofffabrik, rechts die Brikettfabriken Vereinigte Ville I/II am Bertramsjagdweg, der ganz rechts zu denken ist.
Rechts: Zwischen 1931 und 1939 strahlte diese große, an den Schornsteinen des Goldenbergwerkes angebrachte Leuchtschrift vom Knapsacker Industriehügel über die ganze Kölner Bucht.

Tabelle 5: **Beschäftigte in den Hürther Industriebetrieben vor dem Ersten Weltkrieg**[29]

	1899	1903	1910
Ribbertwerke Kendenich/ Hermülheim	480	330	410
Grube Theresia Hermülheim	287	118	
Gewerkschaft Vereinigte Ville Knapsack		345	678
Gewerkschaft Hürtherberg			330
AG für Stickstoffdünger Knapsack			113
Tonröhrenfabrik Grosman Kalscheuren	59	48	58
Beer & Söhne Kalscheuren	43	14	29
Eisengießerei Kalscheuren		51	78
Malzfabrik Winter & Salomon Kalscheuren		11	18
Brauerei Firmenich (Alt-)Hürth	23	19	18
Filzfabrik Bossbach Sielsdorf	11	9	9
Ziegeleien Efferen / Kalscheuren	57	128	142
Sonstige	3	3	37
Gesamt	**993**	**1.128**	**1.920**

Eine Ansichtskarte von etwa 1925 mit den Zwölf Aposteln. Rechts neben den Kühltürmen ist das Verwaltungsgebäude zu erkennen, im Vordergrund Arbeiterwohnbaracken.

Arbeit und Arbeiterbewegung im Braunkohlenrevier

Schlechte Arbeitsbedingungen

Die Arbeit in den Braunkohlengruben war hart und schwer. Der Abraum des über der Kohle lagernden *Deckgebirges* und die Gewinnung der Kohle erfolgten bis kurz vor dem Ersten Weltkrieg in Handarbeit. Die Mechanisierung konnte sich im Abraum erst zwischen 1905 und 1910 und bei der Kohlegewinnung erst nach 1910 durchsetzen. Bis dahin wurde das mehrere Meter hohe Deckgebirge mittels Hacke, Schaufel und Schubkarre abgetragen, diese Arbeit wurde im Stundenlohn bezahlt. Der Kohleabbau erfolgte im *Schurren- oder Rollochbetrieb*. Das bedeutete, dass die *Kohlenhauer* an den steilen, mehrere zehn Meter hohen Kohlewänden standen, wohin sie mittels langer Leitern gelangten. Sie machten dort die Kohle mit einer schweren Hacke so los, dass sie unten auf der Sohle möglichst sofort in die bereitgestellten Loren rutschte. Die *Schlepper* beluden die sechs bis acht Hektoliter fassenden Wagen und schleppten sie dann bis zum Beginn einer dampfbetriebenen Kettenbahn, die sie in die Brikettfabrik zog. Die Arbeit der Kohlenhauer und Schlepper wurde im Akkordlohn bezahlt, wobei in der Regel ein oder zwei Hauer und ein oder zwei Schlepper eine sogenannte *Gedingekameradschaft* bildeten. Um auf einen einigermaßen erträglichen Verdienst zu kommen, musste eine Kameradschaft von zwei bis drei Mann 300 bis 600 Loren mit sechs bis acht Hektolitern Inhalt befüllen und abliefern.

Die Arbeitszeit betrug im rheinischen Revier bis zum Ersten Weltkrieg durchweg zwölf Stunden, bei einer einstündigen Pause in der Mitte und je einer halbstündigen Pause in der ersten und zweiten Hälfte der Schicht. Nachdem seit Mitte der 1890er-Jahre einige Gruben mit der Einführung einer Nachtschicht begonnen hatten, wurde diese mit dem Erlass einer *Normalarbeitsordnung* für das gesamte Abbaugebiet 1901 zur Regel.[30] Das rheinische Braunkohlerevier hatte mit der generell zwölfstündigen Schicht die längste Arbeitszeit aller deutschen Bergreviere. Da die Arbeiter oft Fußwege von ein bis zwei Stunden bis zur Grube zurückzulegen hatten, waren sie täglich, auch samstags, 14, 15 oder mehr Stunden unterwegs. Insbesondere die überlange Arbeitszeit wurde nach der Jahrhundertwende von den aufkommenden Arbeiterorganisationen heftig kritisiert, ohne dass sie bis zur November-Revolution 1918 eine Verkürzung hätten durchsetzen können.

Manueller Kohlenabbau in der Grube Engelbert bei Berrenrath um 1905. In der steilen Kohlenwand stehen die Kohlenhauer, unten die Schlepper mit den Loren zum Abtransport der Kohle.

Die Braunkohlenarbeiter hatten zwar den Vorteil, nicht unter Tage arbeiten zu müssen, dafür waren sie in der offenen Grube aber schutzlos der Witterung – Sonne und Hitze im Sommer, Regen, Schnee und Kälte im Winter – ausgesetzt. Bei Regen standen die Schlepper auf der Grubensohle den ganzen Tag oder die ganze Nacht bis zu den Waden im Kohlen- oder Erdschlamm. Einigermaßen akzeptable Aufenthaltsräume und hygienische Einrichtungen ließen lange auf sich warten. Bis zur Jahrhundertwende besaßen die meisten Gruben nicht einmal einen Wasseranschluss, noch 1910 gab es Gruben ohne Duschmöglichkeiten, und die bestehenden wurden oft von den Arbeitern gemieden, da die Grubenleitungen nach einem Bericht des Bergrevierbeamten nur schwer zu bewegen waren, *für die erforderliche Sauberkeit und Betriebsfähigkeit der Badeeinrichtungen Sorge zu tragen.*[31] Arbeitsunterbrechungen wegen

Klage über lange Arbeitszeiten

Der *Bergknappe*, die Zeitschrift des *Gewerkvereins christlicher Bergarbeiter*, schrieb in seiner Ausgabe vom 19. Januar 1907: *Die 12stündige Schicht ist eine übermäßig lange Arbeitszeit, in welcher der Braunkohlengräber noch schwerere Arbeit leisten muß, wie der Steinkohlenhauer in seiner 8stündigen Schicht. Deshalb ist hier auch die hohe Krankheits- und Unfallziffer unter den Arbeitern, eine geringere geistige Regsamkeit als bei den Ruhrbergleuten, weil die Arbeiter nach vollbrachter Schicht zu müde sind und durch die lange Arbeitszeit auch keine Zeit finden, sich geistig zu bilden. Manche Arbeiter müssen zwei Wegestunden machen, ehe sie zu ihrer Arbeit gelangen, müssen des Morgens also schon mindestens 3½ Uhr aufstehen und kommen des abends erst nach 8 Uhr wieder zu Hause an, körperlich müde und geistig abgespannt. Wann und wie wollen diese Arbeiter sich ihrer Familie etwas widmen? Wann und wie ihre Kinder erziehen? Wann und wie sich geistig schulen und bilden? Alles dieses ist den Braunkohlengräbern unmöglich.*

Wilde Gesellen im sogenannten *Wilden Westen:* Arbeiter der Brikettfabrik Vereinigte Ville (im Hintergrund) um 1905.

extrem schlechter Witterung oder auch wegen schlechter Geschäftslage gingen allein zu Lasten der Arbeiter, da dann einfach kein Lohn gezahlt wurde.

Die Arbeiter im rheinischen Braunkohlerevier verfügten über keine bergmännischen Traditionen. Es waren Landarbeiter, Kleinbauern, Tagelöhner aus den umliegenden Dörfern, die seit dem Aufblühen der neuen Industrien in den 1890er-Jahren dort wegen der besseren Verdienstmöglichkeiten Arbeit annahmen. Sie taten dies zunächst oft nur saisonal und unregelmäßig, das heißt sie verließen die Arbeit einfach, wenn – im Winter – das Wetter zu schlecht war oder – im Sommer – die regelmäßig weiter betriebene häusliche Landwirtschaft es erforderte, und versuchten dann später, bei einer anderen oder auch derselben Grube wieder *anzulegen.* Die Fluktuation in den Belegschaften war hoch, in manchen Gruben betrug sie bis zu 100 Prozent jährlich.[32] Die Arbeiter konnten sich, wie es im Bericht des Bergrevierbeamten 1904 heißt, *nur schwer an Zucht und Ordnung eines geregelten Betriebes gewöhnen, weshalb sie leicht geneigt sind, ihre Arbeit, zumeist ohne Innehaltung der Kündigungsfrist, bald wieder aufzugeben.* Sehr erschwert wurde den Werksverwaltungen die Aufrechterhaltung eines geregelten Betriebes vor allem im Herbst zur Zeit der *Kirmesfeiern, die neben anderen Festlichkeiten von Ende August bis in den Oktober hinein, also zu den Zeiten starken Betriebs der Braunkohlenwerke, stattfinden und regelmäßig einen großen Ausfall in der Belegschaft zur Folge haben.*[33]

In den Jahren der Hochkonjunktur nach 1905 häuften sich auch die Klagen der Unternehmer über ein *unbotmäßiges Verhalten* der Arbeiter: Beleidigungen, Drohungen, ja sogar Tätlichkeiten gegenüber Grubenbeamten nahmen so zu, dass die Gruben sich nicht nur zur Erstattung von Strafanzeigen, sondern auch zu einer Verschärfung des betrieblichen Strafwesens veranlasst sahen. Die Bestrafungen in Form von Lohnabzügen wegen unbotmäßigen Verhaltens oder willkürlichen Feierns wurden von den betroffenen Arbeitern oft mit der sofortigen *Abkehr* beantwortet. Die Betriebsstrafen erreichten 1908 ihren Höhepunkt, als im Gesamtrevier etwa 40 Prozent, im Revier Köln-Ost (Landkreis Köln) fast 60 Prozent der Belegschaftsmitglieder hiervon betroffen waren. 1908 vereinbarten die Gruben erstmals, keine Arbeiter mehr anzustellen, die vorher auf einer anderen Grube ohne Kündigung abgekehrt waren. Dies, der allmähliche Ausbau eines Prämiensystems für längere Betriebszugehörigkeit sowie die nun erneut einsetzende Wirtschaftskrise führten dazu, dass danach die Zahl der Bestrafungen wie die Klagen über den starken Arbeiterwechsel zurückgingen.

Sozialdemokratie, Gewerkschaften und Arbeitervereine

Mit dem *Allgemeinen Deutschen Arbeiterverein* Ferdinand Lassalles und der *Sozialdemokratischen Arbeiterpartei* von August Bebel und Wilhelm Liebknecht entstanden 1863 und 1869 die ersten sozialdemokratischen Organisationen in Deutschland, die sich 1875 zur *Sozialistischen Arbeiterpartei Deutschlands* zusammen schlossen. Die ersten Nachrichten über sozialdemokratische Aktivitäten in Hürth stammen aus den Jahren 1877/78, als Bürgermeister Heinrich Rosell berichtete, dass im Sommer aus Köln und Sülz *eine Zeit lang allsonntäglich einige 20 Personen mit Frauenzimmern und Kindern in den Ortschaften Kendenich und Fischenich erschienen, dort in den Wirtschaften socialdemokrati-*

Matthias Schnitzler um 1900.

Matthias Werner Schnitzler (1851–1927) – der August Bebel von Hürth

Matthias Schnitzler arbeitete als junger Mann in Köln und kam dort schon in den 1860er-Jahren in Kontakt mit der sozialistischen Arbeiterbewegung. Sein ganzes Leben widmete er dem mühsamen Kampf für eine Verbesserung der elenden Lage der Arbeiter im Rheinischen Braunkohlenrevier. Er war schon über 50 Jahre alt, als es ihm 1902/03 endlich gelang, in seinem Heimatort Gleuel die ersten sozialdemokratischen Organisationen auf die Beine zu stellen und in den Gleueler Gemeinderat gewählt zu werden. Er musste es bitter bezahlen: Er verlor seine Arbeitsstelle, konnte keine Steuern mehr bezahlen und verlor damit sein Wahlrecht für die Gemeinderatswahlen. Bürgermeister Heinrich Rosell schloss ihn mit derselben Begründung 1904 aus dem Gemeinderat aus. Schnitzler blieb ein armer Mann, auch bei den Kommunalwahlen 1909 und 1912 besaß er kein Wahlrecht. Nach dem Ersten Weltkrieg, als die Sozialdemokratie nicht mehr unterdrückt wurde, sondern sich in der Weimarer Republik zu einer staatstragenden und allgemein anerkannten Partei entwickelte, war er der große alte Mann der Hürther SPD. Zu seinem 75. Geburtstag am 20. Januar 1926 richtete die SPD im Gleueler Gewerkschaftshaus ein großes Geburtstagsfest für ihn aus. Er starb am 6. April 1927. 1977 benannte die Stadt Hürth einen Wohnweg in Gleuel nach Matthias Schnitzler, seine Grabstätte auf dem alten Gleueler Friedhof steht unter Denkmalschutz.

sche Blätter auslegten und für ihre Partei Propaganda zu machen suchten.[34] Im Herbst 1878 wurde die Partei ebenso wie die sozialdemokratischen Gewerkschaften durch das Sozialistengesetz verboten. Auch nach Aufhebung dieses Gesetzes 1890 sollte es noch einmal mehr als zehn Jahre dauern, bis in Gleuel die ersten Ortsverbände der SPD und der Bergarbeitergewerkschaft entstanden. Hauptinitiator und Hauptmotor der dortigen Bewegung war der 1851 geborene Ackerer, Tagelöhner und Fabrikarbeiter Matthias W. Schnitzler, der im Reichstagswahlkampf am 14. Juni 1903 in seinem Garten eine erste öffentliche SPD-Versammlung organisierte, die von etwa 250 Personen besucht wurde, und der im Oktober 1903 erstmals in den Gleueler Gemeinderat gewählt wurde. Auf einer mit rund 200 Personen ebenfalls gut besuchten Versammlung am Buß- und Bettag, dem 19. November 1902, war es zuvor schon gelungen, in Gleuel eine erste Zahlstelle des *Freien Bergarbeiter-Verbandes* im Rheinischen Revier zu gründen.

Aber die wenigen Sozialdemokraten stießen mit ihren Aktivitäten sofort auf den entschiedenen, ja erbitterten Widerstand von Behörden, Unternehmern und katholischer Kirche. Die Partei- und Gewerkschaftsversammlungen wurden von einem Polizeikommissar überwacht, und der Bürgermeister setzte die örtlichen Wirte so unter Druck, dass diese den *Sozis* keine Räume für Ihre Zusammenkünfte hergaben. Deshalb hatte die erste sozialdemokratische Wählerversammlung 1903 auch im Garten von Matthias Schnitzler stattfinden müssen. Bei den Gemeinderatswahlen gab es bis 1918 in Preußen keine geheime Abstimmung, das heißt man musste dem Wahlvorstand öffentlich erklären, wen man wählen wollte. Wer wagte es da schon, den Namen eines *gott- und vaterlandslosen Gesellen,* wie die Sozialdemokraten beschimpft wurden, zu nennen?

Grubenarbeiter, die auch nur in den Verdacht gerieten, zu den *Roten* zu gehören, wurden von den Unternehmern regelmäßig entlassen. Und schwarze Listen sorgten dafür, dass sie anschließend auch auf anderen Gruben nicht wieder eingestellt wurden. Nach der ersten Bergarbeiterversammlung in Gleuel im November 1902 ließ die Direktion der Grube Clarenberg eine lapidare Mitteilung anschlagen: *Diejenigen Arbeiter, welche in dem sozialdemokratischen Streikverein sind und den Versammlungen, die gegen Kirche, König und Thron streben, beiwohnen, werden ersucht, bis Samstag die Arbeit zu verlassen, da hier keine sozialdemokratischen Arbeiter beschäftigt werden.*[35]

Von ganz besonderer Bedeutung war im katholischen Rheinland der Einfluss der Geistlichkeit, der Zentrumspartei und der zahlreichen kirchlichen Vereine auf die in ihrer großen Mehrheit noch tief religiöse Bevölkerung. Insbesondere in den ländlichen Gebieten, zu denen die Bürgermeistereien Hürth und Efferen um 1900 zweifellos noch zählten, agierte die Sozialdemokratie in einem ihr gegenüber äußerst feindselig eingestellten Milieu. Sobald die Gegner erfahren würden, dass ein Kamerad dem Bergarbeiter-Verband beigetreten sei, so schrieb der Verband in seinem Jahresbericht 1909/10, beginne von allen Seiten, auf der Arbeitsstelle, im Dorf, zu Hause, ein wahres Kesseltreiben, *bis der Austritt erreicht ist.* Zu diesen Schwierigkeiten kam hinzu, dass die Gleueler Arbeiter mit ihrem Versuch, endlich erste Partei- und Gewerkschaftsorganisationen auf die Beine zu stellen, in eine wirtschaftliche Rezessionsphase gerieten, sodass die Zahlstelle der Bergarbeiter-Verbandes schon im Jahr seiner Gründung wieder zusammenbrach.

Erst 1906 konnte im Zeichen einer einsetzenden Hochkonjunktur wieder eine neue Zahlstelle in Gleuel gegründet werden. Bis 1908 folgten weitere in Berrenrath, Fischenich, (Alt-)Hürth und Vereinigte Ville/Knapsack mit insgesamt etwa 160 Mitgliedern. Die nächste Wirtschaftskrise 1909/10 führte erneut fast zu einem völligen Zusammenbruch, am Vorabend des Ersten Weltkrieges hatte der Bergarbeiter-Verband in Hürth immer noch kaum mehr als 50 Mitglieder. Ähnliches gilt auch für die SPD, die neben dem Gleueler Bezirk bis zum Ersten Weltkrieg lediglich in (Alt-) Hürth 1913 noch einen weiteren Parteibezirk gründen konnte. Die sozialistischen Arbeiterorganisationen blieben in Hürth bis zum Ersten Weltkrieg bedeutungslos, irgendwelche größeren Arbeitskämpfe oder gar Streiks hat es auch nicht gegeben.

Rheinische Zeitung
Hauptorgan der Sozialdemokratischen Partei für den Bezirk „Obere Rheinprovinz“

Die *Rheinische Zeitung*, das Blatt der Kölner SPD, beklagte sich am 25. Juli 1905 bitter: *Vor 2 Jahren gelang es uns, in Gleuel eine Zahlstelle [des Bergarbeiter-Verbandes] zu errichten. Nunmehr setzte aber die ganze Verfolgung der Gegner der Arbeiterbewegung mit aller Wut ein, und dem Ansturm der vereinigten Gegner, Grubenbesitzer, Polizei und Geistlichkeit, erlag unsere Kameradschaft. Mit besonderem Erfolg gegen uns hatte die Geistlichkeit gewütet, die den Bergleuten, welche dem Verbande angehörten, die Absolution verweigerten, und falls die Männer dadurch nicht eingeschüchtert wurden, dehnte man diesen ›Gnadenakt‹ auch noch auf die Frauen aus, wodurch dann der häusliche Unfrieden ausbrach, und dabei noch die Armut und all das Elend zu ertragen, das hält kein Mensch aus.*

Erfolgreicher waren nur die *Katholischen Arbeitervereine*, die von kirchlich-katholischer Seite seit 1899 gegründet wurden, um der aufkommenden Sozialdemokratie etwas entgegenzusetzen und die Arbeiter an katholisch-christliche Organisationen zu binden. Die katholischen Arbeitervereine waren, wie *Müttervereine* oder *Jungfrauenkongregationen*, rein kirchliche Vereine, deren Vorsitz immer ein Geistlicher einnahm. Meist waren dies die jungen Kapläne in den Pfarreien, die den Kampf gegen die verhasste Sozialdemokratie mit besonderem Eifer aufnahmen und dabei durchaus erfolgreich waren. Der erste *Katholische Handwerker- und Arbeiterverein* entstand in Fischenich, bis 1914 erfolgten weitere Vereinsgründungen in Efferen, (Alt-) Hürth, Gleuel, Stotzheim, Hermülheim und Kendenich. Die Vereine besaßen am Vorabend des Ersten Weltkrieges insgesamt etwa 750 Mitglieder, also deutlich mehr als SPD und freie Gewerkschaften zusammen. In Gleuel gelang es dem 1907 gegründeten Arbeiterverein, bei den Kommunalwahlen 1909 die Sozialdemokraten nach einem heftigen und erbitterten Wahlkampf wieder aus dem Gemeinderat zu verdrängen und beide Sitze in der III. Wählerklasse für sich zu gewinnen.

Ein Gruß von der Konsum-Anstalt in Knapsack, um 1920.

Schwieriger als für die katholischen Arbeitervereine war die Lage für die Christlichen Gewerkschaften, die ein wenig zwischen allen Fronten standen. Von den Sozialdemokraten wurden sie als *Spalterorganisationen* heftig attackiert. In kirchlichen Kreisen waren sie umstritten, da sie auch Protestanten als Mitglieder aufnahmen. Und vielen Arbeitgebern waren sie schon viel zu *links* und wurden von diesen als nichts anderes als *Durchlauferhitzer* für die Sozialdemokratie angesehen. Der *Gewerkverein Christlicher Bergarbeiter* konnte 1901 zwei erste Zahlstellen in Liblar und Pingsdorf/Badorf gründen, die aber, wie die Gleueler Zahlstelle des freien Verbandes, in der Wirtschaftskrise 1902/03 wieder einging. 1905/06 gelang es dem Gewerkverein dann aber doch, endgültig im Rheinischen Revier Fuß zu fassen und in Liblar sogar ein Gewerkschaftsbüro mit einem fest angestellten Gewerkschaftssekretär, Franz Rotthäuser, zu eröffnen. 1906 entstanden auch in Hürth zwei Zahlstellen in Berrenrath und (Alt-)Hürth, 1907 folgten Gleuel und 1910 Fischenich. Der Schwerpunkt der Organisation lag aber in den immer noch sehr ländlichen Bereichen der Kreise Bergheim und Euskirchen, wo der Freie Bergarbeiterverband praktisch überhaupt nicht vertreten war. In der Bürgermeisterei Hürth lagen die Mitgliederzahlen noch unter den ohnehin schon sehr niedrigen Ziffern des Freien Verbandes, 1910/11 besaß der Christliche Gewerkverein in den vier Hürther Zahlstellen zusammen nur etwa 25 Mitglieder.

Seit 1907 konnten in den Bürgermeistereien Hürth und Efferen mehrere Filialen der von den Gewerkschaften gegründeten *Konsumgenossenschaften* eröffnet werden. Diese Konsumgenossenschaften sollten für ihre Mitglieder, Arbeiterfamilien und andere *einfache* Leute, preiswerte Lebensmittel und Waren des täglichen Bedarfs anbieten. Die sozialdemokratische *Hoffnung* besaß 1914 Geschäfte in Hermülheim, (Alt-)Hürth, Gleuel, Kendenich und Knapsack, die christliche *Eintracht* solche in Efferen, Hermülheim, Fischenich und Gleuel.

Landwirtschaft

Die Familie Schaffrath auf ihrem Bauernhof in Fischenich, Plöner Straße (heute Schmittenstraße) um 1910. Nach dem Ersten Weltkrieg wurde das Haus von der jüdischen Familie Löwenstein erworben.

Trotz der zunehmenden Veränderungen infolge der Industrialisierung blieb die Landwirtschaft für die Hürther Bevölkerung bis zum ausgehenden 19. Jahrhundert weiter von großer Bedeutung. In der Franzosenzeit und in den ersten Jahren der preußischen Herrschaft hatten die Bauern ihre persönliche Freiheit und zum Teil auch das Eigentum an den von ihnen bearbeiteten Grundstücken erlangt. Die großen kirchlichen Güter waren jedoch meist von wohlhabenden Unternehmern und Spekulanten erworben worden, sodass viele Flächen von den Hürther Bauern gegen oft hohe Pachtzinsen gepachtet werden mussten. Aufgrund der im Rheinland herrschenden Realerbteilung bearbeiteten viele Landwirte nur kleine und sehr zerstückelte Flächen, allerdings waren die vorherrschenden Lößlehmböden meistens von hoher Qualität. Es gab nur einzelne größere Höfe wie das Gut Horbell, die Pescherhöfe bei Alstädten, den Weilerhof in Fischenich, den Kalscheurener Hof oder die Besitzungen derer von Kempis (Burg Kendenich) und von Groote (Hermülheim). 1872 gehörten diese und weitere 14 größere Bauernhöfe dem 1840 gegründeten *Landwirtschaftlichen Verein für Rheinpreußen* an, dem die Hürther Gemeinden bereits 1857 beigetreten waren.[36]

Der größte Teil der Gemeindeflächen blieb landwirtschaftlich genutzt: 1835 waren von 17381 Morgen Fläche der Bürgermeisterei Hürth 11192 Morgen Ackerland (= 64,4 Prozent), 669 Morgen Gärten, 111 Morgen Wiese und 5133 Morgen Wald. 1852 gab es 11182 Morgen Äcker, 940 Morgen Gärten, 74 Morgen Wiese und 4650 Morgen Wald. In diesem Jahr ernährten sich von 7008 Einwohnern 2818 Menschen (einschließlich Familienangehörigen und Dienstkräften) von der Landwirtschaft als Hauptgewerbe (40,2 Prozent) und 698 durch einen Nebenerwerbsbetrieb (10,0 Prozent).[37]

Auf dieser kolorierten Ansichtskarte von 1901 sind neben den landwirtschaftlichen Produkten des Vorgebirges die Köln-Bonner Eisenbahn und der Bahnhof Fischenich zu sehen. Hinter der Samenhandlung Zopes lugt der Kölner Dom hervor.

Wegen der sehr guten Ackerflächen wurde nur wenig Vieh gehalten und vor allem mit Klee gefüttert, den man als Zwischenfrucht zwischen Getreide- und Kartoffelanbau aussäte. 1851 gab es in der Bürgermeisterei Hürth 313 Pferde, 570 Schweine und 1804 Stück Rindvieh. 1909 waren es 560 Pferde, 1258 Schweine und 1685 Rinder. Im März 1903 ließ sich auf Initiative von Bürgermeister Rosell in Hermülheim der Tierarzt Paul Heyden nieder, der die seit dem 1. April 1903 gesetzlich vorgeschriebene Tier- und Fleischbeschau übernahm. Die Kartoffelproduktion konnte zwischen 1850 und 1870 von etwa 25000 auf 100000 Zentner gesteigert werden. Der Getreideanbau, hauptsächlich Roggen und Hafer, wuchs nicht in gleichem Maße, von etwa 25000 auf 40000 Zentner pro Jahr.[38] Eine gewisse Bedeutung besaß auch der Obstanbau, 1880 standen in Hürth 16406 Obstbäume, hauptsächlich Pflaumen und Äpfel. 1869 wurden auf 223 Morgen Zuckerrüben angepflanzt.

Nach Beginn der Industrialisierung gingen der Landwirtschaft allmählich mehr und mehr Flächen verloren, und viele Bauern und Landarbeiter wanderten auch wegen der besseren Verdienstmöglichkeiten in die Industrie oder auf Arbeitsstellen in der Stadt Köln ab. Es entstand ein Arbeitskräftemangel, den die größeren Landwirte durch die Beschäftigung von polnischen und russischen Arbeitern während der Sommermonate zu beheben versuchten. Die kleineren Bauern gingen auch mehr und mehr zu einer Landwirtschaft im Nebenerwerb über.

Seit 1880 entstanden in den größeren Orten genossenschaftliche *Spar- und Darlehenskassen,* wie sie seit 1849 von Friedrich Wilhelm Raiffeisen zur Linderung der Not der kleinen Landwirte im Westerwald gegründet worden waren. 1880 wurden die ersten Genossenschaften in Efferen, Gleuel und Kendenich gegründet. 1894 folgte Fischenich, 1901 (Alt-)Hürth.[39] In der Regel waren es die örtlichen Pfarrer und Lehrer, die den Anstoß zur Gründung einer Kasse nach dem Vorbild Raiffeisens gaben und mit ihren Schreibkünsten dabei halfen. Der *Fischenicher Spar- und Darlehenskassenverein* erwarb 1904 von dem Grafen Metternich zur Gracht die Burgruine Fischenich mit den dazu gehörenden Ländereien. An der Burg selbst errichteten die Kölner Cellitinnen 1907 ein Kloster und Altenheim. Das übrige Gelände wurde parzelliert und als Bau- oder Ackerland an die Fischenicher Einwohner verkauft. Nach dem Ersten Weltkrieg entstanden hierdurch der Rosellenplatz, der neue KBE-Bahnhof, die Bahnhofstraße (heute Raiffeisenstraße) und die Obst- und Gemüseversteigerungsanlage.[40]

Fischenicher Bauersfrauen verkaufen ihr Gemüse auf dem Kölner Markt am Heumarkt, um 1925.

Bevölkerungswandel, Infrastruktur und Modernisierung

Die Industrialisierung veränderte in den Jahren zwischen etwa 1885 und 1920 das Aussehen und die soziale Struktur der Bürgermeisterei Hürth radikal: Aus einer Ansammlung kleiner Bauerndörfer wurde eine von Braunkohlenbau und Großindustrie geprägte Landschaft, an die Stelle der Landwirtschaft trat die Industriearbeit als Haupterwerbsquelle. Die Zahl der in Hürth beschäftigten Industriearbeiter stieg zwischen 1895 und 1920 von 400 auf 8300. Auch die Gesamtbevölkerung wuchs stark an: in den Bürgermeistereien Hürth und Efferen zusammen von 8600 1871 auf 25000 im Jahre 1925.

Arbeiterwohnungen in Knapsack 1910.

Das Rathaus an der Luxemburger Straße kurz nach seiner Vollendung, um 1905.

In Knapsack, Berrenrath und Gleuel entstanden vor und nach dem Ersten Weltkrieg große Arbeiterwohnkolonien, diese Orte erhielten dabei ebenso wie (Alt-)Hürth weitgehend den Charakter von Arbeiterwohngebieten. Nach dem Ersten Weltkrieg waren mehr als 50 Prozent der Erwerbstätigen in der Bürgermeisterei Hürth Industriearbeiter. Allerdings blieben einige Bereiche, wie vor allem Fischenich, Efferen oder Stotzheim, auch dann noch längere Zeit vorwiegend landwirtschaftlich geprägt.

Im Gefolge von Industrialisierung und Bevölkerungsanstieg wurden zwischen der Jahrhundertwende und dem Ersten Weltkrieg wichtige, moderne Infrastruktureinrichtungen geschaffen: 1869 ließ sich mit Dr. Arnold Kürten der erste Arzt der Bürgermeisterei in Hermülheim nieder. 1884 wurde eine Ortskrankenkasse für gewerbliche Arbeiter gegründet, 1898 die Vorgebirgsbahn der *Cöln-Bonner Kreisbahnen* mit Bahnhöfen in Efferen, Hermülheim, Kendenich und Fischenich in Betrieb genommen. Es folgten 1899 ein Wasserwerk, 1900 eine Apotheke, 1903 ein Rathaus und 1908 eine Bürgermeisterei-Sparkasse. Das Wasserwerk in Efferen und das Hermülheimer Rathaus waren Gemeinschaftsprojekte der beiden Bürgermeistereien Hürth und Efferen, die von diesen zu je 4/5 (Hürth) und 1/5 (Efferen) getragen und finanziert wurden. Im Jahre 1900 wurde mit der Elektrifizierung begonnen, 1904 der erste Fernsprechanschluss verlegt. 1916 konnte schließlich

Ein Zug der Cöln-Bonner Kreisbahn *(Feuriger Elias)* im neuen Hermülheimer Bahnhof um 1900.

mit bedeutender finanzieller Unterstützung durch den Fabrikbesitzer Moritz Wilhelm Ribbert das seit Langem geplante Bürgermeisterei-Krankenhaus in Hermülheim fertiggestellt werden.

Auffällig ist eine eindeutige Konzentration dieser Infrastrukturmaßnahmen in Hermülheim, was zu einer eigentümlichen Polarität innerhalb der Bürgermeisterei Hürth führte: Die größte, bevölkerungsreichste und ökonomisch stärkste Gemeinde war (Alt-)Hürth mit den großen neuen Industrien in Knapsack. Aber praktisch alle

Paul Henckels (1885–1967) – ein Hürther Malörchen

Der beliebte Volksschauspieler Paul Henckels wurde am 19. September 1885 in der Breite Straße in (Alt-)Hürth geboren. Sein Vater war der Maler Paul Abraham Henckels, Sohn des bekannten Schneidwarenfabrikanten Henckels aus Solingen. Und dieser Paul Abraham Henckels unterhielt ein – uneheliches – Verhältnis mit der schönen Kölner Schauspielerin Cäcilia Warczawska, aus dem der kleine Paul Henckels jun. hervorgegangen ist. Einige Wochen vor der Geburt suchte man eine Möglichkeit, wohin die schwangere Frau sich *zurückziehen konnte* – und fand sie bei der Hürther Hebamme Henriette Lott. Cäcilia wurde in ihrem Haus herzlich aufgenommen und freundete sich schnell mit der Tochter der Hebamme, der 17-jährigen Katharina Lott, an. Beide Mädchen freuten sich, wenn Paul Abraham zu Besuch kam und für Henriette Lott ein Fläschchen Kümmel mitbrachte. Nachdem das Kind endlich, am 9. September, um 4 Uhr nachmittags,geboren war, ging die Hebamme aufs Bürgermeisteramt, um den kleinen Paul anzumelden. Zwei Wochen später kam eine vornehme Dame aus Heidelberg und nahm den kleinen Mann mit. Katharina Lott erhielt von dem reichen Fabrikantensohn als Abschiedsgeschenk eine Schere, in der ihr Namen eingraviert war. Und Cäcilia Warczawska kehrte schnellstens auf die Bühne zurück. Die Geschichte hat ein schönes Happy End: Am 1. Dezember 1896 heirateten Paul Abraham und Cäcilia vor dem Standesbeamten in Düsseldorf und erkannten den inzwischen schon 11-jährigen Paul Henckels als ihren gemeinsamen Sohn an.[41]

Henriette Lott.

Behörden, Verkehrs- und Dienstleistungseinrichtungen wie Rathaus, Post, Sparkasse, Krankenhaus und Krankenkasse, Arzt und Apotheke sowie der Bahnhof entstanden dagegen in dem kleinen Hermülheim, das an der Hauptdurchgangsstraße, der Luxemburger Straße, lag. Die Bevölkerung in Hürth war vorwiegend eine Arbeiterbevölkerung geworden, während in Hermülheim immer noch mehr Bauern sowie Angestellte und Beamte wohnten. Diese problematische Struktur sollte die weitere Entwicklung Hürths bis in die Zeit weit nach dem Zweiten Weltkrieg belasten und die Herausbildung

Bauernhof und Ausflugsgaststätte Kranzmaar an der Luxemburger Straße bei Kendenich. Hinten der 1907 erweiterte Wasserturm.

eines gemeinsamen städtischen Zentrums sehr behindern, wenn nicht sogar ganz vereiteln.

Nicht immer traf der Fortschritt auf die Zustimmung der Bevölkerung. Nach dem Bau des Wasserwerkes 1899 wehrten die Bewohner sich heftig gegen den Zwang, an das neue Wasserleitungsnetz angeschlossen zu werden. Das ins Haus gelieferte Wasser kostete nun nämlich plötzlich Geld, und kaum jemand sah ein, weshalb er sich nicht wie bisher mit kostenlosem Wasser aus dem Dorfbrunnen versorgen können sollte. Die Mehrheit der Bevölkerung hielt die teuren Wasserleitungen für vollkommen überflüssig, und es kostete den Bürgermeister Heinrich Rosell erhebliche Mühe, sich mit seinen Neuerungen gegen die widerspenstigen Hürther durchzusetzen.[42]

Vor dem Hintergrund des Bevölkerungszuwachses und der starken ökonomischen und sozialen Veränderungen in der zweiten Hälfte des 19. Jahrhunderts ist auch das Aufkommen einer bürgerlichen, seit der Jahrhundertwende dann auch einer Arbeitervereinsbewegung zu sehen.

Die Matthias-Schützengesellschaft in (Alt-) Hürth mit Gewehren und Standarte um 1925. Vorne in der Mitte der Schützenkönig Köllejan mit seiner Frau.

In früheren Zeiten hatte es nur die *Schützenvereine* gegeben, die ursprünglich zum Schutz und zur Verteidigung der Dorfgemeinschaften gebildet worden waren. In Gleuel existiert eine Schützenkette, die bis in das Jahr 1732 zurückreicht. Diese Schützenvereine waren jedoch im 19. Jahrhundert eingegangen. In Efferen kam es 1863 mit der *Bruderschaft St. Donatus* zur ersten Neugründung.

Schon ein Jahr vorher wurde mit der Cäcilia in Berrenrath der erste *Männergesangverein* gegründet. Die heilige Cäcilia war eine römische Märtyrerin, die seit dem Ausgang des Mittelalters als Patronin der Musik verehrt wurde. Schon am Vereinsnamen ist daher zu erkennen, dass diese Gründung aus kirchlichen Kreisen heraus erfolgte, der Gesangverein sollte denn auch zugleich die Funktion eines Kirchenchores wahrnehmen. Ähnlich wurde 1863 in Fischenich der *Männergesangverein Borussia* vom Organisten der Pfarrkirche gegründet. Allerdings deutet der Name – *Borussia* ist die neulateinische Bezeichnung für Preußen – hier bereits auf den Einfluss nationaler oder nationalistischer Motive hin, auch wenn das Vereinsmotto noch sehr friedlich klang: *Was der Tau den Fluren ist, sind der Seele Lieder.* Bei der 1881 ebenfalls in Fischenich entstandenen *Germania* hörte sich das hingegen schon anders an: *Deutsches Schwert und deutscher Sang haben einen guten Klang.*[43] In den nächsten Jahren entstand in jedem der größeren Dörfer ein Männer-Gesangverein: 1866 Frohsinn Gleuel, 1870 *Rhenania Hürth*, 1877 *Concordia Efferen*, 1881 *Quartettverein Kendenich*, 1891 *Liederkranz Hermülheim* und 1892 *Eintracht Knapsack.* Sie gaben sich dezidiert kaisertreu und pflegten das nationale Liedgut.

Der 1895 gegründete Turnverein Gut Heil Stotzheim mit prächtiger Vereinsfahne etwa im Jahre 1905.

Nach den Gesangvereinen entstanden als nächstes seit 1890 die ersten *Turnvereine:* 1894 *Germania Hürth* und *Alpenglühen Fischenich*, 1909 *Eiche Knapsack.* Sport treiben hieß vor dem Ersten Weltkrieg so gut wie ausschließlich Turnen. Andere Sportarten, Radfahren, Hand- und Fußball und Schwimmen konnten sich erst nach dem Ersten Weltkrieg in den 1920er und 1930er Jahren durchsetzen.

Schulen, Kirchen, Synagogengemeinde

Schulen

Die Bemühungen der Franzosen um eine Verbesserung des Schulwesens hatten, wie oben bereits erwähnt, durchaus einigen Erfolg gehabt. Trotz Einführung der allgemeinen Schulpflicht in Preußen 1825 konnte die Lese- und Schreibfähigkeit der Hürther bis 1840 hingegen nicht weiter verbessert werden. Das lag wahrscheinlich daran, dass die Gemeinden seit 1825 nur all-

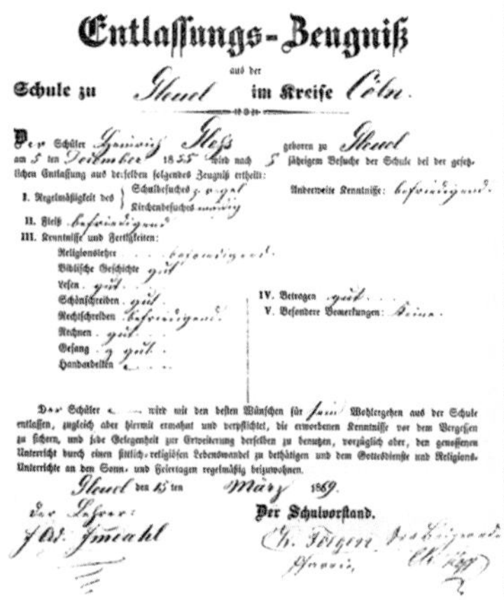

Entlassungs-Zeugniß

aus der Schule zu Gleuel im Kreise Cöln.

Der Schüler Heinrich Heß geboren zu Gleuel am 5 ten Dezember 1855 wird nach 5 jährigem Besuche der Schule bei der gesetzlichen Entlassung aus derselben folgendes Zeugniß ertheilt:

I. Regelmäßigkeit des } Schulbesuches: [illegible] / Kirchenbesuches: [illegible]

II. Fleiß: befriedigend.

III. Kenntnisse und Fertigkeiten:

Religionslehre: befriedigend.
Biblische Geschichte: gut
Lesen: gut.
Schönschreiben: gut.
Rechtschreiben: befriedigend.
Rechnen: gut.
Gesang: gut.
Handarbeiten: —

Anderweite Kenntnisse: befriedigend.

IV. Betragen: gut.

V. Besondere Bemerkungen: keine.

Der Schüler — wird mit den besten Wünschen für sein Wohlergehen aus der Schule entlassen, zugleich aber hiermit ermahnt und verpflichtet, die erworbenen Kenntnisse vor dem Vergessen zu sichern, und jede Gelegenheit zur Erweiterung derselben zu benutzen, vorzüglich aber, den genossenen Unterricht durch einen sittlich-religiösen Lebenswandel zu bethätigen und dem Gottesdienste und Religions-Unterrichte an den Sonn- und Feiertagen regelmäßig beizuwohnen.

Gleuel den 15 ten März 1869.

Der Lehrer: [illegible]

Der Schulvorstand. [illegible]

links: Entlassungszeugnis der Schule zu Gleuel im Kreise Cöln aus dem Jahre 1869
rechts: Hermülheimer Schulkinder, wahrscheinlich die Entlassklasse mit Hauptlehrer Jakob Schilz (links) und Pfarrer Gottfried Böhmer.

mählich daran gingen, eigene feste Schulhäuser zu errichten. Den Anfang machte Berrenrath 1826, in den 1830er-Jahren folgten Efferen, Fischenich, Gleuel und Kendenich. Hermülheim erhielt 1843 ein *richtiges* Schulgebäude, (Alt-)Hürth 1852 und Stotzheim schließlich 1868. Bis 1860 konnte der Analphabetismus in der Hürther Bevölkerung weitgehend überwunden werden: 95 Prozent der Brautleute konnten nun die Heiratsurkunde persönlich unterschreiben. Zunächst bestanden die Schulgebäude nur aus ein oder zwei Klassenräumen, dann wurden oft eine Lehrerwohnung angebaut und im Laufe des 19. Jahrhunderts die Zahl der Unterrichtsräume entsprechend dem Bevölkerungsanstieg und der Zunahme der Schülerzahlen immer wieder erweitert. Das Ergebnis dieser wiederholten An- und Umbauten kann man heute an den alten Schulgebäuden in Efferen und Kendenich noch gut erkennen und nachvollziehen.

Kirchen

Im 19. Jahrhundert wurden zwei neue katholische Kirchengemeinden gegründet: 1850 in Berrenrath und 1861 in Stotzheim. Berrenrath wurde von Gleuel abgetrennt und benutzte die seit Jahrhunderten bestehende und mehrfach erweiterte Wendelinuskapelle als Gotteshaus. 1890 wurde dort eine neue, größere Kirche errichtet. Stotzheim gehörte vorher zur Kirchengemeinde Efferen, dort bestand bereits seit dem Ende des 18. Jahrhunderts eine eigene Kirche, an die 1878 ein Turm und 1885 eine Sakristei angebaut wurden. Die in der Franzosenzeit 1808 aufgehobene Hermülheimer Pfarrgemeinde wurde 1834 wieder errichtet. [44]

Nach der Reichsgründung belastete der sogenannte *Kulturkampf* über Jahre auch die gesellschaftliche Atmosphäre in Hürth. Mit einer ganzen

Reihe von Gesetzen versuchte Reichskanzler Bismarck, den Einfluss der katholischen Kirche in den katholischen Gebieten Preußens und des Deutschen Reiches zurückzudrängen. Dazu gehörten unter anderem die Abschaffung der geistlichen Schulaufsicht (1872), die verbindliche Einführung der Zivilehe (1875) oder die Aufhebung aller Klöster, die nicht in der Krankenpflege tätig waren (1875). All dies traf auf den Widerstand der Kirche wie der katholischen Bevölkerung. Mit dem sogenannten *Brotkorbgesetz* von 1875 sollte der Kirche und den Geistlichen, die sich nicht schriftlich zur Einhaltung aller umstrittenen Gesetze verpflichteten, durch die Einstellung aller staatlichen Zuschüsse und Gehälter *der Brotkorb höher gehängt* wer-

Schlägerei auf dem Friedhof

Über die strittige Frage, ob die Friedhöfe der Kommune unterstellt oder weiter im kirchlichen Besitz bleiben und von der Kirche verwaltet werden sollten, kam es in Hermülheim März 1860 zu einem regelrechten kleinen Volksaufstand. Die Hermülheimer wollten partout an ihrem bisherigen Beerdigungsritus festhalten, wonach die Toten einer Familie immer in ein- und demselben, seit Langem bestehenden Familiengrab bestattet wurden, während Bürgermeister Franz Rosell mit seiner ganzen Autorität als preußischer Beamter die Beisetzung in einem neuen Reihengrab verlangte. Als Rosell persönlich die Aushebung eines Grabes nach alter Sitte verhindern wollte, entwickelte sich unter Beteiligung des Pfarrers Johann Krumpen und des Dorfschullehrers Schaaf eine wüste Schlägerei, bei der der Bürgermeister mit heftigen Faustschlägen traktiert wurde. Die Leiche wurde dann zwar dort beerdigt, wo die Hermülheimer es haben wollten, aber Lehrer Schaaf musste anschließend den Schuldienst quittieren, und der Pfarrer sowie 16 Hermülheimer Bauern und Tagelöhner wanderten wegen *Widerstandes gegen die Staatsgewalt* für sechs Wochen in den Kölner *Klingelpütz,* wie das dortige Gefängnis hieß. Nach Verbüßung der Haftstrafe wollten die Hermülheimer ihren Pfarrer von den Schulkindern in Köln abholen lassen, was ihnen von den preußischen Behörden aber ebenso untersagt wurde, wie ihn im Dorf mit Triumphbögen und Böllerschüssen zu empfangen. So blieb es bei einem triumphalen Dankgottesdienst für die Rückkehr des Pfarrers in der voll besetzten Kirche.[45]

den. Hiervon waren auch die Hürther Pfarrer betroffen. Pfarrer Rosellen berichtet, auf das 50-jährige Pfarrerjubiläum des Pfarrers Peter Klinkhammer in (Alt-)Hürth im Jahre 1880 habe *die auch über ihn verhängte Gehaltssperre einen trüben Schatten* geworfen.[46] Nach dem Tod der Pfarrer in Berrenrath (1876), Efferen und Hermülheim (1881) sowie (Alt-)Hürth konnten ihre Stellen bis zum Ende des Kulturkampfes 1887/88 nicht wieder besetzt werden.

Um die Besoldung der Pfarrer weiter zu erschweren, ordneten die preußischen Behörden die erneute Beschlagnahme der sogenannten *Pfarr-Dotalgüter* an, aus denen die Kirchengemeinden eigene Einnahmen bezogen. Diese Güter waren schon von den Franzosen konfisziert, unter Napoleon 1806 aber zurückgegeben worden. Nun kam es auch in Hürth über diese Frage zu heftigen Auseinandersetzungen. Die Bauern, die die Grundstücke von der Kirche gepachtet hatten, weigerten sich, die Pacht, wie verlangt,

Die 1888 errichte katholische Kirche St. Severin in Hermülheim mit Pfarrhaus und der links gegenüber liegenden alten Volksschule.

nunmehr an die Gemeindekasse zu bezahlen. Der arme Bürgermeister hatte keine Möglichkeit festzustellen, welche Grundstücke von wem und zu welchen Bedingungen gepachtet waren. Die Bauern und die Pfarrer behaupteten unter anderem, es gebe keine schriftlichen Verträge, alles sei nur mündlich abgesprochen, die Pachtdauer sei überhaupt nicht festgelegt und so weiter. Die Auseinandersetzung endete schließlich 1880 mit der Rückgabe der beschlagnahmten Güter an die Kirche.[47] Insgesamt ging die katholische Kirche gestärkt aus den Auseinadersetzungen hervor. In den Jahren nach Beendigung des Kulturkampfes konnte die Kirche durch den Neubau von Kirchen, die Neugründung von Klosterniederlassungen und den Ausbau des kirchlichen Vereinswesens ihre Stellung und ihren Einfluss weiter festigen und ausbauen. Es entstanden katholische Jünglingsvereine und Jungfrauenkongregationen, Arbeiter- und Handwerkervereine, Frauen- und Müttervereine, Pfadfinder, Kirchenchöre und die Caritas.

Früher waren auch die Mädchen, die zur Ersten Kommunion gingen, in Schwarz gekleidet. Hier die Mädchen des Geburtsjahrgangs 1896 in Efferen.

Bis in die zweite Hälfte des 19. Jahrhunderts standen in den Kirchspielorten Efferen, Fischenich, Gleuel, Hermülheim und Kendenich alte, kleine romanische oder frühgotische Kirchen, die zwischen 1859 und 1895 leider alle abgerissen und durch neuere, größere Gotteshäuser in neuromanischem oder neugotischem Stil ersetzt wurden. In Kendenich (1859), Fischenich (1888) und Gleuel (1893) wurden die neuen Kirchen an der gleichen Stelle errichtet, an der die alten seit dem Mittelalter gestanden hatten. In Efferen (1870) erfolgte der Neubau auf der gegenüber liegenden Straßenseite der heutigen Kaulardstraße (früher Kirchstraße), in Hermülheim (1888) rückte die Kirche von der Burg näher an den Ort heran an ihren heutigen Standort. In (Alt-)Hürth war die kleine gotische Kirche aus dem 13. Jahrhundert bereits 1695 durch einen größeren Barockbau ersetzt worden. Nach Fertigstellung der neuromanischen Kirche nebenan an der Lindenstraße 1895 stand der alte Bau mehrere Jahre leer, bis er seit 1914 von den *Missionsschwestern vom Heiligsten Herzen Jesu* als Klosterniederlassung genutzt wurde.

Auf der kolorierten Ansichtskarte von etwa 1900 ist oben links die 1893 erbaute, neue Kirche in Gleuel zu sehen

Seit Beginn des 20. Jahrhunderts siedelten sich auch in den anderen größeren Orten kleine Klosterniederlassungen mit jeweils einigen wenigen Schwestern neu an, die sich der Alten- und Krankenpflege widmeten, die ersten Kindergärten einrichteten und den schulentlassenen Mädchen Haushaltungs- und Handarbeitsunterricht erteilten:

- 1902 Efferen: Arme Dienstmägde Jesu Christi aus Dernbach/Westerwald
- 1908 Fischenich: St. Josefs-Haus der Cellitinnen nach der Regel des hl. Augustinus aus Köln
- 1916 Hermülheim: Cellitinnen im Gemeindekrankenhaus
- 1928 Kendenich: Schwestern vom Göttlichen Heiland (Salvatorianerinnen)
- 1929 Knapsack: Schwestern von der hl. Elisabeth aus Luxemburg

Das 1909 errichtete und 1944 völlig zerstörte St. Marienhaus in der Klosterstraße in Efferen. Auf dem Grundstück befindet sich heute der katholische Kindergarten.

Im Kloster der Cellitinnen in Fischenich befand sich vor dem Ersten Weltkrieg ein Pensionat für vornehme junge Damen.

Die Schwestern spielten eine wichtige Rolle in der Sozialfürsorge der einzelnen Dörfer. Die Dernbacher Schwestern unterhielten in Efferen seit 1909 das Marienhospital an der Klosterstraße mit Entbindungsstation und Altenheim. Die Hermülheimer Schwestern betreuten seit seiner Gründung das Gemeindekrankenhaus, die Cellitinnen in Fischenich richteten an der Burgruine 1924 ein großes Altenheim ein.

Religiöse Minderheiten: Juden und Protestanten

Die einzige kleine religiöse Minderheit in Hürth waren zunächst die Juden, die nachweislich schon im 18. Jahrhundert, wahrscheinlich aber schon viel länger hier wohnten. 1831 waren von 881 Einwohnern in (Alt-)Hürth 61 Juden, das waren immerhin sieben Prozent der dortigen Bevölkerung. Daneben lebte damals nur noch eine jüdische Familie in Kendenich mit neun Personen. (Alt-)Hürth war immer das Zentrum jüdischen Lebens und jüdischer Kultur in Hürth. 1847 lebten in der Bürgermeisterei Hürth 92 Juden, das waren 1,5 Prozent der Bevölkerung. Damit besaß Hürth die drittgrößte jüdische Gemeinde im Landkreis Köln nach Deutz und Frechen und noch vor Brühl und Stommeln. Der erste bekannte *Betsaal* befand sich im Haus des jüdischen Geschäftsmannes Cosmann Brünell an der Ecke Weierstraße/-Kendenicher Straße, das diesem seit 1857 gehörte. 1875 wurde nach langen und schwierigen Verhandlungen mit den Behörden und unter den Beteiligten die *Synagogengemeinde Brühl* gebildet, die aus den beiden *Spezialgemeinden* Brühl und Hürth bestand. Nachdem Cosman Brünell 1880 nach Köln verzogen war und sein Haus in (Alt)Hürth verkauft hatte, baute die *Spezialgemeinde Hürth* im Hinterhof des Brünellschen Grundstücks – versteckt etwa 20 Meter von der Weierstraße entfernt – bis 1882 eine kleine Synagoge. Zur gleichen Zeit legte sie

Die jüdische Familie des Metzgers Max Nathan an ihrem Haus in der Weierstraße in (Alt-)Hürth.

an der damaligen Berrenrather Straße – heute Marienbornweg – einen neuen Friedhof an, auf dem zwischen 1886 und 1931 insgesamt 35 Bestattungen vorgenommen wurden. In der zweiten Hälfte des 19. Jahrhunderts sank die Zahl der jüdischen Bewohner, da die Juden, wie Cosmann Brünell, im Zuge ihrer zunehmenden Gleichberechtigung nun wieder verstärkt von den Landgemeinden in die Städte zurückkehrten, aus denen sie am Ende des Mittelalters vertrieben worden waren. 1926 lösten die Hürther Juden sich ganz von Brühl und bildeten eine eigene Synagogengemeinde, deren langjähriger Vorsteher seit 1928 bis zu ihrer Auflösung 1937 der Metzgermeister Ludwig Berg aus Alstädten war.[48]

Ludwig Berg um 1930.

Tabelle 6: **Entwicklung der Bevölkerungszahlen und Religionszugehörigkeiten in der Bürgermeisterei Hürth 1851–1939**[49]

	Gesamtzahl	davon katholisch	evangelisch	jüdisch
1851	7.032	6.922	22	88
1860	7.305	7.220	14	71
1880	7.638	7.535	19	52
1885	7.710	7.636	28	46
1895	10.476	10.335	92	49
1900	11.778	11.588	133	57
1905	11.426	11.036	331	59
1926	21.909	19.706	2.031	49
1939	29.574	26.180 (88,5 %)	2.781 (9,4 %)	

Erst ganz am Ende des 19. Jahrhunderts überstieg die Zahl der protestantischen Bewohner die der Juden. Das lag zum einen am dargestellten Rückgang der Zahl der jüdischen Bewohner. Zum anderen kamen im Zuge der Industrialisierung Beschäftigte aus dem protestantischen Mitteldeutschland nach Hürth. Zunächst waren es vor allem Ingenieure, Meister und Vorarbeiter, die wegen ihrer Erfahrungen in der mitteldeutschen Industrie für das neue rheinische Braunkohlenrevier angeworben wurden. Diese Menschen siedelten sich daher in der Nähe der neuen Industriebetriebe an, vor allem in Knapsack. Nachdem im Ersten Weltkrieg und den Jahren danach verstärkt weitere evangelische Arbeitskräfte zugezogen waren, wurde 1921 in

Knapsack die erste evangelische Kirche erbaut. Es war eine kleine, von den Kalscheurener Holzbauwerken errichtete Notkirche aus Holz, die dann im Zweiten Weltkrieg völlig niederbrannte.[50]

Der Erste Weltkrieg

Der Erste Weltkrieg führte zu einer bedeutenden Erweiterung der Hürther Industrie insbesondere in Knapsack. Die AG für Stickstoffdünger erlangte mit Kriegsbeginn eine besondere Bedeutung, da sie aus Kalkstickstoff synthetischen Ammoniak herstellen konnte. Dieser wurde als Ausgangsbasis für die Produktion von Salpetersäure und damit für die Munitionsherstellung dringend benötigt, da der natürliche Chilesalpeter aufgrund der englischen Seeblockade nicht mehr importiert werden konnte. Ohne eine schnelle Erhöhung der Produktion von Ammoniakwasser und Salpetersäure wäre dem Deutschen Reich schon bald nach Kriegsbeginn die Munition ausgegangen. Daher führte das Berliner Kriegsministerium bereits im September 1914 dringende Verhandlungen mit der AG für Stickstoffdünger über eine Ausweitung der Ammoniakproduktion. Im November und Dezember 1914 erwarben die Farbwerke Hoechst 50 Prozent der Aktien der Knapsacker Gesellschaft und sicherten sich vertraglich die Lieferung der gesamten Ammoniakproduktion für ihre Salpetersäureherstellung zu. Nach zweimonatigen Verhandlungen verpflichtete die AG für Stickstoffdünger sich am 13. Dezember 1914 gegenüber dem Kriegsministerium, gegen ein Darlehen von 15 Millionen Goldmark bis zum 1. Oktober 1915 auf eigene Kosten eine große neue *Fabrikationsanlage II* zu errichten, zu der auch ein neues Braunkohlenkraftwerk gehörte. Das Investitionsvolumen betrug insgesamt 28 Millionen Mark. Noch vor dem Jahreswechsel wurde mit den hektischen Bauarbeiten begonnen, bei denen in Tag- und Nachtschichten zahlreiche Kriegsgefangene sowie eine große Zahl von Baufirmen mit vielen Hundert Beschäftigten gleichzeitig eingesetzt wurden. Trotz der chaotischen Verhältnisse auf der Baustelle konnte die erste Abteilung der neuen Fabrikanlagen schon im Oktober 1915 in Betrieb gehen.

Auch die *Vorgebirgszentrale* des RWE wurde während des Krieges beständig erweitert. Durch die Errichtung zusätzlicher Turbinen mit den dazu gehörigen Kesselhäusern, Schornsteinen und Kühltürmen wurde die Leistung von 30 Megawatt 1914 auf 90 Megawatt im Jahre 1918 erhöht. 1916 errichtete das RWE neben dem Kraftwerk ein Elektrowerk zur Herstellung von Ferrosilizium, Ferrachrom und Calciumcarbid, in dem 1917 etwa 185 Arbeiter beschäftigt waren. 1918 folgten ein zweites Elektrowerk sowie eine Elektrodenfabrik. Auf dem Gelände der Elektrodenfabrik entstand 1927/28 eine Natriumfabrik der Frankfurter *Degussa.*[51] Die Betriebserweiterungen bei der AG für Stickstoffdünger und in der Vorgebirgszentrale bedingten einen stark erhöhten Kohlebedarf, den die Roddergrube, die vertraglich zur Belieferung beider Werke verpflichtet war, nicht befriedigen konnte. Die Militärbehörden befahlen daher 1916 die teilweise Stilllegung der Brikettfabriken I–V der Abteilung Vereinigte Ville am Bertramsjagdweg und beschlagnahmten größere Mengen Rohbraunkohle zur Belieferung der beiden kriegswichtigen Großbetriebe. 1913 hatte die Roddergrube mit dem Aufschluss einer neuen Braunkohlengrube, der *Grube Berrenrath,* begonnen, der jedoch durch den Kriegsausbruch unterbrochen wurde. Seit 1915 wurden die Arbeiten verstärkt fortgesetzt, sodass in der neuen Grube im Mai 1916 die erste Kohle gefördert wurde. Die Roddergrube erhöhte ihre Kohlenlieferungen an das RWE-Kraftwerk von 200 000 Tonnen 1914 auf 2,23 Millionen Tonnen im Jahr 1918. Mitte 1917 ging eine weitere Brikettfabrik, die *Fabrik Berrenrath,* in Betrieb.

Elektrodenfabrik Knapsack.

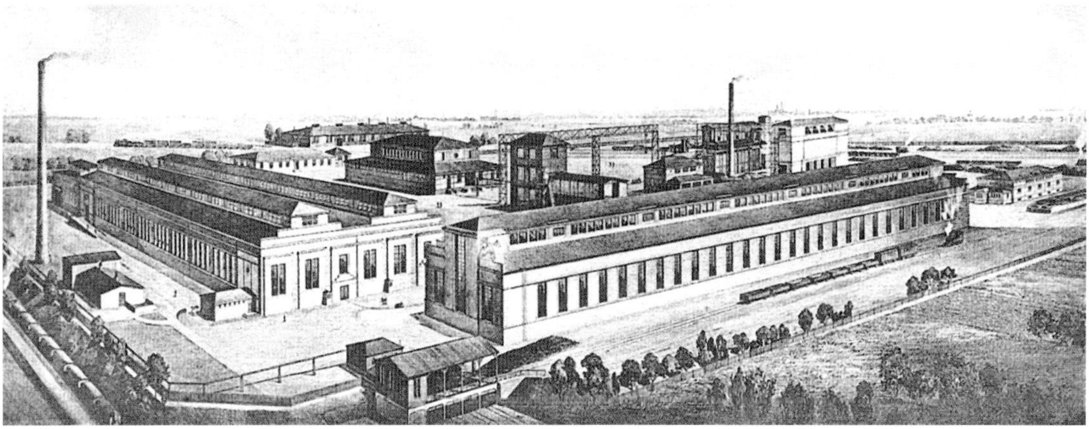

In den ersten Kriegswochen wurden sofort viele Männer zum Kriegsdienst einberufen. Bei der AG für Stickstoffdünger waren 60 Prozent der Belegschaft betroffen. In den beiden Bürgermeistereien Hürth und Efferen wurden bis Anfang 1917 2 900 Soldaten eingezogen. Die Kriegsbauten und die dadurch erweiterten Industriebetriebe verursachten gleichzeitig einen stark ansteigenden Arbeitskräftebedarf. Die Betriebe versuchten, dem Arbeitskräftemangel durch *Reklamierungen* ihrer zum Militärdienst eingezogenen Betriebsangehörigen und das Anwerben auswärtiger Arbeiter abzuhelfen. Der Arbeitskräftebedarf wurde aber vor allem durch den massiven Einsatz von Kriegsgefangenen und ausländischen Zivilarbeitern gedeckt. Auf den Baustellen wurden darüber hinaus auch Strafgefangene eingesetzt. Ende 1916 befanden sich unter den 21 778 Einwohnern der Bürgermeistereien

Hürth und Efferen 2287 Kriegsgefangene sowie 1437 Zivilarbeiter aus dem neutralen und *feindlichen* Ausland, letztere hauptsächlich aus Russisch-Polen, Italien und Belgien. Das waren erstaunliche 17 Prozent der Bevölkerung und etwa genauso viele, wie Kriegsgefangene und Zwangsarbeiter dann im Zweiten Weltkrieg eingesetzt werden sollten. Bis Ende 1917 stieg die Zahl der in Hürth und Efferen eingesetzten Kriegsgefangenen auf 2.826 bei einer Gesamteinwohnerzahl von 23269.[52] Die Gefangenen und Zivilarbeiter wurden in zahlreichen Barackenlagern sowie Wirtshaussälen und sogenannten *Kantinen* in unmittelbarer Nähe der Werke untergebracht. Die Gesamtzahl der in den Knapsacker Werken Beschäftigten – ohne die Baustellenarbeiter – stieg von rund 1800 1914 auf etwa 4200 im Jahr 1918.[53]

Der Kanonier Eberhard Heinen aus Stotzheim.

Auch als in Knapsack bereits viele Tausend Menschen beschäftigt waren, war das Industriegebiet immer noch schwer zu erreichen. Für den Güterverkehr bestand seit 1903 die *Villenbahn* vom Staatsbahnhof Kalscheuren aus, aber es gab keine Bahnverbindung für den Personenverkehr. Die Arbeiter, die nicht dort wohnten, mussten zu Fuß zu ihren Arbeitsstellen gehen, nur ganz wenige besaßen damals schon ein Fahrrad. Seit Anfang 1917 errichteten die Köln-Bonner Eisenbahnen daher eine neue Bahnlinie von Hermülheim über (Alt-)Hürth nach Knapsack und Berrenrath, die sogenannte *Schwarze Bahn,* auf der am 27. Juni 1918 der Güterverkehr aufgenommen wurde. Der erste Personenzug fuhr allerdings erst am 19. Dezember 1918, als der Krieg längst vorbei und verloren war.[54]

Eine besondere Rolle spielte im Ersten Weltkrieg auch der Kalscheurener Bahnhof als Eisenbahnknotenpunkt. Die durch die Eifel in Richtung Elsass-Lothringen abgehenden Militärzüge wurden auf dem großen Rangierbahnhof in Kalscheuren zusammengestellt und beladen. An der Ladestraße stand ein großer, etwa 100 Meter langer Schuppen mit drei Gleiseinfahrten, in dem die Züge mit Verpflegung und Munition für die Truppe beladen wurden. In der Nähe des Schuppens befand sich eine gesonderte Militärküche. Der gesamte Bahnbereich und die Ladestraße zwischen dem Ortszentrum Kalscheuren und der Kalscheurener Straße war ein abgesperrter militärischer Bereich. Ein wichtiger Betrieb in Kalscheuren war die *Deutsche Barackenbau-Gesellschaft,* die Baracken und Krankenpavillons für das Heer produzierte und 1917 160 Arbeiter beschäftigte.[55] Die Tonröhrenfabrik Niclaus Grosman in Kalscheuren, die vor dem Krieg etwa 60 Arbeiter beschäftigt hatte, lag dagegen während des ganzen Krieges still.

Ein Zug der Schwarzen Bahn im Bahnhof Hermülheim um 1950.

Mit zunehmender Kriegsdauer verschlechterten sich die wirtschaftlichen und sozialen Verhältnisse auch in Hürth. Schon in den ersten Kriegswochen stiegen die Lebensmittelpreise deutlich an, und diese Entwicklung setzte sich bis Kriegsende kontinuierlich fort. Davon profitierten die Hürther Bauern, die im Laufe des Krieges oft ihre Schulden abtragen konnten. Die Arbeiter und Angestellten waren hingegen auf Gehaltserhöhungen angewiesen, um die allgemeine Teuerung auszugleichen. 1915 und 1916 kam es wegen Lohnforderungen zu kleineren Streiks. Im Mai 1915 streikten 200 Zimmerleute auf der Baustelle in der Stickstofffabrik in Knapsack. Der Streik wurde nach einigen Tagen ergebnislos abgebrochen. Die 40 gewerkschaftlich organisierten Arbeiter kündigten, die anderen nahmen die Arbeit wieder auf. Im März 1916 streikten die Arbeiter der Barackenbaugesellschaft in Kalscheuren und erkämpften sich eine Lohnerhöhung um fünf Pfennig.[56] Die Beamten im Hürther Rathaus verlangten und erhielten immer wieder einmalige *Teuerungszulagen.*

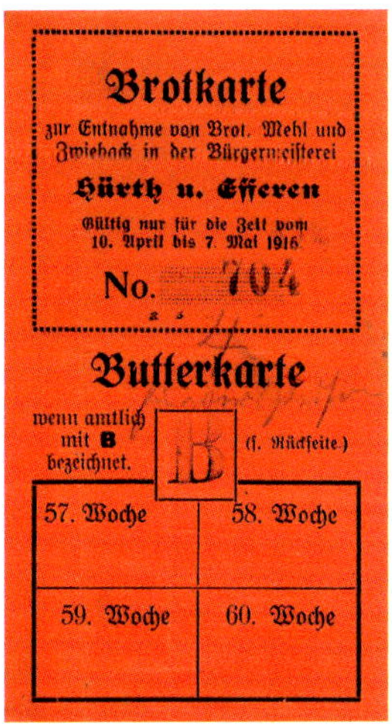

Brotkarte
zur Entnahme von Brot, Mehl und Zwieback in der Bürgermeisterei
Hürth u. Efferen
Gültig nur für die Zeit vom 10. April bis 7. Mai 1916
No. 704

Butterkarte
wenn amtlich mit B bezeichnet. (s. Rückseite.)

57. Woche	58. Woche
59. Woche	60. Woche

Lebensmittelkarte der Bürgermeistereien Hürth und Efferen aus dem Jahre 1915.

Seit dem Frühjahr 1915 wurde das Brot rationiert. Bei der Verteilung der Brotmarken wurden die Lehrer der Volksschulen eingesetzt. Am Ende des sogenannten *Steckrübenwinters* 1916/17 kam es zu einer schweren Lebensmittelkrise in Deutschland, von der die Landbevölkerung natürlich weniger betroffen war als die Menschen in den Großstädten. Im Frühjahr 1917 strömten vor allen an den Wochenenden Scharen von Kölnern in die ländlichen Gebiete in der Umgebung, um bei den Bauern irgendwo und irgendwie zu hohen Preisen Lebensmittel aufzutreiben. Täglich erschienen zahlreiche erregte Arbeiterfrauen auf dem Bürgermeisteramt in Hermülheim. Sie klagten über die

Unterernährung ihrer Kinder sowie darüber, dass ihre Männer keinen Urlaub vom Militärdienst erhielten, und verlangten höhere Lebensmittelzuteilungen. Die Stimmung war allgemein unzufrieden und gereizt. Die Arbeiter klagten über die schlechte Versorgung, die Beamten über Überarbeitung und die Bauern über die ständigen Kontrollen und die Beschimpfungen, denen sie ausgesetzt waren, weil sie angeblich ihre Lebensmittel für sich horteten.[57]

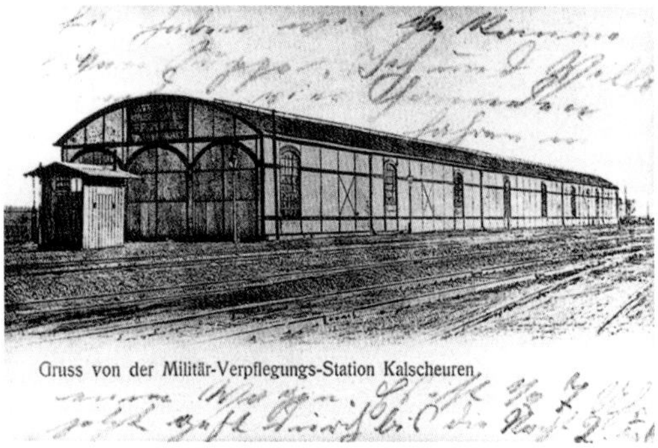

In diesem Schuppen am Kalscheurer Bahnhof wurden im Ersten Weltkrieg die Verpflegungszüge für die Front im Westen beladen. Im Zweiten Weltkrieg waren dort Zwangsarbeiter untergebracht.

Trotz der Erregung in der Arbeiterschaft lehnten die Arbeitgeber eine Anerkennung der Gewerkschaften sowie Verhandlungen mit denselben über Löhne und Arbeitsbedingungen weiter kategorisch ab. Im Juli 1917, als die Ernährungslage besonders kritisch war, kam es in der Kölner Metall- und Rüstungsindustrie zu einem großen Streik, in dessen Folge die Kölner Arbeitgeber auf Druck der militärischen und zivilen Behörden dann doch Verhandlungen mit den Metallarbeiter-Gewerkschaften aufnahmen. Auch die Arbeitgeber der Braunkohlenindustrie nahmen Gespräche mit den Bergarbeiterverbänden auf, sodass es hier zu keinen Unruhen und Streiks kam wie in Köln oder anderen Industriegebieten des Deutschen Reiches. Nur die Arbeitgeber der Chemie- und Sprengstoffindustrie verharrten bei ihrer schroffen Ablehnung der Gewerkschaften. In der Chemieindustrie waren besonders viele ungelernte Arbeiter beschäftigt, und die Anzahl der gewerkschaftlich organisierten Arbeiter war sehr gering. Den beiden – christlichen und sozialdemokratischen – Fabrikarbeiterverbänden gelang es daher bis zum Ende des Krieges nicht, in der Chemieindustrie eine wesentliche Verbesserung der Lohn- und Arbeitsbedingungen durchzusetzen. Vor allem beharrten die Arbeitgeber auf der 60-stündigen Arbeitswoche.[58] Mit ihrer kompromisslosen Haltung legten die Chemieindustriellen den Grundstein für eine starke Radikalisierung, die die Chemiearbeiter schon bald nach dem Ende des Krieges und der Novemberrevolution 1918 erfassen sollte.

Im Juni 1917 gründete sich auf Initiative der SPD ein aus 30 Personen bestehender *Consumentenausschuss*, der im Interesse der Verbraucher die Lebensmittelverteilungen und Preisfestsetzungen durch die Behörden kontrollieren wollte und dazu auch Vertreter in das Bürgermeisteramt entsandte. Vorsitzender des Ausschusses war der Gleueler Sozialdemokrat Johann Hambloch, der seit 1914 Sekretär des Freien Bergarbeiter-Verbandes im rheinischen Braunkohlenrevier war. Aufgrund einer verbesserten Lebensmittelversorgung beruhigte sich die Stimmung seit dem Sommer 1917 wieder etwas. Allein aus dem Industriegebiet Knapsack, so berichtete Bürgermeister Rosell im September 1917, höre man *ab und zu Unzufriedenheit über schwere Arbeit und nicht genügende Nahrungsmittel. Zu Unruhen ist es aber bis jetzt nicht gekommen.*[59] Mit zunehmender Kriegsdauer wuchsen jedoch Kriegsmüdigkeit und Friedenssehnsucht in der Bevölkerung, der *Durchhaltewille* nahm ab. Im Herbst 1918 wirkten die Nachrichten über militärische Niederlagen deprimierend. Hinzu kam jetzt eine schwere Grippeepidemie, von der fast die ganze Bevölkerung erfasst wurde und aufgrund derer die Schulen im Oktober 1918 für mehrere Wochen geschlossen wurden.

Das Anwachsen der Bevölkerung, vor allem in Knapsack, die Ausweitung der Kriegswirtschaft, die Rationierung der Lebensmittel, die Ausgabe der Lebensmittelmarken, die Festsetzung und Kontrolle von Höchstpreisen führten zu einer starken Vermehrung der Arbeit im Bürgermeisteramt, sodass im Laufe des Krieges immer wieder neues Personal eingestellt und Beamtenstellen höher bewertet werden mussten. 1916 wurde das Bürgermeisterei-Krankenhaus in Hermülheim eröffnet. In Knapsack wurden 1916 eine Außenstelle der Bürgermeisterei-Sparkasse und Anfang 1917 eine Verwaltungsstelle mit Meldeamt eingerichtet. Mitte 1916 errichtete man im Rathausgarten eine Baracke mit drei Büroräumen und schuf zu der dringlichen Entlastung des schon fast 70-jährigen Bürgermeisters Heinrich Rosell die Stelle eines hauptamtlichen Beigeordneten, die mit dem späteren Bürgermeister Werner Disse besetzt wurde.[60]

Die idyllische, nach Süden ausgerichtete Gartenseite des im Ersten Weltkrieg erbauten Gemeindekrankenhauses um 1925.

Die Weimarer Republik

Unruhige Jahre: Revolution, Inflation, Streiks

Novemberrevolution und erste Wahlen

Englische Besatzungssoldaten marschieren 1921 durch Efferen. Rechte Seite: Bürgermeister Werner Disse (Zentrum) war die dominierende Figur in der Hürther kommunalpolitik während der Weimarer Republik.

Am 9. November 1918 riefen in Berlin Philipp Scheidemann (SPD) eine *Deutsche* und Karl Liebknecht eine *Sozialistische Republik* aus. Der Kaiser dankte ab, Kaiserreich und Krieg waren am Ende, überall im Land bildeten sich *Arbeiter- und Soldatenräte.* Am 8. und 9. November 1918 bat die Kreisverwaltung des Landkreises Köln den am frühen Morgen des 8. November 1918 gebildeten Kölner Arbeiter- und Soldatenrat um die Ausstellung von insgesamt 40 Ausweisen für Polizeibeamte, um in den *industriellen Bürgermeistereien* Brühl, Hermülheim, Lövenich, Rondorf und Worringen die öffentliche Ordnung aufrecht erhalten zu können. Die Ausweise wurden anstandslos ausgestellt.[1] Am 14. November 1918 trafen sich 17 Sozialdemokraten im Kölner Kreishaus zur Konstituierung eines *Kreis-Arbeiter-und-Soldaten-Rates.* Die Bürgermeistereien Hürth und Efferen wurden dabei durch den Fabrikarbeiter und Sozialdemokraten Cornelius Vogel aus Efferen vertreten. Auf einer weiteren Sitzung am 18. November 1918 wurde beschlossen, dem Landrat und der amtlichen Lebensmittel-Verteilungsstelle in Sürth jeweils einen *Beigeordneten als Kontrolleur beizugeben.* Vogel organisierte in einem Efferener Wirtshaussaal auch eine Versammlung, in der die Arbeiter Kriechel und Jenniches und der Gärtner Langen in einen *Arbeiter- und Bauernrat* gewählt und eine sechsköpfige Bürgerwehr ausgesucht wurde, deren Mitglieder pro Nachtwache 15 Mark erhalten sollten.[2] Vogel selbst fungierte eine Zeit lang als *Beigeordneter* im Hermülheimer Rathaus. Anfang Januar 1919 wurden in den Bürgermeistereiverwaltungen und in der Kreisverwaltung die Kosten für die Räte zusammengestellt. Für die Bürgermeistereien Hürth und Efferen waren 543,00 Mark angefallen, in der Gemeinde Efferen zusätzlich noch 840,00 Mark für die Bürgerwehr.

Weiteres war von den Arbeiter- und Soldatenräten nicht zu hören. Unruhen oder Streiks hat es in den Revolutionstagen in Hürth nicht gegeben. Hauptlehrer Laufenberg schrieb in der Berrenrather Schulchronik, die Arbeiter der Gruben und großen Fabriken hätten sich mustergültig ruhig verhalten: *Versammlungen zum Zwecke der Erreichung einer kürzeren Arbeitszeit, mehr Lohn und hinreichende Ernährung verliefen vollständig ruhig.*[3] Sehr schnell nahmen auch der Rückmarsch der deutschen Truppen und die Besetzung der Orte durch die Engländer die Menschen in Anspruch. Ende November waren in Berrenrath täglich manchmal mehr als 1000 deutsche Soldaten und 600 Pferde unterzubringen, oft befanden sich mehr Soldaten als Einwohner in den Dörfern. Anfang Dezember rückten die britischen Truppen nach, unter denen sich zum Erstaunen der Hürther auch indische Einheiten befanden. Am 4. Dezember 1918 besetzten sie Köln, wenige Tage später quartierten sie sich auch in den Hürther Orten ein. Die Schulen waren schon Ende Oktober 1918 wegen einer verheerenden Grippewelle geschlossen worden. Sie blieben es weiterhin, weil die Schulsäle für die Unterbringung der Truppen benötigt wurden, und konnten erst Mitte Januar wieder eröffnet werden.

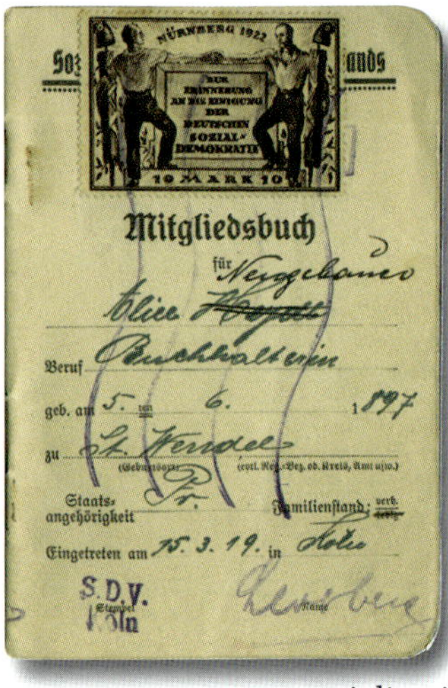

SPD-Mitgliedsbuch für Alice Neugebauer aus Efferen von 1919. Frau Neugebauer wurde von den Nationalsozialisten als Jüdin und Sozialdemokratin verfolgt, überlebte jedoch und war nach dem Zweiten Weltkrieg lange Jahre Mitglied des Gemeinderates und Kreistages.

Ende Januar 1919 fanden die Wahlen für eine verfassunggebende deutsche *Nationalversammlung* und eine preußische *Landesversammlung* statt. Obwohl die SPD bis zum Vorabend des Ersten Weltkrieges praktisch bedeutungslos geblieben war, erzielte sie in beiden Wahlen nun beachtliche Ergebnisse. Aber insgesamt blieb das katholische Zentrum in den Bürgermeistereien Hürth und Efferen deutlich in der Mehrheit. Mit einer Zweidrittelmehrheit für die SPD in Knapsack zeichnete sich schon eine Sonderstellung dieses Industriearbeiterortes ab, die sich in den folgenden Jahren weiter dramatisch zuspitzen sollte, als der Ort zu einer Hochburg der Linksradikalen und Kommunisten wurde.

Unruhen und Streiks

Noch im Laufe des Jahres 1919 kam es nämlich zu einer Radikalisierung der Arbeiterschaft, die sich vor allem in Knapsack und dort insbesondere in der Stickstofffabrik zeigte, was deren Direktor Dr. Constantin Krauss veranlasste, in einer Aufsichtsratssitzung der AG für Stickstoffdünger am 19. März 1921 von *geradezu unglaublichen Verhältnissen in der Arbeiterschaft* seines Werkes zu sprechen.[4] Kohlenmangel, der immer wieder zu Betriebseinschränkungen zwang, Mangel an Lebensmitteln und Wohnungen sowie Preissteigerungen ermöglichten es der zuvor noch bedeutungslosen USPD, die sich 1917 von der SPD abgespalten hatte, im Laufe dieses Jahres 1919 in Knapsack

Tabelle 7: **Reichstags- und Landtagswahlergebnisse in den Bürgermeistereien Hürth und Efferen 1919–1928 (in Prozent)**[5]

	Zentrum	DDP/DVP	SPD	USPD	KPD
Nationalversammlung 19. Januar 1919					
Hürth und Efferen	53,1	1,9	44,5	0,4	—
Preußische Landesversammlung 26. Januar 1919					
Bgm. Hürth	52,0	2,7	45,0	—	—
Bgm. Efferen	60,1	2,2	37,5	—	—
Knapsack	27,2	5,5	66,8	—	—
Berrenrath	53,7	1,5	43,9	—	—
Gleuel	51,7	0,9	47,1	—	—
Reichstag 6. Juni 1920					
Bgm. Hürth	40,8	2,5	39,1	13,3	—
Bgm. Efferen	63,5	3,7	23,2	9,4	—
Knapsack	24,5	3,9	36,4	35,1	—
Berrenrath	35,1	1,3	53,9	9,7	—
Gleuel	45,5	1,2	47,1	2,9	—
Landtag 20. Januar 1921					
Bgm. Hürth	46,1	4,2	37,9	0,7	8,0
Bgm. Efferen	66,3	3,3	23,2	0,0	6,6
Knapsack	26,7	7,9	40,3	3,5	21,4
Berrenrath	38,2	6,9	44,0	0,0	10,5
Gleuel	46,5	0,8	47,2	0,0	3,8
Reichstag 4. Mai 1924					
Bgm. Hürth	32,9	5,9	11,0	0,3	42,0
Bgm. Efferen	48,0	4,3	8,1	1,6	26,1
Knapsack	20,7	7,7	12,0	0,4	51,5
Berrenrath	27,2	3,6	5,8	0,7	59,1
Gleuel	29,7	0,9	16,4	0,1	47,2
Landtag 7. Dezember 1924					
Bgm. Hürth	33,3	4,8	21,1	0,5	32,2
Bgm. Efferen	53,5	4,1	20,4	0,8	12,7
Knapsack	18,2	5,6	19,9	0,4	51,1
Berrenrath	32,5	3,6	17,9	0,5	41,6
Gleuel	34,0	1,5	27,1	0,5	31,7
Reichstag 20. Mai 1928					
Bgm. Hürth	31,1	5,6	25,4	0,1	28,4
Bgm. Efferen	40,7	6,1	23,7	0,1	20,2
Knapsack	21,7	6,6	24,2	0,3	37,7
Berrenrath	25,7	5,7	27,4	0,1	33,8
Gleuel	29,4	1,8	29,1	0,0	34,2

und vor allem in der Stickstofffabrik Fuß zu fassen. Das Werk entwickelte sich zu einem ausgesprochenen Tummelplatz für Linkssozialisten, Kommunisten, Syndikalisten und Anarchisten aller Schattierungen. Ihre Anführer waren Johann Maisel und Thomas Bacherl aus Knapsack sowie Hermann Aretz aus Köln-Bayenthal, von der Kölner SPD als das *Knapsacker Dreigestirn oder die drei Eisheiligen von Knapsack* verspottet.[6] Sie gewannen die Betriebsratswahlen in der Stickstofffabrik im Mai 1920 mit übergroßer Mehrheit. Maisel und Bacherl gehörten seit November 1919 auch für die USPD dem (Alt-)Hürther Gemeinderat sowie der Bürgermeistereiversammlung an.

Rauchende Schlote in Knapsack um 1930. Vorne die Bergarbeiterhäuser an der Grubenstraße, links dahinter die Brikettfabriken am Bertramsjagdweg, hinten das Goldenbergwerk und rechts die Stickstofffabrik.

Zu einem ersten Streik in der Stickstofffabrik kam es Ende März 1919 im Zuge von Lohnauseinandersetzungen. Im Oktober 1919 wies die Belegschaft mit großer Mehrheit eine durch die Gewerkschaften ausgehandelte Lohnerhöhung als zu gering zurück. Hier zeigte sich deutlich ein wachsendes Misstrauen der Arbeiter gegenüber den traditionellen Gewerkschaften und damit auch gegenüber der SPD. Die Firmenleitung kündigte der gesamten Belegschaft, was natürlich zu einer heftigen Erregung und Erbitterung in der Knapsacker Bevölkerung führte. In schwierigen Verhandlungen erreichte die Gewerkschaft der Fabrikarbeiter die weitgehende Rücknahme der Entlassungen, nur zwei Rädelsführer wurden nicht wieder eingestellt.

Im Januar 1920 streikten die Arbeiter der Braunkohlengrube *Vereinigte Ville* eine Woche lang. Im Verlauf des ganzen Jahres kam es in Knapsack immer wieder zu Streiks und Unruhen, wobei die Arbeiter in der Stickstofffabrik, der Vereinigten Ville, dem Goldenberg-Werk und dem Elektrowerk an den Gewerkschaften und Betriebsräten vorbei eine sogenannte *Fünferkommission* zur Vertretung ihrer Forderungen und Interessen wählten. Der Kölner Regierungspräsident schrieb: *In Knapsack ist es schon seit längerer Zeit aufgefallen, daß die Arbeiterschaft sich sehr unruhig verhält, zu Ausschreitungen neigt und jede sich bietende Gelegenheit zu revolutionärer Betätigung benutzt.*[7] Im August kam es zu einem zweiwöchigen Streik auf dem Goldenbergwerk. Dieses Mal griffen die britischen Besatzungsbehörden ein und verhafteten drei *Rädelsführer,* die der KPD angehören sollten. Im September 1920 floh die Werksleitung der Stickstofffabrik buchstäblich aus Knapsack und verlegte die Verwaltung kurzerhand nach Köln in ein Geschäftshaus am Georgsplatz.[8]

Hürther Bergarbeiter, wahrscheinlich in der Brikettfabrik Hürtherberg. Sechster von rechts stehend der später von den Nazis wegen seiner Mitgliedschaft in der KPD ermordete Johann Bauer aus Kendenich.

Nach der Vereinigung der Mehrheit der USPD mit der KPD zur *Vereinigten Kommunistischen Partei Deutschlands VKPD* im Oktober 1920 wurde Anfang Januar 1921 in Knapsack ein Kreisverband Vorgebirge-Süd der VKPD mit Sitz in Knapsack gegründet. Noch im Januar 1921 erfolgte die Gründung von weiteren Ortsgruppen in (Alt-)Hürth und Berrenrath.[9] Durch den Zustrom ehemaliger USPD-Mitglieder erhielten die Kommunisten nun erstmals eine große Mitgliederzahl, was sie zu einer Überschätzung ihrer revolutionären Kräfte verleitete. Die Partei wollte sofort in die Offensive gehen und die sozialistische Revolution nach russischem Vorbild so schnell wie möglich erzwingen. In Knapsack traf diese *Offensivtaktik* der neuen VKPD auf einen fruchtbaren Boden, was in der Stickstofffabrik schon nach wenigen Wochen zu einem erbitterten dreiwöchigen Streik führte.[10] Am 5. Februar 1921 beschloss die Arbeiterschaft mit 2027 von 2056 Stimmen, in den sofortigen Streik zu treten, obwohl der Streikgrund gar nicht so richtig klar war. Einerseits sollte es ein *Sympathiestreik* mit den Leverkusener Chemiearbeitern sein, die kurz zuvor die Arbeit niedergelegt hatten, andererseits wurde die Wiedereinstellung von zwei Knapsacker Arbeitern verlangt, die von der Direktion entlassen worden waren, nachdem sie wegen Beteiligung an einer *Kartoffelbeschlagnahmeaktion* der Knapsacker Arbeiter verhaftet worden waren. Die Stimmung war so radikalisiert, dass die Streikenden sogar Notstandsarbeiten zur Verhinderung schwerer Unfälle nicht zulassen wollten. Die Werksleitung legte das Werk sofort still und entließ alle Arbeiter. Da die Streikenden keine Unterstützung erhielten, wurde die Not in den Knapsacker Arbeiterwohnungen so groß, dass der dem Zentrum angehörige Orts-

Betriebsrat der AG für Stickstoffdünger um 1930. Dritter von links der Vorsitzende Johann Müller. An der Wand hängen Bilder der berühmten Sozialistenführer Karl Marx, August Bebel, Wilhelm Liebknecht und Ferdinand Lassalle.

vorsteher Josef Metternich Möglichkeiten zu Hilfsmaßnahmen in der Bürgermeistereiversammlung diskutieren ließ. Nach drei Wochen wurde der Streik ergebnislos abgebrochen, und das bedeutete das Ende der ultraradikalen Phase in der Stickstofffabrik. Die Werksleitung stellte zunächst nur etwa 1000 der ehemals über 2000 Arbeiter wieder ein und nutzte die Gelegenheit, sich endlich der unruhigen und radikalen Kräfte zu entledigen. Der nächste Arbeiter- und Betriebsrat kam wieder in die Hand der offiziellen Gewerkschaften, und in den folgenden Jahren hat es in der Stickstofffabrik keine nennenswerten Unruhen mehr gegeben.

Aber die Inflation und die sich weiter zuspitzenden wirtschaftlichen und sozialen Verhältnisse sorgten dafür, dass auf dem Knapsacker Industriehügel trotzdem keine Ruhe einkehren konnte. Als es im Juni 1920 keine Milch mehr zu kaufen gab, beschloss die Hürther Bürgermeisterei-Versammlung, die gesamte Milchproduktion auf dem Gut Horbell zu beschlagnahmen, *um Unruhen zu vermeiden.*[11] Anfang 1921 richteten die amerikanischen Quäker Schulspeisungen in den meisten Schulen für stark unterernährte Kinder ein. In (Alt-)Hürth wurden dazu zehn Prozent, in Knapsack sogar 17 Prozent der Schüler ausgewählt. Im November 1922 kam es überall zu *Teuerungskrawallen* und Lebensmittelplünderungen. Eine aufgebrachte Menschenmenge erschien auf den Gütern *Horbell* und *Aldenrather Burg* und verlangte die Herausgabe von Lebensmitteln. Der schnelle Einsatz von britischem Militär und Kölner Polizei verhinderte eine weitere Ausbreitung der Unruhen in Hürth. Im gesamten Sommer 1923 mussten die Felder von der Kölner Polizei bewacht werden, sonst wäre die ganze Ernte vorzeitig gestohlen worden.

Generalstreik im Braunkohlenrevier

In dieser Situation versuchten die Unternehmer und konservativen Parteien, den erst am 1. März 1919 eingeführten gesetzlichen Achtstundentag wieder abzuschaffen, um so die enormen wirtschaftlichen Schwierigkeiten zu überwinden. Für die Arbeiter war der Achtstunden-Tag ein hohes Gut und wichtiges Symbol für alles, was bisher in mühsamem Ringen erreicht worden war. Im Rheinischen Braunkohlenrevier endeten Tarifverhandlungen am 10. Januar 1924 mit einem Schiedsspruch, der die *vorübergehende* Wiedereinführung der Zwölfstundenschicht vorsah. Dabei hatte der Vorsitzende des Schlichtungsausschusses, der Dortmunder Sozialdemokrat Ernst Mehlich,[12] mit den Arbeitgebern gestimmt, was zu einer großen Empörung und Erbitterung unter den Bergarbeitern führte und seine Partei, die SPD, in eine höchst schwierige Lage brachte.

Am 16. und 17. Januar 1924 traten die Belegschaften des Goldenbergwerkes und aller Hürther Braunkohlengruben aus Protest gegen den Schiedsspruch in den Streik. Bis zum 21. Januar weitete sich dieser zu einem allgemein befolgten Generalstreik im ganzen Revier aus. Überall fanden erregte Streikversammlungen statt, im ganzen Revier herrschten eine ungeheure Spannung und große Verbitterung.

SPD und *Freie Gewerkschaften* verloren in der zusehends radikalisierten Atmosphäre an Einfluss. Sie waren zunächst gegen den Streik gewesen, hatten erst noch alle Verhandlungsmöglichkeiten ausschöpfen wollen, sich dann aber doch zu einer Unterstützung des Arbeitskampfes entschlossen. Streikunterstützung wurde aber nur an Gewerkschaftsmitglieder gezahlt, was vor allem viele junge und radikale Anhänger der KPD oder der *Syndikalisten* schnell in große Bedrängnis brachte. 500 Männer seien in Knapsack ohne Einkommen, berichtete Rektor Weißenfels in der Knapsacker Schulchronik, und sein Alt-Hürther

Dieses 1923 von der Stadt Köln herausgegebene Notgeld war auch in Hürth gültig. Unterzeichnet waren die Geldscheine von Oberbürgermeister Konrad Adenauer.

Die größte Demonstration in der Hürther Geschichte

Bei Ausbruch des Generalstreiks im Braunkohlenrevier kam es am 17. Januar 1924 zu einer Demonstration vor dem Goldenbergwerk. Die Polizei befürchtete eine Besetzung des Werkes und schoss in die heranrückende Menge. Zwei junge Arbeiter aus (Alt-)Hürth, der 22-jährige Paul Gräfen und der 24-jährige Gerhard Vosen, wurden getötet und drei weitere verletzt. Die Beerdigung der beiden Todesopfer am 22. Januar 1924 auf dem (Alt-)Hürther Friedhof fand, wie die Kölner SPD-Zeitung *Rheinische Zeitung* schrieb, *unter ungeheurer Beteiligung streikender Braunkohlenleute und der Bevölkerung von Hürth* sowie mit einem Meer von roten Fahnen statt. Es waren wohl 30.000 bis 40.000 Menschen anwesend, am Grab sang ein Massenchor, der sich aus den Arbeiter-Gesangvereinen von (Alt-)Hürth, Gleuel, Berrenrath, Knapsack, Kendenich, Meschenich und sogar den bürgerlichen Vereinen aus (Alt-)Hürth und Knapsack zusammensetzte. Es wurde eine riesige Demonstration gegen die Abschaffung des Achtstundentages, sicher die größte Demonstration, die Hürth je in seiner Geschichte erlebt hat.[13]

Kollege Arnold Hillen vermerkte, die wirtschaftliche Not im Dorf sei *ungeheuer.* Mitte März 1924 besuchte eine englische Delegation die Knapsacker Schule, um eine Ausweitung der Schulspeisungen zu prüfen: *Der Eindruck, den unsere unterernährten Kinder auf die englischen Herren machten, war niederschmetternd.*[14] Nach fast acht Wochen wurde der Streik bedingungs-

Der Gebirgstrachten-Erhaltungsverein Almrausch Knapsack ließ sich um 1925 vor einer künstlichen Bergkulisse ablichten. In den Jahren vor und nach dem Ersten Weltkrieg kamen viele Arbeiter aus Bayern nach Knapsack, die sich hier in Traditionsvereinen zusammenschlossen. In Knapsack gab es noch einen zweiten Bayernverein sowie einen weiteren Verein in Gleuel.

los abgebrochen. Die Arbeitgeber hatten erneut auf der ganzen Linie gesiegt und nutzten auch hier wieder die Gelegenheit, sich bei der Wiedereinstellung der Arbeiter der *radikalen Elemente* in den Werken zu entledigen.

Ein zentrales Ergebnis der revolutionären Nachkriegsphase war neben dem Wiedererstarken der Arbeitgeberpositionen ein großer Vertrauensverlust für die SPD, die bei der wenige Wochen nach dem Streikabbruch stattfindenden Reichstagswahl in Hürth von der konkurrierenden KPD weit überflügelt wurde. Während die SPD im Deutschen Reich mit 20,5 Prozent der Stimmen kaum Verluste zu verzeichnen hatte, kam sie in der Bürgermeisterei Hürth nur noch auf elf Prozent und in Efferen gar nur auf 8,2 Prozent. Die Partei, die in Hürth und im Rheinischen Braunkohlenrevier erst spät und nur sehr mühsam überhaupt Fuß hatte fassen können, hatte seit den Wahlen 1919 schon wieder drei Viertel ihrer Anhängerschaft verloren, die schnell zur USPD und zur KPD übergingen. Die KPD erhielt am 4. Mai 1924 in der Bürgermeisterei Hürth 42,0 Prozent, in Berrenrath und Knapsack sogar über 50 Prozent der Stimmen. Trotz aller Niederlagen in den Arbeitskämpfen konnte sie sich damit als stärkste oder zweitstärkste politische Kraft neben dem katholischen Zentrum langfristig etablieren.

Kommunalpolitik

In dieser äußerst schwierigen Lage musste nach dem Zusammenbruch des Kaiserreiches auch die Hürther Kommunalpolitik ganz neu organisiert werden. Die Zeit des alten Bürgermeisters Heinrich Rosell, seit 1876 im Amt und schon 70 Jahre alt, war endgültig abgelaufen. Zum 1. April 1920 wurde er in den Ruhestand versetzt, gleichzeitig wurden der 36-jährige Werner Disse (Zentrum) zum kommissarischen Bürgermeister und der bisherige Polizeikommissar Fritz Räcke (SPD) zum hauptamtlichen Beigeordneten ernannt.[15] Dieses Gespann – Disse und Räcke – sollte bis 1933 die Geschicke der Bürgermeisterei Hürth bestimmen, zugleich stand es für eine weitgehende Zusammenarbeit zwischen Zentrumspartei und SPD in der Hürther Kommunalpolitik der Weimarer Republik.

Werner Disse (1881–1962) und Fritz Räcke (1882–1952)

Bürgermeister Werner Disse (Zentrum) und sein Erster Beigeordneter Fritz Räcke (SPD) prägten in enger Zusammenarbeit die Hürther Kommunalpolitik in der Weimarer Republik. Der aus Gieboldehausen bei Duderstadt stammende Disse war seit 1896 in verschiedenen Kommunalverwaltungen tätig, seit 1910 als Kreisausschuss-Sekretär beim Landkreis Köln. Er verfügte so schon über eine große Erfahrung als Verwaltungsbeamter, als er 1917 zum besoldeten Beigeordneten und 1920 zum Bürgermeister der Bürgermeisterei Hürth gewählt wurde. Disse war ein sehr aktiver, engagierter und energischer Bürgermeister, der sein Amt souverän führte und überall entschieden für die Interessen seiner Bürgermeisterei eintrat. Dafür setzte er sich öfters auch einmal spontan auf den Nachtzug nach Berlin, um bei den preußischen Ministerien herauszuholen, was trotz schlechter Zeiten irgendwie herauszuholen war. Gegen den Widerstand seiner eigenen Partei setzte er 1930 den Zusammenschluss der Gemeinden der Bürgermeisterei zu einer *Großgemeinde Hürth* durch.

Sein langjähriger Stellvertreter Fritz Räcke war ein aktiver Sozialdemokrat und bildete so für die Verwaltung eine wichtige Brücke zu der in Hürth starken Linken und Arbeiterbewegung. Er kam 1917 als Polizeikommissar nach Hürth und wurde 1920 als Nachfolger des zum Bürgermeister aufgestiegenen Disse zum Ersten Beigeordneten gewählt. Beide wurden im März 1933 von den Nationalsozialisten verhaftet und entlassen. Genau zwölf Jahre später, sofort nach der Einnahme Hürths durch die amerikanischen Truppen im März 1945, ernannten diese Disse zum Landrat des Kreises Köln und Räcke zum Bürgermeister in Hürth. Das bedeutete auch die verdiente Anerkennung ihrer Arbeit in der Weimarer Republik. Nach beiden Männern sind Hürther Straßen benannt.

Fritz Räcke

Ende der gemeinsamen Verwaltung mit Efferen

Bürgermeister Karl Kuenen (1889–1939). Er gehörte der katholischen Zentrumspartei an und amtierte in Efferen von 1920 bis zu seiner Entlassung durch die Nationalsozialisten 1933.

Die Bürgermeisterei Efferen nahm das Ausscheiden Rosells zum Anlass, die seit 1888 bestehende gemeinsame Verwaltung mit der Bürgermeisterei Hürth aufzukündigen, sich wieder ganz zu verselbstständigen und mit Karl Kuenen (Zentrum) einen eigenen Bürgermeister zu wählen. 1888 hatte man die Kosten für die gemeinsame Verwaltung gemäß dem damaligen Steueraufkommen mit 4/5 zu 1/5 aufgeteilt. Infolge der Industrialisierung waren Einwohnerzahlen und Steueraufkommen in Hürth aber sehr viel stärker gewachsen als in Efferen, sodass die Efferener sich seit Langem von dieser Regelung benachteiligt fühlten. Die Bürgermeisterei Hürth war 1919 auch bereit, den Efferener Anteil auf 1/8 zu reduzieren, aber die Efferener hofften, mit einer eigenen Verwaltung noch billiger davonzukommen[16] – ein Irrtum, wie sich bald herausstellen sollte. Die Verhandlungen über die Aufteilung des gemeinsamen Vermögens waren schwierig und zogen sich über mehrere Jahre hin. Die Bürgermeisterei Hürth übernahm schließlich das in Efferen liegende Wasserwerk ganz und verpflichtete sich dafür, die Bürgermeisterei Efferen *unkündbar für alle Zeiten* zu den gleichen Konditionen wie in Hürth mit Wasser zu beliefern.[17] Für ihren Anteil am Hermülheimer Rathaus erhielten die Efferener 1922, als das Geld schon nichts mehr wert war, eine Entschädigung von 125.000 Mark. Sie kauften ein Wohnhaus als Dienstwohnung für den neuen Bürgermeister Kuenen und richteten eine kleine Verwaltung in Räumen der Schule ein. 1928 mieteten sie den von der Stadt Köln im Zuge der Anlegung des Grüngürtels gekauften *Bredemarhof* an der Bachstraße, um dort ihr *Bürgermeisteramt* unterzubringen.

Schulbauten

Trotz der schwierigen Rahmenbedingungen mit revolutionären Unruhen und Inflation am Anfang und der Weltwirtschaftskrise und dem aufkommenden Nationalsozialismus am Ende der wenigen Jahre der Weimarer Republik wurde in dieser Zeit kommunalpolitisch erstaunlich viel geleistet. Mitten im Inflationsjahr 1923 gelang es, mit Mitteln der *produktiven Arbeitslosenfürsorge* eine große, neue Volksschule in Knapsack zu errichten. Im November 1923 wurden dabei etwa 70 Arbeitslose aus der Bürgermeisterei beschäftigt.[18] Die alte Schule wurde anschließend in eine Evangelische Volksschule umgewandelt.

Das Lehrerkollegium der Volksschule (Alt-)Hürth bei der Verabschiedung der Konrektorin Christine Nießen (Mitte) im März 1923. Links vorne Rektor Arnold Hillen, rechts Pfarrer Albert von Contzen. Fräulein Nießen hatte 38 Jahre lang in (Alt-)Hürth unterrichtet.

Bürgermeister Disse versuchte mit großem Einsatz, auf dem gleichen Weg die Schulbaracken in Kalscheuren durch einen festen Neubau zu ersetzen. Hier gelang der Schulbau aber erst 1925 – dieses Mal unter Einsatz einer größeren Auslandsanleihe. Nach dem Bau einer neuen Bergarbeitersiedlung in Gleuel errichtete die Wohnungsbaugenossenschaft für das Rheinische Braunkohlenrevier einen großen Erweiterungsbau an der Gleueler Schule.

Am 1. April 1926 eröffnete die Gemeinde (Alt-)Hürth in Räumen ihrer Volksschule sowie in Baracken in Knapsack eine Berufsschule, die ein Jahr später von der Bürgermeisterei Hürth übernommen wurde. 1930 konnte das

Planzeichnung der neuen Berufsschule in (Alt-)Hürth durch den Amtsbaumeister Albert Lüttgenau 1927.

große und moderne Berufsschulgebäude am Brabanter Platz in (Alt-)Hürth eingeweiht werden.

1927 errichtete der Landkreis Köln auf einem von der Gemeinde kostenlos zur Verfügung gestellten Grundstück in Fischenich eine *Gemüsebauschule,* in der junge Landwirte aus den Kreisen Köln und Bonn in den modernen Methoden des Gemüsebaus und der Gewächshauskulturen unterrichtet wurden. In den meisten Volksschulen wurden in diesen Jahren *Badeanstalten* mit Brause- und Wannenbäder für alle Bewohner der Orte eingebaut. Wegen der stark steigenden Schülerzahlen wurden in den letzten Jahren der Weimarer Republik ein großer Schulneubau in (Alt-)Hürth und mehrere größere Anbauten in den anderen Orten geplant, die aber aufgrund der Weltwirtschaftskrise nicht mehr verwirklicht werden konnten.

Die neue Volksschule in Kalscheuren um 1928. Sie wurde mit Hilfe einer Auslandsanleihe finanziert.

Weitere Bauprojekte

Neben den Schulneubauten konnten weitere wichtige Bauprojekte verwirklicht werden: 1922 wurde dem Rathaus gegenüber an der Ecke Luxemburger/Rosellstraße ein *Bürgermeisterwohnhaus* errichtet. 1928 entstand dort auf der anderen Seite der Rosellstraße ein neues *zentrales Postgebäude,* von der Gemeinde Hermülheim gebaut und dann an die Postverwaltung vermietet. Ein weiteres neues Postgebäude war schon 1925 in Fischenich errichtet worden, und man hatte dort eine *Badeanstalt* mit eingebaut. 1926/27 wurde der *Wasserturm* an der Kranzmaar erhöht und beträchtlich vergrößert. Besonderes Aufsehen über die Gemeindegrenzen hinweg erregten die beiden großen Sportstätten, die zwischen 1927 und 1930 gebaut werden konnten: Ein großes, modernes *Stadion* mit Aschen- und Radrennbahn an der Alstädter Straße in (Alt-)Hürth sowie das *Hallenbad* am Brabanter Platz. Es hatte eine wettkampffähige 25-Meterbahn und war eine ausgesprochene Sensation für eine Landgemeinde, da derartiges nicht einmal in der

Das weitläufige neue Stadion mit Radrennbahn an der Alstädter Straße in (Alt-)Hürth 1930. Das Stadion wurde nur etwa zehn Jahre benutzt. Es musste dem Braunkohlenabbau weichen und wurde schon 1939 durch das jetzt noch bestehende Stadion auf der Theresienhöhe ersetzt.
rechts: Die Schwimmhalle des Schwimmbades am Brabanter Platz in (Alt-)Hürth. Die Aufnahme zeigt den Zustand um 1985.

Großstadt Köln vorhanden war. Stadion und Schwimmbad wurden von der Gemeinde (Alt-)Hürth gebaut, die hierzu aufgrund der Steuereinnahmen von der Knapsacker Großindustrie in der Lage war.

Ein weiteres besonderes, aber auch besonders problematisches, Projekt war die Errichtung einer *Obst- und Gemüseversteigerungsanlage* in Fischenich. Bis zu deren Bau setzten die Hürther Bauern ihre Produkte meist auf dem Kölner Großmarkt am Heumarkt ab, wohin sie ein oder zwei Mal in der Woche noch bei Dunkelheit in den ersten Tagesstunden zogen – mit ihrer Ware auf einem Handwagen, einem Ziegen- oder Pferdefuhrwerk oder auch auf dem Kopf der Bauersfrauen. 1928 gründeten Fischenicher Bauern und Mitglieder der dortigen Raiffeisenbank eine *Obst- und Gemüse-Absatzgenossenschaft eGmbH.* Da die Genossenschaft nicht genügend Kapital aufbringen konnte, errichtete der Landkreis 1929 die Versteigerungsanlagen am neuen Fischenicher Bahnhof und vermieteten sie an die Genossenschaft. Amt Hürth und Gemeinde Fischenich mussten zu je einem Drittel für die Miete bürgen. Aber die Gründung geriet in die schwere Wirtschaftskrise, die erzielten Umsätze und Preise entsprachen auch nicht annähernd den Erwartungen, die Fischenicher Bauern gingen weiter auf die Kölner Märkte und schon 1932 war die Genossenschaft pleite. Der Kreis nahm die 1930 neu gebildete *Großgemeinde Hürth* als Bürgen in Anspruch, bis schließlich nach langen Verhandlungen die Gemeinde 1935 die Gebäude vom Kreis erwarb. Erst als die Nationalsozialisten 1936 einen Ablieferungszwang für die Bauern der Umgebung an die Fischenicher Anlage einführten, konnte die Genossenschaft einigermaßen wirtschaftlich arbeiten.[19]

Das Amt und die Einzelgemeinden legten auch sehr viel Wert auf den *Wohnungsbau.* Schon 1920/21 entstand in Gleuel mit Mitteln des Deutschen Reiches zur Förderung des Bergarbeiterwohnungsbaus eine große neue

Bergarbeitersiedlung mit 450 Wohneinheiten. Sinn dieses Förderprogramms des Reiches war es, nach dem verlorenen Krieg die Kohleproduktion zu steigern. Bauträger der Gleueler wie weiterer ähnlicher Siedlungen im Braunkohlenrevier war die 1920 eigens hierfür gegründete *Wohnungsbaugesellschaft für das Rheinische Braunkohlenrevier,* deren Aufsichtsorgane – ein völliges Novum nach der Novemberrevolution – paritätisch mit Vertretern der Arbeitgeber und der Arbeitnehmer im Rheinischen Braunkohlenbergbau besetzt waren. Nur Bergarbeiter konnten in eine der neuen Wohnungen einziehen, und von Anfang an war vorgesehen, dass die Mieter die Häuser nach 30 Jahren, also ab 1951, käuflich erwerben konnten.[20] Jahr für Jahr bauten nun aber auch die Bürgermeisterei und die Einzelgemeinden einige Wohnhäuser oder ganze Wohnanlagen wie die sogenannten *Laubenganghäuser* An der Villenbahn in (Alt-)Hürth. Am Ende der Weimarer Republik besaß die Großgemeinde Hürth mehr als 150 eigene Wohnhäuser, die Dienstwohnungen für Bürgermeister, Lehrer und Polizeibeamte nicht eingerechnet, und etwa drei Viertel davon waren seit 1920 entstanden.[21]

Die Versteigerungsanlagen in Fischenich kurz nach ihrer Erbauung um 1930. Rechts das Hauptgebäude mit Verwaltung, Kantine und der Versteigerungshalle mit Treppengiebel.

Während der Weimarer Republik wurden auch überall in den Dörfern erstmals *Abwasserkanäle* gebaut, eine einfache *Müllabfuhr* eingerichtet und die wichtigsten Straßen gepflastert und mit einer elektrischen Straßenbeleuchtung versehen. 1926 wurde von der Knapsacker Industrie und den anliegenden Kommunen die *Duffesbachgenossenschaft* gegründet, die den Bach im folgenden Jahr *regulierte.* Der Bach mit den übel riechenden Industrieabwässern wurde in den Ortsla-

Die interessanten Laubenganghäuser in (Alt-)Hürth, An der Villenbahn. Die Aufnahme zeigt den Zustand von 1992.

Der neue Krankenwagen der Bürgermeisterei Hürth. Die Rotkreuz-Schwestern ließen sich um 1930 anlässlich einer Übung ablichten.

gen kanalisiert und im Übrigen begradigt und vertieft, um Überschwemmungen zu vermeiden. Trotzdem kam es im August 1931 nach schweren Gewittern zu einer verheerenden Überschwemmung im Duffesbachtal, bei der das Wasser vor allem in (Alt-)Hürth meterhoch in den Straßen stand. Die *Köln-Bonner Eisenbahnen* ersetzten seit 1925 die Dampfzüge durch Benzoltriebwagen und konnten so die Fahrzeiten auf der Vorgebirgsbahn verkürzen. Seither fuhren die Züge der *Schwarzen Bahn* von Berrenrath bis nach Köln durch und das lästige Umsteigen am Bahnhof Hermülheim-Süd entfiel. Die ersten *Kraftomnibuslinien* wurden eingerichtet, das Hermülheimer Krankenhaus erhielt einen motorisierten Krankenwagen – rasante *Modernisierung* allenthalben.

Einvernehmen in der Kommunalpolitik

Motor und Antreiber bei all diesen Projekten wie auch bei der anschließend noch zu schildernden Bildung der *Großgemeinde Hürth* war Bürgermeister Werner Disse, der sich mit großer Energie für ihre Verwirklichung einsetzte. Ihm zur Seite standen der der SPD angehörige Erste Beigeordnete Fritz Räcke sowie Amtsbaumeister Albert Lüttgenau, seit 1910 in Diensten der Bürgermeisterei, der fast alle erwähnten Hochbauten eigenhändig entwarf. Seine charakteristischen Bauten aus dunklem Ziegelstein fallen mit ihren strengen geometrischen Formen bis heute überall im Stadtgebiet auf.

Eine Analyse der Ratsprotokolle ergibt, dass eine erstaunlich große Mehrheit aller Entscheidungen einmütig getroffen wurde. Große Debatten, die Frage eines Zusammenschlusses zu einer Großgemeinde einmal ausgenommen, gab es selten bis nie. Einen gewissen Störfaktor stellte allein ab und zu die KPD dar, die, vor allem nach gewonnen Wahlen, manch-

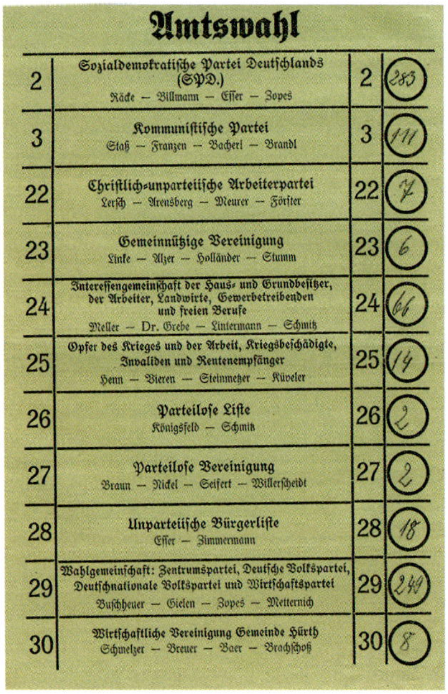

Amtswahl

2	Sozialdemokratische Partei Deutschlands (SPD.) Räcke – Billmann – Esser – Zopes	2	283
3	Kommunistische Partei Staß – Franzen – Bacherl – Brandl	3	111
22	Christlich-unparteiische Arbeiterpartei Lersch – Arensberg – Meurer – Förster	22	7
23	Gemeinnützige Vereinigung Linke – Alzer – Holländer – Stumm	23	6
24	Interessengemeinschaft der Haus- und Grundbesitzer, der Arbeiter, Landwirte, Gewerbetreibenden und freien Berufe Meller – Dr. Grebe – Lintermann – Schmitz	24	66
25	Opfer des Krieges und der Arbeit, Kriegsbeschädigte, Invaliden und Rentenempfänger Henn – Vieren – Steinmetzer – Küveler	25	14
26	Parteilose Liste Königsfeld – Schmitz	26	2
27	Parteilose Vereinigung Braun – Nickel – Seifert – Willerscheidt	27	2
28	Unparteiische Bürgerliste Esser – Zimmermann	28	18
29	Wahlgemeinschaft: Zentrumspartei, Deutsche Volkspartei, Deutschnationale Volkspartei und Wirtschaftspartei Buschheuer – Gielen – Zopes – Metternich	29	249
30	Wirtschaftliche Vereinigung Gemeinde Hürth Schmelzer – Breuer – Baer – Brachschoß	30	8

Stimmzettel zur Wahl der Hürther Amtsvertretung (Bürgermeisterei) 1929. Handschriftlich sind die Ergebnisse in der Gemeinde Hermülheim eingetragen.

mal mit provokanten Anträgen auftrat. So wollte sie 1925 alle höheren Beamten aus der Bürgermeisterei-Verwaltung entlassen und durch Arbeitslose ersetzen. 1929 beantragte sie, der Toten bei den von der KPD provozierten Unruhen am 1. Mai 1929 in Berlin zu gedenken, die KPD-Organisation *Rote Hilfe* finanziell zu unterstützen oder 1930 das Hermülheimer Rathaus am 1. Mai, dem traditionellen Kampf- und Feiertag der Arbeiterbewegung, zu schließen. Solche Anträge wurden von der Ratsmehrheit abgelehnt, und dann war es auch wieder gut. Andere KPD-Anträge wurden überraschenderweise angenommen, so etwa der, den Wohlfahrtsempfängern nach dem Abzug der britischen Besatzungstruppen aus dem Rheinland eine *Befreiungszulage* auszuzahlen. Gewisse Schwierigkeiten gab es, als nach den für die KPD sehr erfolgreichen Kommunalwahlen 1924 in Knapsack und Gleuel kommunistische Ortsvorsteher gewählt wurden und der Landkreis deren Bestätigung ablehnte, obwohl Bürgermeister Disse keine Einwände erhoben hatte. Nach der Wahl 1929 gab es diese Probleme nicht mehr, weil die KPD-Gemeindevorsteher eine Erklärung unterschrieben, dass sie ihre Tätigkeit *pflichtgemäß im Rahmen der bestehenden Staatsordnung und unabhängig von Parteiinstruktionen ausüben* würden. Der (Alt-) Hürther Arbeiter und spätere hauptamtliche KPD-Funktionär Wilhelm Kox wurde sogar unbesoldeter Beigeordneter in der Bürgermeisterei Hürth.

Theo Höltken (KPD) aus Gleuel in der Uniform des Kampfbundes gegen den Faschismus 1932.

Politisierung der Gesellschaft, Leben in Sozialmilieus, Aufkommen der NSDAP

Die Entwicklung in der Weimarer Republik führte zu einer bisher unbekannten Politisierung und Lagerbildung in der Gesellschaft. Die Anfänge hierzu waren bereits im Kaiserreich und vor allem im Ersten Weltkrieg mit dem Entstehen der sozialistischen Arbeiterbewegung und den Abwehrmaßnahmen der katholischen Kirche hiergegen gemacht worden. In den letzten Jahren des Kaiserreiches war bereits eine große Zahl von katholisch-kirchlichen Vereinen entstanden. In der Weimarer Republik nahm vor allem die Bedeutung der Sportvereine der katholischen *Deutschen Jugendkraft DJK* zu, die seit Mitte der 1920er-Jahre in allen Dörfern existierten. Auch die Christlichen Gewerkschaften nahmen in den Betrieben eine wichtige Position ein. In den meisten Gemeinderäten stellte die Zentrumspartei die stärkste Fraktion.

Oben: Turner der Deutschen Jugendkraft DJK Hermülheim mit Gruppenführer Willi Billig. *Unten links:* Der Gleueler Schulrektor Karl Gielen (rechts), hier etwa 1925 in Kreis seiner Familie, war einer der führenden Kommunalpolitiker der Zentrumspartei in der Weimarer Republik. *Unten rechts:* Die Sozialistische Arbeiterjugend Knapsack 1929 bei einer Pfingstwanderung in der Eifel.

Diesem *katholischen Milieu* stand das seit Ende des Ersten Weltkrieges schnell anwachsende sozialdemokratisch-sozialistisch-kommunistische *Arbeitermilieu* gegenüber. 1917/18 endete die jahrzehntelange Diskriminierung und Verfolgung der Sozialdemokratie, was vor allem bei den Freien Gewerkschaften seit 1919 zu einem Massenzulauf an neuen Mitgliedern führte. Aber auch die SPD war nun in allen Dörfern aktiv und präsent. Und wie bei den Katholiken bildete sich um Partei und Gewerkschaften herum ein weites Feld von sozialdemokratisch-sozialistisch orientierten Vereinen und Organisationen: Sozialistische Jugendorganisationen, Arbeiter-Gesangvereine, Arbeiter-Sportvereine, Arbeiter-Schachklubs, der Freidenkerverband und die Wanderorganisation der Naturfreunde.[22] In den sozialistischen Ju-

Kendenicher
Ballspiel-Klub 1931
Mitglied des Westdeutschen Spielverbandes.

Mitglieds-Karte für das aktive Mitglied

Hat den Beitrag von ...... RM. für das Jahr 1932 entrichtet.

Kassierer Vorsitzender

Buchdruckerei Weidmann, Hürth

gendorganisationen waren Jungen und Mädchen gemeinsam Mitglied – eine für manche schockierende und zu Fantasien anregende Neuerung. In beiden Sozialmilieus gab es viele Mehrfachmitgliedschaften, das heißt man war sowohl in der Partei (SPD oder Zentrum) als auch in der Freien oder Christlichen Gewerkschaft wie in den Sport- oder Gesangvereinen der jeweiligen weltanschaulichen Richtung.

Die sozialistischen Vereine richteten sich nicht nur gegen die kirchlichen Organisationen, sondern auch gegen die sogenannten *bürgerlichen* Vereine, die meist schon länger bestanden. Das Vereinsleben war insgesamt von großer Bedeutung für die Menschen. Es gab noch kein Radio und kein Fernsehen, die Menschen suchten die Geselligkeit und den Kontakt in Vereinen und auf Vereinsveranstaltungen, und viele neigten dazu, sich vorwie-

links: Die 1. Fußballmannschaft der Viktoria Hermülheim im Jahre 1932.
rechts: Ein Fliegerrennen im Stadion an der Alstädter Straße 1938. Der Sieger (Mitte) war Peter Bungarten aus Alstädten.

Die Ortsgruppe Knapsack des Reichsbanners Schwarz-Rot-Gold 1928. Die Aufnahme entstand auf einem Reichsbanner-Treffen in Frankfurt am Main.

gend in ihren eigenen Sozialmilieus zu bewegen. Im Sportbereich wurde seit Mitte der 1920er-Jahre der Fußball populärer, der zunehmend die bisher eher dominierenden Sportarten wie Turnen, Hand- und Schlagball verdrängte.

Ein ausgesprochener Modesport wurde auch das Radfahren, die Radrennen auf der Radrennbahn im neuen Hürther Stadion entwickelten sich schnell zu großen Publikumsmagneten. In den letzten Jahren der Weimarer Republik traten die kommunistisch orientierten Mitglieder oft aus den Arbeiter-Sportvereinen aus und gründeten eigene *Rotsport-Vereine.* Diese starke weltanschauliche Orientierung der Vereine führte dazu, dass es in dem eher kleinen Gleuel vier Fußballvereine gab: Den bürgerlichen *SC Gleuel,* die kirchliche *DJK,* den sozialdemokratischen *Arbeiter-Sportverein* und den kommunistischen *Sportclub Dynamo Gleuel.* In der zweiten Hälfte der Weimarer Republik bestanden auch in Hürth paramilitärische Organisationen, mit denen die Arbeiterparteien den stärker werdenden Nationalsozialisten etwa entgegenstellen wollten: Das der SPD nahestehende *Reichsbanner Schwarz-Rot-Gold* und der kommunistische *Rote Frontkämpferbund.*

Einweihung des Hürther Schwimmbades

Charakteristisch für dieses Leben in verschiedenen Sozialmilieus war der Ablauf der Feierlichkeiten zur Eröffnung des neuen Schwimmbades in (Alt-)Hürth im April 1930. Das Schwimmbad war noch von der Einzelgemeinde (Alt-)Hürth gebaut worden, in deren Gemeinderat SPD und KPD seit den Kommunalwahlen 1929 eine Zweidrittelmehrheit besaßen. Und mit dieser Mehrheit beschloss der Gemeinderat, die Eröffnungsfeier nicht, wie üblich, von den *bürgerlichen* Sportvereinen und auch nicht von allen Vereinen gemeinsam, sondern ausschließlich von den *Arbeiter-Schwimmvereinen* durchführen zu lassen. Während des Schwimmbadbaus hatten sich in Hürth zwei Schwimmvereine gebildet, die bürgerliche *Sparta* und die sozialistische *Freie Wassersport-Vereinigung,* die sich beide mit Trockenübungen und beim Schwimmen im Rhein auf den großen Tag der Schwimmbaderöffnung vorbereiteten. Aber von dieser Eröffnung am 27. April 1930 – es war der Weiße Sonntag, an dem die Hürther Kinder zur Kommunion gehen sollten – war die Sparta dann gänzlich ausgeschlossen. Stattdessen kamen aus dem ganzen Rheinland Arbeiter-Schwimmerinnen und Schwimmer nach Hürth. Am Sonntagvormittag zogen diese während der Gottesdienstzeit in Badeanzügen und damit nach dem Empfinden vieler Hürth *halbnackt* sowie mit großen roten Fahnen durchs Dorf. Pfarrer Albert von Contzen vermerkte dazu in seiner Pfarrchronik:[23] *Heute am Weißen Sonntag veranstaltet der Freie Wassersportverein seine erste Kundgebung. Mir war sei-*

Festzug der Arbeiter-Schwimmvereine zur Eröffnung des Hallenbades 1930 in der Lindenstraße in (Alt) Hürth. Hinten links sind die Kommunionskinder auf dem Weg in die Kirche zu sehen.

tens des Bürgermeisteramtes versichert worden, daß die kirchliche Erstkommunion hier in keiner Weise gestört werde. Vor der Festandacht aber zog ein Zug durch's Dorf, in welchem eine starke Gruppe Kölner Schwimmer und Schwimmerinnen im Badekostüm mitzog zum Ärger der Bevölkerung. Kaum hatte die Andacht begonnen, da stimmte man vor der Badeanstalt unter Musikbegleitung die Internationale an im Beisein von vier Polizisten. Auch ein Zeichen der Zeit.

Pfarrer von Contzen resignierte bald angesichts des, wie er in seiner Chronik weiter schrieb, *steinigen* Bodens in der Industriegemeinde Hürth und der fortschreitenden *Entchristlichung des Volkes: Da wird man müde und sehnt sich nach einer leichteren Stelle in gesunder Gegend.* Ende 1930 wurde er in das idyllische und ruhige Rhöndorf am Rhein versetzt.

Nationalsozialisten

Neben dem kirchlichen und dem sozialistischen spielte das konservativ-bürgerliche Milieu, vertreten etwa durch die Parteien DVP und DNVP, nur eine untergeordnete Rolle. Bekanntester und führender Repräsentant der DVP, der Partei Gustav Stresemanns, war der langjährige Direktor der Gewerkschaft Hürtherberg, Adolf Dasbach. In Knapsack fand der rechtskonservative *Stahlhelm. Bund der Frontsoldaten* unter den höheren, meist protestantischen Angestellten der Fabriken eine gewisse Anhängerschaft. Die Nationalsozialisten hatten im katholisch-industriellen Hürth einen äußerst schweren Stand. Sie blieben bis 1933 ein kleines, einflussloses Häuflein ver-

Jakob Zimmermann (1898 – 1984)

Der in Kendenich geborene Zimmermann war der Kopf und eindeutige Anführer der Nazis in Hürth. Er hatte als Unteroffizier am Ersten Weltkrieg teilgenommen und nach dem Krieg als Töpfer in den Ribbertschen Tonröhrenfabriken in Hermülheim gearbeitet. 1931 wurde er arbeitslos. Er war seit dem 14. Mai 1926 NSDAP-Mitglied und gründete noch in diesem Jahr eine Ortsgruppe der Partei in Hermülheim, deren langjähriger Leiter er war. Auch seine beiden jüngeren Brüder Anton und Adolf traten in Hürth als aktive Nationalsozialisten auf. Von 1927 bis 1945 war Jakob Zimmermann zeitweilig Kreisleiter, Kreishauptamtsleiter und Kreisschulungsleiter der NSDAP im Landkreis Köln. 1935 wurde er zum hauptamtlichen Beigeordneten und am 1. April 1944 noch zum Bürgermeister der Gemeinde Hürth ernannt.
Von Juni 1945 bis zum 15. Dezember 1947 saß er in alliierter Internierungshaft und wurde am 6. Dezember 1947 vom Spruchgericht Bielefeld wegen Zugehörigkeit zum Korps der Politischen Leiter der NSDAP zu neun Monaten Gefängnis verurteilt. Vom Entnazifizierungsausschuss des Regierungsbezirks Köln wurde er 1948 zunächst in die Kategorie III *(Minderbelastete)* eingestuft, 1950 folgte eine Rückstufung in die Kategorie IV *(Mitläufer)* mit dem Verbot einer Beschäftigung im öffentlichen Dienst bis zum 21. Juli 1952. Zimmermann lebte nach dem Krieg zurückgezogen in Kalscheuren. 1955 nahm er eine Bürotätigkeit bei der Firma Göppner in Hermülheim auf. Die Gemeinde Hürth wehrte sich lange gegen eine Pensionszahlung an Zimmermann, aber 1958 konnte er in einem Vergleich doch die Zahlung von 50 Prozent der einem Beigeordnetem und Bürgermeister zustehenden Pension durchsetzen.[24]

Jakob Zimmermann bei einer Ansprache 1941.

sprengter Spinner. Eine erste Ortsgruppe wurde im Mai 1926 in Hermülheim im Anschluss an eine Versammlung mit dem damaligen Kölner Gauleiter Dr. Robert Ley in der Wirtschaft Tüttenberg in Hermülheim gegründet. Sechs Männer ließen sich in die Partei aufnehmen: die Brüder Jakob und Anton Zimmermann, Karl Schneider, Anton Adams, Heinrich Lohn und Josef Kurtscheid. Der 1898 in Kendenich geborene Jakob Zimmermann wurde vom Gaugeschäftsführer Josef Grohé als Ortsgruppenleiter eingesetzt und blieb bis zum bitteren Ende im März 1945 der eindeutige Anführer der Hürther Nazis.[25]

Die kleine Gruppe erkor sich die Hermülheimer Bahnhofswirtschaft Capallo zum Parteilokal. Da meistens arbeitslos, trieben sie sich den ganzen Tag hier in der Gegend um den alten Bahnhof an der Luxemburger Straße herum, sammelten Geld für die *Bewegung*, verteilten Flugblätter und pöbelten Passanten an. Bei den Kommunalwahlen 1929 kandidierten sie erst gar nicht. Aber im folgenden Jahr unternahmen sie bei den Neuwahlen zur Wahl eines Gemeinderates für die neue *Großgemeinde Hürth* am 15. Juni

1930 einen ersten Versuch – und scheiterten kläglich: Sie erhielten lediglich 155 Stimmen, das waren 1,65 Prozent. Einen Tag vor der Wahl hatten sie in der Hürther Gaststätte *Talmühle* eine brutale *Saalschlacht* provoziert und sich damit wahrscheinlich selbst geschadet. Zu dieser ihrer ersten größeren öffentlichen Versammlung, mit der endlich auch das *rote Hürth erobert* werden sollte, waren uniformierte Nazis, unter anderem eine sogenannte *SS-Bereitschaft* aus Köln, mit Lastwagen angerückt. Als es in der Versammlung zu Zwischenrufen von Nazi-Gegnern kam, gingen die Nationalsozialisten sofort mit Gummiknüppeln, Dolchen und Totschlägern gegen die Zwischenrufer vor und schlugen auch mit Stühlen, Tischbeinen und herausgerissenen Fensterkreuzen auf diese ein. Ein Zuhörer wurde durch einen Messerstich in der Herzgegend lebensgefährlich verletzt, es gab eine große Zahl von leichter Verletzten auf beiden Seiten.[26]

Tabelle 8: **Reichstagswahlergebnisse in den Bürgermeistereien Hürth und Efferen 1928–1932 (in Prozent)**[27]

	Zentrum	DVP/DNVP	SPD	KPD	NSDAP
20. Mai 1928					
Bgm. Hürth	30,3	8,9	24,8	27,7	1,1
Bgm. Efferen	40,7	9,5	23,7	20,2	0,8
14. September 1930					
Bgm. Hürth	30,0	3,4	23,8	29,1	9,0
Bgm. Efferen	28,2	3,8	15,5	31,5	13,6
31. Juli 1932					
Bgm. Hürth	31,7	1,6	22,9	30,1	11,4
Bgm. Efferen	33,3	0,9	17,7	31,4	15,0
6. November 1932					
Bgm. Hürth	30,3	2,9	23,3	32,8	8,6
Bgm. Efferen	33,0	1,5	18,3	33,3	12,2

Einen gewissen Einfluss erlangten die Nationalsozialisten allein in den *Hermülheimer Steinzeugwerken* der Roddergrube (ehemals Ribbertwerke), wo bei den Betriebsratswahlen 1929 ihre Liste mit 72 Stimmen fast ebenso viele Anhänger fand wie die Freie Gewerkschaft mit 87 Stimmen. Im Oktober 1930 wird erstmals ein *SA-Sturm* in Hermülheim erwähnt. Im Laufe des bewegten Jahres 1932, als eine Wahl die andere jagte, gelang es der NSDAP dann offenbar doch, auch in Efferen, (Alt-)Hürth, Knapsack, Berrenrath,

Fischenich und Kendenich zumindestens kleine Zellen zu bilden, denen die Zellenleiter Eugen Gelbrich, Stephan Wallrath, Dr. August Dietrich, Hermann Krüger, Nikolaus Berg und Georg Hammermann vorstanden.[28] Eine erste SS-Gruppe ist in Fischenich entstanden, möglicherweise aber erst Anfang 1933 in Zusammenhang mit der sogenannten *Machtergreifung* der Nazis.

Die Bildung der Großgemeinde Hürth

Die Diskussion über einen Zusammenschluss der sechs Einzelgemeinden der Bürgermeisterei Hürth zu einer Einheits- oder, wie man damals sagte, *Großgemeinde* begann schon bald nach dem Ersten Weltkrieg. Bereits am 29. Oktober 1920 beauftragte der Bürgermeistereirat den neuen Bürgermeister Werner Disse mit der Ausarbeitung einer Denkschrift über das Für und Wider eines Zusammenschlusses. Akut wurde die Sache allerdings erst um die Jahreswende 1927/28.[29] Der Preußische Landtag verabschiedete am 27. Dezember 1927 ein *Gesetz über die Regelung verschiedener Punkte des Gemeindeverfassungsrechts*, das die Möglichkeiten zu kommunalen Gebietsänderungen *aus Gründen des öffentlichen Wohles* neu regelte. Die SPD-Fraktion in der Hürther Amtsversammlung – aus der *Bürgermeisterei* war inzwischen ein *Amt* Hürth geworden – nahm die Gesetzesänderung zum Anlass, nunmehr am 4. Januar 1928 förmlich einen Zusammenschluss zu beantragen, und eröffnete damit eine zweijährige, heftige und erbitterte öffentliche Debatte.

Unterstützung erhielt die SPD von zwei ganz unterschiedlichen Seiten, dem Bürgermeister Disse (Zentrum) und der KPD. Das Zentrum und die bürgerlichen Parteien waren sehr gespalten. In einer am 13. Januar 1928 veröffentlichten Denkschrift führte Disse als Vorteile eines Zusammenschlusses vor allem die zu erwartende Verwaltungsvereinfachung und eine gerechtere Verteilung der Steuereinnahmen an. Dieser zweite Aspekt war der Knackpunkt in der ganzen Diskussion, das heißt es ging ums liebe Geld, und das erklärt auch die Heftigkeit der folgenden Auseinandersetzungen. Auch die beiden Arbeiterparteien SPD und KPD erhofften sich eine gleichmäßigere und damit gerechtere Verteilung der zur Verfügung stehenden Gelder und traten etwa für gleiche Sätze bei der Arbeitslosenunterstützung im gesamten Amt Hürth ein.

Im Frühjahr 1928 sprachen sich die Gemeinderäte von Fischenich, Gleuel und Hermülheim geschlossen für, der Gemeinderat von Berrenrath mit nur einer abweichenden Stimme gegen einen Zusammenschluss aus. Kendenich war mit einer Stimme Mehrheit für und (Alt-)Hürth mit einer Stimme

Mehrheit gegen die Bildung einer Großgemeinde. In der Amtsvertretung verließen zehn *Großgemeindegegner* am 5. März 1928 unter Protest die Sitzung, die verbliebenen 16 Abgeordneten sprachen sich dann einstimmig für einen Zusammenschluss aus. In Fischenich, Gleuel und Hermülheim gab es keine Industrie und damit nur geringe Steuereinnahmen. In diesen *ärmeren* Gemeinden waren daher auch alle politischen Kräfte für einen Zusammenschluss. In den *reicheren* Industriegemeinden (Alt-)Hürth (mit Knapsack) und Kendenich (mit Kalscheuren) stimmten die Arbeiterparteien ebenfalls für den Zusammenschluss, bei dem ihre Anhänger nichts zu verlieren hatten. Die bürgerlichen Kräfte hingegen, die Geschäftsinhaber und Gewerbetreibenden, allen voran die Zentrumspartei, wehrten sich vehement gegen den Verlust der Selbstständigkeit und damit ihrer Steuervorteile. Der (Alt-)Hürther Gemeinderat schickte eine 13-seitige Stellungnahme nach Berlin, in der die geplante Zusammenlegung als *Vergewaltigung* der Gemeinde (Alt-) Hürth bezeichnet wurde, und verlangte die Abhaltung einer Volksabstimmung, was Bürgermeister Disse jedoch als ungesetzlich zurückwies.

Eine kolorierte Ansichtskarte aus dem alten Berrenrath zeigt die Gaststätte Bucco, den Victoriasaal und das Jagdschloss Friedrichshorst. Die Karte wurde am 19. August 1912 verschickt.

Dass sich in Berrenrath auch die politische Linke gegen einen Zusammenschluss aussprach, ist mit der damaligen besonderen Situation der Gemeinde zu erklären. Der Ort war ringsherum schon von Braunkohlengruben der *Roddergrube/Vereinigte Ville* und des *Eschweiler Bergwerksvereins* eingekreist. Die Gemeinde führte wegen des Landverlustes und der *Staub- und Rußplage* lange und aufwendige Prozesse gegen die Industrie, und seit einiger Zeit wurde der Gedanke einer vollständigen Umsiedlung des Dorfes diskutiert, weshalb bereits mehrfach Abordnungen der Gemeinde nach Berlin gereist waren. Die Berrenrather befürchteten, in dieser schwierigen Situation bei Verlust ihrer Selbstständigkeit einfach unter die Räder zu kommen.

Auch der Landkreis Köln lehnte in seiner gesetzlich vorgeschriebenen Stellungnahme einen Zusammenschluss ab. Bei den sechs Gemeinden handele es sich um traditionsreiche und lebensfähige Gemeinwesen, deren geografische Lage und unterschiedliche wirtschaftliche Struktur sie für einen Zusammenschluss gänzlich ungeeignet mache. Angesichts dieser Situation wäre der Zusammenschluss damals wohl gescheitert, wenn die

Kommunalwahlen am 17. November 1929 nicht mit einem erdrutschartigen Sieg der Linksparteien geendet hätten. Aus der knappen Mehrheit der bürgerlichen Parteien im (Alt-)Hürther Gemeinderat wurde eine Zweidrittelmehrheit der Arbeiterparteien, mit der diese nun für die Einheitsgemeinde stimmten. Die Bastion (Alt-)Hürth der Großgemeindegegner war gefallen, und in Berrenrath stimmten nun immerhin auch die drei KPD-Gemeinderäte für einen Zusammenschluss.

Die Großgemeindegegner gaben trotzdem noch nicht auf. Aus (Alt-)Hürth und Berrenrath wurden erneut umfangreiche Protestnoten ans Berliner Innenministerium gesandt. Die Gewerbe-, Bauern-, Haus- und Grundbesitzer- und Bürgervereine von (Alt-)Hürth, Knapsack und Alstädten gründeten einen *Ausschuss zur Wahrung der Interessen der Gemeinde Hürth,* der in drei Tagen 2 112 Unterschriften gegen den Zusammenschluss sammelte. Ein erstaunlich hohes Ergebnis, die Zahl der Wahlberechtigten bei der Kommunalwahl im November 1929 hatte 5 031, die der abgegebenen Stimmen 3 437 betragen. Es nützte nichts mehr. Nachdem sich nun alle Gemeinden außer Berrenrath mit deutlicher Mehrheit für einen Zusammenschluss ausgesprochen hatten, befürworteten auch Landkreis, Regierungspräsident und Innenministerium die Bildung einer Einheitsgemeinde. Der von der Preußischen Staatsregierung am 29. März 1930 gefasste entsprechende Beschluss trat schon am 1. April 1930 in Kraft.[30]

Die Eingemeindung von Efferen und Stotzheim

Noch viel schwieriger und komplizierter war die Situation in dem seit 1920 wieder selbstständig verwalteten *Amt Efferen.* Die beiden kleinen Gemeinden Efferen und Stotzheim verfügten über fast keine Industrie und hatten nach dem Ersten Weltkrieg durch die Anlage des Kölner Grüngürtels auch noch ein Drittel ihres Ackerlandes verloren. Die Wirtschaftskrise und die seit 1929/30 zunehmende Zahl an Wohlfahrtsempfängern führten zu einer völligen Überschuldung und Zahlungsunfähigkeit des Amtes. Die im November 1929 neu gewählten Gemeinderäte baten daher im Mai und Juni 1930 geradezu flehentlich um Eingemeindung, entweder nach Hürth oder nach Köln, das war ihnen gleich.[31] Die neue Großgemeinde Hürth lehnte entschieden ab. Bürgermeister Disse bat seinen Efferener Kollegen Karl Kuenen – beide waren Mitglied der Zentrumspartei – reserviert um Mitteilung, welche Vorteile Hürth denn von einer Eingemeindung des Amtes Efferen zu erwarten habe. Natürlich keine – außer Schulden war dort nichts zu holen.

Ganz anders verhielt sich der Kölner Oberbürgermeister Konrad Adenauer. Der schlaue Fuchs sagte den Bewohnern Efferens die Erfüllung fast aller ihrer Wünsche zu, wie die Beibehaltung eines eigenen Schlachthofes, den Ausbau der Straßen, die Erweiterung der Volksschule und sogar die Verlängerung der Straßenbahn auf der Berrenrather Straße von Sülz bis Efferen. Die bettelarmen Efferener fühlten sich plötzlich ins Schlaraffenland versetzt, in wenigen Wochen waren die Verhandlungen erfolgreich und zu ihrer größten Zufriedenheit abgeschlossen, einer Eingemeindung nach Köln schien nichts mehr im Wege zu stehen. Der Plan rief jedoch einen

Die Bürgermeister des Landkreises Köln um 1930. Sitzend links Landrat Heimann und Bürgermeister Disse (Hürth). Stehend links der Hürther Beigeordnete Fritz Räcke, vierter von links der Efferener Bürgermeister Karl Kuenen.

Sturm der Entrüstung bei den anderen Gemeinden des Landkreises Köln hervor. Efferen sollte, so vermuteten diese vollkommen zu Recht, für Adenauer nur ein erster Happen sein, dem, war der Einbruch in den Landkreis Köln erst einmal gelungen, bald weitere größere Bissen wie Rodenkirchen, Weiden, Lövenich oder am besten der ganze Kreis folgen sollten. An diesem Widerstand des Landkreises scheiterte die fast schon perfekte Eingemeindung von Efferen und Stotzheim nach Köln. Hürth lehnte allerdings auch weiter entschieden ab, die Finanzlage Efferens wurde immer prekärer, der Bürgermeister war vollkommen überfordert – eine absolut chaotische Situation. Inzwischen war das Jahr 1932 erreicht, und die Regierungskrisen in Preußen und im Reich machten eine Lösung des dringenden Problemfalls Efferen unmöglich. Erst Hermann Göring ordnete als neuer nationalsozialistischer Preußischer Ministerpräsident die Eingemeindung des Amtes Efferen in die Gemeinde Hürth zum 1. Oktober 1933 an.

Nationalsozialismus und Zweiter Weltkrieg

Die Machtergreifung im *schwarz-roten* Hürth und die Ausschaltung der politischen Gegner

Mitteilungs-Blatt
der N.S.D.A.P. für die
Großgemeinde Hürth.

Was hat uns der Bürgermeister
Disse gekostet in den Jahren
1924-1932

Schmähschrift der NSDAP gegen Bürgermeister Werner Disse von 1933. Damit sollte die gewaltsame Amtsenthebung Disses gerechtfertigt werden.

Am 30. Januar 1933 wurde Adolf Hitler vom greisen Reichspräsidenten Paul von Hindenburg zum Reichskanzler ernannt. Der Reichstag und die Kommunalparlamente in Preußen wurden sofort aufgelöst, Neuwahlen für den 5. und 12. März 1933 angesetzt. Hierbei kamen die Nationalsozialisten in Hürth nur auf gut 20 Prozent der Stimmen, obwohl diese Wahlen schon unter ganz irregulären Bedingungen stattfanden. Die Schlägerbanden der SA waren zu diesem Zeitpunkt bereits zu Hilfspolizisten ernannt und *bewachten* die Wahllokale, und die meisten Kandidaten und Funktionäre der KPD saßen schon in irgendwelchen *Schutzhaft-Kellern* und wurden dort übel zugerichtet. Trotzdem hatten die Nazis in Hürth immer noch nicht die geringste Chance, allein oder auch gemeinsam mit den Deutschnationalen eine Mehrheit zu bekommen. In dem am 12. März 1933 gewählten Gemeinderat hätten sie, wäre dieser je zusammengetreten, nur sechs von 24 Sitzen gehabt. Aber dazu kam es schon nicht mehr, denn die Nazis verschafften sich ihre fehlende Mehrheit durch Drohungen, Prügeleien und illegale Verhaftungen.

Nach dem Reichstagsbrand in der Nacht vom 27. zum 28. Februar setzte auch in Hürth eine Verhaftungswelle gegen die Kommunisten ein. In den wenigen Tagen bis zur Reichstagswahl am darauf folgenden Sonntag, dem 5. März 1933, wurden in den beiden Bürgermeistereien Hürth und Efferen 30 KPD-Mitglieder verhaftet, darunter die meisten Kandidaten für die Kommunalwahl am 12. März. 1933. Und auch in den folgenden Wochen bis etwa Mitte April wurden praktisch jeden Tag ein oder zwei Kommunisten in *Schutzhaft* genommen, wo sie von den *Hilfspolizisten* der SA schwer verprü-

Aufmarsch der Teilnehmer im (Alt-)Hürther Stadion am 1. Mai 1935. Die Nazis hatten den 1. Mai zum *Tag der nationalen Arbeit* erkoren.

gelt und misshandelt wurden. Die SA-Leute konnten nun nach Herzenslust alte Rechnungen begleichen und ihren ganzen Hass gegen die Kommunisten und *Marxisten,* wie die Sozialdemokraten jetzt beschimpft wurden, austoben. Der Verfolgungsdruck gegen die Kommunisten war extrem hoch. Schon am 7. April 1933 erfolgte eine groß angelegte Razzia mit weiteren Verhaftungen in der Gleueler Bergarbeitersiedlung, die bis dahin eine ausgesprochene Hochburg der KPD gewesen war. Unter diesem Druck brachen die anfänglichen Versuche der Kommunisten, ihre Parteiarbeit etwa durch *illegales* Verteilen von Flugblättern fortzusetzen, schnell zusammen.

Die meisten der in den ersten Wochen Verhafteten kamen zunächst für kurze Zeit in die Haftzellen im Keller des Hermülheimer Rathauses und von dort in das Kölner Gefängnis *Klingelpütz,* manchmal auch in das Amtsgerichtsgefängnis in Brühl. Ab Mitte Mai wurden einige in die Arbeitsanstalt Brauweiler verlegt, in der inzwischen eines der ersten Konzentrationslager in Deutschland eingerichtet worden war.[1] Sie wurden größtenteils Anfang Oktober 1933, also gut ein halbes Jahr nach ihrer Verhaftung, wieder entlassen.[2]

Tabelle 9: **Wahlergebnisse 1933 (in Prozent)**[3]

	Zentrum	SPD	KPD	NSDAP	Sonstige
Reichstag 5. März 1933	3.664	2.597	3.491	2.422	429
Gemeinde Hürth	**(29,1)**	**(20,6)**	**(27,7)**	**(19,2)**	**(3,4)**
Reichstag 5. März 1933	576	291	490	556	35
Gemeinde Efferen	**(29,6)**	**(14,9)**	**(25,2)**	**(28,6)**	**(1,8)**
Gemeinderat 12. März 1933	3582	2157	1991	2434	542
Hürth	**(33,5)**	**(20,1)**	**(18,6)**	**(22,7)**	**(5,1)**
	8 Sitze	5 Sitze	4 Sitze	6 Sitze	1 Sitz
Gemeinderat 12. März 1933	490	279	190	409	105
Efferen	**(33,3)**	**(18,9)**	**(12,9)**	**(27,8)**	**(7,1)**

Am Tag nach den Gemeinderatswahlen vom 12. März 1933 inszenierten die Nazis auch in Hürth ihre *Machtergreifung*. Gegen 8:00 Uhr morgens zogen eine SA- und SS-Formation, Mitglieder des *Kriegervereins* und des deutschnationalen *Stahlhelms* mit Marschmusik zum Hermülheimer Rathaus, um, wie es im Bericht des Kölner Nazi-Blattes *Westdeutscher Beobachter* hieß, die *Fahne des neuen Deutschland* – also die Hakenkreuzfahne – *zu hissen und die Verbrecherfahne des Novembers 1918* – die schwarz-rot-goldene Reichsfahne der Republik – *abzulösen.*[4] Nachdem dies unter dem Jubel der mittlerweile anwesenden Menge geschehen war, hielt Ortsgruppenführer Jakob Zimmermann eine Rede. Auf dem gegenüberliegenden Postgebäude und auf dem Feuerwehrturm hinter dem Rathaus wurden die schwarz-weiß-roten Fahnen des Kaiserreichs gehisst, und der braune Pöbel forderte lautstark die Entfernung der Spitzenbeamten aus der Verwaltung, vor allem derjenigen, die sozialdemokratisch orientiert waren.

Der sozialdemokratische Beigeordnete Fritz Räcke wurde in seinem Dienstzimmer verhaftet und für einige Tage nach Frechen in *Schutzhaft* gebracht. Im August wurde er durch das Preußische Innenministerium nach dem am 7. April 1933 erlassenen *Gesetz zur Wiederherstellung des Berufsbeamtentums* aus dem Dienst entlassen. Ein Jahr später wurde die Entlassung in eine vorzeitige Pensionierung mit Pensionsanspruch abgemildert, und 1939 wurde Fritz Räcke, da man im Krieg nicht genug Personal für die Verwaltung hatte, wieder für die Gemeindeverwaltung *dienstverpflichtet.*[5] Auch Bürgermeister Werner Disse (Zentrum) zählte zu den Hauptangriffszielen der Nazis. Er hatte sich bei der Flaggenhissung am 13. März 1933 geweigert, die *nationalen Verbände* auf seinem Weg von seinem Wohnhaus ins Rathaus zu grüßen, was ihm als *schwere Provokation* angelastet wurde.[6]

Am 18. März 1933 setzte Landrat Heimann (Zentrum) den nationalsozialistischen Kreisobersekretär Heinrich Goß als kommissarischen Bürgermeister ein. Am Tag darauf, sonntags mittags bei der Rückkehr vom Kirchgang, wurde auch Disse in *Schutzhaft* genommen. Er landete nun ebenfalls im Keller seines eigenen Rathauses, wurde aber schon nach ein oder zwei Tagen wieder entlassen. Die NSDAP brachte eilends ein Pamphlet heraus, in dem eine angebliche Verschwendungssucht des Bürgermeisters nachgewiesen werden sollte. Um die vorgebliche Erregung der Bevölkerung hierüber zu dokumentieren, brachte man zweimal nachts im Garten des Bürgermeisterwohnhauses gegenüber dem Rathaus in der Rosellstraße eine Sprengladung zur Explosion. Verängstigt und entnervt bat Disse am 1. Mai 1933 den neuen Nazi-Bürgermeister Goß darum, nach Köln wegziehen zu können. Am 28. September 1933 wurde er in den vorzeitigen Ruhestand versetzt.[7] Abgesetzt und vorzeitig pensioniert wurde auch der Efferener Bürgermeister Karl Kuenen (Zentrum).

Heinrich Goß (1878 – 1966)

Heinrich Goß wurde am 17. März 1878 in Geinsheim in der Pfalz geboren. Von 1893 bis 1897 machte er eine militärische Ausbildung zum Unteroffizier und war dann bis 1909 Berufssoldat beim Infanterie-Regiment 69 in Trier. Von 1909 bis 1928 arbeitete er als Kreissekretär bei den Landratsämtern Saarbrücken und Wiesbaden und kam dann als Kreisobersekretär in die Kölner Kreisverwaltung. Nach der Verhaftung des Bürgermeisters Disse berief Landrat Heimann (Zentrum) Goß am 18. März 1933 als *alten und zuverlässigen Nationalsozialisten* zum kommissarischen Bürgermeister.[8] Am 26. Januar 1934 erfolgte seine endgültige Ernennung zum Bürgermeister der Großgemeinde Hürth. Er machte damit im Alter von 55 Jahren noch einen großen Karrieresprung vom mittleren direkt in den höheren Dienst. Goß war seit dem 1. Oktober 1931 Mitglied der NSDAP und galt damit als *Alter Kämpfer.* Im Gegensatz zu dem eher volkstümlichen NSDAP-Führer und Beigeordneten Jakob Zimmermann trat Goß als harter Nationalsozialist und strenger Verwaltungschef auf. Seit 1942 verschlimmerte sich bei ihm ein Magenleiden, weshalb er am 10. November 1943 als dienstunfähig in den Ruhestand versetzt wurde. Goß verzog nach Lippoldsberg an der Weser, sein Nachfolger wurde Jakob Zimmermann.

Im Entnazifizierungsverfahren wurde Goß von der Spruchkammer Hofgeismar in die Gruppe III *(Minderbelastete)* eingestuft und beamtenrechtlich in den Stand eines Obersekretärs zurück versetzt. Er erhielt deshalb nur die Pension eines Obersekretärs, konnte schließlich aber durchsetzen, dass ihm ab dem 1. April 1956 doch eine Bürgermeisterpension gezahlt wurde. Goß führte nach dem Krieg ein merkwürdig unruhiges Leben. Er zog ständig um, nach Hohenlimburg, woher seine Frau stammte, Lindlar, Konstanz und wieder zurück nach Lippoldsberg, wo er nur in Hotels oder Pensionen wohnte. Er starb am 4. Februar 1966 in Helmarshausen bei Bad Karlshafen an der Weser. Seine Frau lebte nach seinem Tod in Köln-Klettenberg.

Ab Mitte April 1933 trat zunächst eine gewisse Beruhigung bei den Verhaftungen ein. Am 3. Mai 1933 waren die Nazis so weit, dass der am 12. März 1933 gewählte Gemeinderat im mit Hakenkreuzfahnen geschmückten Rathaussaal endlich erstmals zusammentreten konnte. Aufgrund der Verhaftungen, Drohungen und Einschüchterungen erschienen neben den sechs Nationalsozialisten nur noch vier Zentrumsabgeordnete. In dieser Zusammensetzung trat der Rat überhaupt nur noch ein weiteres Mal im Juni 1933 zusammen. Anfang 1935 wurde er durch einen ausschließlich aus Nationalsozialisten bestehenden Gemeinderat ersetzt, dessen Mitglieder nun nicht mehr gewählt, sondern auf Vorschlag des Gaubeauftragten der NSDAP *ernannt* worden waren.

Die Hürther Nazis am Tage der Gemeinderatssitzung am 3. Mai 1933 vor dem Rathaus. Vorne stehen in der Mitte Jakob Zimmermann und Heinrich Goß. Auf der Treppe in schwarzen Uniformen die Fischenicher SS-Formation.

Während die KPD im Mai/Juni 1933 durch die vielen Verhaftungen bereits weitgehend zerschlagen war, bestanden die sozialdemokratischen und bürgerlichen Organisationen zunächst noch einigermaßen fort. Am 2. Mai 1933 wurden jedoch bereits die Gewerkschaften und am 21. Juni 1933 die SPD verboten. Die bürgerlichen Parteien, DNVP und Zentrum, lösten sich selbst auf. Am 21. Juni 1933 wurden in Hürth fünf führende Zentrumspolitiker verhaftet, unter anderem der Gleueler Schulrektor Karl Gielen und sein Sohn Gerhard, der Knapsacker Ortsvorsteher Johann Metternich und der Direktor der Berufsschule, Ludwig Kleinertz.[9]

Eine Woche später, am 28. Juni 1933, folgte die Verhaftung von 14 führenden Sozialdemokraten. Darunter befanden sich unter anderem Jakob Esser, nach dem Krieg Bürgermeister der Gemeinde Hürth, Hans Pauli, später langjähriger Arbeitsdirektor bei der Roddergrube, und Karl Schmitz, später Betriebsratsvorsitzender bei der AG für Stickstoffdünger und Aufsichtsratsmitglied der Hoechst AG. Mit dem Verbot der SPD wurden auch die zahlreichen Arbeiter-Sport- und -Gesangvereine sowie die sozialistischen Jugend- und Kinderorganisationen aufgelöst oder mit den bürgerlichen Vereinen in den Orten zwangsvereinigt. Das Vereinsvermögen, Fahnen, Noten oder Sportgeräte wurden beschlagnahmt und eingezogen. Damit war bis auf einige Einzelfälle die große Verhaftungswelle erst einmal beendet. Anfang Juli erklärte Hitler die *nationalsozialistische Revolution* für abgeschlossen. Insgesamt, so hieß es im Verwaltungsbericht der Gemeinde Hürth für das Jahr 1933, *mussten zur Ausrottung des kommunistischen und marxistischen Terrors und zur Wiederherstellung geordneter Verhältnisse 117 Personen, davon 14 aus dem eingegliederten Amte Efferen, in Schutzhaft genommen werden. Von der sofort nach der Machtergreifung der NSDAP im Landkreis Köln aufgestellten Hilfspolizei wurden 70 Hilfsbeamte zugeteilt ... Am 7. April 1933 erfolgte schon ... eine groß angelegte planmäßige Durchsuchung der Gleueler Bergarbeiter-Siedlung, die fast nur von Kommunisten und Marxisten bewohnt war und vollkommen beherrscht wurde.*[10]

Der von 1926 bis 1933 amtierende erste Direktor der Berufsschule in (Alt-)Hürth, Ludwig Kleinertz. Er wurde 1933 verhaftet und seines Amtes enthoben.

Wenn die Menschen nach Wochen und Monaten aus der *Schutzhaft* mit all ihren Demütigungen und Quälereien endlich wieder entlassen wurden, waren sie eingeschüchtert und verängstigt und hüteten sich erst einmal sehr, irgendwie missliebig aufzufallen. Von daher ist es nicht überraschend, dass es weder von den Kommunisten noch von den Sozialdemokraten nennenswerte aktive Widerstandsversuche gegeben hat. Einige wenige Sozialdemokraten flüchteten nach Frankreich in die Emigration. Bekannt ist dies von Albert Schneider aus (Alt-)Hürth, Peter Lommersum (Kendenich) und Peter Klein (Knapsack). Für die, die in Hürth blieben, blieb allein die Möglichkeit, sich weiter gelegentlich privat zu treffen, vielleicht auch schon einmal zu einer gemeinsamen Sonntagswanderung – und das war schon schwierig und gefährlich genug.

Aktive Widerstandsversuche sind nur aus dem Umfeld der *Sozialistischen Jugend* in Knapsack hervorgegangen. 1928 war dort eine erste Gruppe der *Sozialistischen Arbeiterjugend (SAJ)* als Jugendorganisation der SPD gegründet worden, die 20 bis 30 aktive Mitglieder zählte. Als sich 1931 die linke *Sozialistische*

Albert Schneider (stehend zweiter von links) mit anderen Emigranten in einem französischen Arbeitslager in der Dordogne im August 1940.

Hans Weil (vorne links) und Erich Paschke (Mitte rechts). Sie sind hier um 1930 in der Gruppe der Sozialistischen Arbeiterjugend Knapsack zu sehen.

Arbeiterpartei Deutschlands (SAP) von der SPD abspaltete, trat die Mehrheit der Knapsacker SAJ unter Führung von Karl Schäfer und Emil Thumfahrt zur SAP und deren neuem *Sozialistischen Jugendverband (SJV)* über. Nur eine kleine Minderheit um Erich Paschke, Grete Briem und Paul Udelhofen verblieb bei der SAJ. Mitglieder dieser beiden Organisationen trafen sich auch nach dem März 1933 weiter und versuchten, Schriften ihrer Organisationen an vertrauenswürdige Bekannte und Freunde zu verbreiten. Zwei ihrer Protagonisten, Hans Weil (SAP/SJV) und Erich Paschke (SPD/SAJ), wurden jedoch 1934/35 verhaftet und zu längeren Freiheitsstrafen verurteilt.[11]

Damit endeten alle zaghaften Versuche, so etwas wie Widerstand zu leisten. In den folgenden Jahren fielen ehemalige Kommunisten und Sozialdemokraten nur noch gelegentlich dadurch auf, dass sie sich in einem unbedachten Augenblick den Mund verbrannten. Meist geschah dies in der Wirtschaft nach einigen Bieren. Dann antwortete schon einmal ein ehemaliger Kommunist mit *Heil Moskau*, wenn ein sogenannter *Goldfasan* in braun-gelber Parteiuniform mit einem lauten *Heil Hitler* den Wirtsraum betrat. Schnell folgten die Verhaftung durch den Dorfpolizisten, Überstellung nach Köln, Verhöre durch die Gestapo, Verurteilung. Die im Hauptsstaatsarchiv Düsseldorf erhaltenen Akten des *Sondergerichts Köln* weisen zahlreiche Fälle auf, in die insgesamt etwa 500 Hürther Bürger verwickelt waren. Dazu zählte zum Beispiel auch der bekannte Kendenicher Sozialdemokrat und Knappschaftsälteste Ferdinand Vosen. Der Bergarbeiter war 47 Jahre alt, als er am 9. November 1939 nachts um 23:00 Uhr in seiner Wohnung verhaftet wurde. Vosen hatte am Abend des 9. November gegen 18:00 Uhr auf der Fuchsstraße zu einem Freund über das am Tag zuvor gescheiterte Attentat des Schreiners Georg Elser auf Hitler im Münchener Bürgerbräukeller geäußert: *Es ist eine Schande, dass der Kerl gestern Abend so schlecht gezielt hat.* Leider hatte ein Nationalsozialist, der gerade auf dem Weg zu einer Parteiversammlung seiner Ortsgruppe in Fischenich war, das Gespräch mitbekommen und dem Ortsgruppenleiter Georg Hammermann davon berichtet. Hammer-

Hans Pauli (1894–1968, links) und Ferdinand Vosen (1892–1964) beim 25-jährigen Betriebsjubiläum Paulis auf der Roddergrube 1949.

mann benachrichtigte sofort die Polizei in Hermülheim, die Vosen noch in der gleichen Nacht nach Köln in die Gestapo-Zentrale im EL-DE-Haus am Appellhofplatz brachte. Der NSDAP-Kreisleiter Janota stellte Vosen am 11. Dezember 1939 ein negatives Zeugnis aus: *Wie mir von meinem Ortsgruppenleiter mitgeteilt wird, gehörte Vosen bis zur Auflösung der SPD an. Auch nach der Machtübernahme hat sich seine Gesinnung wenig geändert. Wegen seiner Linkseinstellung musste bei seiner Arbeitsstätte Roddergrube, Abt. Vereinigte Ville, ein Arbeitswechsel noch nach der Machtübernahme vorgenommen werden. Wenn Vosen angetrunken war, brachte er besonders seine gegnerische Einstellung zum Ausdruck. Aus den vorerwähnten Gründen wird daher von mir die politische Zuverlässigkeit abgelehnt.* Die Staatsanwaltschaft beantragte in dem Prozess gegen Vosen am 15. März 1940 fünf Jahre Gefängnis, er kam aber mit einem Jahr davon, das er in der Strafanstalt Wittlich absaß. Ein Gnadengesuch Vosens auf vorzeitige Entlassung wurde mit der Begründung abgelehnt, er habe seine Gesinnung nach wie vor nicht geändert.[12]

Hans Brandl (1894–1944). Karl Lauer (1901–1944). Peter Zingel (1883–1944). Johann Baptist Bauer (1891–1945).

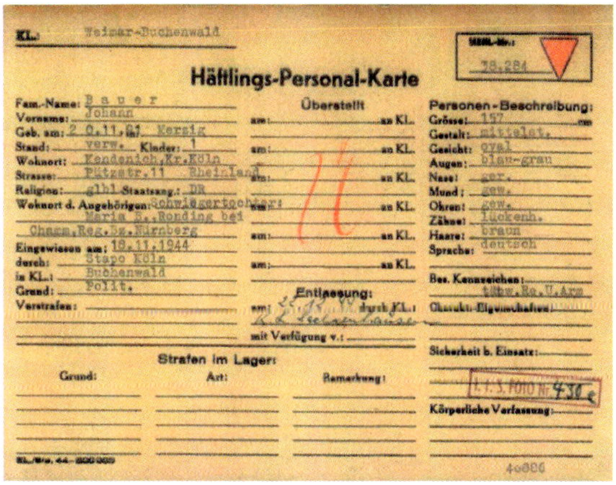

KL.: Weimar-Buchenwald
Häftl.-Nr.: 38.284
Häftlings-Personal-Karte
Fam.-Name: Bauer
Vorname: Johann
Geb. am: 2.9.11.91 in: Kerzig
Stand: verw. Kinder: 1
Wohnort: Kendenich, Kr. Köln
Strasse: Pützstr. 11 Rheinland
Religion: glbl. Staatsang.: DR
Wohnort d. Angehörigen: Schwiegertochter: Maria B., Ronding bei Chamm, Reg. Bz. Nürnberg
Eingewiesen am: 18.11.1944
durch: Stapo Köln
in KL.: Buchenwald
Grund: Polit.
Vorstrafen:
Überstellt am: an KL.
Entlassung: am: durch KL.: KZ Sandbostel
mit Verfügung v.:
Strafen im Lager: Grund: Art: Bemerkung:
Personen-Beschreibung:
Grösse: 157 cm
Gestalt: mittelst.
Gesicht: oval
Augen: blau-grau
Nase: ger.
Mund: gew.
Ohren: gew.
Zähne: lückenh.
Haare: braun
Sprache: deutsch
Bes. Kennzeichen: Tätow. Re. U. Arm
Charakt. Eigenschaften:
Sicherheit b. Einsatz:
Körperliche Verfassung:
40886

Häftlingskarte von Johann Bauer aus Kendenich im KZ Buchenwald. Bauer wurde am 28. April 1945 im KZ Sandbostel bei Bremerförde ermordet.

1944 kam es zu erneuten Verhaftungen vor allem von ehemaligen KPD-Mitgliedern. Ermordet wurden: Johann Bauer aus Kendenich (ermordet im KZ Sandbostel), Johann Brandl (Berrenrath, KZ Sachsenhausen), Karl Lauer (Efferen, KZ Aschendorfermoor), Wilhelm Stahl (Efferen, Messelager Köln-Deutz), Peter Zingel (Kalscheuren, Gefängnis Köln *Klingelpütz*). Wilhelm Kox aus Alt-Hürth wurde schon 1940 in Berlin-Plötzensee hingerichtet.[13]

Die nationalsozialistische Kommunalpolitik

Nach der Beseitigung der alten, rechtmäßigen Verwaltungsspitze Disse/Räcke wählte der Rumpfgemeinderat im mit Hakenkreuzfahnen festlich geschmückten Ratssaal fast ausnahmslos Mitglieder der NSDAP zu neuen Ortsvorstehern. Die NSDAP-Ortsgruppe Hürth unter Jakob Zimmermann forderte am 4. Juni 1933 die Entfernung weiterer Beamter aus der Verwaltung, so des Bürodirektors Otto Röllke und des Amtsbaumeisters Albert Lüttgenau, da sie nicht mehr *das Vertrauen der nationalen Bevölkerung* besäßen. Röllke wurde schließlich wie die Obersekretäre Kosel (Hürth) und Krudewig in den Ruhestand versetzt. Lüttgenau blieb am Ende doch im Amt. Die ehemaligen Mitglieder der SPD, die im Amt verbleiben konnten, mussten eine Erklärung unterzeichnen, dass sie *jegliche Beziehungen zur SPD oder ihren Hilfs- und Ersatzorganisationen gelöst* hätten.[14]

Trotzdem war die nationalsozialistische Basis unzufrieden darüber, dass die Verwaltung und die Polizei angeblich nicht in ausreichendem Maß von früheren Mitgliedern des Zentrums und vor allem der SPD *gesäubert* würden. Am Nachmittag des 21. Juni 1933 wurde ein Volksauflauf am Hermülheimer Rathaus inszeniert. Die Teilnehmer, die zuvor in der gegenüberliegenden Bahnhofswirtschaft Capallo schon ordentlich dem Alkohol zugesprochen hatten, drangen ins Rathaus ein und forderten lautstark, *dass die marxistischen Bonzen heraus sollten.* Erst der nach einiger Zeit eintreffende Ortsgruppenleiter Jakob Zimmermann konnte die Menge mit der Versicherung beruhigen, *dass die Reinigung des Rathauses in den nächsten Tagen im nationalsozialistischen Sinne erfolgen sollte.*[15] Aber Bürgermeister Goß benötigte eine arbeitsfähige Verwaltung und versuchte daher, die meisten der erfahrenen Beamten zu halten. Und diejenigen, an denen der Kelch einer Entlassung noch einmal vorbeigegangen war, stellten sich dem neuen Regime dann auch eifrig zur Verfügung. Im Verwaltungsbericht für 1933 schrieb Goß dazu: *In wiederholten Besprechungen erklärte der Unterzeichnete den Beamten, Angestellten und Arbeitern, daß er nicht nur Führer, sondern auch eines jeden treuer Berater sein wolle, dafür aber unbedingte Pflichterfüllung verlange. Dieser Appell ... ist nicht vergebens gewesen.*

Die Nationalsozialisten hatten sich vor allem auch ein Ende der *Verschwendungssucht der Systemzeit,* wie die demokratische Weimarer Republik verunglimpft wurde, sowie eine sparsame Verwaltung auf ihr kommunalpolitisches Panier geschrieben. Deshalb wurde die durch die Entlassung Räckes frei gewordene Stelle des hauptamtlichen Ersten Beigeordneten nicht mehr besetzt. Der Gemeinderat setzte stattdessen am 3. Mai 1933 drei *alte Kämpfer* als ehrenamtliche Beigeordnete ein: Jakob Zimmermann, Fritz Doll und Stephan Wallrath. Als *alte Kämpfer* wurden Nationalsozialisten bezeichnet, die schon vor 1933 der NSDAP beigetreten waren. Nach der Eingemeindung der Gemeinden Efferen und Stotzheim zum 1. Oktober 1933 sah man dann aber eine Gelegenheit, dem langjährigen Ortsgruppenleiter Jakob Zimmermann endlich einen bezahlten Posten zu verschaffen. Das durch die Eingemeindung bedingte Anwachsen der Bevölkerung von 24743 auf 29574 mache, so hieß es zur Begründung, nun doch wieder die Einrichtung einer hauptamtlichen Beigeordnetenstelle erforderlich, und Zimmermann wurde am 20. Mai 1935 eingesetzt.

Im Dezember 1934 heiratete Jakob Zimmermann mit großem Pomp und Nazi-Prominenz im Rathaus in Hermülheim. Trauzeugen waren der Stellvertretende Gauleiter Richard Schaller (links) und Landrat Heinrich Lövenich. Rechts der Standesbeamte Gerhard Außem. Das Foto drückt das ganze Selbst- und Machtbewusstsein der neuen Herren aus.

Der 1935 ernannte Gemeinderat hatte gegenüber dem Bürgermeister als *Führer der Gemeinde* nur noch eine beratende Funktion. Eine Diskussion fand in den Sitzungen in der Regel nicht statt, und entsprechend hieß es in den Protokollen jetzt auch nur noch stereotyp: *Die Gemeinderäte erhielten Kenntnis von … und billigten das Vorgehen des Bürgermeisters* … Oder auch einfach: *Der Bürgermeister beschloß*…[16]

Wirtschaftliche Besserung und Rückgang der Arbeitslosigkeit

Bürgermeister Goß organisierte gleich zu Beginn die Verwaltung neu und legte dann ein besonderes Augenmerk auf den Abbau der Arbeitslosigkeit. Die Handhabe hierzu boten das 1. und 2. *Gesetz zur Verminderung der Arbeitslosigkeit* vom 1. Juni und 21. September 1933, die vor allem durch Steuererleichterungen die Wirtschaftstätigkeit anregen sollten. Bis zum 31. März 1934 erhielt die Gemeinde Hürth vom Reich fast 200000 Mark zur Instandsetzung von Gebäuden. Das Reich und die Gemeinde vergaben verstärkt Eigenheimbaudarlehen, die Gemeinde ließ zahlreiche Wegebauarbeiten durchführen. Im März 1934 wurde der Beginn einer *Arbeitsschlacht* propagiert, ein Jahr später eine landwirtschaftliche *Erzeugungsschlacht*. Jede Neueinstellung – und hierbei wurden zunächst die *Alten Kämpfer* von NSDAP und SA bevorzugt – wurde vom *Westdeutschen Beobachter* als Erfolg der neuen *nationalen Regierung* gefeiert. Das alles hätte wahrscheinlich wenig genützt, wenn die Weltwirtschaft nicht 1932 allgemein begonnen hätte, sich von der schweren Krise zu erholen. Aber so sah es so aus, als sei die nationalsozialistische Wirtschaftspolitik erfolgreich: Die Arbeitslosenzahlen gingen auch in Hürth zurück. Die Zahl der Erwerbslosen und Unterstützungsempfänger sank von 1706 Anfang 1933 auf 667 Ende 1936.[17] Zu diesem

Diese Arbeiter ließen sich 1935 auf der Gewerkschaft Hürtherberg aus Anlass eines 25-jährigen Betriebsjubiläums fotografieren. Der Jubilar war, da Grube und Brikettfabrik erst 1909 in Betrieb gingen, praktisch von Anfang an dabei.

Zeitpunkt, am Ende des ersten sogenannten *Vierjahresplans*, war die Arbeitslosigkeit praktisch überwunden.

Die auf eine wirtschaftliche Autarkie Deutschlands und die Vorbereitung eines Angriffskrieges ausgerichtete Politik der Nationalsozialisten führte in Hürth, wie bereits im Ersten Weltkrieg, wiederum zu einem starken Ausbau der Industrie. Es wurden zahlreiche neue Industrieanlagen errichtet, etwa zwei neue Hochdruckkraftwerke auf der *Vereinigten Ville* und zusätzliche Carbidöfen im Stickstoffwerk in Knapsack. Produktions- und Beschäftigtenzahlen stiegen an. Die Kohleproduktion der Roddergrube verdoppelte sich von 11,6 Millionen Tonnen 1932 auf 24 Millionen Tonnen im Jahre 1943. Die Beschäftigtenzahlen der AG für Stickstoffdünger stiegen von 1150 Personen 1931 auf 2539 Ende 1943. Bei der Degussa in Knapsack stieg die Natriumproduktion von 3204 Tonnen 1933 auf 7650 Tonnen 1943, die Produktion von Chlor von 4929 Tonnen auf 11598 Tonnen. Im Werk Kalscheuren wuchs die Rußproduktion zwischen 1938 und 1943 von 6598 auf 9522 Tonnen pro Jahr. Die Beschäftigtenzahl bei der Degussa Knapsack stieg von Januar 1941 bis September 1944 einschließlich der Kriegsgefangenen und zivilen Zwangsarbeitern von 201 auf 373 an. Im Werk Kalscheuren gab es einen Zuwachs zwischen Juni 1940 und August 1944 von 183 auf 287 Beschäftigte.[18]

Neue Bauprojekte

Diese Entwicklung hatte finanziell für die Gemeinde gleich zwei positive Auswirkungen: Zum einen sanken die Ausgaben für die Erwerbslosen- und Wohlfahrtsunterstützungen, und zur gleichen Zeit stiegen die Steuereinnahmen aufgrund der ansteigenden wirtschaftlichen Konjunktur. Das erlaubte es der Gemeindeverwaltung nicht nur, sich mit der *Wiederherstellung geordneter Gemeindefinanzen* zu brüsten, sondern auch größere kommunale Projekte in Angriff zu nehmen. Dazu zählten bis zum Kriegsausbruch 1939 der Bau einer neuen evangelischen Volksschule in Hermülheim, der späteren Realschule, und die Erweiterung der Schulen in Kalscheuren und Efferen. In Efferen wurde eine nicht mehr genutzte Scheune des benachbarten, ehemaligen Gutshofes Destree zu einem neuen Schulflügel ausgebaut.

1935 erwarb die Gemeinde das Eigentum an der maroden Versteigerungsanlage in Fischenich, die durch den von den Nationalsozialisten eingeführten *Ablieferungszwang* für alle örtlichen Landwirte endlich wirtschaftlich stabilisiert und erweitert werden konnte. Im gleichen Jahr wurde mit dem Um- und Erweiterungsbau des Rathauses begonnen, der 1937 beendet wurde. Nach einer heftigen Schelte des *protzigen Stilmischmaschs* und der *unschöpferischen Architektur* des alten, in der Kaiserzeit entstandenen Gebäudes hieß es zu dem neuen Rathaus im Heimatkalender des Landkreises Köln von 1938: *Die Gemeinde Hürth … hat mit diesem schlichten, klaren, im besten Sinne ›anständigen‹ Bauwerk die würdige Repräsentation nationalsozialistischen Geistes gesucht und gefunden.* Das Gebäude blieb bis 1984 das Rathaus der Gemeinde Hürth, danach zog das Türkische Generalkonsulat dort ein.

Die Roddergrube erwarb ebenfalls 1935 das Gelände des 1930 errichteten Stadions an der Alstädter Straße, da es bald dem Kohlenabbau weichen sollte. Dafür errichtete sie auf der Theresienhöhe neue, größere Stadionanlagen, die am 8./ 9. Juli 1939 mit einem großen Kreis-Turn- und Sportfest eingeweiht wurden. Und 1935 kaufte die Gemeinde das nach der Verlegung der Bahntrasse nicht mehr benötigte alte Bahnhofsgebäude und Bahnhofsgelände der KBE in Hermülheim. Im alten Lokschuppen wurden Bauhof und Feuerwehr untergebracht, im ehemaligen Bahnhofsgebäude Büros für die *Nationalsozialistische Volkswohlfahrt NSV.* Später wurde das Gebäude in ein Schulungsheim der NS-Bewegung umfunktioniert und das übrige Gelände zu einer Grünanlage umgestaltet. Auch am erweiterten Rathaus in Hermülheim, am Schwimmbad in Alt-Hürth und an der Gennerstraße in Fischenich wurden neue Grünanlagen angelegt. Auf dem Gebiet des Wohnungsbaus wurde die Siedlung des *Bundes der Kinderreichen* in Efferen an der heutigen Donatusstraße (damals Horst-Wessel-Straße) erweitert. Das RWE errichtete zwei neue Siedlungen für seine *Gefolgschaftler,* wie die Arbeiter und Angestellten nun genannt wurden, in Hermülheim am KBE-Bahnhof und in Efferen an der heutigen Herz- und Marienstraße (damals Dr. Ley- und Muchow-Straße). Nach Fertigstellung der *Go-Werk Siedlung Efferen im Herbst* 1935 kam der Leiter der Deutschen Arbeitsfront, Dr. Robert Ley, zusammen mit Gauleiter Grohé, Landrat Lövenich und großem Gefolge an uniformierten Nazis eigens zur Besichtigung in das mit Hakenkreuzfahnen reich geschmückte neue Wohnviertel.

Das gerade fertiggestellte, erweiterte Rathaus um 1939. Rechts das umgestaltete alte Gebäude, links der neue Anbau. An der Wand prangte ein nationalsozialistisches Monumentalgemälde.

Das alles sah ziemlich gut und erfolgreich aus und hat sicher dazu beigetragen, auch die Mehrheit der Hürther Bevölkerung, die zunächst ja alles andere als Begeisterung gegenüber den Nationalsozialisten zeigte, relativ bald für das neue Regime einzunehmen.

Die Nationalsozialistische Betriebszellenorganisation NSBO bei der AG für Stickstoffdünger in Knapsack, um 1935.

Die nationalsozialistischen Organisationen und die Ideologie der *Volksgemeinschaft*

Bis 1933 hatte die NSDAP in Hürth kaum wirklich existiert. Wie schwierig das Terrain in Hürth für die Nationalsozialisten auch Anfang 1933 noch war, zeigen die Betriebsratswahlen im März 1933, die die sozialistischen und christlichen Gewerkschaften in allen größeren Industriebetrieben immer noch mit deutlicher Mehrheit gegenüber der *Nationalsozialistischen Betriebszellen-Organisation (NSBO)* gewannen.[19] Aber nach den Reichstags- und Kommunalwahlen im März 1933 erhielten auch die Hürther Nationalsozialisten deutlich Zulauf. Es gab zahlreiche *Märzgefallene,* die den Anschluss an die neue Zeit nicht verpassen wollten. So traten jetzt fast alle leitenden Angestellten der Knapsacker Stickstofffabrik demonstrativ und geschlossen der NSDAP bei.[20] Rasch wurden neben der Partei auch die vielen Nebenorganisationen wie die *Deutsche Arbeitsfront (DAF),* die *Nationalsozialistische Volkswohlfahrt (NSV)* oder die Kinder- und Jugendorganisationen gebildet.

Immer und überall propagierten die Nationalsozialisten ihre Ideologie der *Volksgemeinschaft:* Streit, *Gezänk* und Klassenkampf der *Systemzeit* sollten vorbei sein. Arbeiter und Arbeitgeber waren nun alle in der nationalsozialistischen Einheitsorganisation *DAF* organisiert. Nachdem die Wirtschaftskrise überwunden war, richteten die Betriebe neue Waschräume, Kantinen und Lehrwerkstätten ein. Leitende Angestellte und einfache Arbeiter betrieben gemeinsam Betriebssport. Zaun und Tor vor der sogenannten *Beamtensiedlung* für leitende Angestellte der Stickstoff AG in Knapsack wurden in einer spektakulären Aktion beseitigt, da ein solcher *Standesdünkel* nicht

Betriebssport bei der AG für Stickstoffdünger in Knapsack. Alle Beschäftigten waren zur körperlichen Ertüchtigung im Dienste der Volksgesundheit verpflichtet.

mehr zum *neuen Deutschland* passe. Die Kinder der Belegschaften wurden im Sommer in sehr preiswerte Ferienlager geschickt, die Betreuung übernahmen freiwillig die Hürther Lehrer. Besonders verdiente Arbeiter konnten gar manchmal mit der zur DAF gehörenden Freizeitorganisation *Kraft durch Freude* eine Italienreise unternehmen. Mit einem KdF-Schiff ging es von Genua rund um den ganzen Stiefel bis Venedig, und überall wurden die deutschen Gäste als die wichtigsten Freunde des faschistischen Italiens begeistert gefeiert.[21]

Von besonderer Bedeutung im System der nationalsozialistischen Organisationen war die *Nationalsozialistische Volkswohlfahrt (NSV)*, die Ende 1934 in Hürth über 3.500 Mitglieder verfügte, das waren etwa 15 Prozent der Bevölkerung.[22] Jahr für Jahr sammelte und trommelte sie für das *Winterhilfswerk (WHW): Kein deutscher Volksgenosse soll in diesem Winter hungern und frieren!* Die NSV verteilte Beihilfen und Sachspenden an Bedürftige. Für Kinder aus ärmeren Familien wurden Mittagsfreitische in besser situierten Häusern organisiert. Kinder aus dem Saarland, das damals noch unter dem Mandat des Völkerbundes stand, erhielten Ferienplätze in Hürther Familien. *Ein Volk hilft sich selbst, Reich hilft Arm, Jung hilft Alt,* so lautete die eingängige Parole. 1935 eröffnete die NSV ihren ersten Kindergarten in Hermülheim, 1936 folgten Berrenrath und Fischenich. Bis dahin hatte es nur Kindergärten unter der Obhut der katholischen Klosterniederlassungen gegeben. Auch in der ambulanten Kranken- und Altenpflege wurden die katholischen Schwestern mehr und mehr durch NSV-Schwestern, die sogenannten *braunen Schwestern* ersetzt.

Als die Saarländer sich Anfang 1935 mit großer Mehrheit für den Anschluss an das nationalsozialistische Deutschland entschieden, jubelten auch die Hürther. Am 1. März 1935 fand in Hermülheim *eine weihevolle Kundgebung aus Anlaß der Rückgliederung des Saargebietes zum deutschen Mutterland* mit anschließendem Fackelzug zu einem *Befreiungsfeuer* statt. Ständiges Sammeln, Trommeln und Feiern gehörten bald zum Alltag der Menschen. Gesammelt wurde nicht nur für die NSV und das WHW, sondern auch für den *Reichskolonialbund RKB*, den *Verein für das Deutschtum im Ausland VDA*, die *Nationalsozialistische Kriegsopferversorgung NSKOV*, den *Reichsluftschutzbund RLB*. Sehr schnell setzten die Nationalsozialisten gegen die hergebrachten christlichen Feste einen neuen Feiertagszyklus durch: Der Tag der Machtergreifung, Führers Geburtstag, der 1. Mai als Feiertag der Nationalen Arbeit, Sonnwendfeiern, Erntedanktag, Heldengedenktag, der Tag der Bewegung. Daneben gab es ständig neue Anlässe für besondere Feiern: Der Tod des Reichspräsidenten, die *Rheinlandbefreiung*, wie die Besetzung der entmilitarisierten Zone durch deutsche Truppen 1935 genannt wurde, der Geburtstag Bismarcks, der Anschluss Österreichs 1938. Zu jeder Feier gehörten Ansprachen, Fahnenappell und der gemeinsame Gesang des Horst-Wessel- und des Deutschlandliedes.

Nazi-Prominenz bei einer Karnevalsfeier der Ortsbauernschaft in Fischenich, um 1935. Vorne rechts Bürgermeister Heinrich Goß, dahinter stehend der Fischenicher Ortsgruppenleiter Georg Hammermann, ganz rechts Jakob Zimmermann.

Wer sich beim Sammeln und Feiern verweigerte oder auch nur lustlos zeigte, sah sich sehr schnell dem Vorwurf ausgesetzt, sich außerhalb der *Volksgemeinschaft* zu stellen. Das war die brutale Kehrseite dieser Politik. Zum einen waren bestimmte Bevölkerungsgruppen von vorneherein von dieser *Volksgemeinschaft* ausgeschlossen, die als *nicht-deutsch* und *nicht-arisch* angesehen wurden, insbesondere die Juden, aber auch die Zigeuner, die *Asozialen* und *Arbeitsscheuen*, die Homosexuellen und die *Erbkranken*. Diese mussten aus der Volksgemeinschaft *ausgemerzt* werden. Aber auch ganz *normale* Bürger konnten schnell in Verdacht geraten. Wer zu wenig spendete, noch nicht einmal der NSV beitrat, seine Kinder weiter in eine kirchliche Jugendorganisation schickte, sich immer noch von dem angesehen und beliebten jüdischen Arzt Dr. Friedrich Großmann in Hermülheim behandeln ließ, gegen den konnte sich schnell die ganze Aggressivität und Brutalität des Systems richten.

Schule, Kirche, Hitlerjugend

Bis 1933 gab es in Hürth keine NS-Jugendorganisationen, die örtliche *Hitlerjugend* wurde erst im Mai 1933 gegründet. Für ihre Versammlungen wurden zunächst Schulräume zur Verfügung gestellt. Später bemühte die Gemeindeverwaltung sich darum, in allen Dörfern eigene HJ-Heime einzurichten. Aber zahlreiche Eltern blieben aufgrund ihrer kirchlich-katholischen oder sozialistisch-kommunistischen Einstellung skeptisch. Während alle sozialistischen und kommunistischen Jugendorganisationen im Frühjahr 1933 aufgelöst wurden, bestanden die kirchlichen Organisationen zunächst noch weiter. Trotz allen Werbens *für die Einheit der Jugend,* zu der auch alle Lehrer verpflichtet wurden, waren Ostern 1935 etwa an der Volksschule (Alt-)Hürth erst 36 Prozent der Schüler in der *Staatsjugend* organisiert.[23] Bereits im September 1934 war der sogenannte *Staatsjugendtag* eingeführt worden. Danach war der Samstag grundsätzlich den NS-Jugendorganisationen vorbehalten und schulfrei. Nur wer nicht in der HJ war, musste an diesem Tag die Schulbank drücken und erhielt oft auch noch besondere Hausaufgaben über das Wochenende. Im Dezember 1936 wurde das Hitlerjugend-Gesetz erlassen, in dem es lapidar hieß: *Die gesamte deutsche Jugend ist in der Hitlerjugend zusammengefaßt.* So stiegen auch in Hürth die Mitgliederzahlen allmählich an. Insbesondere bei den schulentlassenen Mädchen wurden aber nie wirklich zufriedenstellende Zahlen erreicht. Ende 1937 gehörten in Hürth nur 52,3 Prozent der 14 bis 21-jährigen Mädchen dem *Bund Deutscher Mädel BDM* an, während 34,7 Prozent nicht organisiert waren und 13 Prozent es immer noch wagten, ihre Mitgliedschaft in katholischen Jugendverbänden aufrechtzuerhalten.

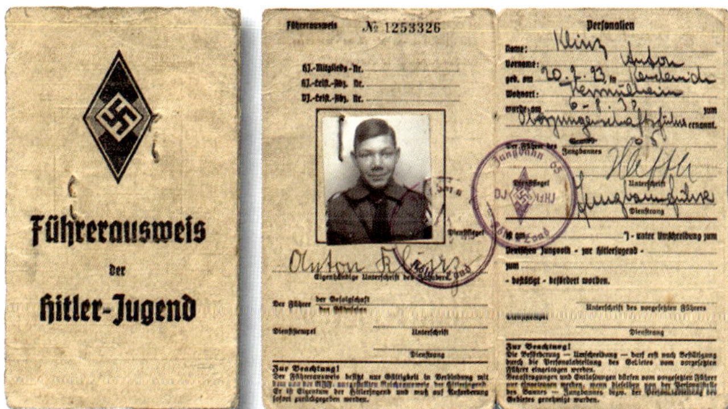

HJ-Führerausweis des Jungbannes 65 (Kreis Köln-Land). Der Hitlerjunge Anton Klinz aus Hermülheim wurde am 6. August 1938 zum *Oberjungenschaftsführer* ernannt

Viele Hürther haben ihre Zeit in der HJ in guter Erinnerung. Das Gruppenleben mit regelmäßigen Geländespielen, Ausmärschen und Fahrten machte Spaß. In einer Zeit, als Reisen noch ganz unüblich war, kam man wenigstens ab und zu einmal aus dem eigenen Dorf heraus. Besonders attraktiv war die Mitgliedschaft in einer Sonderformation der HJ wie etwa der Flieger-HJ. Dann konnte man Modellflugzeuge basteln und auf einem Flugplatz bei Daun in der Eifel sogar selbst Segelfliegen lernen. Selbstverständlich hatte das Ganze einen vormilitärischen Aspekt. Die Mitglieder der Flieger-HJ landeten später praktisch alle bei der Luftwaffe, aber das wurde von den Jugendlichen entweder nicht gesehen oder sogar bewusst begrüßt.

Zu Beginn Ihrer Herrschaft gaben die Nationalsozialisten sich noch kirchenfreundlich. Der Ortsgruppenleiter Jakob Zimmermann erklärte 1934, die NSDAP stehe auf dem Boden eines *positiven Christentums. Er habe für die Erhaltung von Religion und Kirche das Herzblut vieler Hundert Kameraden hingegeben und er denke nicht daran, irgendeine christliche Religion zu bekämpfen.*[24] Im März 1933 hatte die Fuldaer Bischofskonferenz die Katholiken ja auch zur Loyalität gegenüber der neuen Regierung aufgerufen, und im Juli 1933 schloss der Vatikan ein Konkordat mit Deutschland – es war dies der erste große außenpolitische Erfolg der Nationalsozialisten. Dennoch begannen auch in Hürth schon bald erste Versuche, den Einfluss der Kirche auf die Bevölkerung, vor allem auf die Jugend, zurückzudrängen.

Die Flieger HJ des Landkreises Köln 1941. Die Jungen übten sich auf dem Segelflugplatz bei Daun in der Eifel.

Im Juli 1933 fand eine Durchsuchungs- und Beschlagnahmeaktion gegen den katholischen *Jungmännerverein* und den katholischen *Arbeiterverein* in (Alt-)Hürth statt, das beschlagnahmte Material wurde aber später wieder zurückgegeben.[25] Den in der *Deutschen Jugendkraft DJK* zusammengefassten katholischen Sportvereinen wurde im März 1934 die weitere Benutzung des Hürther Stadions untersagt, bald darauf wurde ihre Tätigkeit insgesamt unterbunden. Für die noch weiter bestehenden kirchlichen Organisationen wurde ein Uniformverbot erlassen. Im August 1934 weigerte der (Alt-)Hürther Kaplan Elben sich, aus Anlass der Trauerfeier für den toten Reichspräsidenten Hindenburg die Glocken läuten zu lassen. Er gab an, den Befehl zum Läuten nur von der Gemeindebehörde erhalten zu haben, er könne aber nur Anordnungen seines Bischofs akzeptieren. Elben wurde daraufhin an eine andere Pfarrei versetzt.

Als 1936 in Hermülheim eine neue evangelische Volksschule gegründet wurde, nutzte man die Gelegenheit, in Knapsack und Hermülheim, wo jetzt jeweils zwei konfessionelle Schulen bestanden, diese nach bekannten Nazi-Größen zu benennen: *Leo-Schlageter-* und *Herbert-Norkus-Schule* in Knapsack und *Erich-Niejahr-* und *Hans-Schemm-Schule* in Hermülheim. Angeblich sollte dies zur Vermeidung von Verwechslungen dienen. Die *Hans-Schemm-Schule* wurde 1940 in eine Mittelschule umgewandelt, daraus ist die spätere Realschule hervorgegangen. Seit 1937 durften katholische Geistliche keinen

Religionsunterricht an den Schulen mehr erteilen. 1938 wurde es den Lehrern untersagt, als Aufsichtspersonen an den Fronleichnamsprozessionen teilzunehmen. 1939 wurden die Bekenntnisschulen abgeschafft und durch die *Deutsche Volksschule* ersetzt. Alle Kruzifixe und sonstigen religiösen Symbole wurden am ersten Schultag von Angehörigen der Gemeindeverwaltung persönlich entfernt. Wie heikel diese Sache immer noch war, ist daran zu ersehen, dass alle Lehrer folgende Verhandlungsniederschrift unterzeichnen mussten:[26] *Kein Erzieher hat eine Bemerkung oder Stellungnahme weder für noch gegen diese Maßnahme zu machen. Es ist ihm strengstens verboten, seiner Freude oder seinem Bedauern durch Worte oder Gebärden weder vor den Kindern noch gegenüber seinen Kollegen oder sonst in der Unterhaltung Ausdruck zu geben. Verstöße sind sofort zu melden und ziehen schwerste Bestrafung nach sich.*

027

Die Anteilnahme der Beuthener Bevölkerung hat uns bewiesen, daß hier im äußersten Zipfel Schlesiens genaue so deutsche Brüder wohnen, wie bei uns im Westen. Sie haben noch einen härteren Stand, ihr Deutschtum zu verteidigen, als wir, da sie die polnische Grenze von drei Seiten umschließt. – Wir haben die unsinnig gezogene Grenze gesehen. Meistens verläuft sie so, daß die wertvollsten Anlagen (besonders Zechen und Erzgruben) an Polen fielen. – Schlesien ist urdeutsches Land und wird es immer bleiben.

Die Fahne ist unser Glaube!

Bericht über ein *Landjahrlager* Hürther Jungen 1938 in Schlesien. Das *urdeutsche* Land Schlesien sollte bekanntlich nicht mehr lange deutsch bleiben, sondern wurde von den Nazis durch ihren verbrecherischen Angriffskrieg verspielt.

Der Krieg diente dann ein Jahr darauf als Begründung, um die Fronleichnamsprozessionen ganz zu unterbinden und wichtige kirchliche Feiertage wie Allerheiligen und den Reformationstag zu normalen Schul- und Arbeitstagen zu erklären. 1941 wurde allen Geistlichen und Ordensleuten verboten, Privatunterricht an Schulkinder zu erteilen. Im gleichen Jahr meldete ein Vater aus Alt-Hürth seine Tochter vom katholischen Religionsunterricht ab, weil er nicht länger *dulde, daß meine Tochter sich in meinem Beisein mit einer Schrift abquält und Sachen in ihr Gehirn eintrichtert, die von Juden verfaßt wurden.*[27]

Ausgrenzung, Verfolgung und Ermordung der Juden

1933 lebten in der *Großgemeinde Hürth* etwa 50 jüdische Bürger. Schon am 1. April 1933 veranstalteten die Nazis auch hier einen ersten *Judenboykott*. Vor jüdischen Geschäften postierten sich SA-Leute und forderten dazu auf, nicht mehr *beim Juden* einzukaufen. In Alstädten schickte ein älterer Bauer den jungen SA-Mann, der sich vor dem Haus des Metzgers Ludwig Berg aufgestellt hatte, unter Androhung einer Tracht Prügel wieder nach Hause. Schon eine Woche vorher hatte Bürgermeister Heinrich Goß den Schulen untersagt, in jüdischen Geschäften einzukaufen. Im Juni wurde der Berrenrather Kaufmann Simcha Erder verhaftet. Er war 1916 als junger Mann mit seiner Frau Maita aus Polen nach Knapsack gekommen, beide hatten sich mit viel Fleiß und Geschick zu Besitzern eines gut gehenden Lebensmittel-

und Kolonialwarengeschäftes hochgearbeitet. 1933 besaßen die Erders mit ihren drei in Hürth geborenen Kindern noch immer die polnische Staatsangehörigkeit, weshalb Simcha Erder nach seiner Verhaftung aus Deutschland ausgewiesen wurde. Die Familie ging ins republikanische Spanien und floh 1937 nach dem Putsch Francos weiter nach Frankreich, aber 1942/43 wurden die Eltern und der jüngere Sohn Chaim doch nach Auschwitz deportiert und ermordet. Der Tochter Santa gelang es 1938, nach Rhodesien in Südafrika zu emigrieren, der ältere Sohn Levi überlebte als polnisch-französischer Soldat in deutscher Kriegsgefangenschaft.[28]

Links: Die Kaufleute Simcha und Maita Erder aus Berrenrath. Das Ehepaar ist hier um 1930 mit seinen Kindern und zwei Angestellten vor ihrem neuen Geschäftshaus in der Villenstraße zu sehen.

Rechts: Johanna Löwenstein mit acht ihrer neun Kinder um 1938 auf dem Rathenauplatz (damals Horst-Wessel-Platz) in der Nähe der Synagoge an der Roonstraße in Köln. Der tapferen Johanna Löwenstein gelang es, alle ihre Kinder ins rettende Ausland zu bringen. Sie selbst wurde 1941 nach Lodz deportiert und wahrscheinlich in Kulmhof (Chelmno) ermordet. In Efferen sind eine Straße und ein Kindergarten nach ihr benannt.

Auch andere jüdische Bürger verließen Hürth: Die Familie Löwenstein zog 1933 mit ihren neun Kindern von Fischenich nach Köln, weil sie hoffte, in der Anonymität der Großstadt geschützter zu sein als in dem kleinen Dorf, in dem jeder jeden kannte. Alle Kinder konnten bis 1939 ins Ausland fliehen, aber die Mutter Johanna Löwenstein wurde im Oktober 1941 ins Getto Lodz deportiert und in Kulmhof/Chelmno ermordet. Hedwig, Josef und Else Nathan emigrierten nach Palästina. Isidor Kaufmann gab seine Metzgerei in der Alt-Hürther Pastoratstraße auf und floh nach Brüssel. Nach der Besetzung Frankreichs wurde er nach Auschwitz deportiert. Der aus Polen stammende und seit 1930 in Fischenich praktizierende Zahnarzt Moritz Schiffres floh nach Belgien, eröffnete in Antwerpen wieder eine Praxis, floh 1941 nach Südfrankreich und später weiter nach Portugal, wo er mit seiner aus Köln stammenden Frau Ethel überlebte. Das Ehepaar kehrte nach dem Krieg nach Belgien zurück.[29]

Im Herbst 1933 begann das NSDAP-Blatt *Westdeutscher Beobachter* mit einer zweiten Welle antisemitischer Hetze. In großer Aufmachung wurde der *betrügerische Kundenfang eines Viehjuden* angegriffen. Gemeint war der Hermülheimer Metzger Fritz Heidt, der angeblich im Schaufenster und im Laden unterschiedliche Preisauszeichnungen angebracht haben sollte. Schon jetzt wurde den Menschen deutlich das angedroht, was dann später kommen sollte: *Die Kreishandwerkerschaft Köln-Land wird bemüht sein, diese Elemente jetzt und für alle Zeit grundsätzlich auszurotten* [!], *um das kaufende Publikum vor Schaden zu bewahren.*[30] 1937 löste der Regierungspräsident die Hürther Synagogengemeinde wegen einer zu geringen Mitgliederzahl auf, die verbliebenen Hürther Juden wurden der Kölner Gemeinde zugerechnet.

Der Judenpogrom am 10. November 1938

Am Vormittag des 10. November 1938 wurden auch in Hürth mehrere Geschäfte und Wohnhäuser verwüstet.[31] Der Hermülheimer NSDAP-Ortsgruppenleiter Paul Weber und der Standesbeamte Gerhard Außem riefen vom Rathaus aus telefonisch die Hermülheimer SA-Leute herbei. Dazu gehörten als Anführer der Sturmführer Heinrich Müller, der Oberscharführer Josef Hisgen sowie der Scharführer Aloys Kemmerich. Da nicht genügend SA-Leute zusammengetrommelt werden konnten, wurde noch die Werkschar der Kalscheu-

Links: Der Hermülheimer Ortsgruppenleiter Paul Weber.

rener Holzbauwerke unter dem dortigen *Rottenführer* Hubert Flock ins Rathaus beordert, und die Männer schwangen sich sofort aufs Fahrrad. Die Holzbauwerke produzierten damals mit mehreren Hundert Beschäftigten vor allem Baracken für den Arbeitsdienst und die Wehrmacht. Zudem wohnte dort in einer großen Werkswohnung der Anführer der Hürther Nazis, Jakob Zimmermann. Die der Deutschen Arbeitsfront DAF zugehörigen Werkscharen waren uniformierte, betriebliche Ordnungsdienste der Nationalsozialisten.

Rechts: Uniformierte Werkschutzmänner bei einer Beerdigung in (Alt-)Hürth 1941. Die Werkschutzmänner waren überall in den größeren Betrieben an ihren schwarzen Uniformen zu erkennen.

Unter der Führung Müllers zog der Trupp vom Hermülheimer Rathaus zum nächstgelegenen *Judenhaus,* und das war die Metzgerei von Albert Heidt auf der Luxemburger Straße kurz vor der Ecke zur Kirchstraße, der heutigen Severinusstraße. Unterwegs schlossen sich weitere Personen dem Zug an. Vor der Metzgerei schlug Kemmerich Albert Heidt sofort mit seiner Pistole [!] ins Gesicht und brach ihm das Nasenbein, auch sein 18-jähriger Sohn Werner wurde schwer verprügelt. Blutüberströmt rannte Albert Heidt in sein Haus und wurde von Kemmerich mit gezogener Pistole verfolgt. Müller trat mit dem Stiefel die Schaufensterscheibe des Geschäfts ein und gab damit das Signal für seine Kumpane, die nun die Ladeneinrichtung und die Nebenräume im Erdgeschoss kurz und klein schlugen, während Kemmerich Albert Heidt im Hausflur *in Schach hielt.* Albert Heidt wurde dann, immer noch stark blutend, ins Hermülheimer Rathaus abgeführt. Die Familie Heidt flüchtete sofort nach den Ereignissen in die Kölner Südstadt und kehrte nur noch einige Male in der Dunkelheit nach Hermülheim zurück, um sich heimlich wichtige Sachen aus ihrem Haus zu holen.

Stolpersteine für die Familie von Fritz und Henriette Heidt. Sie wurden im Februar 2008 von dem Kölner Künstler Gunter Demnig vor dem Haus der Heidts in Hermülheim verlegt.

Von der Luxemburger Straße aus zog der Schlägertrupp zur Metzgerei von Fritz Heidt, dem Bruder von Albert Heidt, die nur etwa 250 Meter entfernt auf der Kirchstraße lag. Henriette Heidt, die vermutlich allein im Haus war, rannte schreiend über die Straße zu der befreundeten Familie Wirtz. Die Männer drangen in die Heidtsche Wohnung in der ersten Etage ein und warfen Mobiliar und Hausrat aus dem Fenster auf die Straße und in die Hofeinfahrt. Heinrich Müller achtete dabei darauf, dass keine Autos oder Passanten von den aus dem Fenster fliegenden Dingen getroffen wurden.

Per Lastwagen fuhr die Bande weiter nach Alstädten, um auch noch das Haus der Familie Berg zu verwüsten. Dort stellten sie aber fest, dass ein anderer Trupp schon alles erledigt hatte, auf dem Hof lag bereits ein Berg von heraus geworfenen Einrichtungsgegenständen und Lebensmittelvorräten. Ludwig Berg wurde von einem Polizisten die Alstädter Hauptstraße hinunter abgeführt, auf dem ganzen Weg durch das Dorf von einer fanatisierten Menge immer wieder geschlagen und in die Arbeitsanstalt Brauweiler eingeliefert. Heinrich Müller und Aloys Kemmerich wurden als Haupttäter am 22. Mai 1948 vom Landgericht Köln zu sechs Monaten, Hubert Flock zu vier Monaten Gefängnis verurteilt.

Wahrscheinlich gab es in der Gemeinde Hürth darüber hinaus keine weiteren Ausschreitungen. Es war inzwischen schon Nachmittag geworden, und die übrigen *Judenhäuser* lagen in Alt-Hürth und Kendenich vielleicht einfach zu weit weg. Die kleine Synagoge in der (Alt-) Hürther Weierstraße blieb wahrscheinlich von den Verwüstungen verschont, weil sie schon seit Längerem nicht mehr als Synagoge, sondern von dem benachbarten Schreiner Michael Schlesinger als Holzlagerraum genutzt wurde, obwohl sie ihm gar nicht gehörte. Erst im März 1939 wurde der Kölner Synagogenvorstand gezwungen, das Gebäude an Schlesinger zu verkaufen.

Der Hermülheimer Arzt Dr. Friedrich Großmann war am 9. November 1938 mit seiner Familie aus dem von ihm bewohnten Haus in der Kölnstraße 1, in dem sich auch seine Praxis befand, nach Köln verzogen.[32] Er betrieb schon seit einiger Zeit seine Auswanderung und hatte am 11. August 1938 ein Grundstück an der Luxemburger Straße, auf dem er eigentlich ein eigenes Haus mit Praxis hatte errichten wollen, an den Krankenhausarzt Dr. Franz Ernst Müller verkauft. Es gelang ihm auch noch, seine Praxis- und Wohnungseinrichtung von einem Kölner Spediteur zur Verschiffung in die USA abtransportieren zu lassen, wo die Ladung allerdings nie ankam, da sie von den deutschen Behörden beschlagnahmt wurde.

Ludwig und Josefine Berg auf dem Hof ihres Hauses in Alstädten. Mit dabei sind ihre beiden Töchter Hilde (zweite von links) und Henriette (rechts), eine Hausangestellte und ein kleines Mädchen aus der Nachbarschaft.

Arbeitsanstalt Brauweiler und Konzentrationslager Dachau

Friedrich Großmann wurde in Köln verhaftet und, wie Ludwig Berg, nach Brauweiler verschleppt. Das gleiche Schicksal erlitten auch Fritz Heidt und sein Neffe Werner Heidt aus Hermülheim.[33] Die vier Hürther Männer wurden am 13. oder 15. November 1938 in das KZ Dachau deportiert. Die Gefangenen mussten von Brauweiler zu Fuß zum Bahnhof Königsdorf gehen, um von dort aus mit der Eisenbahn nach Dachau transportiert zu werden. Der Chef der Sicherheitspolizei, Reinhard Heydrich, hatte noch in der Nacht zum 10. November 1938 die Verhaftung von etwa 30 000 – *insbesondere wohlhabenden* – Juden angeordnet. Die Konzentrationslager Dachau, Buchenwald und Sachsenhausen sollten jeweils 10.000 Häftlinge aufnehmen. Die jüdischen Männer aus dem Rheinland kamen nach Dachau und erlebten dort zum ersten Mal eine bis dahin nicht gekannte Hölle der Erniedrigung und Gewalt.[34] In München wurden die Verhafteten von den Wachmannschaften unter wüsten Beschimpfungen *(Vorwärts Ihr Judenschweine, Tempo, Tempo)* aus dem Personenzug geprügelt und mit Ohrfeigen, Fußtritten und Gewehrschlägen in bereitstehende Güterwaggons getrieben. Auf dem Fußmarsch vom Bahnhof Dachau zu Konzentrationslager wiederholten sich die gleichen Szenen. Im KZ wurde die Einlieferung von Fritz und Werner Heidt am 15. und von Ludwig Berg und Friedrich Grossmann am 16. November registriert.

Die jüdischen Häftlinge wurden in Dachau nicht zum Arbeitseinsatz eingeteilt und mussten daher stundenlang unbeweglich in ihrer dünnen Häftlingskleidung und in eisiger Kälte auf dem Appellplatz stehen oder unter dem Befehl ehemaliger jüdischer Soldaten aus dem Ersten Weltkrieg immer wieder kreuz und quer durch das Lager marschieren.

Dr. Friedrich Grossmann (fünfter von rechts, halb verdeckt) um 1936. Er nahm hier an einer Übung des Roten Kreuzes in Hermülheim teil.

Mit dieser Aktion sollten die jüdischen Häftlinge weiter massiv eingeschüchtert, zur Aufgabe ihrer Häuser und Geschäfte und zur schnellen Emigration getrieben werden. Vor der Entlassung riet der Kommandant den Häftlingen, so schnell wie möglich aus Deutschland zu verschwinden. Denn wenn sie nochmals ins KZ zurückkehrten, würden sie die Freiheit sicher nie wiedersehen. Sie wurden verpflichtet, nichts über die Geschehnisse zu berichten, und durften dann zum Dachauer Bahnhof gehen, um auf eigene Kosten nach Hause zu fahren. Die meisten trafen dort als gebrochene, verstörte und verängstigte Menschen ein. Friedrich Großmann wurde am 1. Dezember, Werner Heidt am 12. und Ludwig Berg und Fritz Heidt am 13. Dezember 1938 entlassen.

Nach den Novemberpogromen wanderten weitere Hürther Juden aus.[35] Die beiden 18 und 22 Jahre alten Töchter Berg, Hilde und Henny, flohen Anfang 1939 nach England. Albert Heidt, Dr. Friedrich Großmann und Ernst Levy aus Fischenich konnten sich mit ihren Familien in die USA retten. Zurück blieben: Ludwig und Josefine Berg mit der 77-jährigen Stiefmutter von Frau Berg, Regina Kaufmann (Alstädten); Ida und Luise Nathan (Alt-Hürth); Fritz und Henriette Heidt mit ihren 13- und 15-jährigen Kindern Karoline und Richard (Hermülheim); die 76-jährige Witwe Sybilla Levy mit ihrem unverheirateten Sohn Albert (Kendenich).

Deportation und Ermordung

Die elf noch in Hürth verbliebenen Juden wurden Anfang Juli 1941 in das dann sogenannte *Judenhaus* in der Grossen Ölbruchstraße 29 umgesiedelt, wo sie nun im Hinterhaus des der Familie Nathan gehörenden Hauses zu

Torturen in Dachau

Bericht des Häftlings Max Oppenheim über den Transport nach Dachau: *Dann* [in München] *wurden die Türen geschlossen und die stöhnenden, vor Angst halb wahnsinnigen Häftlinge – viele von ihnen waren blutüberströmt – im Dunkeln allein gelassen. Einige beteten, andere schrien, aber die meisten brüteten wieder vor sich hin, ohne zu begreifen, was ihnen geschah. Als die Türen [in Dachau] wieder geöffnet wurden, begann die Prügelei von neuem. Wer hinfiel, wurde auf dem Boden liegend weiter geschlagen. Laute Rufe hallten über den Platz: »Vorwärts ihr Judenschweine! Tempo, Tempo!« Dann begann der Marsch an den SS-Häusern vorbei ins Lager. Wieder traten die SS-Mannschaften in Aktion. Sie griffen den einen oder anderen heraus, schlugen ihm Hut oder Mütze vom Kopf, stießen ihn in den Wassergraben und trampelten mit ihren Stiefeln auf ihm herum. Es waren Szenen, die sich vorher kaum jemand im Traum vorstellen konnte. Wer hätte geglaubt, daß so etwas im Lande von Goethe und Schiller möglich wäre.*[36]

Bericht des Häftlings Dr. Blumenthal über das »Appellstehen«: *Ich litt unter der Kälte unsäglich. Alle Glieder zitterten. Ein eisiger Wind fegte über den großen Platz, auf dem etwa 5.000 Häftlinge und 11.000 Juden standen. Wir versuchten, so eng aufzumarschieren, wie es nur möglich war, um die körperliche Wärme des Nebenmenschen zu spüren. Jeder wollte mitten im Glied, nur nicht an den Flügeln stehen, wo es kälter war und man die erfrorenen Hände nicht doch ab und zu in die Tasche stecken konnte. Alle blickten auf den Zeiger der Turmuhr. Neben, hinter einem hörte man es, wenn wieder einmal einer umfiel, einfach in sich zusammensackte. Und dann begann ein Schneeregen. Das eisige Wasser lief an den Ohren, dem Nacken herunter, es schüttelte einen vor Kälte. Stumm stand man da, gepeinigte Kreatur, der Blick ging zu den leidenden Kameraden, zur Turmuhr, aushalten, aushalten.*[37]

Links: Isidor und Regina Kaufmann. *Rechts:* Ida und Luise Nathan.

leben hatten. Sie mussten den Judenstern tragen, hatten keine Erwerbsmöglichkeiten und kein Einkommen mehr und mussten von den Resten ihrer Ersparnisse oder von dem leben, was der eine oder andere ihnen nachts heimlich vor die Tür stellte. Kaum einer wagte es mehr, mit ihnen zu sprechen. Im Juni und Juli 1942 wurden sie deportiert.

Die erste Gruppe, Luise und Ida Nathan, Ludwig und Josefine Berg, Regina Kaufmann und Sybilla Levy wurden am 14. Juni 1942 mit dem Lastwagen eines örtlichen Fuhrunternehmers in die Messe in Köln-Deutz transportiert. Luise Nathan hatte am Tag zuvor beim Zahnarzt Knapstein noch einen Behandlungstermin abgesagt mit der Begründung, dass sie am Tag darauf *abgeholt* werde. Die alten Damen dieser Gruppe, Sybilla Levy, Ida Nathan und Regina Kaufmann sowie wahrscheinlich auch Ludwig Berg wurden am 15. Juni 1942 vom Bahnhof Köln-Deutz aus in das sogenannte *Altersghetto* Theresienstadt im damaligen *Protektorat Böhmen und Mähren* deportiert. Die fast 80-jährige Sybilla Levy starb dort drei Wochen später am 8. Juli 1942. Was mit den jüngeren Frauen, Luise Nathan und Josefine Berg geschah, ist unklar. Vermutlich wurden sie mit dem zweiten, ebenfalls am 15. Juni 1942 abgegangenen Transport Da 22 in das Vernichtungslager Sobibor bei Lublin deportiert und dort sofort ermordet.[38]

Die allerletzten fünf Personen in der Ölbruchstraße, Albert Levy sowie Fritz und Henriette Heidt mit ihren beiden Kindern, wurden am 19. Juli 1942 *abgeholt* und am folgenden Tag mit dem Transport Da 219 in die Gegend von Minsk/Trostinez in Weißrussland deportiert. In diesem Transport befand sich auch der Bruder von Albert Levy, Arthur Levy, mit seiner Familie. In Weißrussland mussten sie sich sofort ausziehen, in Gruben legen, die von der Waffen-SS neben den Bahngleisen ausgehoben worden waren, und wurden erschossen.

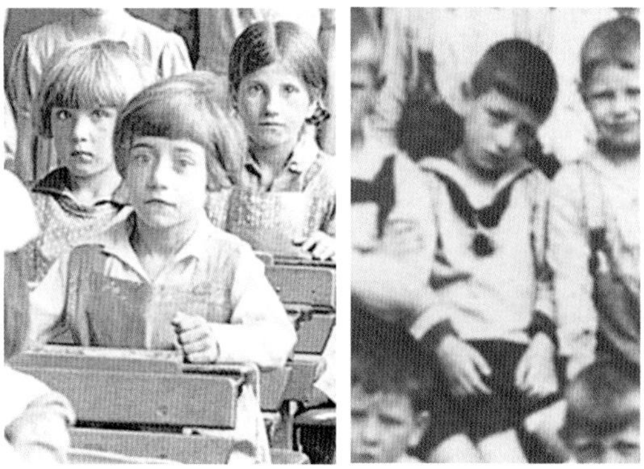

Karoline, genannt Hilde, und Richard Heidt in der Hermülheimer Volksschule etwa 1930/32. Die beiden Kinder wurden im Juli 1942 mit ihren Eltern in Weißrussland erschossen.

Nach der letzten Deportation konnte der Beigeordnete Jakob Zimmermann am 29. Juli 1942 an den Landkreis Köln die *Erfolgsmeldung* erstatten, dass in Hürth nun nur noch drei Juden lebten, die jedoch mit *deutschblütigen* Ehepartnern verheiratet seien.[39] Damit war die seit Jahrhunderten in Hürth bestehende jüdische Gemeinde endgültig vernichtet. Neben den elf Personen, die 1941 in das *Judenhaus* in der Ölbruchstraße ziehen mussten, wurden noch folgende Hürther Juden ermordet, die Anfang 1933 in Hürth gewohnt hatten: Simcha und Maita Erder mit ihrem Sohn Chaim (Berrenrath), Isidor Kaufmann (Alt-Hürth), Albert Levy sen. (Fischenich), Arthur und Minchen Levy mit den Kindern Herbert und Werner (Fischenich), Johanna Löwenstein (Fischenich), Sigismund Miller (Alt-Hürth), Jakob Sassen und seine Frau Toni (Alt-Hürth). Von den elf jüdischen Bewohnern des Altenheims im Fischenicher Kloster der Cellitinnen, die dort 1935/36 untergekommen waren, wurden mindestens drei später von Köln aus deportiert und ermordet.

Der Zweite Weltkrieg

1942 war es noch möglich, die bei den nächtlichen Bombenangriffen zersplitterten Glasscheiben wieder zu reparieren. Hier ist die Hermülheimer Glaserei Engels in (Alt-)Hürth an der Arbeit.

Als die deutschen Truppen am 1. September 1939 Polen überfielen, war die Bevölkerung nicht begeistert wie zu Beginn des Ersten Weltkrieges im August 1914. Aber nach den ersten Siegesmeldungen besserte sich die Stimmung schnell. Nach der Besetzung Warschaus wurden erstmals überall in Hürth die *Siegesglocken* geläutet, das gleiche geschah nach der Einnahme von Paris im Juni 1940. Der Hermülheimer Volksschulrektor Küpper, eher kein Nationalsozialist, schrieb dazu in der Schulchronik:[40] *Da durch den Abschluß des Waffenstillstandsabkommens am 21. 6. 1940 der Krieg mit Frankreich beendet wurde, hatte die Schule am Dienstag, den 25. Juni, nach einer würdigen Siegesfeier schulfrei. In kaum 6 Wochen hat Deutschland mit seiner unvergleichlichen Armee die zweitstärkste Wehrmacht Europas, Frankreich, auf die Knie gezwungen, daß es um Waffenstillstand bitten mußte. Aus Anlaß des Sieges waren alle Häuser für 10 Tage beflaggt und für eine Woche läuteten täglich die Kirchenglocken. Aber es gab bald auch schon die ersten Kriegstoten zu vermelden. Jean Marx aus Kendenich war der erste Hürther Soldat, der am 14. September 1939 bei der Eroberung Polens fiel, und am 19. Mai 1940 wurden erstmals zwei Menschen bei einem Luftangriff auf Knapsack getötet: Wilhelm und Christian Nägel, Vater und Sohn, aus Kendenich.*

Das war jedoch belanglos im Vergleich zu dem, was noch kommen sollte. Bis Kriegsende fielen insgesamt 1.035 Hürther Soldaten, etwa 200 Hürther Bewohner fanden den Tod durch Bombenangriffe. Der Knapsacker

Schumacher Johann Wickert führte während des Krieges penibel Buch über Zahl und Dauer der Fliegeralarme:[41]

1940 (November/Dezember)	53 **Fliegeralarme**	96,25 **Stunden Dauer**
1941	118	245,0
1942	151	184,5
1943	322	302,0
1944	729	879,0
Jan./Febr. 1945	146	300,0

Der Knapsacker Schulrektor Schick zählte bis zum 31. Oktober 1944 1284 Einflüge: Danach kam er nicht mehr zum Zählen und Aufzeichnen, da Knapsack und Hürth nun endgültig im Chaos versanken. Der Krieg, den die Deutschen begonnen hatten, holte sie mehr und mehr selbst ein. In der Nacht vom 30. zum 31. Mai 1942 beobachteten die Hürther mit Schrecken das brennende Köln. Die Engländer flogen ihren legendären *1000-Bomber-Angriff* und zerstörten das alte Köln. Einen solch massiven Angriff hatte bis dahin niemand für möglich gehalten, die deutsche Flugabwehr war in 30 Minuten ausgeschaltet worden, und von Görings Luftwaffe war ohnehin nichts mehr zu sehen. Bisher waren die alliierten Flugzeuge meist über Hürth hinweg nach Köln oder ins Ruhrgebiet geflogen, aber nun warfen sie mehr und mehr ihre Bomben auch auf das Gemeindegebiet. Die Zahl der Toten und Verletzten sowie der Zerstörungen nahm mehr und mehr zu.

Beerdigung von fünf Bombenopfern in Fischenich 1943. Am Grab salutiert Ortsgruppenleiter Georg Hammermann, vorne rechts Bürgermeister Heinrich Goß.

Die Menschen gruben sich ein. Beim Bau von Bunkern und Stollen war die bergmännische Erfahrung der nicht zur Wehrmacht eingezogenen älteren Braunkohlenarbeiter und mancher Zwangsarbeiter sehr hilfreich. Die Knapsacker Industriebetriebe bauten riesige Stollen für 1.000 und mehr Menschen. Die Bewohner in den Dörfern schlossen sich zu *Bunkergemeinschaften* zusammen: In den gemeinsam errichteten Schutzräumen erhielt nur Platz, wer dafür gearbeitet oder bezahlt hatte. Anfang September 1944 wurden die alten Männer und die 14- und 15-jährigen Hitlerjungen zu *Schanzarbeiten* an den *Westwall* im Raum Aachen einberufen. Die meisten flohen, als Aachen am 21. Oktober 1944 von den Amerikanern eingenommen wurde. Die Letzten setzten sich Anfang November ab, als sie von dem schrecklichen Luftangriff auf ihren Heimatort wenige Tage zuvor erfahren hatten.

Oben: Kriegsgefangene und Zwangsarbeiterinnen bauen 1943 unter der Aufsicht eines älteren deutschen Mannes an der Kalscheurener Straße in Efferen einen Luftschutzstollen.
Das Foto erhielt das Stadtarchiv von einer der beteiligten Zwangsarbeiterinnen aus der Sowjetunion, die damals für die Firma Klefisch arbeiten mussten.
Links: Einlass- und Platzkarte für einen Luftschutzstollen in Efferen, die von der Ortsgruppe der NSDAP abgestempelt wurde.

Großangriffe auf Knapsack und Efferen im Oktober 1944

Am Samstag, dem 28. Oktober 1944 war nämlich geschehen, worauf eigentlich alle schon lange gewartet hatten: ein schwerer Angriff auf die Knapsacker Industrie. Es war ein sonniger Herbstnachmittag, als es plötzlich gegen 16:00 Uhr Alarm gab und schon wenige Minuten später eine große Zahl an Bombern am Himmel über Knapsack auftauchte und in kürzester Zeit einen dichten Bombenteppich auf den Ort und die Industrie legte. Die Menschen in den schwankenden Bunkern hatten das Gefühl, die Welt gehe unter, sie schrien und beteten um ihr Leben. Draußen verdunkelte sich die Sonne durch Rauch und Staub.

Nach den Aufzeichnungen von Pfarrer Krings wurden bei dem Angriff in Knapsack 54 Menschen getötet, darunter 21 russische Kriegsgefangene und sechs Italiener, die nicht in die Bunker gelassen wurden. In (Alt-)Hürth kamen noch 13 Tote hinzu. Ein Wiederaufbau der Werke war, wie der Degussa-Direktor Dr. Ernst Baerwind bei einer Werksbesichtigung in Knapsack am 4. November 1944 feststellte, wegen der zu erwartenden neuerlichen Angriffe *kaum mehr vertretbar.*[42] Deshalb demontierte man die noch brauchbaren Fabrikteile. Die Anlagen der AG für Stickstoffdünger gingen in das Buna-Werk der *I.G. Farben* nach Schkopau in Mitteldeutschland, die der Degussa nach Rheinfelden am Oberrhein. Auch die Produktionseinrichtungen der Kalscheurener Beerso-Lackfabrik wurden in ein Zweigwerk in Bernburg an der Saale verlagert. Noch Anfang März 1945 sandte das Knapsacker Degussa-Werk 32 Güterwaggons mit Demontagegut nach Rheinfelden, wo aber nur acht ankamen. Die von Hitler angeordnete Sprengung der Knapsacker Werksanlagen konnte in einer konzertierten Aktion der Firmenleitungen und Albert Speers Rüstungsministerium abgewendet werden.[44] Chemiker, Ingenieure und andere Führungskräfte aus Knapsack wurden in andere Betriebe der I.G. Farben in Süd-, Mittel- und Ostdeutschland versetzt, so in das niederbayrische Werk Trostberg.[45]

Bombenangriff auf Knapsack am 28. Oktober 1944

Kurz vor 16 Uhr dröhnten die englischen Flugzeuge heran, langsam und schwer beladen mit den Verderben bringenden Bomben an Bord, wie Unheil verkündende schwarze Rabenvögel. Bombenteppich auf Bombenteppich legte sich auf die Werke und den Ort. Ganz zerstört wurde die AG für Stickstoffdünger und die Gold- und Silberscheide. Schwer beschädigt und außer Betrieb gesetzt wurden das RWE Goldenbergwerk, die Vereinigten Ville-Werke I und II, das Kraftwerk am Bertramsjagdweg und die Großanlage zur Pulverisierung der Braunkohle. Was in 30 Jahren durch menschliche Erfindungsgabe und schaffender Hände Fleiß aufgebaut worden war, wurde in 30 Minuten zertrümmert und dem Erdboden gleichgemacht. Der Ort Knapsack wurde zu ¾ zerstört und unbewohnbar. Das Dach der Schule wurde abgedeckt. Die katholische Kirche erlitt infolge des gewaltigen Luftdrucks und der Bodenerschütterung, verursacht durch die berstenden Bomben, erheblichen Schaden. Ihr Dach war in alle Winde verweht und die Fenster aus dem Rahmen gerissen... (Pfarrer Josef Krings in seiner Pfarrchronik St. Joseph Knapsack.)[43]

Oben: Bombenschäden im Knapsacker Goldenbergwerk 1944.
Rechts: Pfarrer Josef Krings (1892–1972).

Nur drei Tage nach dem Knapsacker Angriff in der Nacht vom 30. zum 31. Oktober 1944 wurde Efferen durch einen ähnlich schweren Angriff getroffen. 47 Bewohner und 48 deutsche Soldaten fanden den Tod. Letztere hatten im Keller der neuen Schule an der Bachstraße Schutz gesucht. Viele Efferener sahen den Angriff als Strafe für die Misshandlung eines abge-

Durchhalteparolen in den Kalscheurener Holzbauwerken 1944.

schossenen Piloten. Mitte September war nämlich ein angeschossenes amerikanisches Flugzeug auf dem Feld zwischen Bach- und Alstädter Straße (heute Lortzingstraße) notgelandet. Der auf das Dorf zugehende Pilot wurde sofort von zahlreichen, äußerst erregten Efferener Frauen umringt und als Kinder- und Frauenmörder beschimpft und heftig geschlagen. Die ganze Wut der von den Nationalsozialisten aufgehetzten Menschen über die dauernden Bomber- und Tieffliegerangriffe, die die Menschen inzwischen auch tagsüber bedrohten, entlud sich auf einmal. Auch die beiden hinzugeeilten Polizisten schlugen am Anfang der Bachstraße auf den Mann ein, einer schlug ihm mit einer Blechbüchse ins Gesicht, sodass er seine Zähne verlor. Der Flieger wurde weiter die Bachstraße hinunter und dann über die Kirchstraße (Kaulardstraße) Richtung Bahnhof und Luxemburger Straße getrieben. Es entstand ein regelrechter Volksauflauf, immer wieder wurde auf den Mann eingeschlagen. Als er an der Luxemburger Straße einer Einheit der Wehrmacht als Gefangener übergeben wurde, war sein Gesicht nach der Erinnerung einer alten Efferenerin *nur noch eine rote geschwollene Masse.*[46] Die Efferener dachten, er würde nicht überleben. Einige wollen sofort gesagt haben, dass der Vorfall das Dorf noch teuer zu stehen kommen werde. Später soll der englische Sender sogar über das Geschehen berichtet und einen Racheakt

Die Ruine der Efferener Kirche an der Kirchstraße (Kaulardstraße) nach dem Bombenangriff am 30./31. Oktober 1944. Die Kirche wurde nach dem Krieg nicht wieder aufgebaut. Die Kirchengemeinde errichtete stattdessen einen neue Kirche auf der gegenüber liegenden Straßenseite.

angekündigt haben. Und dann kam der verheerende Angriff. Nach dem Krieg suchten die Amerikaner intensiv im Dorf nach den Haupttätern, und in einem Prozess in Essen wurden mehrere Frauen und Männer zu Gefängnisstrafen verurteilt. Dabei sagte der misshandelte Pilot als Zeuge aus und erkannte seine Peiniger wieder. Er hatte also überlebt.

Im Herbst 1944 wurden auch die Brikettfabriken der Ribbertwerke zwischen Hermülheim und Kendenich vollkommen zerstört, sie sollten nie wieder in Betrieb gehen. Anfang November setzten Brandbomben 30 000 Zentner Brikett auf dem Gelände der Gewerkschaft Hürtherberg in Brand, die erst nach Wochen gelöscht werden konnten. Und so ging es nun ununterbrochen weiter. Im November 1944 vermerkte Schumachermeister Wickert in seinen Aufzeichnungen lapidar: *Tag und Nacht Alarm.* Viele Hürther verließen den Bunker nur noch zum Essen und zur Versorgung des Viehs. An Weihnachten 1944 erteilte Pfarrer Krings seinen Gläubigen Generalabsolution, da das Hören der Beichte wegen der ständigen Angriffe nicht mehr möglich war. Die deutsche Ardennenoffensive brachte nur eine kurze Entlastung, Anfang 1945 ging es umso schlimmer weiter, da die Alliierten nun praktisch den ganzen Tag mit Tieffliegern angriffen.

Zerstörte Häuser auf der Breite Straße in (Alt-)Hürth 1944. Der Luftdruck der Luftmine hat ein Bettgestell auf die Straße geschleudert.

Kriegsende auf dem Hürtherberg

Der schöne ›Hürtherberg‹ ist so schändlich zugerichtet, daß einem das Herz blutet. Die Luftangriffe vom 31. 10., 1., 2. und 3. 11. haben den Betrieb im November zum Erliegen gebracht. Den ganzen Monat über brannten die Brikettstapel. ... Die Bevölkerung ist stark verängstigt und wegen der Feindnähe sehr nervös. Fast alle Gefolgschaftsmitglieder sind mehr oder weniger fliegergeschädigt. Der Betriebsführer hatte einen Nervenzusammenbruch und ist seit dem 31. 10. verschwunden. Im Büro hatte ich häufig nur ein bis zwei Mann. Es herrschen unbeschreibliche Zustände: Das Verwaltungsgebäude hat kein Dach, keine Türen und Fenster mehr. Mein Privathaus ist nicht mehr bewohnbar, die Familie schläft im Keller. Kein Vieh hält mehr aus als der Mensch. Aber wie lange noch? (Direktor Adolf Dasbach am 4. Januar 1945 in einem Schreiben an die Vereinigten Stahlwerke in Duisburg.)[47]

Seit Anfang März 1945 schoss die amerikanische Artillerie bis nach Hürth. Die Gemeinde ging im Chaos unter, die Versorgung mit Wasser und Lebensmitteln brach zusammen, es kam zu Plünderungen von Lebensmittellagern und Geschäften. Die nationalsozialistischen Behörden forderten die Bevölkerung zur Evakuierung auf, doch trotz aller Drohungen folgte dem Aufruf fast niemand. Am Sonntag, dem 4. März 1945, setzten sich die einst so stolzen Hürther Nazi-Größen unter der Führung Jakob Zimmermanns über den Rhein ins Bergische Land ab. Zwei Tage später, am 6. März 1945, besetzten die Amerikaner von Gleuel aus das gesamte Gemeindegebiet, ohne noch auf ernsthaften Widerstand zu treffen.

Kriegsgefangene und Zwangsarbeiter

Noch im Spätherbst 1939 trafen die ersten polnischen Kriegsgefangenen in Hürth ein, um bei der Bergung der Ernte auf den Bauernhöfen eingesetzt zu werden. Da Hürth ein wichtiges Industriezentrum war, musste es sich, wie schon im Ersten Weltkrieg, zwangsläufig auch wieder zu einem Zentrum des Einsatzes von Kriegsgefangenen und Zwangsarbeitern, vor allem aus Osteuropa, entwickeln. Diese Menschen sollten die deutschen Arbeiter ersetzen, die, je schlechter der Kriegsverlauf war, desto mehr in die Wehrmacht eingezogen wurden. Insgesamt wurden während des Krieges mehr als zehn Millionen Ausländer zur Arbeit im nationalsozialistischen Deutschland gezwungen, in Hürth waren es Mitte 1944, als der Höchststand des Ausländereinsatzes erreicht wurde, etwa 3500.[48] Das waren mehr als zehn Prozent der Bevölkerung und mindestens ein Viertel der Beschäftigten. Überall im Gemeindegebiet waren sie zu sehen: kein Industriebetrieb, kein Handwerksbetrieb und kein Bauernhof, in denen sie nicht eingesetzt gewesen

Ukrainische Zwangsarbeiterinnen bei der AG für Stickstoffdünger am 13. November 1942.

wären. Es gab Dutzende von großen und kleinen Lagern aus Holz- oder Betonbaracken, auch in den Wirtshaussälen wurden die typischen Doppelstockbetten aufgeschlagen, um Ausländer dort unterzubringen. In Knapsack existierte am Sportplatz ein besonders großes Lager mit 800 oder mehr Insassen, in der Hauptsache *Russen* oder *Iwans,* wie die Menschen aus der Sowjetunion meist bezeichnet wurden. In Kalscheuren befanden sich mindestens zwei große Lager der Reichsbahn mit ebenfalls mehreren Hundert Insassen.

Denkmal für die getöteten sowjetischen Kriegsgefangenen und Zwangsarbeiter auf dem Friedhof in Gleuel.

Nach den Polen kamen, entsprechend dem Kriegsverlauf, 1940 die Franzosen und 1941 die Griechen. Der wirklich massenhafte Einsatz begann aber erst nach dem Überfall auf die Sowjetunion und nachdem dort im Winter 1941/42 der Vormarsch der deutschen Truppen gestoppt worden war, sodass man sich nun auf einen längeren Krieg einrichten musste. Die russischen Kriegsgefangenen, die seit 1942 im Landkreis Köln ankamen, befanden sich in einem erbärmlichen Zustand. Sie waren völlig unterernährt, krank und zum großen Teil nur mit Lumpen gekleidet, die Hälfte kam barfuß. Die Braunkohlengruben, in denen sie hauptsächlich eingesetzt werden sollten, brauchten Monate, um sie aufzupäppeln und einigermaßen arbeitsfähig zu machen.[49] In der Folge kamen vor allem viele sehr junge Mädchen und junge Frauen aus der Sowjetunion, oft nicht älter als 14 oder 15 Jahre, also eigentlich noch Kinder.

Ihre Arbeits- und Lebensbedingungen waren sehr unterschiedlich. Wenn man nicht gerade an einen fanatischen Nazi oder *Ortsbauernführer* geriet, gab es in der Landwirtschaft genug zu essen, und durch das enge Zusammenleben und -arbeiten auf den Höfen entstanden oft persönliche Bindungen, manchmal sogar Freundschaften, die zum Teil über den Krieg hinaus anhielten. Vor allem die jungen Mädchen aus der Sowjetunion freundeten sich öfters mit ihren deutschen Altersgenossinnen an oder wurden in den Bauernfamilien manchmal fast wie eigene Kinder behandelt.

Viel schlechter war die Situation in der Industrie. Hier wurden die Menschen in Lagern untergebracht, die jedenfalls bis Mitte 1943 von Stacheldrahtzäunen umgeben und nachts hermetisch verschlossen waren. Die Betroffenen bekamen oft keinen Ausgang, die Verpflegung war absolut unzureichend, die Arbeit lang und schwer. Oft wurden die Menschen von deutschen Wachleuten, Vorarbeitern oder Meistern geschlagen, gedemütigt, misshandelt. Immer wieder wurde jemand von der Gestapo verhaftet oder *beim Kartoffelstehlen erschossen.* Im Reichsbahnlager in Kalscheuren fanden mehrere Hinrichtungen an einem Galgen statt, bei denen die dortigen Insassen *zur Abschreckung* zuschauen mussten. Am schlechtesten behandelt wurden die Menschen aus der Sowjetunion, die als *Untermenschen* galten. Aber auch die italienischen Militärinternierten, die sogenannten *Badoglio-Italiener,* wurden nach dem Sturz Mussolinis 1943 als *Verräter* oft besonders gehässig behandelt.

Besuch ehemaliger Zwangsarbeiterinnen und Zwangsarbeiter

Im April 2002 kam eine Gruppe ehemaliger Zwangsarbeiter und Zwangsarbeiterinnen aus Polen, Weißrussland und der Ukraine auf Einladung der Stadt zu einem einwöchigen Besuch nach Hürth. Die Menschen brachten viele Fotos mit, berichteten ausführlich von ihren Erlebnissen in Hürth während des Krieges, suchten und besuchten ihre damaligen Einsatzorte und Arbeitsstätten und trugen sich in das Goldene Buch der Stadt ein. Betreut und begleitet wurden sie von den Mitarbeitern des Stadtarchivs sowie Mitgliedern des Heimat- und Kulturvereins.
1998 waren bereits vier Geschwister der Familie Kunysz aus Polen zu einem Besuch gekommen. Sie waren 1943 mit ihren Eltern nach Deutschland verschleppt worden und lebten und arbeiten bis 1944 in einem Lager der *Deutschen Reichsbahn* in Kalscheuren. Nach dem Vater Pawel Kunysz, der am 24. März 1944 bei einem Zugunglück getötet wurde, ist seit 2001 eine Straße in Kalscheuren benannt.

Die Besuchergruppe nach einem Mittagessen vor der Kantine der Firma Infraserv in Knapsack am 15. April 2002. Betreut wurde die Gruppe von Bozena Gryczka (vorne rechts).

Besonders prekär wurde die Situation für jene Menschen, die krank oder schwanger wurden, das konnte bei einer absolut unzureichenden medizinischen Versorgung schnell das Todesurteil bedeuten. Für die in den Lagern geborenen Kinder gab es praktisch keine Nahrung, keine Wäsche, und es kam einem Wunder gleich, wenn sie überlebten. Auch von den seit 1943 immer mehr zunehmenden Bombenangriffen waren die Zwangsarbeiter und Gefangenen besonders betroffen, da sie nicht in die Luftschutzbunker gelassen wurden, die den *deutschen Volksgenossen* vorbehalten waren.

Die Nachkriegszeit von 1945 bis zur Gegenwart

Kommunalpolitik

Wiederbeginn des politischen Lebens 1945–1948

Nachdem die amerikanischen Truppen das Gebiet der Gemeinde Hürth zwischen dem 6. und 8. März 1945 erobert hatten, ernannten sie sofort neue *Bürgermeister* für die Großgemeinde und die einzelnen Dörfer und knüpften dabei an die politischen Verhältnisse in der Weimarer Republik an. Zum hauptamtlichen Gemeindebürgermeister wurde der frühere Erste Beigeordnete und Sozialdemokrat Fritz Räcke bestimmt. In Berrenrath, Kendenich, Knapsack und Stotzheim wurden die örtlichen Pfarrer (Zentrumspartei, später CDU), in Alstädten und (Alt-)Hürth KPD-Mitglieder und in Efferen, Fischenich, Gleuel, Hermülheim und Kalscheuren Sozialdemokraten zu *Ortsbürgermeistern* ernannt, die bald schon wieder zu *Bezirksvorstehern* zurückgestuft wurden. Zugleich wurde in den Dörfern aus Nazi-Gegnern schnell eine Hilfspolizei rekrutiert. Im Landkreis Köln wurde der frühere Hürther Bürgermeister Werner Disse (Zentrum) zum Landrat. bestellt.[1]

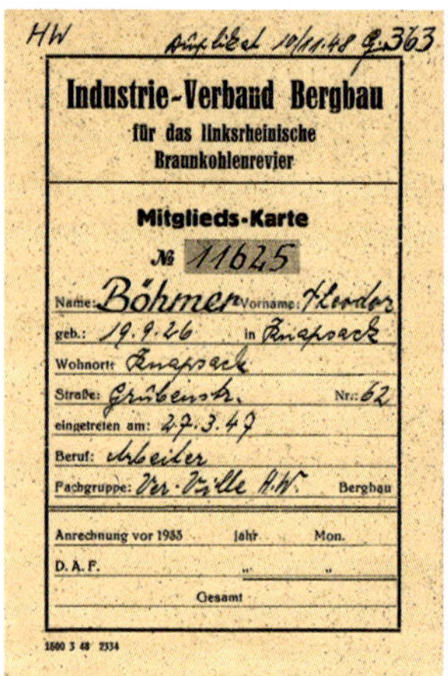
HW
Industrie-Verband Bergbau
für das linksrheinische Braunkohlenrevier
Mitglieds-Karte
№ 11625
Name: Böhmer Vorname: Theodor
geb.: 19.9.26 in Knapsack
Wohnort: Knapsack
Straße: Grubenstr. Nr.: 62
eingetreten am: 27.3.47
Beruf: Arbeiter
Fachgruppe: Bergbau
Anrechnung vor 1933 Jahr Mon.
D.A.F. „ „
Gesamt
1600 3 48 2334

Mitgliedsausweis der Bergarbeiter-Gewerkschaft für den Arbeiter Theodor Böhmer aus Knapsack 1947.

Im Juni 1945 lösten die Briten die Amerikaner als Besatzungsmacht ab und erlaubten zum 15. September 1945 die Neugründung von SPD, KPD und Zentrum/CDU. Initiator und Motor bei der Neugründung der SPD war Albert Schneider, der schon im Sommer 1945 frühere Parteimitglieder zu noch geheimen Treffen zusammenrief.[2] Am 1. Januar 1946 nahm der SPD-Kreisverband Köln-Land seine Tätigkeit wieder auf, Schneider wurde der erste Vorsitzende und Sekretär. Erich Paschke rief am 2. Januar 1946 zur Neugründung eines *Sozialistischen Jugendverbandes (SJV)* auf.[3] Nachdem in Köln im August und September 1945 anstelle des früheren katholischen Zentrums die überkonfessionelle *Christlich-Demokratische Partei (CDP)* für die Stadt und den Landkreis Köln gegründet worden war, gründete ein kleiner Kreis von etwa acht Personen um den Knapsacker

Die Erstklässler der Volksschule Knapsack 1954 mit der Rektorin Maria Steffens. *Fräulein* Steffens unterrichtete 35 Jahre lang an der Knapsacker Schule.

Pfarrer Josef Krings, Karl Pimpertz, Fritz Bischoff, Rüdiger Hansen, Dr. Ludwig Mayer und Matthias Draaf in der Gaststätte Draaf in Hermülheim einen Ortsverband dieser neuen Partei, die sich bald in *Christlich Demokratische Union (CDU)* umbenannte.[4]

Am 11. Dezember 1945 trat in Anwesenheit von Landrat Werner Disse und dem britischen Kommandeur für den Landkreis Köln, Major Malan, erstmals ein neuer Gemeinderat zusammen, dessen Mitglieder von den Besatzungsbehörden berufen worden waren. Die drei darin vertretenen Parteien erhielten entsprechend den ungefähren Kräfteverhältnissen am Ende der Weimarer Republik etwa gleich viele Mandate: CDU (anstelle des Zentrums) neun, SPD neun, KPD sieben und vier Unabhängige. Jede der drei Fraktionen erhielt einen ehrenamtlichen Beigeordneten als Vertreter des Bürgermeisters: Karl Pimpertz (CDU), Johann Maronne (SPD) und Johann Schwister (KPD).

Die Vertreter der drei Fraktionen gelobten, bei der Beseitigung des Nazismus und bei der Lösung der großen anstehenden Probleme kollegial zusammenzuarbeiten. Bürgermeister Fritz Räcke umriss in seiner Rede die Hauptaufgaben, vor denen man stehe:[5] *1. Dafür zu sorgen, daß die Irrlehren der Nazis mit Stumpf und Stiel ausgerottet werden. 2. Beseitigung der aktiven Nazis. 3. Die Wohnungsfrage muß intensiver in Angriff genommen werden. 4. Die Ernährungslage. 5. Versorgung der Bevölkerung mit Kohle, Brennstoff und Bekleidung. 6. Fürsorge für Kriegsopfer und Hilfsbedürftige. 7. Erziehung der Jugend. 8. Ingangsetzung der Industrie und Erhaltung der Arbeitsplätze.*

Mit den Punkten 3 bis 6 und 8 waren die schweren wirtschaftlichen Nöte der Menschen in den ersten Nachkriegsjahren bis zur Währungsreform 1948 umrissen.

Am 1. April 1946 führten die Briten eine neue Gemeindeordnung ein, die nach englischem Vorbild eine Doppelspitze aus einem hauptamtlichen Gemeindedirektor als Leiter der Verwaltung und einem ehrenamtlichen Bürgermeister vorsah. Der bisherige Bürgermeister Fritz Räcke wurde Gemeindedirektor, trat allerdings schon zum 1. September 1946 in den Ruhestand. SPD und KPD wählten mit einer Mehrheit von 16 : 11 Stimmen Heinrich Poll (KPD) aus Gleuel zum Bürgermeister. Johann Maronne (SPD) wurde zum *Deputierten* und stellvertretenden Bürgermeister erkoren. Die beiden Arbeiterparteien konnten sich ihrer Mehrheit aber nur kurze Zeit erfreuen, da die ersten Gemeinderatswahlen am 15. September 1946 zu einem überwältigenden Sieg der CDU führten. Ein kompliziertes Wahlrecht, das starke Elemente des englischen Mehrheitswahlrechtes enthielt, führte zu einer extrem einseitigen Mandatsverteilung. Mit 20 von 24 Sitzen dominierte die CDU den neuen Gemeinderat völlig, während die SPD nur drei und die KPD nur einen Sitz erlangten. Karl Pimpertz (CDU) aus Gleuel wurde neuer Bürgermeister und Fritz Bischoff (CDU) aus Knapsack sein Stellvertreter. Zugleich stellte die CDU alle elf Bezirksvorsteher, und am 27. Februar 1947 wählte sie mit dem 51-jährigen Diplom-Kaufmann Josef Arens auch einen neuen Gemeindedirektor aus ihren Reihen.

Josef Arens (1895 – 1954)

Arens war von Beruf Diplom-Kaufmann und arbeitete vor 1945 als Bankkaufmann, Börsenmakler und Treuhänder. Er war seit 1921 Mitglied der Zentrumspartei und gehörte vor 1933 einer Gruppe jüngerer Wirtschaftswissenschaftler an, die den Reichskanzler Brüning beriet. 1945 wurde er Ortsvorsitzender der CDU in Rösrath und 1946 dort zum Bürgermeister gewählt. Wegen seines ökonomischen Sachverstandes wählte der Gemeinderat ihn am 27. Februar 1947 mit großer Mehrheit zum ersten Gemeindedirektor der Gemeinde Hürth. Er versah dieses Amt in der gesamten schwierigen Wiederaufbauzeit vom 1. April 1947 bis zum 30. Juni 1953. Wegen einer schweren Erkrankung wurde er zum 30. Juni 1953 in den vorzeitigen Ruhestand versetzt. Er verstarb am 11. März 1954 und wurde auf dem Hermülheimer Friedhof beigesetzt.

Die nächsten Gemeinderatswahlen, die am 17. Oktober 1948 mit einem neuen Verhältniswahlrecht durchgeführt wurden, brachte wiederum eine Umkehr der politischen Verhältnisse: Nunmehr erreichte die SPD fast die absolute Mehrheit und konnte nach starken Verlusten der CDU nun gemeinsam mit der KPD die Geschicke der Gemeinde bestimmen. Einstimmig wurde der Sozialdemokrat Jakob

Esser aus Gleuel, der schon vor 1933 für die SPD im Gemeinderat gesessen hatte, zum neuen Bürgermeister gewählt und leitete damit eine neue Ära ein. Der sehr populäre Esser, ein langjähriger Sozialdemokrat und erfahrener Kommunalpolitiker, blieb zwei Legislaturperioden im Amt und leitete so den Gemeinderat in der schwierigen Wiederaufbauphase nach dem Krieg. Bei der Wahl des Stellvertretenden Bürgermeisters fiel der KPD-Kandidat Hubert Besener aufgrund eines abweichenden Stimmverhaltens mehrerer SPD-Ratsmitglieder durch, gewählt wurde mit 12:10 Stimmen Karl Pimpertz (CDU). Ein Jahr später wurde Pimpertz jedoch mit den Stimmen von SPD und KPD durch Heinrich Vomhoff (SPD) ersetzt.

Gruppenbild mit Dame: Der 1948 gewählte Gemeinderat mit der Verwaltungsleitung. 1. Reihe in der Mitte Bürgermeister Jakob Esser, rechts daneben Johann Maronne (SPD), links Rüdiger Hansen (CDU) und Alice Neugebauer (SPD). Links hinter Esser steht Gemeindedirektor Josef Arens.

Entwicklung der kommunalpolitischen Verhältnisse bis zur Gegenwart

Bei der nächsten Gemeinderatswahl am 9. November 1952 konnten SPD (14 Mandate) und KPD (zwei Mandate) trotz Stimmenverlusten ihre Mehrheit knapp verteidigen. Bei dieser Wahl kandidierte erstmals die Freie Demokratische Partei FDP und erzielte auf Anhieb fast zehn Prozent der Stimmen und drei Sitze, die CDU erhielt elf Mandate. Im Vorfeld dieser Wahl hatte der populäre Bergwerksdirektor Adolf Dasbach die Gründung eines Ortsverbandes der Liberalen betrieben. Die Wahl eines ersten Vorstandes fand erst nach der erfolgreichen Wahl am 19. November 1952 statt.[6] Die Kandidatur des volkstümlichen und bei den Beschäftigten des Hürtherbergs wie in der Hürther Bevölkerung insgesamt sehr beliebten Dasbach an der Spitze der FDP-Liste hat sicher wesentlich zu deren schnellem Erfolg beigetragen.

Jakob Esser wurde einstimmig als Bürgermeister wiedergewählt. Als der seit Längerem kranke Gemeindedirektor Arens in den Ruhestand versetzt wurde,[7] wählten SPD und KPD mit ihrer knappen Mehrheit von 16 Stimmen am 5. Mai 1953 den Sozialdemokraten Otto Räcke zum neuen Gemeindedirektor. Zusammen mit der Wahl Räckes richteten SPD und KPD erstmals drei Dezernate in der Gemeindeverwaltung ein und besetzten sie gegen den heftigen Widerstand von CDU und FDP mit drei Beamten aus der Verwaltung: Clemens Heinzen (Erster Beigeordneter), Anton Hamacher (Kämmerer) und Kurt Gründemann (Baudezernent). In einer gemeinsamen Erklärung zu diesen Personalentscheidungen gingen CDU und FDP mit den Mehrheitsparteien und insbesondere mit der SPD hart ins Gericht: *Seit der Kommunalwahl habe die linke Ratsmehrheit den anderen Parteien gegen-*

Tabelle 10: **Ergebnisse der Gemeinde- und Stadtratswahlen 1945–2004** (in Prozent [8])

	CDU	SPD	KPD	FDP	Grüne	Sonstige	Bürgermeister
1946	52,1	32,9	14,8				Karl Pimpertz CDU
1948	39,5	49,6	10,9				Jakob Esser SPD
1952	35,4	45,2	6,4	9,9		3,3	Jakob Esser SPD
1956	38,2	51,8		6,4		3,6	Heinrich Vomhof SPD
1961	49,7	43,5		6,8			Karl Ingenerf CDU
1964	47,7	46,7		5,6			Karl Ingenerf CDU
1969	45,2	49,4		5,4			Hanns Conzen CDU
1975	44,0	48,8		7,3			Hanns Conzen CDU
1979	43,8	49,8		6,4			Rudi Tonn SPD
1984	37,5	51,3		5,2	5,9		Rudi Tonn SPD
1989	34,2	48,8		5,0	6,7	5,3	Rudi Tonn SPD
1994	37,7	49,0		3,7	7,6	2,1	Rudi Tonn SPD
1999	48,0	42,2		3,7	6,0		Walther Boecker SPD
2004	41,7	44,2		8,0	6,2		Walther Boecker SPD

über ein Verhalten an den Tag gelegt, das allen Grundsätzen der Demokratie Hohn spricht. Auf den Krücken der KPD hat die SPD die übrigen Parteien in unerträglicher Weise majorisiert. Während sie bereit war, der KPD den Vorsitz in Ausschüssen anzubieten, wurden die übrigen Parteien ausgeschaltet. ... Den Höhepunkt dieses Verhaltens bildete die Beratung des Stellenplanes und die damit verbundene Einrichtung der drei Beigeordnetenstellen.[9]

Otto Räcke in Aktion. Erster Spatenstich für den Bau eines neuen Verwaltungsgebäudes der Wohnungsbaugenossenschaft des Landkreises Köln 1956 an der Kölnstraße in Hermülheim.

Otto Räcke (1917–1983)

Otto Räcke war der Sohn des früheren Beigeordneten und Bürgermeisters Fritz Räcke. Nach dem Abitur am Gymnasium in Brühl studierte er Jura. Räcke kehrte als Oberleutnant aus dem Krieg zurück und arbeitete als Geschäftsführer der *Wohnungsbaugesellschaft für das Rheinische Braunkohlenrevier.* Mit der Wahl zum Gemeindedirektor 1953 trat er in die Fußstapfen seines ein Jahr zuvor verstorbenen Vaters. Otto Räcke blieb fast 20 Jahre lang Gemeindedirektor und war in den 1950er- und 1960er-Jahren die absolut dominierende Figur in der Hürther Kommunalpolitik.[10] Souverän und im Stil eines Grandseigneurs leitete er, fast immer eine dicke Zigarre rauchend, die Geschicke der Gemeinde. In seine Zeit fiel neben dem weiteren Wiederaufbau nach dem Krieg vor allem der von ihm mit aller Energie betriebene Bau von Hürth Mitte mit der Ansiedlung des Kreishauses und des Bundessprachenamtes.

Zu dieser Zeit, wenige Wochen vor dem Aufstand am 17. Juni 1953 in der DDR, war der Kalte Krieg in vollem Gange. Die CDU-geführte Bundesregierung unter Konrad Adenauer hatte schon im November 1951 einen Antrag auf Verbot der KPD gestellt. Als die CDU bei den Bundestagswahlen am 6. September 1953 in Hürth 48,1 Prozent der Stimmen erhielt und die KPD insgesamt deutlich an der Fünfprozenthürde scheiterte und nicht mehr in den Bundestag einzog, wurde die Fortsetzung einer Zusammenarbeit zwischen SPD und KPD immer schwieriger. Die der CDU nahestehende Kölnische Rundschau hatte einen Tag vor der Wahl bereits getitelt: *Wie lange noch SPD-KPD-Koalition in Hürth? Will sich die Bevölkerung der Großgemeinde das noch weiter bieten lassen?* Und wenige Tage nach der Wahl schrieb sie hoffnungsfroh: *Wird sich der politische Kurs in Hürth ändern?*[11] Das Bundesverfassungsgericht verbot die KPD am 17. August 1956, sodass die Partei für die Kommunalwahlen am 28. Oktober 1956 keine Kandidaten mehr aufstellen konnte. Gemeindedirektor Räcke teilte den beiden KPD-Ratsmitgliedern Schwister und Riemenschneider am 5. September 1956 mit, dass sie mit Wirkung vom 17. August 1956 aus dem Rat ausgeschieden seien.[12]

Bürgermeister Jakob Esser SPD (rechts), am 1. April 1955. Er erhält im Ratssaal des alten Rathauses von Regierungspräsident Dr. Warsch eine Glückwunschurkunde zum 25-jährigen Bestehen der *Großgemeinde Hürth.*

Bürgermeister Esser war wegen Krankheit Anfang 1956 zurückgetreten. So konnte sein Nachfolger Heinrich Vomhof aus Berrenrath mit dem Amtsbonus des amtierenden Bürgermeisters in die Gemeinderatswahl im Oktober gehen. Die SPD gewann in dieser Wahl erstmals die absolute Mehrheit. Offenbar war es ihr gelungen, den früheren Stimmenanteil der KPD weitgehend auf sich zu ziehen.

Bürgermeister Heinrich Vomhof (SPD, links). Er verabschiedet 1961 den Kämmerer und Beigeordneten Anton Hamacher in den Ruhestand.

Mittelfristig gesehen verlor die SPD durch das Verbot der KPD aber ihren Juniorpartner und musste, wollte sie in Hürth regieren, eine eigene Mehrheit erringen. Als Folge dieser Konstellation, die sich erst durch das Auftauchen der Grünen zu Beginn der 1980er-Jahre wieder änderte,[13] wurde die Gemeinde in den 1960er- und 1970er-Jahren unter den Bürgermeistern Karl Ingenerf und Hanns Conzen (beide CDU) fast zwei Jahrzehnte lang von einer bürgerlichen CDU/FDP-Mehrheit regiert. Allerdings war die Hürther Kommunalpolitik von einer weitgehenden Zusammenarbeit aller drei Parteien geprägt, sodass die bürgerliche Koalition 1965 die Wiederwahl Otto Räckes und 1972 die Wahl des Sozialdemokraten Dr. Georg Rogge mittrug.

Erst unter dem äußert populären Spitzenkandidaten und Bürgermeister Rudi Tonn gewannen die Sozialdemokraten seit 1979 wieder eigenständige

von links:
Die Bürgermeister Karl Ingenerf (CDU), Hanns Conzen (CDU), Rudi Tonn (SPD).
Rechts: Dr. Georg Rogge, Gemeinde- und Stadtdirektor von 1972 bis 1991.

Mehrheiten, die dadurch noch verstärkt wurden, dass die FDP 1994 und 1999 an der Fünfprozenthürde scheiterte. Insgesamt zeigen die Wahlergebnisse der Nachkriegszeit bei annähernd gleicher Stärke der beiden großen Parteien ein leichtes Übergewicht der SPD gegenüber der CDU und des *linken* Lagers gegenüber den *bürgerlichen* Kräften. Seit der Wahl Otto Räckes zum Gemeindedirektor 1953 hatten bis zur Abschaffung der sogenannten *Doppelspitze* in der nordrhein-westfälischen Kommunalverfassung nur Sozialdemokraten dieses Amt inne: Otto Räcke 1953–1972, Dr. Georg Rogge 1972–1991, Heribert Rohr 1991–1995, Walther Boecker 1996–1999.

Die wirtschaftliche Entwicklung

Wiederbeginn und Wiederaufbau nach den Kriegszerstörungen

Die Hürther Industrie, besonders die in Knapsack, war durch die schweren Luftangriffe im Oktober 1944 weitgehend zerstört und außer Betrieb gesetzt worden, und der Abtransport noch brauchbarer Anlagen in den letzten Kriegswochen hatte die Bedingungen für einen Neubeginn noch zusätzlich verschlechtert. Die meisten Ingenieure und Chemiker waren Anfang März 1945 in weiter südlich oder östlich gelegene Gebiete versetzt worden und kehrten erst allmählich zurück. So schlug nun zunächst die Stunde der Arbeiter, der alten Betriebsräte und der wieder zugelassenen Gewerkschaften, die gemeinsam mit den wenigen verbliebenen Führungskräften sofort daran gingen, aufzuräumen und die Betriebe wieder in Gang zu setzen. In einem Geschäftsbericht der Industriegewerkschaft Bergbau im Kölner Revier von 1952 heißt es dazu:[14] *In allen Großbetrieben werden sofort die alten Funktionäre tätig, um den Fortgang der Betriebe sicherzustellen. Zunächst liegt der Schwerpunkt der Arbeit einzig und allein im Wiederaufbau der Ar-*

beitsstätten. Die gewerkschaftliche Organisation muß jetzt noch zurückstehen. Improvisation und Organisationstalent bringen das Unglaubliche zustande. Die durch den Einmarsch der Alliierten unterbrochene Produktion wird schon nach kurzer Zeit wieder aufgenommen. Nun kann es auch an den Wiederaufbau der Gewerkschaft gehen.

Schon am 29. Juli 1945 wurde in Frechen eine neue Einheitsgewerkschaft im Landkreis Köln gegründet, in der die früheren Freien und Christlichen Gewerkschaften aufgehen sollten. Ähnlich wie in der Kommunalpolitik machten auch in den Betrieben die von den Nationalsozialisten verfolgten, entlassenen und verhafteten Partei- und Gewerkschaftsfunktionäre wie selbstverständlich weiter, als habe es seit 1933 nur eine kurze Pause in ihrer Arbeit und ihrem Engagement gegeben.

Maidemonstration am 1. Mai 1953 von Knapsack zum Hürther Stadion. Die Hürther Gewerkschaften fordern unter anderem eine Sozialisierung der Grundstoff-Industrie.

AG für Stickstoffdünger

Der am 28. Juni 1933 verhaftete und von der AG für Stickstoffdünger fristlos entlassene, bekannte Knapsacker Sozialdemokrat und Betriebsrat Karl Schmitz wurde nach den Erinnerungen seiner Tochter kurz nach Kriegsende von den Amerikanern zu Hause abgeholt und ins Werk gefahren, um sofort seine Tätigkeit als Betriebsrat wieder aufzunehmen.[15] Gewerkschaft und Betriebsrat hatten dort im Werk in der ersten Zeit eine sehr starke Stellung, sie entschieden über die Wiedereinstellung ehemaliger Belegschaftsmitglieder. Einige Chemiker und Ingenieure, die sich als Nazis besonders hervorgetan hatten, wurden nach einem negativen Votum des Betriebsrates zu schwerer körperlicher Arbeit beim Schutträumen oder in der Produktion eingesetzt. Der in der Beamtensiedlung des Werkes wohnende Chemiker Dr. Rudolf Pohland, ein alter *Stahlhelmer* und später fanatischer Nazi, beging im April 1945 Selbstmord. Sein 60-jähriger Kollege Dr. Karl Weibezahn, Vorstandsmitglied der Aktiengesellschaft und SA-Obertruppführer, wurde vom

Karl Schmitz (1892–1957). Nach Verhaftung und Entlassung 1933 war Karl Schmitz nach dem Krieg viele Jahre Betriebsratsvorsitzender bei der AG für Stickstoffdünger und Mitglied im Aufsichtsrat der Hoechst AG.

Betriebsrat wegen seines früheren *unsozialen Verhaltens gegenüber den Arbeitern* abgelehnt und kehrte nicht mehr nach Knapsack zurück.[16]

Schon am 23. April 1945, also noch zwei Wochen vor dem endgültigen Kriegsende, gelang es, den Karbidofen 11, der als einziger bis zur Besetzung durch die Amerikaner noch produziert hatte, wieder in Betrieb zu nehmen. Die US-Militärregierung für den Landkreis Köln bestimmte den bisherigen stellvertretenden Vorstandsvorsitzenden Hans Mayer zum Betriebsleiter.[17] Ende Juli 1945 erlaubten die englischen Besatzungsbehörden, einen zweiten Ofen anzuwerfen. Zu diesem Zeitpunkt trafen auch wieder die ersten Kalklieferungen aus dem firmeneigenen Kalkbruch in Stromberg im Hunsrück ein. Aber kaum hatten die Briten sich in ihrer neuen Besatzungszone etabliert, begannen sie mit der Umsetzung ihrer anfangs noch sehr rigiden Entnazifizierungsvorstellungen. Die Knapsacker Stickstofffabrik war davon aus zwei Gründen besonders betroffen: Einmal war es ein großer und wichtiger Industriebetrieb, der noch dazu zum IG Farben Konzern gehörte. Und zum anderen war praktisch das gesamte Führungspersonal Mitglied der NSDAP gewesen.

Am 20. September 1945 mussten der Vorstandsvorsitzende Max Bachmann und sein Stellvertreter Hans Mayer ihre Ämter niederlegen. Sie verblieben aber zunächst im Werk, mussten jedoch im Februar 1946 endgültig ausscheiden. Sie hatten beide das Glück, noch im Laufe des Jahres 65 Jahre alt zu werden und konnten so ganz *ordnungsgemäß* pensioniert werden. Im Herbst 1945 wurde eine neue Geschäftsleitung installiert: Neuer Direktor wurde Dr. Friedbert Ritter, der am 20. Oktober 1945 in Knapsack eintraf und mit seiner Familie das leer stehende Haus von Dr. Weibezahn in der Dr. Krauß-Straße bezog. Sein Stellvertreter wurde der Ingenieur und Prokurist Friedrich Wilhelm Arnet, der 1921 aus Norwegen nach Knapsack gekommen war, um die neue Söderberg-Elektrode einzuführen. Als Ausländer hatte Arnet der NSDAP nicht beitreten können. Ritter hatte schon seit den 1920er-Jahren Kontakte nach Knapsack und vor allem zu Arnet gehabt, als er die Söderberg-Elektrode auch in der Bitterfelder Phosphorindustrie einsetzte.

Dr. Friedbert Ritter (1900–1981). Der erste Werksleiter der AG für Stickstoffdünger nach dem Zweiten Weltkrieg führte die Phosphorproduktion in Knapsack ein.

Ende November 1945 wurde das Knapsacker Werk wie alle Betriebe der I.G. Farben von den Alliierten beschlagnahmt, ein britischer Kontrolloffizier übernahm nun offiziell die Regie. Im Frühjahr 1946 waren die Untersuchungen, Vernehmungen und Verhöre der Briten so weit gediehen, dass nun die meisten *Oberbeamten* entlassen wurden. Ende Juni 1946 berichtete das Werk, ihm stünden, nachdem es vorher durch die Entnazifizierungsaktion schon eine ganze Reihe seiner technischen Spezialisten verloren habe, nun auch nur noch zwei Chemiker zur Verfügung, weshalb eine Fortführung der Produktion gefährdet sei.[18] Etwa im September 1946 wurde für das Werk ein betrieblicher Entnazifizierungsausschuss eingerichtet, dem je zwei Mitglieder von CDU, SPD und KPD angehörten.[19] Vorsitzender wurde der 38-jährige Angestellte Rüdiger Hansen.

Rüdiger Hansen (1907–1984)

Hansen war der aktivste und einflussreichste Kommunalpolitiker der CDU in der Nachkriegszeit. Ende 1945 wurde er von den Briten in den ersten Gemeinderat berufen und blieb 30 Jahre in diesem Gremium, in dem er viele Jahre als Fraktionsvorsitzender der CDU fungierte. Von 1947 bis 1966 saß er als Abgeordneter für den Landkreis Köln im nordrhein-westfälischen Landtag. 1951 wurde er zum Vorsitzenden des Rheinischen Gemeindetages und 1967 zum Präsidenten des Städte- und Gemeindeverbandes in NRW gewählt. In einer Würdigung durch den Heimat- und Kulturverein aus Anlass seines 70. Geburtstages hieß es: *Hansen war nie ein bequemer Mann. Oft gab er sich im Rat bei politischen Entscheidungen als Mahner, vielfach war er auch für Rat und Verwaltung das »enfant terrible«.*[20]

Besuch des nordrhein-westfälischen Ministerpräsidenten Franz Meyers bei Rüdiger Hansen (rechts) zur Verleihung des Bundesverdienstkreuzes am 26. Juni 1966. Hinten Bürgermeister Hanns Conzen.

Ihre rigide Entnazifizierungspolitik brachte die Engländer in ein Dilemma: Einerseits wollten sie die Verwaltungen und wichtigen Betriebe gänzlich dem Einfluss ehemaliger Nazis entziehen, andererseits mussten sie in ihrer Besatzungszone die Versorgung sichern, und das setzte eine Wiederaufnahme und Steigerung der Industrieproduktion voraus. Genau an diesem Punkt setzte auch die neue Betriebsführung der AG für Stickstoffdünger an: Immer wieder drängte sie die Entnazifizierungsausschüsse und die Besatzungsbehörden, die Verfahren ihrer Chemiker und Ingenieure zu beschleunigen, um sie im Interesse einer Versorgung des Landes mit wichtigen chemischen Grundstoffen, etwa zur Herstellung von Arzneimitteln, wieder einsetzen zu können. Letztlich war man damit erfolgreich. Viele ehemalige Nationalsozialisten konnten ihre Tätigkeit bald wieder aufnehmen, und diejenigen, die nicht entlastet wurden, legten sofort und meistens mit Erfolg Widerspruch ein. Ende 1948 waren so die meisten Führungskräfte wieder im Knapsacker Chemiewerk tätig.

Neben den Zerstörungen und der Entnazifizierung lastete in den Anfangsjahren auch noch die Ungewissheit auf dem Werk, was die von den Alliierten betriebene *Entflechtung* der IG Farben bringen würde. Erst 1950 wurde entschieden, dass Knapsack als selbstständige Aktiengesellschaft zum IG-Farben Nachfolgerkonzern Hoechst kommen sollte. Zugleich wurde die gesamte deutsche Sauerstoffindustrie der AG für Stickstoffdünger zugeordnet, und die Kalkwerke Gebrüder Wan-

Oben: Das Goldenbergwerk in Knapsack 1947. Ein Aquarell des Hürther Malers Paul Zenses. *Rechts:* Stickstofffabrik Knapsack. Panorama im Jahre 1948.

desleben in Stromberg verblieben bei Knapsack.[21] Aufgrund der hinzukommenden Sauerstoffindustrie erhielt das Werk auch einen neuen Namen: *Knapsack-Griesheim AG für Stickstoffdünger und Autogentechnik*. Im September 1952 wurde das Werk schließlich aus der alliierten Kontrolle entlassen. Bis dahin waren alle Kriegszerstörungen beseitigt und die Produktion lief wieder auf vollen Touren. Seit 1948 hatte man sogar schon wieder mit Neubauten begonnen: Das Verwaltungsgebäude wurde erweitert, neue Anlagen zur Herstellung organischer Produkte wurden errichtet. 1951 konnte Ritter die Besatzungsbehörden für seinen Plan gewinnen, in Knapsack für Westdeutschland als Ersatz für das weggefallene Werk Piesteritz in der sowjetischen Besatzungszone eine Phosphorfabrik aufzubauen. Es gelang ihm auch, Fachleute aus der DDR abzuwerben, und Anfang 1953 konnte die neue Phosphorproduktion anlaufen.

Goldenbergwerk und Brikettfabriken

Das *Goldenbergwerk* und die Brikettfabriken in Knapsack waren im Herbst 1944 ebenfalls stark beschädigt worden und lagen im März 1945 weitgehend still. Aber auch hier konnte die Produktion erstaunlich rasch wieder in Gang gesetzt werden. Kohle- und Stromversorgung waren für das Überleben der Menschen und den Wiederaufbau von Wirtschaft und Industrie von besonderer Bedeutung. Im Goldenbergwerk war im März 1945 nur noch eine Maschine am Netz, alle wichtigen Fernleitungen waren gekappt. Eine völlige Stilllegung konnte verhindert werden, indem die Grube Vereinigte Ville schon einen Tag nach der Besetzung und nach Beseitigung der an den Schrägaufzügen am Bertramsjagdweg angebrachten Panzersperren wieder Kohle lieferte und das Kraftwerk mit Wasser versorgte. Im Juli 1945 wurde das Verbundnetz nach Süddeutschland wieder hergestellt und Ende 1945 war bereits wieder eine Leistung von fast 200 Megawatt von ehemals 500 Megawatt erreicht.[22]

Die *Roddergrube*, die die Gruben und Brikettfabriken *Vereinigte Ville* und *Berrenrath* betrieb, wurde, wie alle Kohlenbergwerke, im Dezember 1945 beschlagnahmt. Fast alle Führungskräfte wurden entlassen, einige zunächst auch hier zu Aufräumungsarbeiten verpflichtet. Die Vorstandsmitglieder Dr. Curt Wegge und Prof. Arthur Koepchen kehrten nicht wieder in den Betrieb zurück. Es gelang auch hier, die Produktion schnell wieder in Gang zu setzen, sodass bis Ende 1945 noch insgesamt fünf Millionen Tonnen gefördert werden konnten. Neben dem Mangel an Ersatzteilen und Transportkapazitäten behinderte 1946 auch schon wieder Arbeitskräftemangel den weiteren Anstieg der Produktion. Im September 1946 überwies die UN-Hilfsorganisation UNRRA 30 polnische Arbeiter an die Abteilung Berrenrath.[23] Es waren ehemalige Zwangsarbeiter oder Kriegsgefangene, die nach Kriegsende nicht oder noch nicht in ihre Heimat zurückgekehrt waren. 1950 war die Vorkriegsproduktion auf der Vereinigten Ville deutlich überschritten. Die ebenfalls zur Roddergrube gehörige *Brikettfabrik Hermülheim* wurde nicht wieder in Gang gesetzt, sondern abgerissen. Das Werk produzierte fortan nur noch Tonröhren. Die auf der Gewerkschaft *Hürtherberg* im Oktober 1944 angerichteten Bombenschäden hatten schnell soweit wieder repariert werden können, dass das Werk Ende November 1944 die Brikett- und Stromproduktion wieder aufnahm. In den folgenden Wochen kam es zu keinen nennenswerten Produktionsunterbrechungen mehr, sodass der Betrieb in den Tagen der Besetzung sogar den Strom für wichtige Einrichtungen wie das Hermülheimer Krankenhaus liefern konnte. Ende 1945 waren schon wieder 80 bis 90 Prozent der Normalleistung erreicht.[24]

Grundzüge der weiteren wirtschaftlichen Entwicklung

Die weitere Entwicklung der Hürther Wirtschaft bis zur Gegenwart ist anhand der Beschäftigtenzahlen zu erkennen, die seit 1950 zwischen etwa 15 000 und 20 000 schwankten. In den ersten drei Jahrzehnten dominierten ganz eindeutig das produzierende Gewerbe und die Industrie. Seit den 1970er-Jahren ist ein zunächst nur langsamer, seit etwa 1990 dann ein stark beschleunigter Rückgang der Beschäftigten in Industrie und produzierendem Gewerbe festzustellen. Dieser konnte durch eine aktive Wirtschaftsförderungspolitik und die Anlage großer neuer Gewerbegebiete kompensiert werden. Seit etwa Mitte der 1990er-Jahre überstieg die Zahl der Beschäftigten in Handel und Dienstleistungsgewerbe die im produzierenden Gewerbe - ein Prozess, der sich seither kontinuierlich fortgesetzt hat. Die Zahl der Beschäftigten in der Landwirtschaft ging schon im ersten Jahrzehnt nach Kriegsende deutlich zurück und sank in den 1970er-Jahren noch einmal drastisch. Trotzdem behielt die Landwirtschaft bis zur Gegenwart auf niedrigem Niveau eine gewisse Bedeutung.

Auf diesem Luftbild von 1962 ist die planmäßige Anlage von Neu-Berrenrath gut zu erkennen. In der Bildmitte der große Wendelinusplatz mit der katholischen Kirche. Oben der Tagebau Berrenrath, an dessen Rand das neue Dorf errichtet wurde.

Braunkohlenindustrie, Umsiedlung Berrenraths und Rekultivierung

In der Wiederaufbauphase nach dem Zweiten Weltkrieg war die Versorgung mit Kohle und Energie von zentraler Bedeutung und ein entsprechendes Gewicht hatten diese Wirtschaftszweige in Hürth. Bis in die 1970er-Jahre prägten Braunkohlenabbau, Stromerzeugung und Großchemie das Aussehen und die Wirtschaft der Gemeinde weitestgehend. Hürth behielt in dieser Zeit den Charakter einer ausgesprochenen Industrie- und Industriearbeitergemeinde. In den genannten Industriezweigen arbeiteten mit 10 000 bis 12 000 Menschen mehr als die Hälfte der Beschäftigten. Der Höhepunkt der Braunkohlegewinnung wurde mit 30 Millionen Tonnen pro Jahr Mitte der 1950er-Jahre erreicht, das waren fast 40 Prozent der damaligen Gesamtförderung im Rheinischen Revier. 1952 wurde die *Grube Gotteshülfe* zwischen Gleuel und Berrenrath wieder aufgeschlossen. Im Zuge des dortigen Kohleabbaus wurde zwischen 1952 und 1958

Tabelle 11: **Beschäftigtenzahlen in der Hürther Wirtschaft 1945–2005**

	Landwirtschaft	Handel	Handwerk	Industrie	Produzierendes Gewerbe	Dienstleistungen	Beschäftigte insgesamt
1946	1.941						
1950[25]	1.022						15.474
1955[26]	309				12.044	4.134	16.487
1958[27]	289				13.602	5.344	19.235
1960		336	1.956	11.719			
1961[28]	585				13.047	5.971	20.220
1962				11.354	13.020[29]		
1963				11.525			
1964				12.081			
1969				11.237			
1970	376[30]			11.534	13.391[31]	5.243	19.111
1971	477			11.343			
1973				9.861			
1974				10.127			
1975				9.663			
1976				9.397			
1978							14.532[32]
1980[33]	89				10.757	4.957	15.805
1985[34]	120	1.880			11.506	5.894	17.520
1992	154	3.306			10.853	8.578	19.585
1999[35]	148	3.372			6.690	11.901	19.612
2001[36]	128	3.494			7.461	13.162	20.751
2003	115	3.219			6.595	13.350	20.060
2004	123	3.062			6.305	13.501	19.929
2005	136	3.199			5.979	13.464	19.579

der Ort Berrenrath von der Roddergrube umgesiedelt. Über viele Jahre hatte Berrenrath einsam inmitten von Braukohlegruben gestanden. Die Berrenrather entschieden sich mit großer Mehrheit für einen gemeinsamen Umzug auf ein in der Nähe befindliches ausgekohltes Gelände des ehemaligen Tagebaues Berrenrath.[37]

Ende 1960 stellte der *Hürtherberg* seinen Betrieb ein. 1965 wurde der schon vor dem Ersten Weltkrieg stillgelegte *Tagebau Theresia* zwischen Alt-Hürth und Alstädten wieder aufgeschlossen und das dortige Restfeld bis 1983 abgebaut.

Tabelle 12: **Braunkohleförderung und Brikettherstellung (in Millionen Tonnen) 1950–1992**[38]

	Förderung insgesamt	Brikettherstellung	Braunkohlenstaub und Trockenkohle	Beschäftigte
1950	23,43	2,51		
1951	25,02	2,64		
1952	26,06	2,81		
1953	28,76	2,94		
1954	29,06	3,06		
1955	30,03	3,14		
1956	30,58	3,29		
1962	12,87	3,60	0,42	3.401
1963	16,75	3,69	0,43	3.414
1964	15,65	3,68	0,41	3.527
1965	14,99	3,43	0,14	3.730
1966	11,31	3,24	0,11	3.502
1967	9,20	3,30	0,11	3.785
1968	8,50	3,28	0,06	3.505
1969	7,82	3,42	0,06	3.214
1970	7,25	3,55	–	3.083
1971	5,21	2,67	–	2.949
1972	5,22	1,78		2.406
1973	5,70	2,01		2.220
1974	6,51	2,07		1.617
1975	5,06	1,66	0,03	1.595
1976	5,12	1,61	0,04	1.428
1977	3,34	1,62	0,05	1.258
1978	1,84	1,38	0,38	1.150
1979	1,77	1,56	0,81	1.131
1980	3,70	1,25	1,23	1.105
1981	3,15	1,28	1,26	1.117
1982	3,13	1,27	1,14	1.074
1983	2,92	1,18	1,21	1.115
1984	2,73	1,23	1,32	1.027
1985	2,87	1,32	1,33	1.306
1988	0,45	0,61	1,13	1.244
1989	–	0,63	1,17	1.067
1990	–	0,78	1,04	1.023
1991	–	0,86	1,05	989
1992	–	0,76	1,02	960

1957 wurde die *Nord-Süd-Bahn* fertiggestellt, eine Eisenbahnlinie, die das Knapsacker Industrierevier mit den weiter nördlich gelegenen Gruben bis nach Fortuna Nord verband. Über die neue Bahnverbindung sollten die Kraftwerke und Brikettfabriken in Hürth und Frechen mit Kohle beliefert werden, auch nachdem die Braunkohleförderung im Südrevier ausgelaufen sein würde.

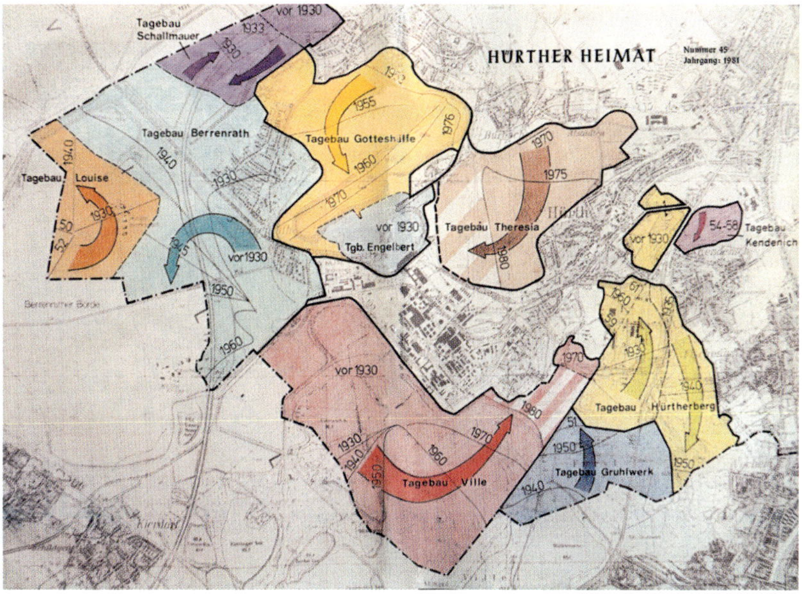

Braunkohlenabbau im Stadtgebiet Hürth.
Mehr als 50 Prozent des Stadtgebietes wurden ausgekohlt.

Seit Anfang der 1970er-Jahre mussten Kohleförderung und Brikettproduktion in Hürth dann tatsächlich immer weiter eingeschränkt werden: 1970 Ende des *Tagebaues Berrenrath*; 1971–1975 zunächst Stundung, dann endgültige Stilllegung der *Brikettfabriken Vereinigte Ville I–V* am Bertramsjagdweg, die Fabriken wurden 1991/92 abgerissen; 1972 Stilllegung der *Villenbahn*, der 1902 errichteten Grubenanschlussbahn zwischen Kalscheuren und Knapsack/Berrenrath; 1975 Ende der Kohlenförderung im Hauptfeld der *Grube Vereinigte Ville;* 1976 Einstellung der *Grube Gotteshülfe;* 1983 Ende des *Tagebaus Theresia.* Im Mai 1988 verließ der letzte Kohlenzug das Restfeld Vereinigte Ville. Damit war die ziemlich genau ein Jahrhundert währende industrielle Kohleförderung in der Stadt Hürth beendet – eine einschneidende Zäsur. In Hürth verblieb nur noch die *Brikettfabrik Berrenrath* mit angeschlossenem Kraftwerk, in der seit 1991 Braunkohlenstaub für die Industrie hergestellt wird. Zur Erhöhung des Wirkungsgrades wurden zwischen 1988 und 1991 zwei alte Kraftwerkskessel abgebrochen und durch zwei neue Kessel

Auslaufen des Tagebaues Vereinigte Ville 1988. Dies bedeutete zugleich das endgültige Ende des ein Jahrhundert währenden Braunkohlenabbaus in der Stadt Hürth.

mit zirkulierender Wirbelschichtfeuerung ersetzt,[39] in denen seit 1994 auch Faulgase aus der Hausmülldeponie Vereinigte Ville eingesetzt werden. 1985/86 errichtete Rheinbraun neben der Brikettfabrik am Bertramsjagdweg eine HTW (= Hoch-Temperatur Winkler)-Demonstrationsanlage zur Kohlevergasung, die jedoch aufgrund mangelnder Konkurrenzfähigkeit gegenüber dem Erdgas 1994 wieder stillgelegt und 2007 demontiert wurde. 2002 wurde das Rheinbraun-Ausbildungszentrum in Knapsack mit zuletzt 90 Ausbildungsplätzen geschlossen.

Rekultivierung

In den etwa 100 Jahren Bergbautätigkeit wurden von den 5 117 Hektar Stadtfläche etwas mehr als 45 Prozent ausgekohlt. Diese riesigen Flächen mussten nach dem Ende der Förderung einer neuen Nutzung zugeführt werden. Erste Versuche zur forstlichen Rekultivierung der Abbauhalden waren seit Anfang der 1920er-Jahre vor allem von der Gewerkschaft Hürtherberg unter der Leitung Adolf Dasbachs unternommen worden.[40] Das 1950 in Kraft getretene Braunkohlengesetz verpflichtete die Gruben erstmals gesetzlich zu einer Rekultivierung der ausgekohlten Flächen. Eine großflächige und planmäßige Rekultivierung wurde aber erst seit 1960 nach dem Zusammenschluss der vielen Einzelgruben zur *Rheinbraun AG* möglich. Zugleich ermöglichte es der 1957 fertiggestellte Bau der *Nord-Süd-Bahn,* große Mengen von Abraum aus dem Tagebau Frechen oder aus noch weiter nördlich gelegenen Gruben zur Verfüllung der ausgekohlten Felder in das Südrevier zu transportieren.

Abraumhalden des Hürtherberges hinter den Häusern an der Trierer Straße in Alt-Hürth 1948. Der Wald, der auf der Halde entstanden ist, macht noch einen sehr schütteren Eindruck. Heute befindet sich dort ein dicht bewaldetes, gepflegtes Naherholungsgebiet.

Fünf große Grubenbereiche wurden nun neu gestaltet: Vereinigte Ville, Hürtherberg, Berrenrath, Gotteshülfe und Theresia.

Das riesige Gelände der Grube Vereinigte Ville zwischen Knapsack und Liblar wurde zum größten Teil nicht rekultiviert, sondern seit 1970 als Hausmülldeponie der Stadt Köln und in der Folge auch als Aschedeponie von RWE/Rheinbraun und Chemiemülldeponie der Hoechst AG Knapsack verwendet. Pläne der 1980er-Jahre, in dem unmittelbar hinter dem Knapsacker Friedhof befindlichen *Nordfeld* der Grube giftige Industrieabfälle zu lagern, konnten nach Protesten aus der Bevölkerung schließlich abgewendet werden.

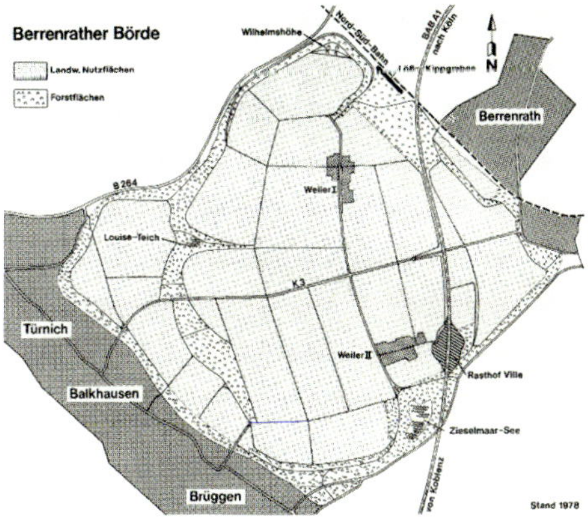

Links: Polderverfahren bei der Rekultivierung um 1980. Die Erde wurde zusammen mit Wasser aufgespült, um eine gleichmäßige Verteilung und ebene Oberfläche zu erhalten. *Rechts:* Plan zur Gestaltung einer neuen großen landwirtschaftlichen Fläche südöstlich von Berrenrath von 1978. Deutlich zu erkennen sind die Autobahn A 61 mit dem Rasthof Ville sowie die beiden Weiler I (Berrenrath) und II (Brüggen).

Im Bereich des früheren Tagebaus Berrenrath wurde seit 1959 auf 70 Prozent der Fläche eine vorwiegend landwirtschaftliche Rekultivierung vorgenommen. Es entstand die sogenannte *Berrenrather Börde,* auf der 1964 mit der Errichtung von sieben landwirtschaftlichen Umsiedlungshöfen im Weiler I begonnen wurde. Ab 1973 wurde der Weiler II südlich der neuen Kreisstraße 3 zwischen Berrenrath und Balkhausen gebaut, 1978 war die Neulandaufschüttung bzw. -aufspülung in diesem Bereich abgeschlossen. Umgesiedelt in die Berrenrather Börde wurden Landwirte, deren Anbauflächen im Nordrevier durch den fortschreitenden Kohleabbau verloren gingen. In der nördlichen Ecke des Rekultivierungsgebietes entstand mit der 155 Meter über Normalnull liegenden *Wilhelmshöhe,* nach dem früheren Bergwerksdirektor Wilhelm Thiede benannt, eine neue höchste Erhebung in der Stadt Hürth.[41]

Luftaufnahme des neuen Weilers I in der Berrenrather Börde 1979. Oben links entsteht gerade eine neue landwirtschaftliche Fläche mit der Wilhelmshöhe, mit 155 Meter über dem Meeresspiegel heute die höchste Erhebung in der Stadt Hürth.

Der Bereich des Tagebaus Gotteshülfe wurde überwiegend aufgeforstet und in ein Naherholungsgebiet umgewandelt. Mittelpunkt des Gebietes wurde ein 2,2 Kilometer langer Bade- und Regattasee, der 1967 nach dem früheren Bergwerksdirektor der Roddergrube, Otto Maigler, benannt wurde. Der See und das ihn umgebende Naherholungsgebiet wurden 1977 der Öffentlichkeit übergeben. Zwischen dem Tagebau Gotteshülfe und dem südlich

Der Otto-Maigler-See mit prächtigem Köln-Panorama im Hintergrund um 1980. An den Ufern sieht man die gerade neu angelegten Wege und Baumpflanzungen.

daran anschließenden Tagebau Theresia blieb ein kleiner Bereich um das frühere Kloster Burbach vom Abbau verschont. Auf den 185 Hektar Rekultivierungsfläche im Tagebau Theresia entstanden rund 60 Hektar landwirtschaftliche Flächen inklusive einer Kleingartenanlage und etwa 100 Hektar Wald. Im nordwestlichen Bereich wurde für den Natur- und Vogelschutz ein Feuchtbiotop mit dem Hürther Waldsee angelegt.[42] Eine Fläche ganz im Osten des Abbaufeldes diente zur Erweiterung des Hürther Zentralfriedhofes. Die Rekultivierung des Tagebaus Theresia war 1995 abgeschlossen. 1978 erwarb die Stadt Hürth das Gelände der früheren Gewerkschaft Hürtherberg zwischen Trierer, Luxemburger und Kendenicher Straße in Alt-Hürth und gestaltete es in den folgenden Jahren bis 1981 durch eine Neuaufforstung und die Anlage von Wanderwegen sowie eines Grill- und Spielplatzes zu einem Naherholungsgebiet um.

Chemieindustrie, Kraftwerk Goldenberg und die Umsiedlung Knapsacks

Stickstofffabrik, Hoechst AG Werk Knapsack, Chemiepark Knapsack

Nach Aufnahme der Phosphorproduktion 1953 blieb Knapsack der einzige Herstellungsort für Phosphor in der Bundesrepublik. Dieser Geschäftszweig war für die Knapsack-Griesheim AG daher so gewinnbringend, dass die Produktion immer wieder ausgeweitet wurde.

Die Firma stieg auch in die Herstellung organischer Erzeugnisse ein und entwickelte in schneller Folge immer neue Produkte. 1957 feierte das Unternehmen schon in großem Wohlstand sein 50-jähriges Bestehen und schenkte aus diesem Anlass sich und seiner Belegschaft die Fest- und Veranstaltungshalle *Feierabendhaus* des Kölner Architekten Karl Hell. 1960 erwarb die Firma ein Gelände des ehemaligen Braunkohletagebaus Hürtherberg und errichtete dort einen zweiten Werksteil, das *Werk Hürth*. 1966 begann mit der Herstellung von PVC die Kunststoffproduktion. Im Jahr 1974 wurde endlich der Name der Eigentümerin in die Firmierung des Unternehmens aufgenommen: *Hoechst AG Werk Knapsack*. In den 1980er- und 1990er-Jahren kam die Pflanzenschutzmittelproduktion hinzu. Das Vierteljahrhundert zwischen 1960 und 1985 kann als die Hoch- und Glanzzeit des Werkes bezeichnet werden, als dort bis zu 5000 Menschen beschäftigt waren und

Mächtige Industriekulisse in Knapsack: Die Phosphoröfen hinter dem Feierabendhaus. *Oben:* Richtfest beim Knapsacker Feierabendhaus 1956. Bei der außergewöhnlichen Dachkonstruktion wurden speziell angefertigte Betonplatten in einem Netz von Stahlseilen aufgehängt.

überdurchschnittliche Einkommen erzielten. Seit 1970 gingen die Beschäftigtenzahlen erst unmerklich und ab 1985 deutlich zurück, da die Produktion in den klassischen Bereichen der anorganischen Chemie zurückgefahren werden musste. Phosphor wurde wegen der umweltschädlichen Wirkung aus Waschmitteln verbannt. 1982 musste der erste Phosphorofen stillgelegt werden, zehn Jahre später endete die Phosphorproduktion endgültig. 1990 wurde zudem die Carbidproduktion aufgegeben, für die das Werk 1906 gegründet worden war.

1993/94 setzte ein folgenschwerer Strukturwandel in der Knapsacker Chemieindustrie ein. Seit dieser Zeit betrieb die Frankfurter Hoechst-Führung immer mehr die Konzentration auf ein *Kerngeschäft* der sogenannten *Life Sciences*, das heißt auf die Produktion von Medikamenten und Pflanzenschutzmitteln. Alle anderen Produktbereiche sollten abgestoßen oder an selbstständige *Business-Units* abgegeben werden. In Frankfurt glaubte man, die Firma Hoechst nur so fit für den Konkurrenzkampf in einer globalisierten Welt machen zu können, aber schon nach wenigen Jahren endete die rasante Entwicklung mit einer völligen Zerschlagung des Hoechstkonzerns und einer gänzlichen Aufgabe dieses so traditionsreichen Firmennamens.

Dr. Horst-Dieter Schüddemage. Leiter des Hoechst-Werkes Knapsack und des Chemieparks Knapsack von 1993 bis 2005.

Mit der neuen Strategie waren die Existenz des Knapsacker Werkes und des Chemiestandortes Knapsack elementar gefährdet. Die Werksleitung unter dem seit 1993 amtierenden Horst-Dieter Schüddemage reagierte mit der Konzipierung eines *Offenen Chemieparkes*, der von einer 1997 gegründeten Betreiber-Gesellschaft – der Firma *InfraServ* – verwaltet werden und in dem verschiedene selbstständige Unternehmen agieren sollten. Die Entwicklung begann 1993/94 mit der Gründung zweier sogenannter *Joint-Venture-Unternehmen* der noch bestehenden Hoechst AG mit den Chemieunternehmen Wacker und Schering zur PVC- und Pflanzenschutzmittelproduktion. Seit 1998 war die Hoechst AG selbst in Knapsack nicht mehr tätig, am 3. April 1998 wurde das Firmenzeichen am Werkstor demontiert. Das Chemiepark-Konzept ging auf: Die Beschäftigtenzahl wurde bei etwa 2500 stabilisiert, und es konnten auch große Neuinvestitionen getätigt werden wie der Bau eines Containerterminals oder die Erweiterung der Chlorkali-Elektrolyse und die Errichtung einer neuen Vinylchlorid-Anlage der Firma Vintron in den Jahren 2000/2001. 2007 ging ein neues *Gas- und Dampfkraftwerk* des norwegischen Energiekonzerns Statkraft ans Netz, 2009 folgte ein weiteres Kraftwerk, das *Ersatzbrennstoffkraftwerk* der Firma Sotec.[43] Als der Chemiepark Knapsack 2007 sein 100-jähriges Bestehen feierte, waren dort 17 verschiedene Firmen tätig.[44]

Inbetriebnahme des Statkraft-Kraftwerkes in Knapsack. Der norwegische König Harald V. trägt sich am 17. Oktober 2007 in das Goldene Buch der Stadt Hürth ein. Dahinter stehen v. l. der norwegische Wirtschaftsminister Dag Terie Andersen, NRW-Ministerpräsident Jürgen Rüttgers und Bürgermeister Walther Boecker.

Degussa Knapsack und Kalscheuren

Das Werk der *Degussa* in Knapsack, in dem seit 1928 Natrium hergestellt wurde, war nach Einschätzung der Firma bei Kriegsende zu etwa 60 Prozent zerstört. Die Produktion konnte Ende 1946 wieder voll aufgenommen werden. 1960 waren in dem Betrieb etwa 400 Menschen beschäftigt, in der Folge ging der Bedarf an Natrium jedoch zurück. In den 1970er- und 1980er-Jahren wurde es in der Hauptsache noch als Antiklopfmittel für verbleites Benzin verwendet. Das Verbot bleihaltigen Benzins 1988 läutete das Ende der Natriumproduktion in Knapsack ein, die 1992 eingestellt wurde.[45] Im März 1998 wurde das Werk stillgelegt. Das Werk *Kalscheuren*, auf dem Gebiet der früheren Bürgermeisterei Rondorf und heute der Stadt Köln liegend, aber doch zum Hürther Wirtschaftsraum gehörend, war nur zu etwa 25 Prozent zerstört und konnte seine Produktion ohne größere Unterbrechung über das Kriegsende hinaus fortsetzen. 1987 produzierten 720 Mitarbeiter etwa 50 verschiedene Rußtypen in einer Gesamtmenge von rund 150 000 Tonnen. Das Werk, zugleich Zentrum der Degussa-Rußforschung, war damit der größte europäische Hersteller von Industrierußen. Zwischen 2000 und 2005 erfolgte aufgrund eines Rückganges der Rußabnahme für Autoreifen eine Konzentration auf hochwertige Rußprodukte, was eine Verringerung der Zahl der Arbeitsplätze von 810 auf etwa 540 zur Folge hatte. 2007 ist die Degussa auf den neuen Konzern *Evonik Industries* übergegangen, einer Tochtergesellschaft der Ruhrkohle AG. Damit ging nach der Hoechst AG ein weiterer traditionsreicher Firmenname unter.

Links: Gesamtansicht des Goldenbergwerkes, 1965. Kolorierte Zeichnung von Peter Klein. *Rechts:* Das Goldenbergwerk aus der Vogelschau 1977. Vorne die große Vorschaltanlage, darüber das eigentliche Kraftwerk mit noch fünf der ehemals zwölf *Apostel.* Am oberen Bildrand die Brikettfabriken am Bertramsjagdweg und die bereits weitgehend ausgekohlte und zur Ablagerung von Industrieabfällen genutzte Grube *Vereinigte Ville.*

Kraftwerk Goldenberg

Nach Abschluss der Reparatur der alten Kraftwerksanlagen bis 1950 wurde das Kraftwerk Goldenberg immer wieder erweitert, umgebaut und neuen technischen Entwicklungen angepasst. 1951/52 wurde mit Mitteln aus dem Marshallplan mit der *Vorschaltanlage* ein neuer, großer Kraftwerksbau errichtet, der nun neben den sogenannten *12 Aposteln* das Knapsacker Industriepanorama für ein halbes Jahrhundert prägte. Ende 1952 folgte der Bau einer neuen Hochdruckkondensationsanlage mit zwei modernen, das Maschinenhaus hoch überragenden Kesselhäusern. Nach deren Fertigstellung war das Kraftwerk Goldenberg mit einer Leistung von 755,8 Megawatt wieder das größte Braunkohlekraftwerk Europas. 1971 begann man mit der Lieferung von Fernwärme in das seit 1967 aufgebaute Fernwärmenetz der Gemeinde Hürth in Hürth-Mitte. Pläne zum Bau eines ganz neuen Kohlekraftwerkes, die in den 1980er- und 1990er-Jahren verfolgt wurden, konnten nicht realisiert werden. Stattdessen wurden 1992/93 zwei neue Kessel mit Wirbelschichtfeuerung installiert und die Kesselhäuser 1 und 2 sowie die Vorschaltanlage aus den 1950er-Jahren stillgelegt, da sie den gestiegenen Umweltanforderungen nicht mehr entsprachen.[46] Die Vorschaltanlage wurde bis 1998 abgebrochen, 2003/04 fielen die letzten der ehemals *12 Apostel* ge-

Links: Die Sehenswürdigkeiten des noch intakten Ortes Knapsack. Die Ansichtskarte von etwa 1965 zeigt das Feierabendhaus, die Schule sowie die Evangelische (links unten) und Katholische Kirche.
Rechts: Leerstehende Häuser und Geschäfte an der Hermann-Josefstraße (heute Industriestraße) in Knapsack. Die Gebäude sind um 1975 kurz vor ihrem Abriss zu sehen. Ganz hinten die bekannte Gaststätte Schumacher.

nannten Schornsteine. Seit 2003 stehen das Maschinenhaus, die beiden HD-Kesselhäuser 1 und 2, das Anfang der 1950er-Jahre neu errichtete Verwaltungsgebäude und vier alte Kühltürme unter Denkmalschutz. 2003 waren 262 Mitarbeiter im Kraftwerk beschäftigt. 2008 kündigte das RWE den Bau eines neuen *Clean Coal* Kraftwerkes in Knapsack an, bei dem das bei der Kohleverbrennung entstehende Kohlendioxid abgeschieden und unterirdisch gelagert werden soll.

Die Umsiedlung des Wohnortes Knapsack

Seit Anfang der 1960er-Jahre protestierte die Knapsacker Bevölkerung zunehmend gegen die seit Jahrzehnten vom Kraftwerk Goldenberg, den Brikettfabriken und der Chemieindustrie ausgehenden starken Luftverschmutzungen und forderte eine Verbesserung ihrer Wohn- und Lebenssituation. Es gründete sich eine *Interessengemeinschaft Knapsacker Bürger*, und 1963 setzte die Gemeinde einen *Vermittlungsausschuss* ein, dem Vertreter der Gemeinde, der Knapsacker Einwohner, der Industrie und der Gewerbeaufsicht angehörten. Zunächst zielte die Diskussion auf eine Verbesserung der Umweltsituation in Knapsack. Aber spätestens seit einem Besuch des Ministerpräsidenten Franz Meyers (CDU) in Knapsack 1966, den die schlechte Luft im Ort sehr beeindruckte und der finanzielle Hilfen des Landes versprach, setzte sich immer mehr die Idee durch, alle Bewohner in andere Stadtteile umzusiedeln. Bei einer Befragung sprachen sich 1969 fast 90 Prozent der Hauseigentümer für eine Umsiedlung des Ortes aus, und davon votierten wiederum 90 Prozent für eine geschlossene Umsiedlung zu den *Pescher Höfen* in Hürth-Mitte. 1970 wurde ein besonderer *Knapsack-Ausschuss* gebildet, dem Vertreter der Ratsfraktionen, der Knapsacker Hausbesitzer und Gewerbetreibenden und der Mieter angehörten.

Die Durchführung der Umsiedlung war allerdings ungleich schwieriger und komplizierter als in Berrenrath in den 1950er-Jahren, da dort die Roddergrube die gesamte Maßnahme hatte bezahlen müssen. In Knapsack musste die Umsiedlung nach den Bestimmungen des Bundesbaugesetzes und ab 1972 nach den Richtlinien des Städtebauförderungsgesetzes erfolgen. Um eine Umsiedlung für die Bewohner finanziell überhaupt zu ermöglichen, waren in jedem Einzelfall unterschiedliche Unterstützungen durch den günstigen Verkauf von Gemeindegrundstücken, durch Landeszuschüsse, Wohnungsbauförderungsmittel und zusätzliche Finanzierungshilfen durch die Gemeinde erforderlich. Aufgrund dieser Einzelfalllösungen kam es schließlich auch zu keiner geschlossenen Umsiedlung. Nur 20 Prozent der Hausbesitzer zogen an die Pescher Höfe, 30 Prozent in andere Hürther Ortsteile und 50 Prozent verließen Hürth sogar. Die ehemaligen Mieter zerstreuten sich ohnehin in alle Winde. 1975 fand der letzte Gottesdienst in der Evangelischen Kirche statt, 1979 wurde die Volksschule gesprengt und 1980 die Katholische Kirche niedergelegt. Insgesamt wurden 444 Werkswohnungen, 35 städtische Wohnungen und 187 Privathäuser abgerissen. Nicht abgerissen wurden lediglich einige Werkswohnungen der Hoechst AG, vor allem in der ehemaligen *Oberbeamtenkolonie*, die weiter von Werksangehörigen bewohnt blieben. Die Gebäude der früheren Beamtenkolonie stehen seit 2003 unter Denkmalschutz. Die Umsiedlung kostete etwa 60 Millionen D-Mark.[47]

Weitere Industrien und Gewerbegebiete

Die übrigen, kleineren Industrie- und Gewerbegebiete in Kalscheuren, Hermülheim und Efferen erlebten nach dem Zweiten Weltkrieg im Zeichen von Wirtschaftswunder und Bevölkerungszunahme einen Aufschwung und eine zum Teil deutliche Ausweitung, denen jedoch spätestens seit den 1990er-Jahren ein Niedergang bis hin zur völligen Auflösung folgte.[48]

Kalscheuren

In Kalscheuren wurde die *Tonröhrenfabrik Grosman* nach Übernahme durch die Frechener Steinzeugröhrenfabrik Kalscheuer Ende 1971 geschlossen. Das Gelände der *Kölner Holzbauwerke*, die sich nach dem Zweiten Weltkrieg auf die Produktion von Asbestfaserplatten der Marke *Lignat* konzentriert hatten, wurde 1989 von der benachbarten Kranfirma Breuer erworben. Die Gebrüder Breuer begannen 1990/91 damit, in den ehemaligen Werkshallen Fernsehstudios für RTL einzurichten. Der Betrieb der *Beerso Lackfabrik und Asphaltbau*, die seit 1893 in Kalscheuren bestanden hatte, wurde 2007 eingestellt. Von den alten Industriebetrieben, die sich vor dem Ersten Weltkrieg rund um den Kalscheurener Bahnhof angesiedelt hatten, blieb neben der auf Kölner Stadtgebiet liegenden Rußfabrik nur noch die *Malzfabrik Thy-*

BEER SÖHNE
INHABER OTTO WEDEKIND

FRITZ HAARMANN
BRIKETTFORMZEUGFABRIK UND EISENGIESSEREI

WILH. GÖPPNER & CO. K.G.
APPARATEBAU

Briefköpfe Hürther Firmen in Kalscheuren und Hermülheim aus den 1960er-Jahren.

wissen bestehen, die jährlich etwa 24 000 Tonnen Malz produziert und in der 2007 23 Mitarbeiter beschäftigt waren. [49]

Seit 1954 erfuhr das traditionelle Kalscheurener Industriegebiet eine Erweiterung an der Hasenkaule. Den Anfang machte das *Bausteinwerk Dr. Blasberg* aus Düsseldorf mit einer Fabrik zur Herstellung von Kalksandstein. Die Firma betrieb eine eigene Kiesgrube bei Meschenich, Kalk konnte günstig von der Knapsacker Industrie bezogen werden. 1999 wurde der Betrieb eingestellt, das Gelände von der *Spedition Talke* gekauft, die seit 1970 ihren Betrieb von der Luxemburger Straße in Hermülheim nach Kalscheuren verlegte. In den folgenden Jahren wurde der Speditionsbetrieb, der sich vor allem auf die Chemielogistik spezialisierte, immer wieder erweitert. 1987 verfügte die Firma Talke in Kalscheuren über ein Betriebsgelände von 65 000 Quadratmetern und beschäftigte 300 Mitarbeiter, 2008 waren es weltweit rund 800 Beschäftigte. 1960 ließ sich hier die Firma *Gertner, Fuhrmeister & Co.* nieder, die Werkzeugmaschinen aus der Sowjetunion importierte und in Kalscheuren für den westlichen Markt nachrüstete. Der Betrieb wurde 1969 nach Efferen an die Kalscheurener Straße verlegt und 1997 liquidiert.

Hermülheim

In Hermülheim bestanden im Bereich der Bonn- und Kölnstraße schon vor dem Ersten Weltkrieg zwei größere Fabrikanlagen: die *Brikett- und Tonröhrenfabrik* der ehemaligen Ribbertwerke an der Bonnstraße und das *Brikettformzeugwerk von Fritz Haarmann* an der Kölnstraße. Die Tonröhrenfabrik produzierte noch bis 1977. 2000 wurden die letzten Fabrikgebäude abgerissen, 2008 eröffnete dort ein neues *Fachmarktzentrum* mit mehreren Einzelhandels- und Dienstleistungsbetrieben. Die Firma *Haarmann* stellte Formzeuge für die Brikettpressen der gesamten deutschen Braunkohlenindustrie her. Mit dem Rückgang der Brikettproduktion seit etwa 1970 ging auch der Absatz der Formzeuge zurück. 1977 musste die Firma die Produktion einstellen. Nach einem Konkurs im gleichen Jahr wurde die bis in die Gegenwart andauernde Produktion von Formzeugen für die Braunkohlenindustrie in geringem Umfang fortgesetzt, 2007 wurden vier Mitarbeiter beschäftigt.

1947/48 kamen in diesem Bereich noch die neuen Betriebe von Peter Langen[50] und Wilhelm Göppner[51] hinzu. Die beiden Diplomingenieure nutzten die Mangelsituation nach dem Krieg und das darauf folgende *Wirtschaftswunder*, um aus kleinen Anfängen heraus große Metallbaubetriebe aufzubauen. Peter Langen eröffnete Ende 1945 als 33-Jähriger in seiner Wohnung in Kendenich ein eigenes Ingenieurbüro. Die ersten Aufträge erhielt er vom *Hürtherberg* Adolf Dasbachs. Später kaufte er von der Roddergrube die alte Drahtseilbahn von der Grube Engelbert zu den Ribbertwerken, demontierte sie und verkaufte sie nach Braunschweig an einen Steinbruchbetrieb. 1947 pachtete er von der Roddergrube ein Grundstück auf dem Gelände der stillgelegten Brikettfabrik der Ribbertwerke, errichtete dort eine Wellblechbaracke und nahm die Produktion von Maschinen auf. Mit immer neuen Erfindungen und Spezialanfertigungen für die Industrie konnte er den Betrieb vergrößern und neue Fertigungshallen errichten. Beim 40-jährigen Firmenjubiläum 1985 beschäftigte Langen etwa 300 Mitarbeiter, davon 38 Auszubildende.

Links: Peter Langen 1977. *Rechts:* Eine neue Fertigungshalle entsteht über der alten, ersten Wellblechbaracke.

Peter Langen zog sich 1988 mit 76 Jahren aus dem Betrieb zurück. Seinen beiden Söhnen gelang es nicht, diesen erfolgreich fortzuführen. 1994 wurde er eingestellt und liquidiert; zu diesem Zeitpunkt waren noch 120 Mitarbeiter beschäftigt. 1998 erwarb die neu gegründete, stadteigene *Hürther Stadtentwicklungsgesellschaft HÜSTA* das Gelände. Auf einem Teilbereich eröffnete die Handelskette Aldi 1999 ein Geschäft, die übrigen Bereiche wurden in das dortige *Fachmarktzentrum* einbezogen.

Wilhelm Göppner begann unmittelbar nach dem Krieg in Berrenrath mit der Produktion und Reparatur von landwirtschaftlichen Geräten, die die Bauern dringend benötigten. Nach der Währungsreform 1948 erwarb er neben der Firma Fritz Haarmann ein Grundstück an der Kölnstraße und errichtete mehrere Werkshallen. Er produzierte zunächst vor allem transportable Oberleitungshalter für die Grubenbahnen in der Braunkohle und erweiterte später auf den Apparate- und Behälterbau. 1960 wurden etwa 250 Mitarbeiter beschäftigt. Ähnlich wie Peter Langen spezialisierte auch Göppner sich auf Spezialanfertigungen für die Bedürfnisse der Industrie. Da Mitte der 1960er-Jahre das Betriebsgelände zu klein geworden war, kaufte er Grundstücke im Bereich der Hasenkaule in Kalscheuren, wohin er seinen gesamten Betrieb verlegen wollte. Die Gemeindeverwaltung unterstützte dies, da die Anwohner an der Kölnstraße sich zunehmend wegen der Belästigungen durch Göppner und Haarmann beschwerten. Die Gemeinde wollte schon damals diesen Bereich zu einem reinen Wohngebiet umgestalten, was aber erst seit etwa 2005 Gestalt annimmt. Als die Pläne zur Umsiedlung nach Kalscheuren scheiterten, verlagerte Göppner seit 1970 die Produktion nach und nach in ein neues Zweigwerk in Liblar. 1975 erwarb er aus einem

Konkurs günstig die Eisenwerke Kaiserslautern, die vor allem große Hydrauliksysteme wie mobile militärische Schwimmbrücken oder Teleskoparmbagger herstellten. Göppner baute die Produktion von Militärfahrzeugen aus und war auch damit erfolgreich. Hierdurch verlagerte sich der Schwerpunkt seiner unternehmerischen Aktivitäten nach Kaiserslautern, wo er über 1 000 Mitarbeiter beschäftigte und wohin er auch den offiziellen Firmensitz verlegte. 1977 wurde die Fertigung in Hermülheim eingestellt. Die Werksanlagen wurden 2007 abgerissen.

Efferen

In Efferen hatte sich seit den 1920er-Jahren im Bereich zwischen der Rondorfer und der Kalscheurener Straße ein kleines Industrie- und Gewerbegebiet gebildet, das seit den 1950er-Jahren ebenfalls ausgeweitet wurde. Die seit 1921 an der Ecke Luxemburger/Kalscheurener Straße ansässige Firma *Pape & Olbertz* zur Herstellung elektrischer Anlasser und Schaltgeräte erweiterte 1960 ihre Produktionsanlagen und wurde 1971 von der Firma Florian Bauer in Hermülheim übernommen. 2007 wurde die Produktion nach Pulheim verlagert. Zu diesem Zeitpunkt gab es noch etwa 25 Mitarbeiter. Die 1932/33 von Schwelm nach Efferen verlegte Firma Klefisch, ein Familienbetrieb zur Herstellung hitzebeständiger Metalle und Apparate, errichtete seit den 1950er-Jahren an der Kalscheurener Straße mehrere neue Werkshallen, darunter 1960 eine neue Gießerei. Der letzte Eigentümer Rudolf Klefisch verkaufte den Betrieb 1991 an die französische AFE-Gruppe in Paris. 1993 wurden die Gießerei geschlossen und das Betriebsgelände an die Hürther *Bernd Reiter Gruppe* veräußert, die dort seither ein neues Wohn- und Büroquartier entwickelt. 1998 wurde der Betrieb der Firma Klefisch in die ehemalige Quester-Halle im Gewerbegebiet Nordost verlegt.[52] Dort waren 2007 28 Mitarbeiter beschäftigt.

Arbeit mit den ersten Computern bei der Firma Krautkrämer 1986.

1950 erfolgte mit der *Metallwarenfabrikation von Hans Zander* eine erste Neuansiedlung in diesem Bereich. 1969 betrieb die Firma nur noch einen Metallwaren-Großhandel in der Beseler Straße.[53] 1955/56 wurde die ehemals renommierte *Allright & Cito – Fahrradfabrik* von Köln in die Rondorfer Straße umgesiedelt. Seit 1963 firmierte sie als *Metallwaren-Fabrik*. Sie ging 1970 in Konkurs, das Betriebsgelände wurde von der benachbarten Firma Klefisch ersteigert. 1960 entstand an der Kalscheurener Straße ein Zweigwerk der Hoesch AG, in dem Autostoßdämpfer hergestellt wurden und das 1966 etwa 340 Menschen beschäftigte. 1967 übernahm die Kölner

Firma Krautkrämer – Gesellschaft für Elektronenphysik, die Geräte zur zerstörungsfreien Materialprüfung herstellt, die Produktionshallen des Stoßdämpferwerkes.[54] Seit 2003 gehört die Firma zur Unternehmensgruppe *GE Inspection Technologies*, 2007 waren dort etwa 320 Menschen beschäftigt.

1955 siedelte die Kölner Lebensmittel-Großhandels-Genossenschaft REWE mit ihrem zentralen Warenlager von Köln-Ehrenfeld auf ein Grundstück zwischen dem nördlichen Rand von Efferen und dem Kölner Grüngürtel um, sodass hier ein weiteres kleines Gewerbegebiet entstand. Das Betriebsgelände und die Lagerhallen der Rewe wurden in der Folge mehrfach erweitert. Durch den Zusammenschluss mehrerer Rewe-Gesellschaften entstand 1999 die REWE Niederlassung West.

Briefkopf der Firma Rewe von 1955.

Das Ergebnis der beschriebenen Entwicklungen ist ein deutlicher Rückgang der traditionellen Industrien, der Kohle-, Strom- und Chemieindustrie in Knapsack, wie auch der anderen, kleineren Industriegebiete in Kalscheuren, Efferen und Hermülheim, die gänzlich oder fast aufgelöst wurden. In Kalscheuren entwickelten sich stattdessen moderne Fernsehstudios, in Hermülheim wurde an der Bonnstraße Einzelhandel angesiedelt, und im Übrigen wurden und werden die ehemaligen Industrieanlagen in diesen Gebieten durch eine neue Wohnbebauung ersetzt.

Die neuen Gewerbegebiete Nord-Ost, Gleuel und Kalscheuren

Angesichts des sich abzeichnenden Auslaufens der Braunkohlengewinnung auf Hürther Gebiet entwickelte die Kommune seit den 1960er-Jahren ein neues, großes Gewerbegebiet, das später sogenannte *Gewerbegebiet Nord-Ost* zwischen Efferen, Hermülheim und Kalscheuren, in das die bestehenden Industrie- und Gewerbebetriebe in Efferen im Bereich der Kalscheurener Straße und in Kalscheuren im Bereich Hasenkaule/Ladestraße mit einbezogen wurden. Hürth war hiermit außerordentlich erfolgreich, wie die Zahlen über die Neuansiedlungen zeigen:[55]

1960–1975 14 Betriebe mit 1.092 Beschäftigten
1976–1979 18 Betriebe mit 400 Beschäftigten
1980–1983 44 Betriebe mit 1.549 Beschäftigten

1987 bestanden in dem neuen Gewerbegebiet 85 Betriebe mit etwa 5500 Beschäftigten, 2003 waren es bereits 8000 Personen.

Das neue Gewerbegebiet wurde bereits 1965 in den Flächennutzungsplan aufgenommen. Bei der Entwicklung gab es zunächst jedoch erhebliche Schwierigkeiten, denn die Flächen gehörten zumeist Landwirten und waren viel zu klein parzelliert. Die Gemeinde musste die Grundstücke daher zu-

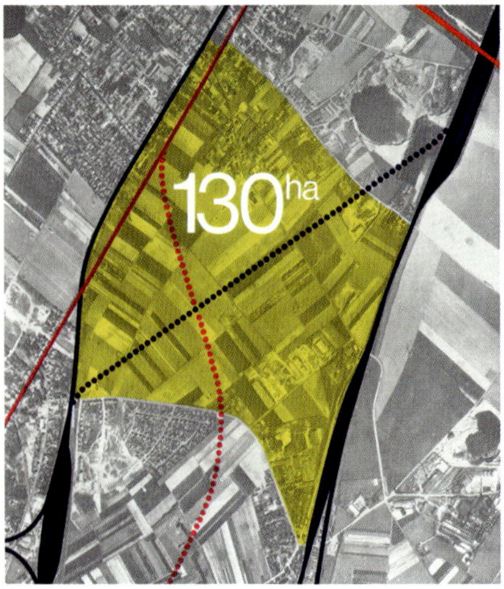

Das geplante Gewerbegebiet Nord-Ost zwischen Efferen, Kalscheuren und Hermülheim.

nächst aufkaufen, um sie dann in geändertem Zuschnitt an ansiedlungswillige Gewerbetriebe weiterveräußern zu können. Das zweite Problem wog deutlich schwerer: Als die Gemeinde 1974 Bebauungspläne für das Gebiet erstellte, monierten die Untere Wasserbehörde des Kreises und das Staatliche Wasserwirtschaftsamt in Bonn, dass die Kapazität der bestehenden alten Kläranlage in Hermülheim für die geplanten Neuansiedlungen nicht ausreiche, und verlangten den Neubau einer größeren, mechanisch-biologischen Anlage. Der Regierungspräsident lehnte daher die Genehmigung der Bebauungspläne ab. Zu diesem Zeitpunkt hatte die Gemeinde bereits vier Firmenareale verkauft, bei zwei weiteren stand ein Kaufvertrag kurz vor dem Abschluss. In schwierigen Verhandlungen konnte erreicht werden, dass der Regierungspräsident für diese sechs Betriebe eine Ausnahmegenehmigung erteilte.[56] Aufgrund der zu erwartenden, starken Flächenversiegelung musste auch ein neues Regenrückhaltebecken gebaut werden.

Die geforderte *neue Kläranlage*, die zwischen Stotzheim und Sielsdorf gebaut werden sollte, ließ sich natürlich nicht im Handumdrehen verwirklichen. Hierfür musste zunächst der Flächennutzungsplan geändert werden, schwierige Finanzierungsfragen waren zu bewältigen, sodass erst im März 1978 mit dem Bau begonnen werden konnte. Im neuen Gewerbegebiet selbst geriet die Gemeinde ebenfalls in Finanzierungsschwierigkeiten. Sie war ja beim Erwerb der landwirtschaftlichen Flächen in Vorleistung getreten, und der erforderliche Straßen- und Kanalausbau sollte aus dem Wiederverkauf der Grundstücke finanziert werden. Aber die Grundstücke konnten nicht verkauft werden, solange die neue Kläranlage nicht fertig war. In erneuten schwierigen Verhandlungen ließ der Regierungspräsident sich das Zugeständnis abringen, dass weitere neue Gewerbebetriebe errichtet werden könnten, wenn sie etwa zeitgleich mit der Kläranlage fertig würden. Letztere sollte Mitte 1980 fertig werden, tatsächlich in Betrieb genommen wurde sie im Juli 1981, sodass erst seit diesem Zeitpunkt intensiv neues Gewerbe angesiedelt werden konnte. Eine Besonderheit war der Bau von zwei Gewerbehöfen in der Daimler- und in der Otto-Hahn-Straße, in denen jeweils mehrere Kleinbetriebe untergebracht werden konnten. 1987 waren alle Flächen im Gewerbegebiet Nord-Ost verkauft.[57]

Ende 2007 waren in dem Gewerbegebiet einschließlich der Rondorfer Straße und dem neuen Büro- und Wohnquartier um die Max-Ernst-Straße 606 Gewerbebetriebe ansässig. Eine erstaunliche Zahl, auch wenn sich darunter viele Kleinstbetriebe befanden und manche Firmen juristisch in verschiedene Teilgesellschaften aufgesplittet waren. Zu den größten Firmen im Gewerbegebiet Nord-Ost zählten Anfang 2008: *Brunata-Metrona* (Heizkostenmesssysteme) mit 375 Beschäftigten, *GE Inspection Technologies/ Krautkrämer* (320 Beschäftigte), *Alfred Talke Logistic Services* (250 Beschäftigte in Hürth, 850 weltweit), *Pressevertrieb Köln* (250 Beschäftigte), *Fleisch- und Wurstproduktion Hardy Remagen* (150 Beschäftigte), *Stadtbäckerei Willi Klein* (80 Beschäftigte am Produktionsstandort, 350 in der Gesamtfirma), *Gasversorgungsgesellschaft Rhein-Erft* (91 Beschäftigte).

Das neue Gewerbegebiet 1986: In der Mitte die zentrale Max-Planck-Straße.

In Zusammenhang mit dem Aufbau des Gewerbegebietes Nord-Ost initiierte die städtische Wirtschaftsförderung 1984 den *Arbeitskreis Wirtschaft Hürth (AWH)*, dem 38 Firmen als Gründungsmitglieder beitraten. Vorsitzender wurde der Steuerberater Max Ulrich Adrian, nach ihm der Direktor des Kraftwerkes Goldenberg, Alfons Heitmann (1986–1993) und seit 1993 der Rechtsanwalt Hermann Fidelis Thywissen. 1986 war die Mitgliederzahl auf über 100 Firmen angewachsen, in diesem Jahr gab der Arbeitskreis einen Hürth-Kompass: *131 Unternehmen stellen sich vor* heraus. Seit 1991 vergibt der AWH jährlich einen Wirtschaftspreis. Die ersten Preisträger waren die Brüder Helmut und Bernd Breuer, die damals gerade dabei waren, auf ihrem Firmengelände in Kalscheuren die ersten Studios für den privaten Fernsehsender RTL einzurichten.[58] 2008 waren 150 Hürther Firmen im AWH vertreten.

Alfons Heitmann. Direktor des Goldenbergwerkes in Knapsack (1977–1993) und Vorsitzender des Arbeitskreises Wirtschaft Hürth (1986–1993). Von 1993 bis 1999 leitete Heitmann auch den Heimat- und Kulturverein. Hier stellt er 1997 eine neue Ausgabe der Vereinszeitschrift *Hürther Heimat* vor.

Seit 1988 entwickelte die Stadt Hürth am westlichen Rand von *Gleuel* zwischen Hermülheimer und Kölner Straße in zwei Bauabschnitten ein weiteres, kleineres Gewerbegebiet für kleine und mittelständische Betriebe, in dem Anfang 2008 163 Firmen angesiedelt waren. Seit 1998 entsteht bei Kalscheuren zwischen der Bahnlinie der Linie 18, der Hans-Böckler- und der Ursulastraße als vorläufig letztes neues Gebiet das Gewerbegebiet Süd-Ost. Die ersten Gewerbeansiedlungen erfolgten hier jedoch erst längere Zeit nach der Erschließung im Jahre 2007.

Neue Entwicklungen und Umstrukturierungen in Knapsack: ST@RT Hürth, TIK und chemergy Knapsack

Nach dem Abriss des Wohnortes Knapsack siedelten sich im Bereich der ehemaligen Dorflage 1979 die ersten Betriebe an. Bis 1983 waren dort 14 Firmen mit rund 300 Beschäftigten ansässig. Die Stadt Hürth bemühte sich, in Knapsack vor allem sogenannte störende Betriebe wie Bau- oder Transportunternehmer anzusiedeln, und refinanzierte durch den Verkauf der entsprechenden Grundstücke teilweise die ihr durch die Umsiedlung entstandenen Kosten.[59]

In Reaktion auf den dargestellten starken Rückgang der klassischen Großindustrie schuf die Stadt Hürth 1998 gemeinsam mit der Kreissparkasse und der Industrie- und Handelskammer Köln sowie mit finanzieller Unterstützung durch das Land NRW ein *Zentrum für Technologie- und Existenzgründung ST@RT Hürth.* Das in Knapsack ansässige Zentrum unterstützt junge, innovative Unternehmen in der schwierigen Anfangsphase durch eine Existenzgründungsberatung, die zeitlich begrenzte Überlassung preiswerter Büroräumlichkeiten, einen gemeinsamen Sekretariatsservice oder gemeinsame Messeauftritte.

ST@RT HÜRTH
Zentrum für Technologie und Existenzgründung GmbH

KNAPSACK
Technologie- und Industriepark

ST@RT Hürth wurde auch Mitglied des zeitgleich ins Leben gerufenen *Technologie- und Industrieparks Knapsack TIK,* dem außerdem wiederum die Stadt Hürth, der Chemiepark Knapsack, RWE und die Trierer Wohnungs- und Gewerbebaufirma *TRIWO* angehörten, die das Gelände der Degussa Knapsack erworben hatte. Aufgabe von TIK sollte es vor allem sein, die in Knapsack durch Betriebseinstellungen und den umfangreichen Abriss alter Industrieanlagen entstandenen Freiflächen zu vermarkten und mit modernen, neuen Anlagen und Firmen zu besetzen. Als besonderer Erfolg konnte der Bau einer hochmodernen Papierfabrik auf dem Gelände der früheren Brikettfabriken Ville III–V am Bertramsjagdweg 2001/02 durch die Firma *Rheinpapier* verbucht werden. Das finnische Unternehmen produziert Zeitungspapier ausschließlich aus Altpapier, das aus dem gesamten Großraum Köln dafür nach Knapsack transportiert wird.[60]

Seit Ende 2006 betreibt die Stadt Hürth in Kooperation mit RWE und dem Chemiepark im Rahmen der *Regionale 2010,* dem Wirtschaftsförderungsprojekt des Landes NRW für die Region Köln – Bonn ein *Gärten der Technik*-Projekt *chemergy Knapsack.* Hierdurch sollen der Ausbau regenerativer Energien, insbesondere der Wasserstofftechnologie, die Ausbildung in für die Energie- und Chemieindustrie wichtigen Berufen und Studiengängen gefördert und ein neues zukunftsorientiertes Standortimage aufgebaut werden. Der Knapsacker Industriehügel soll zu einem auch für eine breitere

Öffentlichkeit erfahrbaren Vorzeigeprojekt in der Region weiter entwickelt werden.[61]

Die Medienbranche

Als der private Fernsehsender *RTL* 1990 nach Möglichkeiten suchte, neue Fernsehstudios im Kölner Raum einzurichten, machte die städtische Wirtschaftsförderung ihn auf die leerstehenden Hallen der früheren *Kölner Holzbauwerke* in Kalscheuren aufmerksam, die kurz vorher von der benachbarten Kranfirma der Gebrüder Breuer gekauft worden waren. Nach nur

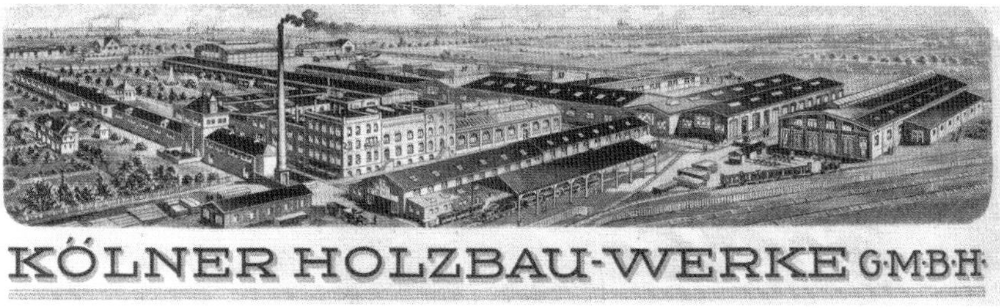

Die Fabrikationsanlagen der Kölner Holzbau-Werke 1934. In den Hallen in der Mitte rechts neben dem Schornstein wurden 1991 die ersten Fernsehstudios eingerichtet.

kurzer Umbauzeit konnte schon am 21. Februar 1991 die erste Sendung – eine Musikshow mit Peter Kraus – aufgenommen werden. So begann eine rasante Entwicklung, bei der plötzlich aus der Asche stillgelegter Industriebetriebe phönixgleich eine ganz neue, für die Stadt Hürth wirtschaftlich bald sehr bedeutende, Branche aufstieg. Im Juni 1991 feierte RTL mit einer großen Gala mit 1500 prominenten Gästen offiziell die Eröffnung des neuen Produktionsstandortes in Kalscheuren. Noch im gleichen Jahr gründeten die Gebrüder Breuer eine eigene Medienfirma, die *Magic Media Company MMC* und errichteten bis 1993 neben den alten Hallen ein großes neues Medienzentrum mit drei neuen Studios und 8.000 Quadratmetern Bürofläche. Am 1. September 1992 strahlte der private Rundfunksender *Radio Erft* seine erste Sendung aus seinen neuen Räumen im Einkaufszentrum *Hürth-Park* aus. Im Dezember 1993 eröffnete die niederländische Produktionsfirma *NOB* ihr erstes Studio an der Kalscheurener Straße in den Hallen der Firma Gertner & Fuhrmeister, deren Werkzeugmaschinenimport aus der Sowjetunion seit der *Wende* 1989/90 zum Erliegen gekommen war. 1995 waren in Hürth bereits 16 Medienfirmen ansässig, die etwa 1000 feste und freie Mitarbeiter beschäftigten und mit fast 45 Millionen D-Mark etwa ein Viertel der städtischen Gewerbesteuern aufbrachten. In 16 Studios wurden für die Sender *RTL, SAT 1, VOX* und *ZDF* wie am Fließband Talkshows, Quizsendungen, Gameshows, Soaps und

Erste Sendung in den neuen Fernsehstudios in Kalscheuren: Es singen am 21. Februar 1991 Peter Kraus und Caterina Valente.

Wegweiser zu den neuen Fernsehstudios 1994.

Nachrichtenmagazine produziert. Bis 1997 entwickelte Hürth sich mit mehr als 30 Studios zu einem der größten Fernsehproduktionsstandorte in Europa und erlangte dadurch einen bisher ungeahnten Bekanntheitsgrad. 2000 produzierte und sendete RTL von hier aus erstmals seine berühmt-berüchtigte Sendung *Big Brother.* 2007 waren in etwa 60 Medienunternehmen rund 3000 Menschen beschäftigt.[62] 2008 wurde eine sogenannte *Medienmeile* eingerichtet, die alle wichtigen Studios und Medienfirmen optisch miteinander verbinden soll.

Bevölkerungs- und Stadtentwicklung

Die Hürther Bevölkerung verdoppelte sich seit Kriegsende von knapp 30000 auf fast 60000 Einwohner. Dies war selbstverständlich nur durch eine bedeutende Ausweitung der Siedlungsgebiete möglich, zumal die Menschen mit steigendem Wohlstand immer mehr Wohnfläche pro Bewohner in Anspruch nahmen. Festzustellen ist ein starker, kontinuierlicher Anstieg bis etwa 1970, dann eine Stagnation, teilweise sogar ein Rückgang der Bevölkerung und ein erneuter Anstieg seit 1990.

Durch den starken Zuzug von Flüchtlingen aus Ost- und Mitteldeutschland änderte sich in den ersten Nachkriegsjahren die konfessionelle Zusammensetzung der Bevölkerung deutlich. Während Hürth bis zum Kriegs-

Tabelle 13: **Bevölkerungsentwicklung 1939–2005**[63]

	1939	1945	1948	1954	1960	1965	1970	1975	1980	1985	1990[64]	2000[65]	2005
Gesamt	30.523	29.606	34.216	41.024	45.541	48.285	52.800	51.769	50.883	50.455	52.072	55.516	57.418
Alstädten-Burbach			1.102	1.311	1.606	1.774	2.301	2.311	2.307	2.431	2.874	3.272	3.440
Alt-Hürth			5.594	6.762	6.687	6.733	6.335	6.796	6.456	6.265	6.399	6.504	6.815
Berrenrath			2.499	2.929	3.413	3.443	3.187	2.895	3.203	2.997	2.895	2.752	3.171
Efferen			4.957	6.629	8.300	9.707	10.908	9.994	9.470	9.359	9.525	10.930	11.991
Fischenich			4.028	4.306	4.665	4.812	5.056	4.923	4.845	4.951	5.076	5.132	5.096
Gleuel			4.950	5.927	6.282	6.824	6.918	6.700	6.791	6.771	7.088	6.769	6.647
Hermülheim m. Hürth-Mitte			2.951	4.282	5.767	6.308	9.381	11.361	11.724	11.628	12.700	14.150	14.302
Kalscheuren			857	837	920	954	912	720	725	680	709	570	571
Kendenich			2.488	2.916	3.106	3.154	3.492	3.183	2.976	2.967	3.068	3.031	3.061
Knapsack			3.698	3.871	3.209	2.945	2.565	936	342	187	159	147	116
Sielsdorf- Stotzheim			1.092	1.256	1.586	1.630	1.745	1.950	2.044	2.219	2.298	2.259	2.193

ende noch ganz überwiegend katholisch war, verdoppelte der Anteil der Protestanten sich bis 1960 auf etwa 20 Prozent. Der Anteil der Katholiken verringerte sich kontinuierlich von anfangs 90 auf nur noch 50 Prozent. Seit etwa 1970 ist auch ein leichter, aber ebenfalls kontinuierlicher Rückgang bei den Protestanten festzustellen. Seit etwa 1960 stieg der Anteil der Ausländer sowie der *sonstigen* Religionszugehörigkeiten, das heißt vornehmlich der Muslime, stetig an.

Tabelle 14: **Anteile der Konfessionen, Flüchtlinge und Ausländer an der Gesamtbevölkerung** (in Prozent)[63]

	Katholisch	Evangelisch	Sonstige	Heimatvertriebene und Flüchtlinge	Ausländer
1933	88,5	9,4	2,1		
1946				3,4	
1948	83,8	13,9	2,2	7,5	
1954	79,5	18,1	2,4	12,2	
1960	76,7	20,7	2,6	20,2	2,3
1965	75,2	21,0	3,7	21,1	3,4
1970	71,3	22,0	6,6		4,5
1975	71,4	21,2	7,4		5,6
1980	69,9	20,5	9,6		6,6
1985	68,9	20,0	11,0		6,6
1990	66,0	19,3	16,0		9,5
1995					
2000					10,6
2005	52,9	16,9	30,0		9,6

In den ersten Nachkriegsjahren war die *Wohnungsnot* eines der zentralen kommunalpolitischen Themen. Etwa zwei Drittel des Wohnungsbestandes waren durch den Krieg zerstört oder beschädigt worden, und gleichzeitig strömten immer mehr Flüchtlinge aus dem Osten auch nach Hurth. Bis 1960 stieg der Anteil der *Sowjetzonenflüchtlinge* und *Heimatvertriebenen* auf 20 Prozent der Hürther Bevölkerung an. Das waren fast 10 000 Menschen, die erst einmal untergebracht werden wollten. Das 1950 verabschiedete *Notaufnahmegesetz* verpflichtete die Kreise und Kommunen zur regelmäßigen Aufnahme bestimmter Flüchtlingsquoten. Die Gemeinde sah sich gezwungen, überall Notunterkünfte in ehemaligen Kriegsgefangenenlagern, Baracken, Schulen und Wirtshaussälen einzurichten, zudem übernahm sie die von den Bewohnern bereits geräumten Häuser in Alt-Berrenrath, um auch dort bis zur endgültigen Abbaggerung des Dorfes kurzfristig noch

Luftaufnahme des Neubaugebietes *Auf der Kumme* vom 7. Juni 1962. Links die Duffesbachstraße, rechts die Kreuzstraße. Auf der Freifläche in der Mitte wurde später eine neue Volksschule, die heutige Bodelschwinghschule, gebaut.

weitere Flüchtlinge unterzubringen. Die Menschen, vor allem die Flüchtlinge, wohnten sehr beengt, oft stand einer mehrköpfigen Familie über lange Zeit hinweg nur ein Zimmer zur Verfügung. Bis 1956 errichteten vor allem die Wohnungsbaugesellschaften mit finanzieller Förderung der Gemeinde praktisch in allen Ortsteilen neue Häuser in einfacher Bauweise mit etwa 100 Wohnungen. Weitere 122 Wohnungen waren zu diesem Zeitpunkt im Bau oder in der Planung.[66] Noch in den 1950er-Jahren entstanden erste größere, zusammenhängende neue Wohngebiete in Efferen *(Donatussiedlung)*, Hermülheim *(Blumensiedlung)*, zwischen Hermülheim und Alt-Hürth *(Kummet)* und am Südrand von Gleuel (Schnellermaarstraße). Auch hier waren die Bauträger mehrheitlich Wohnungsbau- und Siedlergenossenschaften oder die großen Industriebetriebe.

Tabelle 15: **Entwicklung des Wohnungsbestandes 1945–1990**[63]

	Wohnungen	Wohnungen mit Kriegsschäden	Notwohnungen	Wohnungssuchende Familien
1945		5.574		
1950	8.480	3.031	448	
1952				1.048
1956	12.018		491	1.649
1958	12.505			1.852
1960	13.176			1.385
1963	14.567			1.270
1965	15.321			1.453
1970	17.069			
1975	18.706			
1980	19.298			
1985	20.226			
1990	20.660			

1953 verabschiedete die Gemeinde einen ersten Flächennutzungsplan, damals noch *Leitplan* genannt. Dieser sah eine *ringförmige* Gemeindeentwicklung von Hermülheim – Alt-Hürth – Knapsack – Neu-Berrenrath – Gleuel – Alstädten-Burbach – Hermülheim rund um eine große zu rekultivierende Grünfläche der ehemaligen Tagebaue *Theresia, Gotteshülfe* und *Engelbert* vor. Efferen sollte von Hermülheim durch einen Grünstreifen mit Kleingärten getrennt bleiben. Die erwähnten Neubaugebiete Am Kummet und in Gleuel sowie vor allem Neu-Berrenrath, mit dessen Bau 1952 begonnen wurde, entsprachen genau dieser *Ringkonzeption.*

Der Leitplan sollte aber nicht lange Bestand haben, da sich die kommunalpolitische Diskussion unter der Ägide des neuen, 1953 gewählten Gemeindedirektors Otto Räcke schon bald immer mehr um die Frage drehte, wie ein neues *urbanes Zentrum* für die Gesamtgemeinde geschaffen werden könne. Die Vorstellung eines städtischen Zentrums stand der alten Leitidee eines Ringes gleichberechtigter Ortsteile diametral entgegen. Räcke war von der Überzeugung beseelt, dass eine Flächengemeinde wie Hürth auf Dauer ihre Selbstständigkeit nur bewahren könne, wenn sie sich einen Mittelpunkt, eben ein *urbanes Zentrum,* schaffe. Und damit hatte er zweifellos recht: Schon in den 1920er-Jahren hatten die Stadt Köln und insbesondere ihr aktiver Oberbürgermeister Konrad Adenauer die Eingemeindung des gesamten Landkreises Köln propagiert. Unmittelbar nach Ende des Zweiten Weltkrieges hatte sie einen erneuten Anlauf in dieser Richtung unternommen.[67] Die Realisierung von Hürth-Mitte wurde zu Räckes Lebensaufgabe, der er sich zwei Jahrzehnte lang mit größter Energie widmete.

Es hätte nahe gelegen, einen der beiden Zentralorte der früheren Bürgermeisterei Hürth, (Alt-)Hürth oder Hermülheim zu einem *städtischen Mittelpunkt* auszubauen. Aber (Alt-)Hürth war damals zwischen den Braunkohlengruben *Hürtherberg* im Osten und *Theresia/Gotteshülfe* im Westen eingezwängt und besaß keine Ausdehnungsmöglichkeiten. Nördlich von Hermülheim hätte im Bereich des sogenannten *Mühlenackers* zwischen Luxemburger, Rosell-, Krankenhausstraße und Efferen eine mögliche, noch völlig unbebaute Fläche zur Verfügung gestanden, die gegenüber dem zweiten erwogenen Standort zwischen Hermülheim, (Alt-)Hürth und Alstädten alle nur erdenklichen Vorteile aufzuweisen schien: Sie lag direkt an den beiden Hauptverkehrsachsen, der Luxemburger Straße und der Trasse der Köln-Bonner Eisenbahn und in unmittelbarer Nähe der wichtigsten Infrastruktureinrichtungen wie Krankenhaus, Rathaus und Hauptpost. Das bestehende kleinstädtische (Geschäfts-)Zentrum rund um die Kreuzung der Luxemburger mit der damaligen Bahnhofsstraße (heute Hans-Böckler-Straße) hätte wahrscheinlich gut in die Neubauplanung einbezogen und so organisch weiterentwickelt werden können. Nach eigener Darstellung Räckes waren in diesem Gebiet auch die Voraussetzungen für den erforderlichen Grunderwerb durch die Gemeinde sehr viel günstiger als in dem Gebiet zwischen (Alt-) Hürth und Hermülheim.[68]

Räcke und mit ihm die übrigen Gemeindeväter hielten jedoch das später gewählte Gelände von Anfang an von der Lage her für geeigneter. In den zur Verfügung stehenden Akten und Protokollen findet sich hierfür keine schlüssige Erklärung, im Gemeinderat und im Hauptausschuss wurde die Standortfrage auch nie diskutiert, der gewählte Standort vielmehr offenbar immer als gegeben vorausgesetzt. Dies kann im Nachhinein eigentlich nur verwundern, lag dieses Gebiet doch fernab aller bisherigen Verkehrsachsen *auf der grünen Wiese.* Um diesen Nachteil auszugleichen, wurde die Verlegung der Trasse der Köln-Bonner Eisenbahn über Hürth-Mitte geplant. In Hürth-Mitte sollte die Bahn als U-Bahn verkehren, für Efferen war – geradezu abenteuerlich – eine Hochbahn über der Bachstraße vorgesehen. Aber nur bei Verwirklichung dieses – letztlich völlig unrealistischen – Projektes war ein Bau des neuen Zentrums mit vielen Tausend Bewohnern an dieser Stelle überhaupt zu rechtfertigen.[69]

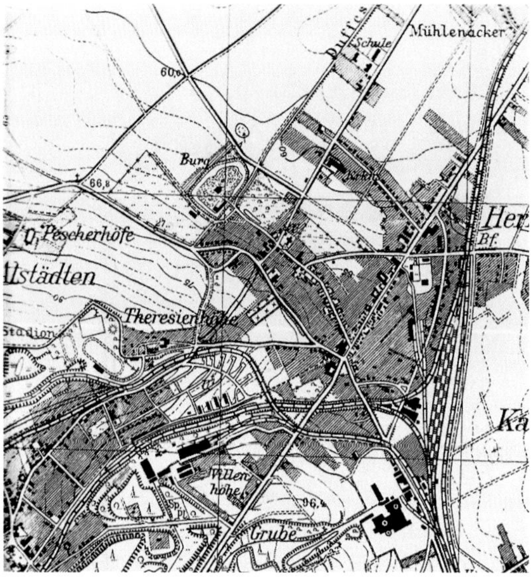

Der heutige Innenstadtbereich auf einer Karte von 1954. Oben rechts die Freifläche des *Mühlenackers* zwischen Efferen und Hermülheim, links zwischen den Pescher Höfen und der Burg Hermülheim das für den Bau von *Hürth-Mitte* gewählte Gebiet.

Dort war zunächst das schwierige Problem des Grunderwerbs zu lösen, denn praktisch das gesamte Terrain gehörte der Familie von Groote, den Besitzern der Burg Hermülheim, und die Verhandlungen mit Herrn von Groote waren kompliziert. Räcke erwog, das zum Verkauf stehende Gut Steinheim bei Eltville im Rheingau zu erwerben, um es von Groote zum Tausch anzubieten, aber dieser wollte unbedingt im Kölner Raum bleiben. Nun hatte Räcke von den belgischen Grafen Val de Beaulieu und deren Nachfahren schon Anfang 1955 die Güter *Horbell, Vogtsbell* und den *Hubertushof* in Sielsdorf samt den dazu gehörigen großen Ländereien erstanden, die diese nach der Säkularisation in der Franzosenzeit erworben hatten. Er hatte dies teilweise getan, um allgemeine Reserve- und Ersatzflächen etwa für durch den Braunkohlenabbau verloren gehende Flächen in die Hand zu bekommen, teilweise aber auch schon mit dem Hintergedanken, vielleicht die Familie von Groote aus Hermülheim später einmal dorthin umsiedeln zu können. Aber die Flächen waren langfristig verpachtet und daher für von Groote zunächst nicht nutzbar. Nach langen, schwierigen Verhandlungen unterzeichnete Eberhard von Groote am 29. Januar 1959 schließlich einen Vertrag über den Tausch seiner Güter in Hermülheim mit denen des Gutes (Vogts-)Bell.[70] Damit war der Weg frei für die Schaffung des geplanten neuen Gemeindezentrums, das einmal zum Stadtzentrum werden sollte.

Wahrscheinlich machte die Tatsache, dass nun zwischen Hermülheim, Alstädten und (Alt-)Hürth eine große, zusammenhängende Fläche zur Verfügung stand, die Wahl dieses Standortes zum Selbstläufer.[71] Dieser Standort lag auch mehr in der Mitte der Gemeinde, und möglicherweise spielte auch eine Rolle, dass das Zentrum nun nicht fernab von (Alt)Hürth entstehen sollte, nach dem immerhin die gesamte Großgemeinde benannt war.

Nicht nur Otto Räcke, sondern die meisten Beteiligten, hatten bald das Gefühl, an einem großen Rad zu drehen. Sie waren beseelt von dem Gedanken, eine ganz neue Stadt bauen zu können. Der Hauptausschuss reiste bis nach Kopenhagen, um sich moderne neue Baugebiete anzusehen. Am 1. März 1960 nahm mit Gerd Nieke ein neuer, junger und aktiver Technischer Beigeordneter seine Tätigkeit auf und legte schon im Juli 1960 einen ersten Plan für das künftige Zentrum vor, der Ausgangspunkt für den späteren Architektenwettbewerb sein sollte. Der Plan sah vor, in der Mitte des Zentrums einen durchgehenden Grünzug vom Hermülheimer Burgpark bis zu den Stadionanlagen auf der Theresienhöhe zu schaffen, der die Wohnbebauung im Nordosten und die Infrastruktureinrichtungen im Südwesten dieses Grünzuges voneinander trennen sollte. Nieke war überzeugt, dass die Bewohner des künftigen Stadtzentrums im Grünen wohnen sollten. Er stand damit wie die Architekturbüros Poelzig und Spengelin, die das Zentrum dann später planten, ganz in der Tradition des *Neuen Bauens,* welche sich seit den 1920er-Jahren in Reaktion auf die verdichtete und ungesunde Block- und Hinterhofbebauung in den Großstädten herausgebildet hatte und die stattdessen einen Wohnungsbau mit viel Licht und Luft propagierte. Grundgedanke Niekes war, eine *durchgrünte* Wohnbebauung zu schaffen, die fließend in den geplanten Grünzug zwischen Burg und Stadion übergehen würde. Und erst dahinter sollte dann das eigentliche städtische Zentrum mit Marktplatz, *Verkaufszentrum,* Kirchen, Schulen, Rathaus und *Kulturzentrum* entstehen.[72] Nach einem späteren Bericht Otto Räckes trug Nieke entscheidend dazu bei, dass das Projekt Hürth-Mitte schließlich sehr viel größer dimensioniert wurde, als er es sich ursprünglich vorgestellt hatte.

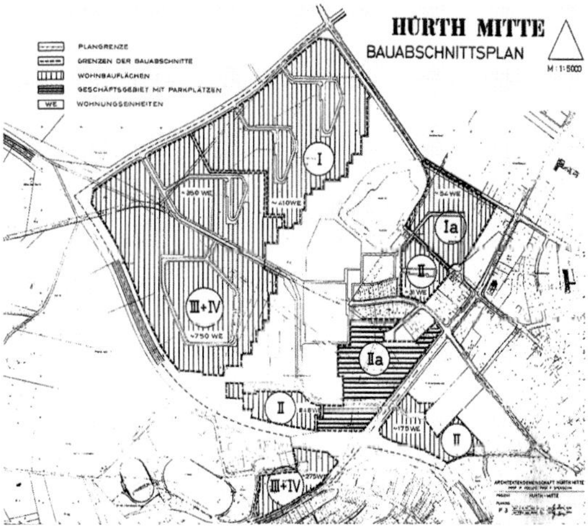

Bauabschnittsplan der Architektengemeinschaft Poelzig/Spengelin vom 17. Januar 1964. Die römischen Ziffern I–IV sollten die Reihenfolge der Bebauung festlegen. In der Mitte (IIa) das geplante Geschäftsgebiet.

1961 wurden sieben renommierte Architekturbüros zur Teilnahme an einem städtebaulichen Ideenwettbewerb aufgefordert. Die beiden ersten Preisträger, Professor Poelzig aus Duisburg/Berlin und Professor Spengelin aus Hamburg wurden vom Preisgericht aufgefordert, auf der Grundlage ihrer Entwürfe einen gemeinsamen Planentwurf zu erstellen. Die beiden Büros gründeten eine *Architektengemeinschaft Hürth-Mitte* und beschäftigten mit dem Diplomingenieur Josef Große-Boes einen Mitarbeiter, der ständig in Hürth anwesend war und sein Büro zunächst in der Burg Kendenich einrichtete. Im September 1963 gelang Otto Räcke ein großer Überraschungscoup, als der Kreistag des Landkreises Köln beschloss, ein neues Kreishaus in dem geplanten neuen Hürther Zentrum zu bauen. Es schien also etwas zu werden mit dem neuen Zentrum, und so herrschte eine euphorische Aufbruchstimmung, als der Gemeinderat am 17. Februar 1964 vor großer Zuschauerkulisse im Atrium der Katharinenschule in (Alt-)Hürth einstimmig den Bau von *Hürth-Mitte* auf der Grundlage des von der *Arge Poelzig/Spengelin* erarbeiteten Planes beschloss. Dieser sah nach Nordwesten zum Alstädter Weg (heute Sudetenstraße) hin eine mehrgeschossige Bebauung vor, die dann nach Südosten zu dem geplanten Grünstreifen hin in eine Einfamilienreihenhaussiedlung überging. Der Grünstreifen zwischen Burgpark und Stadion fiel allerdings schon sehr viel schmaler aus als bei Nieke ursprünglich geplant. Für den I. Bauabschnitt sollte sofort ein Bebauungsplan erstellt und spätestens mit dem II. Bauabschnitt auch eine Fernwärmelieferung durch das Goldenbergwerk sichergestellt sein. In dem durch Industrieemissionen stark belasteten Hürth sollte die Fernwärme ein grünes Zentrum ohne schädliche Emissionen ermöglichen.

Mehr als 200 Hürther Bürger kamen zur Gemeinderatssitzung in der Atriumschule. Ein Rekord besonderer Art.

(R) 19.2.64

Zum Thema des Tages

Richard Hettinger (CDU) — Rüdiger Hansen (CDU)

Gemeinderat beschloß vor 200 Bürgern:

Start für Hürth-Mitte mit über 2000 Wohnungen

VON SIEGFRIED PREUSSLER

Gemeinde Hürth. Mit einem einstimmigen Beschluß über die Detailplanung von Hürth-Mitte hat der Gemeinderat am Montagabend den Startschuß für die Verwirklichung dieses großartigen städtebaulichen Projektes gegeben. In den Reden der Fraktionsvertreter wurde mehrfach die große geschichtliche Bedeutung dieser Sitzung hervorgehoben. Man hatte gut daran getan, dem Antrag der CDU zu folgen und die Ratstagung in der großen Pausenhalle der Hürther Katharinenschule abzuhalten. Mehr als 200 Bürger hatten sich als interessierte Zuschauer eingefunden. Für eine Ratssitzung sicherlich ein Rekord besonderer Art. Der Beschluß gliedert sich in 14 Einzelpunkte, unter denen die Verabschiedung des Flächennutzungsplanes für Hürth-Mitte als wichtigstes Detail erschien.

Startschuss für Hürth-Mitte. Die *Kölnische Rundschau* berichtete am 19. Februar 1964 in großer Aufmachung über die Gemeinderatssitzung, in der der Bau des neuen Stadtzentrums beschlossen wurde.

Es besteht kein Zweifel, so schrieb Otto Räcke an seinen Technischen Beigeordneten am 30. November 1964, *daß wir uns alle in die jetzt vorgesehene städtebauliche Lösung des Mittelpunktes verliebt haben.*[73] Auch in Fachkreisen, so hieß es immer wieder, seien die Pläne durchweg auf große Zustimmung gestoßen. Räcke, der am 16. März 1965 einstimmig bei vier Enthaltungen für weitere zwölf Jahre zum Gemeindedirektor wieder gewählt wurde und damit auf dem Höhepunkt seines Ansehens und seines Einflusses stand, verhandelte nun in großem Stil mit Wohnungsbaugenossenschaften,

Versicherungen und Bauträgern über den geplanten Wohnungsbau im I. Bauabschnitt rund um die drei dort vorgesehenen Erschließungsschleifen. Der Miet- und Eigenheimwohnungsbau schritt trotz mancher Probleme im Detail einigermaßen zügig voran. Ende 1968 waren 194 Eigenheime bezogen, weitere 95 im Bau, und 800 Geschosswohnungen waren fertiggestellt,

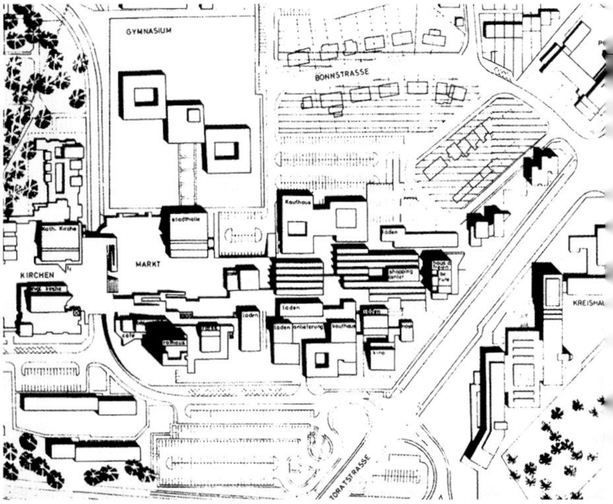

Links: Das werdende Hürth-Mitte aus der Vogelperspektive 1970. In der Mitte die Bonnstraße, oben links die sogenannten *Punkthäuser* an der späteren Sudetenstraße, oben rechts der erste *Tatzelwurm* am Deutschen Ring, davor die beginnende Bebauung mit Einfamilien-Reihenhäusern.

Rechts: Plan der Architektengemeinschaft Hürth-Mitte, etwa 1966. Rund um einen zentralen Marktplatz sollten wichtige städtische Einrichtungen, Gastronomie und ein große Einkaufszentrum gruppiert werden. Der Plan wurde leider nicht umgesetzt.

im Bau oder finanziert.[74] So wuchs *auf der grünen Wiese* eine Trabantenstadt mit bald 5 000 Bewohnern heran – nur das im Süden des Plangebietes vorgesehene, unabdingbar dazu gehörige *urbane Zentrum* wuchs nicht mit. Zwar wurde das Gymnasium an der Bonnstraße 1966 eingeweiht, zwar gelang Otto Räcke 1968 mit der Ansiedlung des Bundessprachenamtes in Hürth-Mitte ein zweiter großer Coup wie beim Kreishaus, zwar errichtete die Arbeiterwohlfahrt 1971 ein Altenzentrum, aber ein städtisches Zentrum konnte daraus nicht erwachsen, zumal die einzelnen Gebäude alle jeweils isoliert standen und weit voneinander entfernt lagen.

Die ursprünglichen Planungen der Architektengemeinschaft hatten einen zentralen Marktplatz vorgesehen, um den herum sich alle *zentralen* Gebäude und Einrichtungen gruppieren sollten: Rathaus, Stadthalle, Kirchen und ein größeres *Shopping Center.* Aber von alledem war auch zehn Jahre nach dem Baubeginn in Hürth-Mitte noch nichts zu sehen. 1975 schrieb der Hürther Geografiestudent Rainer Disselbeck in seiner Diplomarbeit: *Die derzeitige Ausstattung mit Folgeeinrichtungen aller Art kann nur als katastrophal bezeichnet werden.*[75] Der Druck auf Gemeindeverwaltung und Kommunalpolitiker nahm zu, doch endlich vernünftige Einkaufsmöglichkeiten für den neuen Ortsteil zu schaffen. Jahrelang hielten schwierige und immer aufs Neue scheiternde Verhandlungen mit verschiedenen Firmengruppen (Stüssgen, Otto, Quelle) die Hürther in Atem. Und in all den Jahren konnten in einer provisorischen Baracke lediglich die nötigsten Dinge eingekauft werden. Erst 1975 wurde unter der Ägide des neuen Gemeindedirektors Dr. Georg Rogge und seines Beigeordneten Josef Langen mit dem deutsch-amerikanischen Geschäftsmann Edward Roberts ein Vertrag zur Errichtung eines Einkaufszentrums abgeschlossen. Inzwischen war die Hürther Kommunalpolitik bereit, so gut wie alles zu akzeptieren, wenn überhaupt noch so etwas wie ein *Shopping Center* kommen würde. Und so öffnete sich das von Roberts errichtete Center auch nicht, wie früher vorgesehen, auf einen zentralen Platz hin, stattdessen wurde das nach innen gekehrte Gebäude auch noch von einer riesigen Fläche ebenerdiger Parkplätze umgeben. Und das Einkaufszentrum wurde genau in der Linie des Grünstreifens errichtet, der einmal den Hermülheimer Burgpark mit den Stadionanlagen hatte verbinden sollen.

Das neue Einkaufszentrum *Hürth-Park* nach seiner Fertigstellung 1977, eingeschlossen von großen Parkflächen.

Die Vorstellungen und Planungen zur Gestaltung eines die künftige Stadtmitte bildenden, zentralen Markt- oder Stadtplatzes wurden mit dem Bau des Einkaufszentrums stillschweigend ad Acta gelegt, und sie konnten, so wie das Einkaufszentrum sich präsentierte, auch beim Bau des Kirchenzentrums 1979, eines neuen Rat- und Bürgerhauses 1984 und einer Hauptpost 1986 nicht wieder aufgegriffen werden. Auch diese Neubauten wurden, durch ein wenig Grün und viele Parkplätze voneinander getrennt, beziehungslos nebeneinander auf noch freie Grundstücke gesetzt. Ein wirklich urbanes Zentrum, das sich Otto Räcke, Gerd Nieke und ihre Mitstreiter in der Kommunalpolitik einmal erhofft hatten, konnte also nicht verwirklicht werden.

Ansichtskarte aus Hürth-Mitte. Sie zeigt neben der Hochhausbebauung das Gymnasium an der Bonnstraße (oben links) und das Altenzentrum der Arbeiterwohlfahrt (unten rechts) als neue Sehenswürdigkeiten. Die Karte wurde am 27. November 1979 von Hürth nach Schweden verschickt. *Rechts:* Das Einkaufszentrum Hürth-Park in seiner ersten Ausbaustufe um 1980.

Das dicht bebaute Zentrum im Jahre 2006.

Das neue Einkaufszentrum *Hürth-Park* wurde 1977 mit einem Warenhaus, 65 Einzelhandels- und Dienstleistungsgeschäften und einer Geschäftsfläche von 29 000 Quadratmetern eröffnet und erwies sich wirtschaftlich als Erfolg, sodass es in den darauf folgenden Jahren mehrfach erweitert wurde. Nach dem Anbau der *Arkaden* im Jahre 1995 verfügte das Zentrum über 146 Läden mit 76 000 Quadratmetern Geschäftsfläche und etwa 2 000 Beschäftigten.

Ausbau des Einkaufszentrums Hürth-Park

1983: 2. Bauabschnitt mit weiteren 37 Ladenlokalen
1984: Dienstleistungsgebäude mit Büroflächen, Arzt- und Anwaltspraxen
1990: *Multiplex-Kino UCI*
1995: Arkaden mit 23 neuen Geschäften
2005: Umbau des sogenannten Marktplatzes.
2008: Großer Gesamtumbau mit Schaffung einer zweiten, durchgehenden Ladenstraße

Kommunale Neugliederung und Stadtwerdung

Trotz ihrer Probleme mit einer Zentrumsbildung erreichten die Hürther in den 1970er-Jahren doch zwei ihrer wichtigsten kommunalpolitischen Ziele: Die Gemeinde überstand die kommunale Neugliederung in Nordrhein-Westfalen 1974 weitgehend unbeschadet und wurde vier Jahre später dann sogar zur Stadt erhoben. Der Kampf um den Erhalt der kommunalen Selbstständigkeit war ein manchmal fast verzweifelter Wettlauf mit der Zeit. Die Diskussion um eine groß angelegte kommunale Neugliederung im Land begann schon 1965, als man in Hürth gerade erst mit dem Bau eines Zentrums begonnen hatte. Immerhin hatte zu diesem Zeitpunkt der Landkreis Köln bereits beschlossen, den Kreissitz nach Hürth zu verlegen. Aber es war ganz unsicher, ob der Kreis selbst die Neugliederung überhaupt überleben würde.

Feier zur Stadtwerdung im Hürther Stadion am 7. Oktober 1978. In der ersten Reihe sitzen von rechts Kreisdirektor Dr. Helmut Vreden, Bürgermeister Hanns Conzen mit Frau, Innenminister Dr. Burkhard Hirsch, Stadtdirektor Dr. Georg Rogge mit Frau, Regierungspräsident Dr. Franz Josef Antwerpes, Rudi Tonn und der Bundestagsabgeordnete Klaus Lennartz mit Frau. In der zweiten Reihe ganz rechts ist der Beigeordnete Josef Langen zu sehen.
Rechts: Urkunde zur Verleihung der Stadtrechte.

Als der Nordrhein-Westfälische Städtebund 1971 die Eingemeindung Efferens nach Köln und die Stadt Köln ein Jahr später wieder einmal die Eingemeindung des ganzen Landkreises forderte, wurde es brenzlig. Die Situation verschärfte sich, als die Landesregierung 1974 in ihrem Gesetzentwurf zum geplanten *Köln-Gesetz* ebenfalls den Anschluss Efferens an Köln vorsah. Nur unter Aufbietung aller Kräfte und allen Einflusses konnten die Hürther Kommunalpolitiker erreichen, dass im allerletzten Augenblick durch einen gemeinsamen Antrag von CDU und FDP in den parlamentarischen Beratungen doch noch der Verbleib Efferens bei Hürth beschlossen wurde. Durch das Neugliederungsgesetz vom 5. November 1974 verlor Hürth lediglich die Güter *Horbell* und *Bell* sowie einen kleinen Gebietsstreifen im Kölner Grüngürtel jenseits der Autobahn an die Stadt Köln. Man war mit einem blauen Auge davon gekommen.[76] Ein halbes Jahr nach Eröffnung des neuen Einkaufszentrums richtete der Gemeinderat einen Antrag auf Verleihung der Stadtrechte an die Landesregierung – und wurde überraschend schnell erhört: Schon am 27. Juni 1978 beschloss die Regierung, der Gemeinde Hürth *in Würdigung der intensiven Bestrebungen um eine Aufwärtsentwicklung die Bezeichnung »Stadt«* zu verleihen.[77]

Die Verleihung der Stadtrechte fiel zusammen mit dem Beginn der geschilderten gravierenden Strukturveränderungen in der Hürther Wirtschaft – weg von der alten Großindustrie hin zur postindustriellen Dienstleistungsgesellschaft. Die weitere *städtische* Entwicklung war geprägt einmal durch die sogenannte *Komplettierung* des Zentrums mit Kirchen, Jugendzentrum (1982), Rat- und Bürgerhaus und einem großen Hotel auf der Theresienhöhe (1993). Ferner ist eine starke Ausweitung der Wohnbereiche festzustellen, wo-

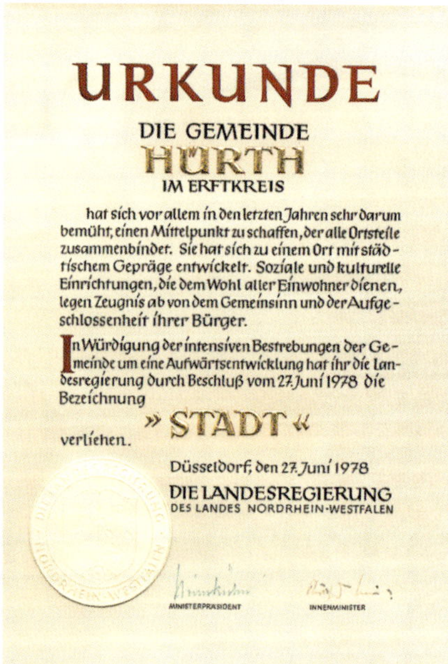

URKUNDE

DIE GEMEINDE
HÜRTH
IM ERFTKREIS

hat sich vor allem in den letzten Jahren sehr darum bemüht, einen Mittelpunkt zu schaffen, der alle Ortsteile zusammenbindet. Sie hat sich zu einem Ort mit städtischem Gepräge entwickelt. Soziale und kulturelle Einrichtungen, die dem Wohl aller Einwohner dienen, legen Zeugnis ab von dem Gemeinsinn und der Aufgeschlossenheit ihrer Bürger.

In Würdigung der intensiven Bestrebungen der Gemeinde um eine Aufwärtsentwicklung hat ihr die Landesregierung durch Beschluß vom 27. Juni 1978 die Bezeichnung

» STADT «

verliehen.

Düsseldorf, den 27. Juni 1978

DIE LANDESREGIERUNG
DES LANDES NORDRHEIN-WESTFALEN

MINISTERPRÄSIDENT INNENMINISTER

durch vor allem die Stadtteile Efferen und Hermülheim zwischen Luxemburger und Lortzingstraße völlig zusammen gewachsen sind. Südöstlich der Luxemburger Straße wuchsen die beiden Stadtteile durch das Gewerbegebiet Nord-Ost zusammen.

Das neue Rat- und Bürgerhaus am Otto-Räcke-Platz um 1987.

Verkehrsentwicklung

Vor und nach dem Zweiten Weltkrieg bedingte der Braunkohlenabbau wiederholte Verlegungen auch der das Gemeindegebiet durchziehenden überörtlichen Straßen. So verschwand die alte Berrenrather Straße von Burbach nach (Alt-)Berrenrath ebenso ganz wie die direkten Verbindungsstraßen zwischen Alstädten und (Alt-)Hürth und zwischen Knapsack und der Luxemburger Straße. Die Luxemburger Straße wurde in den späten 1940er-Jahren zwischen Kendenich und Liblar nach Osten verlegt, um der Gewerkschaft *Hürtherberg* neue Kohlegewinnungsmöglichkeiten zu verschaffen. Nach der Auskohlung entstand in diesem Bereich seit 1960 das Werk Hürth der Hoechst AG. Die 1950er- und 1960er-Jahre standen im Übrigen zunächst im Zeichen der Reparatur und dann des Ausbaus des bestehenden Straßennetzes. Die Straßen wurden verbreitert, *Verkehrshindernisse* in Form alter, in den verbreiterten Straßenraum hineinragender Häuschen wurden abgerissen, die Straßenpflasterung mit einer Teerdecke überzogen.

1967 wurde mit der Verlängerung der Horbeller Straße zwischen Krankenhaus- und Luxemburger Straße eine neue, zentrale Verkehrsachse von Kalscheuren/Hermülheim nach Marsdorf geschaffen, die Landesstraße 92. Seit Mitte der 1970er-Jahre wurden, auch zur Entlastung der alten Ortskerne, in mehreren Abschnitten durch die Felder zwischen den Orten zwei ganz neue Straßenzüge gebaut: Die Kreisstraße 2 von Efferen bis zum Otto-Maigler-See, und die Kreisstraße 25 (Frechener Straße) von Frechen, an Hürth-Mitte vorbei bis nach Knapsack. 1958 erhielt die Gemeinde Hürth mit dem Bau des südlichen Kölner Autobahnringes und der Abfahrt Köln-Klettenberg einen direkten Anschluss an das Autobahnnetz, was zu einer ganz erheblichen Aufwertung als Wirtschaftsstandort führte. 1972 folgte die neue linksrheinische Autobahn A 61/A 1 vom Kölner Westkreuz nach Süden, die im Südwesten das Gemeindegebiet tangierte und an der nun auch eine eigene Abfahrt Hürth eingerichtet wurde.[78]

Die Luxemburger Straße in der Ortsmitte Hermülheim um 1958. Die noch schmale Straße mit wenig Verkehr, breiten Bürgersteigen und vielen Bäumen sieht geradezu idyllisch aus.

Zu Beginn der 1930er-Jahre war die Vorgebirgsbahn der Köln-Bonner Eisenbahnen (KBE) elektrifiziert worden. In den Nachkriegsjahren stiegen die Fahrgastzahlen stark an, die Betriebsanlagen und der Wagenpark der Bahnen konnten ausgeweitet und modernisiert werden.[79] 1954 wurde auf dem Gelände der früheren Ribbertwerke in Hermülheim ein zentrales Busdepot eingerichtet. Im Jahr darauf erhielten Hermülheim und 1958 Efferen neue repräsentative Bahnhofsgebäude.

1958 richteten die KBE einen *Bus-Rundverkehr* ein, der von Hermülheim aus alle Ortsteile außer Sielsdorf und Efferen miteinander verband. Sowohl die KBE als auch der Postbus verknüpften Hürth auf verschiedenen Linien mit den Nachbarstädten, vor allem mit Köln. 1968 musste wegen rückläufiger Fahrgastzahlen der Personenverkehr auf der sogenannten *Schwarzen Bahn*, der Verbindungsstrecke zwischen Köln-Sülz, Hermülheim, Alt-Hürth, Knapsack und Berrenrath, eingestellt werden. Es folgten schwierige Jahre mit zurückgehenden Fahrgastzahlen und häufigen Umstrukturierungen im öffentlichen Personennahverkehr. 1986 wurde die Vorgebirgsbahn durch eine neue *Stadtbahnlinie 18* zwischen Köln und Bonn ersetzt und dabei ein neuer Haltepunkt Kiebitzweg mit großem Park-and-ride-Parkplatz eingerichtet. Im gleichen Jahr führte die Stadt Hürth zur weiteren Verbesserung des öffentlichen Personennahverkehrs ein Anruf-Sammeltaxi ein. Eine große

Verbesserung konnte 1997 mit der Einrichtung des Stadtbusses erreicht werden, der seine Fahrgastzahlen von 1,1 Millionen im ersten Betriebsjahr auf 3,5 Millionen 2007 steigern konnte. Seit 2002 besteht ein zentraler Omnibusbahnhof am Einkaufszentrum in Hürth-Mitte.[80]

Schulen und Bildung

Am Ende des Weltkrieges waren fast alle Hürther Schulen mehr oder weniger stark beschädigt. Der Schadensgrad betrug bei der Volksschule in Efferen 70 Prozent, in Gleuel waren es 60 und in Fischenich 53 Prozent.[81] Nur in Knapsack und Kendenich konnte normaler einschichtiger Unterricht gehalten werden, in allen anderen Orten musste doppelschichtig, in Fischenich sogar in drei Schichten unterrichtet werden. Die Gemeinde bemühte sich mit großer Energie um eine Verbesserung der Schulverhältnisse. Nach der Beseitigung der Kriegsschäden wurden zwischen 1948 und 1964 neun Volksschulen und mehrere Erweiterungsbauten mit insgesamt 74 Klassenräumen neu errichtet.

Volksschule Kalscheuren um 1955. Neben den alten Schulbänken (oben links) standen im gleichen Klassenraum schon einige neue Tische, an denen die Schüler konzentriert arbeiteten.

Auch die 1940 als Mittelschule gegründete Realschule hatte bis dahin schon zwei Erweiterungsbauten mit sieben neuen Klassen- und weiteren Fachräumen erfahren. Sie erhielt 1960 den Namen des ersten Reichspräsidenten *Friedrich Ebert*. 1958 wurde im Gebäude der alten Hermülheimer Volksschule eine Sonderschule, die *Dr.-Kürten-Schule*, eingerichtet. Als besonders großzügig unter den Schulneubauten der Nachkriegszeit stach die 1961 fertiggestellte, zwölfklassige *Katharinenschule* in Alt-Hürth heraus, deren Atrium für gut ein Jahrzehnt zur guten Stube der Gemeinde Hürth wurde, in der die wichtigen kulturellen und gesellschaftlichen Ereignisse stattfanden. 1964 wurde schließlich mit dem Bau für das 1960 gegründete und zunächst nur provisorisch in Schulbaracken untergebrachte Gymnasium begonnen. Es war der erste Neubau für das geplante neue Stadtzentrum Hürth-Mitte, der 1966 eingeweiht werden konnte. 1965 gründete die Gemeinde eine Jugend-Musikschule, die seit 1998 den Namen *Josef-Metternich-Musikschule* trägt.

Die Abschaffung der Volksschulen und deren Aufteilung in Grund- und Hauptschulen 1968 führte seither zu einer bis in die Gegenwart andauernden, häufigen Um- und Neuorganisation der Schullandschaft und der Schulbezirksgrenzen. Die Bedeutung der Hauptschule nahm in der Folgezeit beständig ab: 1986 wurden die Hauptschulen Fischenich, Kendenich, Alt-

Links: Die 1958 errichtete neue Volksschule in Efferen. Sie ist nach den von den Nationalsozialisten ermordeten Geschwistern Hans und Sophie Scholl benannt. *Rechts:* Entlassschüler vor der Katharinenschule in Alt-Hürth 1975.

Hürth in einem Erweiterungsbau in Kendenich zusammengelegt, 1993 musste auch die Hauptschule Gleuel geschlossen werden. 1974 wurde ein zweites Gymnasium eingerichtet und zunächst provisorisch im Gebäude der ehemaligen Volksschule in Stotzheim untergebracht. Ein Jahr später konnte das Gymnasium gemeinsam mit der Hauptschule Hermülheim in das neue Schulzentrum an der Sudetenstraße einziehen. Seit 1990 trägt die Schule den Namen Albert Schweitzers. Das Gymnasium an der Bonnstraße nennt sich seit 2005 *Ernst-Mach-Gymnasium.*

1970 entstand am Gymnasium Bonnstraße eine große Sporthalle. Seither war die Kommune sehr darum bemüht, an allen Schulen eigene Turnhallen zu errichten. Mit Fertigstellung der Turnhalle an der evangelischen Grundschule in Alt-Hürth, der *Bodelschwinghschule,* war dieses Ziel 1988 erreicht. 2004 öffnete an der *Bodelschwinghschule* die erste offene Ganztagsschule. Bis 2006 konnten alle Grundschulen mit einer solchen Einrichtung zur ganztägigen Betreuung der Grundschüler versorgt werden.

Die 1910 eingerichtete und seit 1930 in einem großzügigen Gebäude am Brabanter Platz in Alt-Hürth untergebrachte Berufsschule der Gemeinde Hürth ging 1976 in die Trägerschaft des Erftkreises über. Der Kreis erwarb 1985 von der Stadt die Katharinenschule, die seit 1987 für die Berufsschule genutzt werden konnte, und errichtete zwischen den beiden Schulgebäuden bis 1993 ein verbindendes Werkstattgebäude. Seit 1998 trägt die Schule den Namen *Goldenberg Berufskolleg.*

Motor beim Aufbau einer *Erwachsenenbildung* in Hürth war der Knapsacker Ingenieur und CDU-Politiker Dr. Ludwig Mayer. Ein Volksbildungsring wurde in Hürth im Mai 1946 ins Leben gerufen. Auf einer von den Besatzungsbehörden veranlassten Sitzung zur Gründung eines *Volksbildungsringes* im Landkreis Köln am 24. September 1945 wurde Mayer zu dessen erstem Vorsitzenden gewählt. Die Nebenstelle in Hürth konnte als einzige im Kreis schon 1946 ein größeres Bildungsprogramm anbieten. 1952 wurde mit Gerhard Steinmetzer ein hauptamtlicher Geschäftsführer für die

Links: Arbeit im modernen Sprachlabor des Gymnasiums Bonnstraße um 1970.
Rechts: Der erste Leiter der Musikschule, Johannes Read (Mitte), bei einem Konzert mit seinen Schülern in der Jugendburg Dattenberg bei Linz im Juni 1968.

Kreisorganisation in Frechen eingestellt. 1955 ging die Trägerschaft auf den Landkreis Köln über, seither firmierte die Organisation unter *Volkshochschule des Landkreises Köln.* Nach wiederholten Neu- und Umorganisationen gründeten die Stadt Brühl und die Gemeinden Hürth und Pulheim 1976 ein Zweckverband *Volkshochschule Rhein-Erft* mit Sitz in Brühl, dem sich nach Wiedererlangung der kommunalen Selbstständigkeit auch die Stadt Wesseling anschloss. Seither gab es in allen beteiligten Städten, vor allem aber in Hürth, eine jahrelange, immer wieder neu aufkommende Diskussion über die Gründung stadteigener Volkshochschulen. Die Hürther fühlten sich vor allem gegenüber Brühl benachteiligt, wo die Unterrichtsbedingungen im zentralen VHS-Gebäude sehr viel günstiger waren als in Hürth. Endgültig verstummten diese Diskussionen erst, als 2001 in der denkmalgeschützten alten Volksschule in Efferen ein zentrales VHS-Gebäude auch für die Stadt Hürth eingerichtet wurde.

1966 entstand am Ortsrand von Efferen eine Gruppe von fünf *Studentenwohnheimen* der Universität Köln mit 740 Wohnplätzen. Ermöglicht wurde der Bau des Kölner Architekten Joachim Schürmann unter anderem durch eine Spende des Vorstandsvorsitzenden der Bayer AG, Dr. Ulrich Haberland, in Höhe von 1 Million D-Mark und der Thyssen-Stiftung in Höhe von 500000 D-Mark. 1992 wurden auf den ehemaligen Campuswiesen mehrere neue Holzbauten errichtet und die Kapazität des Studentendorfes auf etwa 1200 Wohnplätze erweitert.

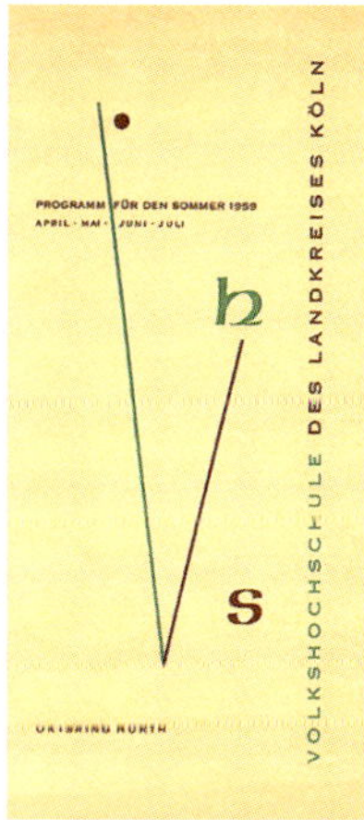

Programm des Ortsringes Hürth der Volkshochschule für das Sommersemester 1959.

Kirchen und Klöster

Das Anwachsen der Bevölkerungszahlen und des Anteils an evangelischen Bewohnern führte in den Nachkriegsjahren zum Neubau mehrerer Kirchen und zu einer wiederholten Umstrukturierung der Kirchengemeinden.

Prozessionszug der Fischenicher Kommunionkinder mit ihren Eltern auf der Gennerstraße um 1953. Auf dem stimmungsvollen Foto sind links das Kloster mit Gartenpavillon, rechts die Mauer zum Kirchberg und hinten rechts die Mauer um den Fronhof zu sehen.

Katholische Kirchen

Bei Kriegsende bestanden in der Gemeinde Hürth die Katholischen Kirchengemeinden in den alten Kirchspielen (Alt-)Hürth *(St. Katharina)*, Efferen *(St. Mariä Geburt)*, Fischenich *(St. Martinus)*, Gleuel *(St. Dionysius)*, Hermülheim *(St. Severin)* und Kendenich *(St. Johannes Baptist)* sowie die neueren Gemeinden Berrenrath *(St. Wendelinus,* seit 1850), Stotzheim *(St. Brictius,* seit 1861) und Knapsack (*St. Joseph,* seit 1915). Die Kirche in Efferen war durch den Bombenangriff am 31. Oktober 1944 weitgehend zerstört worden. Die Ruine wurde abgerissen, und auf der gegenüberliegenden Seite der Kirchstraße/ Kaulardstraße entstand 1956 eine neue, moderne Kirche nach Plänen der Kölner Architekten Bongard und Volmer, die 1975 von Karl Band vergrößert wurde.[82] 1956 erfuhr auch die Kendenicher Kirche St. Johann Baptist eine Erweiterung und einen weitgehenden Umbau durch Karl Band. Größere Anbauten erhielten ferner St. Severin in Hermülheim 1967 (Karl Band) und St. Martinus Fischenich 1975 (Peter Görler). Insgesamt vier Kirchen wurden nach 1945 neu gebaut: *St. Ursula* Kalscheuren 1956 (Gottfried Böhm), *St. Barbara* Gleuel 1959 (Hans Pörkert), *St. Maria am Brunnen* in Alstädten 1960 (Hans Pörkert) und *St. Josef* Hürth-Mitte 1991 (Karl-Josef Ernst).

Die schönste und bau- und kunsthistorisch bedeutendste Kirche hiervon ist zweifellos St. Ursula. In Kalscheuren hatte seit 1925 eine kleine, aus einer ehemaligen Schulbaracke hervorgegangene Holzkirche bestanden, die zur Kendenicher Pfarrei gehörte. Der in Kalscheuren seit 1950 residierende Pfarrer Prof. Dr. Franz Gröner erreichte 1953 die Loslösung von Kendenich und konnte die Kölner Architekten Dominikus und Gottfried Böhm gewinnen, in Kalscheuren eine neue, moderne Kirche zu errichten, die 1956 fertiggestellt wurde. Gottfried Böhm entwarf einen Zentralbau von hoher architektonischer Qualität – ein *Kleinod der Kirchenbaukunst* nach 1945, wie der Kölner Architekturhistoriker Helmut Fußbroich schrieb.[83] Das Bauwerk wurde 1993 samt seiner wertvollen Innen-

St. Ursula in Kalscheuren 2004. Der Rundbau mit schlankem Campanile wurde von den bekannten Architekten Dominikus und Gottfried Böhm entworfen und stellt ein herausragendes Baudenkmal der 1950er-Jahre in Hürth dar.

einrichtung unter Denkmalschutz gestellt und 2006 von der Katholischen Kirche aufgegeben, profaniert und an die Hürther Firma Bernd Reiter Gruppe verkauft, die seither rund um die Kirche ein neues Wohnquartier entwickelt. Auch die 1959 in der Gleueler Bergmannsiedlung erbaute St. Barbara-Kirche, die der Schutzpatronin der Bergleute, der hl. Barbara geweiht war, wurde am 29. Mai 2005 profaniert. Die 1991 errichtete Kirche St. Joseph in Hürth-Mitte entstand als Ersatz für die 1912 erbaute und 1980 abgerissene Kirche in Knapsack.

Klosterniederlassungen

Seit Beginn des 20. Jahrhunderts hatten sich in den größeren Orten kleine Klosterniederlassungen mit jeweils einigen wenigen Schwestern angesiedelt, die sich der Alten- und Krankenpflege widmeten, die ersten Kindergärten einrichteten und den schulentlassenen Mädchen Haushaltungs- und Handarbeitsunterricht erteilten:

1902 Efferen, Arme Dienstmägde Jesu Christi aus Dernbach/Westerwald; 1908 Fischenich, St. Josefs-Haus der Cellitinnen nach der Regel des hl. Augustinus aus Köln; 1914 Alt-Hürth, Missionsschwestern vom Heiligsten Herzen Jesu aus Hiltrup; 1916 Hermülheim, Cellitinnen im Gemeindekrankenhaus; 1928 Kendenich, Schwestern vom Göttlichen Heiland (Salvatorianerinnen) und 1929 Knapsack, Schwestern von der hl. Elisabeth aus Luxemburg.

Katholischer Kindergarten in Knapsack 1955. Die Kinder werden von einer Elisabethanerin und einer weltlichen Erzieherin betreut.

Bis in die 1960er-Jahre hinein spielten die Schwestern eine wichtige Rolle in der Sozialfürsorge der einzelnen Dörfer. Die Hermülheimer Schwestern betreuten seit seiner Gründung das Krankenhaus, die Cellitinnen in Fischenich richteten an der Burgruine 1924 ein großes Altenheim ein. In Efferen unterhielten die Dernbacher Schwestern seit 1909 das Marienhospital an der Klosterstraße mit Entbindungsstation und Altenheim. 1954 wurde anstelle des im Krieg zerstörten Marienhospitals ein Kindergarten errichtet, in dem auch die Schwestern wohnten. Infolge des zunehmenden Schwesternmangels mussten die Ordensniederlassungen seit Mitte der 1960er-Jahre mehr und mehr aufgegeben werden: 1965 verließen die Dernbacher Schwestern Efferen, an ihrer Stelle zogen 1970 die Elisabeth-Schwestern aus Knapsack dort ein und übernahmen wieder die Leitung des Kindergartens. Die Cellitinnen verließen 1971 Hermülheim und 1978 Fischenich, 1984 wurde die Klosterniederlassung in Kendenich und 1992 die in Alt-Hürth geschlossen.

Evangelische Kirchen

Bei Kriegsende gab es noch keine eigenständige Evangelische Kirchengemeinde in der Gemeinde Hürth, die protestantischen Christen wurden von den Nachbarstädten Köln (Efferen), Frechen (Gleuel, Burbach, Stotzheim, Sielsdorf und Horbell) und Brühl (alle übrigen Orte) aus betreut. Die einzige Evangelische Kirche im Gemeindegebiet, eine kleine Holzkirche in Knapsack, war 1943 nach einem Bombenangriff abgebrannt. 1948 wurde die Gemeinde Knapsack, zu der auch die Orte (Alt-)Hürth, Kendenich, Berrenrath

Links: Die Evangelische Friedenskirche im Jahre 1992. Das kleine, 1953 errichtete Efferener Gotteshaus war die zweite Evangelische Kirche in der Gemeinde Hürth. *Rechts:* Konfirmandinnen und Konfirmanden an der Evangelischen. Kirche in Hermülheim 1974. Rechts hinten zwischen den Mädchen ist der noch sehr junge Pfarrer Dieter Steves zu sehen, der von 1971 bis 2005 Pfarrer in Hermülheim/Hürth-Mitte war.

und Alstädten gehörten, von Brühl losgelöst und erlangte mit der Einrichtung einer ordentlichen Pfarrstelle für Pfarrer Karl Keller ihre Selbstständigkeit. 1951 wurde eine neue, dieses Mal steinerne, Kirche in Knapsack errichtet, die *Dankeskirche*. 1953 folgten die *Friedenskirche* in Efferen und 1957 die *Martin-Luther-Kirche* in Gleuel. Die Gleueler Kirche wurde mithilfe einer großen Spende von 40 000 D-Mark durch die amerikanische Organisation *Wooden Church Crusade* (etwa: Kreuzzug für Holzkirchen) ermöglicht. Diese Organisation hatte es sich zum Ziel gesetzt, durch den Bau von 50 Kirchen entlang der Grenze zur DDR einen *geistigen Schutzwall gegen Kommunismus und Bolschewismus* zu errichten.[84]

1957 wurden auch alle Orte zu einer einheitlichen *Kirchengemeinde Hürth* zusammengefasst, ein Jahr später konnte ein Gemeindezentrum in Hermülheim an der Kölnstraße eingeweiht werden. 1966 trennte die dann so benannte Gleueler *Johannes-Kirchengemeinde* sich wieder von der Hürther *Matthäus-Gemeinde*. Die nächsten Veränderungen erfolgten aufgrund der Umsiedlung Knapsacks und des gleichzeitigen Baus von Hürth-Mitte. 1975 fand der letzte Gottesdienst in der darauf abgerissenen Knapsacker Dankeskirche statt. Zwei Jahre zuvor war als Ersatz für die Knapsacker Kirche eine neue, nach dem schwedischen Theologen *Nathan Söderblom* benannte Kirche in Kendenich errichtet worden. 1979 erfolgte die Einweihung eines neuen Kirchenzentrums in Hürth-Mitte, dessen Kirche seit 1989 den Namen des amerikanischen Bürgerrechtlers *Martin Luther King* trägt. 2008 gab die Kirchengemeinde die Kendenicher Kirche wieder auf.

Seit 1921 bestand in Gleuel und seit 1936 in Hermülheim eine Neuapostolische Kirchengemeinde. 1964 konnte die Gemeinde Hermülheim ein eigenes Kirchengebäude in der Lessingstraße einweihen, 1978 folgte ein Kirchengebäude an der Hermülheimer Straße in Gleuel. Im Jahr 2000 schlossen sich beide Gemeinden zusammen, die Gleueler Kirche wurde aufgegeben, verkauft und in ein privates Wohnhaus umgewandelt.

Muslime

2004 wurde an der Frechener Straße in Alt-Hürth eine Moschee für die muslimische Bevölkerung eingeweiht, 2006 ein besonderes Gräberfeld für Muslime auf dem Friedhof Alt-Hürth eingerichtet. Die Glaubensgemeinschaft der Aleviten eröffnete 2008 ein eigenes Kulturzentrum für den Bereich des Rhein-Erft-Kreises an der Daimlerstraße.

Die Hürther Moschee an der Frechener Straße.

Kultur und Vereinsleben

Die Gründung eines *Heimatvereines* im Jahre 1950 markierte eine wichtige Neuerung im kulturellen Leben Hürths. Bis dahin beschränkten sich kulturelle Aktivitäten auf die sogenannte *Volkskultur*, auf Konzerte örtlicher Männer-Gesangsvereine und Kirchenchöre, Laientheatergruppen und Karnevalsveranstaltungen. Der neue Verein wollte im ganzen Gemeindegebiet wirken und nicht nur, wie fast alle bisher bestehenden, in einem der Orte. Und er hatte sich auf die Fahne geschrieben, nun auch der *höheren* Kultur in der Landgemeinde Eingang zu verschaffen. Er veranstaltete daher auch Kunstausstellungen, Konzerte mit klassischer Musik und gelehrte Vorträge und benannte sich 1971 folgerichtig in *Heimat- und Kulturverein* um. Ein deutlicher Schwerpunkt der Vereinsaktivitäten lag von Beginn an auf der Erforschung und Vermittlung der Lokalgeschichte. Clemens Klug gab 1961 das Standardwerk *Hürth – wie es war, wie es wurde* und seit 1964 die Vereinszeitschrift *Hürther Heimat* heraus, die 2008 in *Hürther Beiträge zur Geschichte, Kultur und Regionalkunde* umbenannt wurde. Daneben veröffentlichte der Verein weitere Bücher über die Hürther Geschichte, etwa der Autoren Elmar Brohl, Clemens Klug und Herbert Sinz, und ergriff 1966 auch die Initiative zur Schaffung eines *Gemeindearchivs*.

Links: Herbert Sinz (1913–1989) erhält 1982 den städtischen Kulturpreis im alten Rathaus aus der Hand des Stellvertretenden Bürgermeisters Conzen.
Rechts: Clemens Klug (1914–1992) trägt sich im Bürgerhaus nach der Verleihung des Kulturpreises in das Goldene Buch der Stadt ein.

Seit Beginn der 1980er-Jahre war die Hürther Kulturszene starken Veränderungen unterworfen. Das wichtigste Ereignis war zunächst sicher 1984 der Bau eines stadteigenen Kultur- und Veranstaltungszentrums, des an das neue Rathaus angelehnten *Bürgerhauses,* in der auch die stark vergrößerte Stadtbücherei endlich ein angemessenes Domizil erhielt. 1989 kam als kleinere Spielstätte der denkmalgeschützte *Löhrerhof* in Alt-Hürth hinzu, und die Schaffung eines eigenen Kulturamtes innerhalb der Stadtverwaltung 1991 war die folgerichtige Konsequenz dieser Entwicklung, die zu einer deutlichen Professionalisierung und Erweiterung des Kulturangebotes in der Stadt Hürth führte.

Unterstützt wurde diese Tendenz durch die Gründung einer Reihe neuer Kultur tragender Vereine in dieser Zeit: 1981 Arbeitsgemeinschaft Hürther Künstler, 1985 Partnerschaftsverein Hürth, 1986 Jazz-Club Hürth, 1987 Kunstverein Hürth, 1988 Hürther Musikseminar. Die Arbeitsgemeinschaft Hürther Künstler wirkte stark an der künstlerischen Ausgestaltung des neuen Rathausbaus mit. Sie bietet den in Hürth künstlerisch oder kunst-

Tanz im Bürgerhaus.

handwerklich Schaffenden eine Möglichkeit, sich in regelmäßigen Ausstellungen zu präsentieren. Von 1983 bis zur Eröffnung des Löhrerhofes 1989 verfügte sie mit dem von der Stadt zur Verfügung gestellten *Simonishof* in Hermülheim über ein eigenes Haus. Der Jazz-Club konnte sich 1990 einen eigenen Jazzkeller in der alten Volksschule Gleuel einrichten und veranstaltet seit 1991 jährlich im Bürgerhaus eine große Jazznacht. Der Kunstverein konnte seit 1990 in von seinem langjährigen Förderer und Mäzen Bernd Reiter zur Verfügung gestellten Räumen in Alt-Hürth und seit 1998 in ehemaligen Fabrikationshallen der Firma Klefisch in Efferen viel beachtete Ausstellungen internationaler Künstler durchführen. Das Musikseminar bietet seit seiner Gründung Konzerte in den Burgen und Schlössern des Rhein-Erft-Kreises. In Hürth finden sie in der Burg Gleuel statt.

Eintragung der ehemaligen jüdischen Bewohnerinnen in das Goldene Buch der Stadt am 2. September 1988.

Besuch ehemaliger jüdischer Bürgerinnen in Hürth

Im September 1998 kamen sechs ehemalige jüdische Bewohnerinnen auf Einladung der Stadt zu einem einwöchigen Besuch nach Hürth zurück. Darunter waren vier Töchter von Johanna Löwenstein aus Fischenich: Henriette Abbey, Ruth Lawrence, Fanny Brie-Rosenthal und Lea Cohen. Ferner nahmen noch Amelie Buchler geb. Levy aus Kendenich und Änne Nathan, die Witwe von Josef Nathan aus (Alt-)Hürth an dem Besuchsprogramm teil. Die Besucherinnen kamen aus Israel, Großbritannien, den USA sowie aus Berlin. An der Einweihung der Johanna-Löwenstein-Straße 2002 und der *Kindertagesstätte Löwenstein* in Efferen im Jahre 2005 nahmen Fanny Brie-Rosenthal und zahlreiche Enkel und Urenkel der ermordeten Johanna Löwenstein teil. Und zur Einweihung der Erder-Straße in Berrenrath kam Santa Pelham-Erder 2003 aus Südafrika mit ihren drei Töchtern, Schwiegersöhnen und mehreren Enkeln nach Hürth.

Seit 1979 vergibt die Stadt regelmäßig einen *Kulturpreis.* Die ersten Preisträger waren die beiden Efferener Gesangvereine *Concordia* und *Liederkranz.* Diese Preisverleihung weist darauf hin, dass bei allen Veränderungen im Kulturgeschehen die traditionellen Gesang- und Musikvereine und Kirchenchöre jedenfalls eine gewisse Bedeutung behielten. 1967 wurde von diesen Vereinen eine *Arbeitsgemeinschaft für Musik* gegründet, die seit 1970 regelmäßige *Hürther Musikwochen* veranstaltete. Durch mehrfache, auch überregionale Auszeichnungen traten das *Akkordeon-Orchester Gleuel* (Kulturpreis Hürth 1980) oder das *Musikkorps Rheingold Efferen* (mehrfache deutsche Meisterschaften der Spielmannszüge) hervor. 1994 wurde ein reiner *Frauenchor Hürth* gegründet.

Städtepartnerschaften

1965 besuchte eine Gruppe von niederländischen Kommunalpolitikern auf einer Deutschlandreise auch die Gemeinde Hürth. Der Bürgermeister der Gemeinde Spijkenisse, P.J. Bliek, ein engagierter Anhänger des Europagedankens, war frappiert von den sehr ähnlichen Struktur- und Entwicklungsbedingungen von Hürth und Spijkenisse mit bedeutender Chemieindustrie und der Lage am Rande der beiden Großstädte Köln und Rotterdam, sodass er den Hürthern spontan den Abschluss einer kommunalen Partnerschaft vorschlug. Die Hürther stimmten ebenso spontan und begeistert zu, im März und Mai 1966 kam es zu den ersten offiziellen Besuchen von Vertretern beider Kommunen, und noch im gleichen Jahr wurde ein Partnerschaftsvertrag abgeschlossen. Spijkenisse besaß zu diesem Zeitpunkt bereits zwei Partnerstädte: Thetford/Großbritannien (im Großraum London) und Boo/Schweden (am Rande von Stockholm), und so wurde Hürth nun in diese *Ringpartnerschaft* aufgenommen. Boo schied, weil es in die Gemeinde Nacka eingemeindet wurde, allerdings 1972 aus der Partnerschaft wieder aus. Alle zwei Jahre veranstalteten die Partnergemeinden sogenannte *Bautage* mit bestimmten, gemeinsam interessierenden kommunalpolitischen Themen. Die ersten Bautage in Hürth fanden 1972 zum Thema *Förderung von Kultur, Sport und Vereinen* statt.

Links: Die Gründergeneration der neuen Partnerschaften. Bei ihrem ersten Treffen in Hürth im Februar 1967 tragen sich die Bürgermeister Bliek (Spijkenisse, 2. von links), Conzen (Hürth, Mitte) und Waters (Thetford, 2. von rechts) ins Goldene Buch der Gemeinde ein. Hinter Conzen Ben Culey aus Thetford und rechts daneben Gemeindedirektor Otto Räcke. Der Termin wurde gewählt, um den neuen Freunden den rheinischen Karneval zu zeigen. *Rechts:* Bürgermeister (Mitte) und Stadtdirektor aus der kenianischen Partnerstadt Kabarnet. Während eines Besuches in Hürth 2003 ließen sie sich zusammen mit Bürgermeister Rudi Tonn (links) und Stadtdirektor Heribert Rohr fotografieren.

Mit diesem Thema reagierte man auf die inzwischen hier und da laut werdende Kritik, dass die Partnerschaften nur eine Angelegenheit der *Offiziellen* in den Kommunen seien. Man wollte vor allem auch einen Austausch zwischen den *normalen* Bürgern und den Vereinen in Gang bringen, was dann auch in vielfältiger Weise geschehen ist. Die Ringpartnerschaft hat in den mehr als 40 Jahren ihres Bestehens zu vielfältigen Kontakten und zahlreichen engen Freundschaften zwischen den Menschen, selbst zu

Eheschließungen, geführt. Seit den 1970er-Jahren kam vor allem aus den Niederlanden auch eine Kritik daran auf, dass die europäischen Städtepartnerschaften sich auf Westeuropa beschränkten. Die Stadt Hürth reagierte hierauf mit dem Abschluss einer ungewöhnlichen Partnerschaft, nämlich mit der Stadt Kabarnet in Kenia 1988, und 1990 mit der polnischen Stadt Skawina. Seit 1988 besteht zudem eine Partnerschaft mit dem südfranzösischen Argelès-sur-Mer.

Gesundheit und Soziales

Während das kleine Efferener *Marienhospital* durch den Bombenangriff in der Nacht vom 30. zum 31. Oktober 1944 völlig zerstört worden war und nicht wieder aufgebaut wurde, hatte das Hermülheimer Krankenhaus den Krieg einigermaßen heil überstanden, sodass es seinen Betrieb auch über das Kriegsende hinweg fortsetzen konnte. Durch zwei An- und Erweiterungsbauten 1951 und 1954 wurden die Bettenkapazität von 72 auf 140 erhöht, eine Innere Abteilung eingerichtet und die Entbindungs- und Säuglingsstation vergrößert. 1963 entstand neben dem Krankenhaus ein Schwesternwohnheim, in dessen zweitem Obergeschoss auch die Ordensschwestern unterkamen. 1969 verließen die Cellitinnen das Krankenhaus.

Das erweiterte Krankenhaus um 1960. Auf der Luftaufnahme ist hinter dem Krankenhaus die gerade neu bebaute Rosellstraße zu sehen, die in die Krankehausstraße einmündet.

Links: Das neue Schwesternheim am Hermülheimer Krankenhaus um 1965. Das Foto wurde damals als Ansichtskarte verschickt. Vor dem Heim parkt ein *DKW Junior.*
Rechts: Geistliche und weltliche Krankenschwestern im Hermülheimer Krankenhaus um 1955. Die Cellitinnen gaben ihre Klosterniederlassung in Hermülheim 1971 endgültig auf.

Die folgenden Jahre waren erfüllt durch schwierige Diskussionen über einen weiteren Ausbau oder einen völligen Neubau des Hürther Krankenhauses. Alle Pläne scheiterten am fehlenden Geld, an der jeweiligen Krankenhausplanung des Landes oder an einer Überkapazität an Krankenhausbetten in der Region. Währenddessen wurden der bauliche Zustand, die Ausstattung und vor allem auch der Ruf des alten Hauses nicht besser. Das Krankenhaus wurde mehr und mehr zu einer – nicht nur finanziellen – Belastung für die Gemeinde, und das Land NRW erwog zeitweilig seine völlige Schließung. Deshalb entschloss die Stadt sich, das Haus zum 1. April 1984 an einen privaten Krankenhausträger, die *Sana-Kliniken GmbH,* zu verkaufen.[85] Diese errichteten sofort einen 1986 fertiggestellten Erweiterungsbau, in dem unter anderem ein neuer Eingangsbereich, eine Intensivstation und Verwaltungsräume untergebracht wurden. 1991 übernahm das Sana-Krankenhaus das Notarzt-System in der Stadt Hürth.

1995 eröffnete im Gebäude des ehemaligen Kreishauses in Hürth-Mitte die private psychiatrische *Somnia-Klinik.* 1996 wurde eine nuklearmedizinische Klinik zur Behandlung von Schilddrüsenerkrankungen in der Argelès-sur-Mer-Straße errichtet. An der Bonnstraße in Hermülheim entstand 1991 ein Sozialpsychiatrisches Zentrum, dem 1994 ein Wohnheim für psychisch Kranke angegliedert wurde. 2007 wurde von der Fachklinik Marienborn in Zülpich an der Sudetenstraße eine psychiatrische Tagesklinik mit 15 Behandlungsplätzen eingerichtet. In direkter Nachbarschaft zum Sana-Krankenhaus wurde 2005 ein neues Dialysezentrum errichtet. Seit 1983 hatte diese Einrichtung sich im ehemaligen Kloster in Alt-Hürth befunden.

Bei Kriegsende bestand zur Betreuung und Pflege alter Menschen nur in Fischenich das Altenheim des Klosters St. Joseph, welches die Cellitinnen 1978 aufgaben. Seit 1960 wurden durch die Wohlfahrtsverbände, insbesondere Arbeiterwohlfahrt und Rotes Kreuz, sogenannte *Altenstuben* oder

Häuser der offenen Tür eingerichtet, in denen alte Menschen sich treffen konnten. Die erste dieser Einrichtungen befand sich im Jugendheim der Industrie-Gewerkschaft Bergbau in Gleuel. 1964 verabschiedete die Gemeinde einen *Altenplan,* der unter anderem den Bau von ein oder zwei Altersheimen, die Einrichtung *Fliegender Mahlzeiten,* später *Essen auf Rädern* genannt, und die Einrichtung weiterer offener Türen in Aussicht nahm.[86] Der Mahlzeitendienst startete 1966 unter der Obhut des Roten Kreuzes. Im gleichen Jahr errichtete der Kölner Unternehmer Dr. Albert Speck in Efferen ein erstes *Haus Baden* mit kleinen, altengerechten Wohnungen in Efferen, 1971 folgte ein zweites, größeres im werdenden Hürth-Mitte. Dort, im geplanten neuen Zentrum, konnte die Arbeiterwohlfahrt im gleichen Jahr ein Altenheim eröffnen, das schon 1995 durch eine neues, größeres ersetzt wurde. In der Nähe des Altenheimes wurde von der Arbeiterwohlfahrt 1980 ein Wohnkomplex mit 42 Altenwohnungen errichtet. 1973 erbaute die katholische *Altenheimstiftung St. Dionysius* in Gleuel ein weiteres Seniorenzentrum, die Evangelische Kirchengemeinde schuf 1982 ein Seniorenwohnheim in Efferen. Die Caritas richtete 1994 das *Annahaus* in der Hermülheimer Rosellstraße neben dem Sana-Krankenhaus ein und 2005 das *Seniorenzentrum St. Ursula* in einer Etage des früheren Kreishauses über der Somnia-Klinik. 1998 gründete sich ein Hospiz-Verein zur Betreuung unheilbar kranker und sterbender Menschen. 2004 schuf die Stadt einen eigenen Seniorenbeirat. Im gleichen Jahr gründete sich der Verein *Hürther Tafel,* um Arme und Bedürftige mit Lebensmitteln zu versorgen.

Sport und Freizeit

Mit dem Hallenbad und den Stadionanlagen in (Alt-)Hürth verfügte die Gemeinde Hürth bei Kriegsende über intakte und für damalige Verhältnisse vergleichsweise großzügige Sportstätten. Im Stadion gab es sogar eine der wenigen Radrennbahnen im Rheinland, und die dortigen Radrennen waren auch in der Nachkriegszeit ein Publikumsmagnet. Die Radrennbahn wurde 1990 stillgelegt. Bei Kriegsende bestanden in den größeren Orten Efferen, Gleuel, Hermülheim (Ecke Luxemburger/Trierer Straße) und Knapsack zudem einfache Sportplätze. Der Fischenicher Sportplatz war 1942 von der Grube Hürtherberg abgebaggert worden, der VfR Fischenich errichtete 1945 einen neuen, provisorischen Platz Auf der Landau. Der Efferener Platz zwischen Bach- und Berrenrather Straße musste 1956 dem Bau des Kölner Autobahnringes weichen, eine neue Anlage wurde südlich der Bachstraße an der neuen Autobahn errichtet. In den 1950er-Jahren wurden die beste-

Der neue Hockeyplatz mit Kunstrasen im Stadion. Aufnahme während eines Vier-Länder-Turniers 1995, aus dem die deutsche Nationalmannschaft als Sieger hervorging.

henden Plätze weiter ausgebaut, und auch Berrenrath, Kalscheuren, Kendenich und Stotzheim erhielten ihre eigenen Anlagen. 1974 wurde der Kendenicher Platz um eine Rugby-Wiese erweitert. Im Hürther Stadion entstand 1992 ein neuer Hockeyplatz mit Kunstrasen. Der Deutsche Hockey-Bund errichtete 1987 in der Nähe des Stadions ein neues Gebäude für seine Geschäftsstelle, die jedoch 2006 nach Mönchengladbach verlegt wurde.

1971 und 1980 entstanden an den beiden Gymnasien moderne Sporthallen, die auch für Wettkampfzwecke geeignet sind. 1977 baute die Stadt in Hürth-Mitte an der Sudetenstraße ein neues Hallenbad, das 1990 und 2007/08 erweitert wurde und seit 1990 den Namen *Familienbad De Bütt* trägt. Das unter Denkmalschutz stehende alte Schwimmbad in Alt-Hürth wurde 1991 für den öffentlichen Badebetrieb und 2007 ganz geschlossen. Mit der Fertigstellung des Otto-Maigler-Sees erhielt die Gemeinde Hürth 1977 ein Freibad und insgesamt ein attraktives neues Naherholungsgebiet. Seit 1978 konnte der Schwimm Club Hürth mit seiner Kanuabteilung Räumlichkeiten in dem in der Nähe des neuen Sees gelegenen, ehemaligen Kloster Burbach nutzen, ebenso die Versehrtensport-Gemeinschaft. Die 1956 aus dem *Reichsbund der Kriegs- und Zivilbeschädigten* heraus entstandene Gemeinschaft nannte sich 1990 um in *Behinderten-Sportverein Hürth.* 1978 gründete sich der *Hürther Windsurfing Club* und 1979 die *Hürther Rudergesellschaft,* die beide den Otto-Maigler-See nutzen. Die Rudergesellschaft errichtete 1992 am See ein eigenes Bootshaus.

Windsurfer und Schwimmer auf dem neuen Otto-Maigler-See 1980. Niemand scheint es zu stören, dass direkt nebenan in der Grube Theresia noch die großen Abraumbagger im Einsatz sind.

In den ersten Nachkriegsjahren war der Fußball die eindeutig dominierende Sportart und zählte 1954 neun Vereine in allen Ortsteilen außer Alstädten, Burbach und Sielsdorf. Daneben existierten in diesem Jahr noch fünf Schützengesellschaften, drei Turnvereine, drei Radsport-, zwei Kraftsport-, zwei Schwimm- und zwei Tischtennisvereine, insgesamt 31 Vereine mit 2 697 Mitgliedern.[87] Ende 1949 schlossen die Hürther Sportvereine sich zur *Interessengemeinschaft »Sport« Groß-Hürth* zusammen, die seit 1950 jährlich eine *Sportwerbewoche* oder *Sportwoche* veranstaltete und sich 1965 in *Gemeindesportverband Hürth*, 1978 in *Stadtsportverband Hürth* umbenannte. Seit Ende der 1950er-Jahre kamen zunehmend neue Sportarten und

Der Gotteshülfe-Teich im rekultivierten Waldgebiet bei Gleuel 1987.

damit neue Sportvereine hinzu wie beispielsweise Tennis, Judo, Rugby, Hockey, Badminton, Baseball bis hin zu einem Skaterhockey – Verein *Magnetic Horses*. Die Zahl der Hürther Sportvereine stieg bis 1990 auf 67 mit 12 284 Mitgliedern an und ging seither wieder leicht zurück. 2008 gab es in Hürth 60 Sportvereine mit 11 028 Mitgliedern.[88]

Neben dem Otto-Maigler-See entstand mit der rekultivierten Anlage des Hürtherberges ein weiteres neues Naherholungsgebiet. 1991 legte die Stadt einen *Bürgerpark* hinter dem Schwimmbad De Bütt an. Um 1995 entstand südlich des Otto-Maigler-Sees ein neues rekultiviertes Waldgebiet mit dem Hürther *Waldsee*.

BJ = Bonner Jahrbücher
HH = Hürther Heimat

Vorgeschichte und Römerzeit

1 Fundberichte in: BJ 145 (1940) ff.; Ortsaktenarchiv des LVR-Amtes für Bodendenkmalpflege im Rheinland, Bonn; Jakob Baumann: Die frühe Besiedlung des Hürther Raumes, in: HH 74 (1995), S. 18–25, hier S. 20ff.
2 Jakob Baumann: Das Hürther Vorgebirge und der östliche Villerand. Eine Untersuchung zur siedlungs- und wirtschaftsgeographischen Sonderstellung des Vorgebirges, in: HH 73 (1994), S. 43–55; Lothar Müller: Was hat Hürth mit Gürtel, Garten und Hradschin zu tun? Zur Bedeutung der Hürther Ortsnamen, Teil I, in: HH 86 (2007), S. 89–94; Teil II, in: HH 87 (2008), S. 73–80.
3 Clemens Klug: Hürth – wie es war, wie es wurde, Köln-Zollstock 1961, S. 30f.
4 Christa Zerlett: Die römische Wasserleitung als Kulturdenkmal, in: HH 14/15 (1967), S. 3–35; Waldemar Haberey: Die römischen Wasserleitungen nach Köln, Düsseldorf 1971; Klaus Grewe: Atlas der römischen Wasserleitungen nach Köln, Köln 1986; Ders.: Neue Befunde zu den römischen Wasserleitungen nach Köln. Nachträge und Ergänzungen zum ›Atlas der römischen Wasserleitungen nach Köln‹, in: BJ 191 (1991), S. 385–421. Zur Datierung der Wasserleitungen auch Heinz Günter Horn (Hg.): Die Römer in Nordrhein-Westfalen, Stuttgart 1987, S. 521; Werner Eck: Köln in römischer Zeit. Geschichte einer Stadt im Rahmen des Imperium Romanum, Köln 2004, S. 361.
5 Eck, Köln in römischer Zeit, S. 16ff.
6 Fundbericht in: BJ 159 (1959), S. 416f.; Günther Frentzel: Ausgrabungen in der Gemeinde Hürth, in: HH 39/40 (1977), S. 75–80.
7 Fundberichte in: BJ 133 (1928), 148 (1928), 165 (1965); Antonius Jürgens: Römische Siedlungsspuren am Tagebau Theresia in Hürth, in: HH 47/48 (1982), S. 26–27.
8 Fundbericht durch H. Lehner, in: BJ 104 (1899), S. 168–173; Günther Frentzel: Die Grabkammer in Efferen, in: HH 14/15 (1967), S. 40–44; Raymund Gottschalk: Einen Besuch wert: Die römische Grabkammer in Hürth-Efferen, in: HH 86 (2007), S. 25–28.
9 Raymund Gottschalk: Das Römerzeitliche Gräberfeld von Hürth-Hermülheim, in: HH 74 (1995), S. 1–17; Ders.: Neue Ausgrabungen im römerzeitlichen Gräberfeld von Hürth-Hermülheim, in: HH 86 (2007), S. 5–22.
10 Die Bedeutung des Namens ist unbekannt; H. J. Lückger: Altäre der Matronae Audrinehae und andere Steindenkmäler, in: BJ 132 (1927), S. 185–192.
11 J. Klinkenberg: Die Funde in Gleuel, in: BJ 94 (1893), S. 151–155; Clemens Klug: Römische und frühfränkische Altar- und Grabsteine aus Gleuel, in: HH 12/13 (1966), S. 1–7.
12 Jakob Baumann: Ländliche Siedlungen im Umland des römischen Köln, in: HH 75 (1996), S. 66–92.

Mittelalter und Frühe Neuzeit

1 Jakob Baumann: Das Hürther Vorgebirge und der östliche Villerand. Eine Untersuchung zur siedlungs- und wirtschaftsgeographischen Sonderstellung des Vorgebirges, in: HH 73 (1994), S. 43–55; Ders.: Die frühe Besiedlung des Hürther Raumes, in: HH 74 (1995), S. 18–25; Ders.: Zur Frage der Siedlungskontinuität im Hürther Raum. Siedlungsspuren, alte Wege und Ortsnamen, in: HH 80 (2001), S. 30–34.
2 Fundberichte Günther Frentzel in Stadtarchiv Hürth (StAHü), Best. 3.21, Nr. 7.
3 Günter Frentzel: Das Plattengrab in Fischenich, in: HH 9 (1966), S. 18–20; Fundberichte in: BJ 155/156 (1956) und 157 (1957).
4 Heiko Hesse: Wie der Frankenhof zu seinem Namen kam. Frankengräber aus Hürth-Efferen, in: HH 80 (2001), S. 7–18.
5 Günter Frentzel: Die Teufelsburg in der Kranzmaar, in: HH 28/29 (1971), S. 22–28; Clemens Klug: 1971, ein schwarzes Jahr für historische Bauten und Anlagen in Hürth, in: HH 28/29 (1971), S. 49–56, hier S. 49.
6 Robert Wilhelm Rosellen: Geschichte der Pfarreien des Dekanates Brühl, Köln 1887; Lothar Müller: Was hat Hürth mit Gürtel, Garten und Hradschin zu tun? Zur Bedeutung der Hürther Ortsnamen, Teil I, in: HH 86 (2007), S. 89–94; Teil II, in: HH 87 (2008), S. 73–80. Die bei Clemens Klug: Hürth – wie es war, wie es wurde, Köln-Zollstock 1961, S. 39f. angegebenen Daten sind durch die Forschungen des früheren Hürther Archivleiters Dr. Max-Josef Midunsky teilweise überholt, siehe StAHü, Sammlung Midunsky.
7 Rosellen, Dekanat Brühl, S. 176.
8 Hauptstaatsarchiv Düsseldorf (HStAD), Best. Burbach, Urkunden 2 und 3 vom 19. Juli 1241; vgl. dazu Hermann-J. Hüsgen: Das Zisterzienserinnenkloster Burbach, in: Helmut Weingarten (Red.): Klöster und Stifte im Erftkreis, Pulheim 1988, S. 151–176, hier S. 153; Die Regesten der Erzbischöfe von Köln im Mittelalter, Band III/1 (1205–1261), bearb. von Richard Knipping, Bonn 1909, S. 153 (Urkunden Nr. 1022 und 1023).
9 Johann Peter Eichhoff: Historisch-geographische Beschreibung des Erzstiftes Köln. Eine nöthige Beilage zu des Herrn C. R. Büschings Erdbeschreibung, Frankfurt/Leipzig, 1783, S. 89f. und S. 157ff.; Wilhelm Fabricius: Erläuterungen zum Geschichtlichen Atlas der Rheinprovinz. Zweiter Band: Die Karte von 1789. Einteilung und Entwicklung der Territorien von 1600 bis 1794, Bonn 1898, S. 15ff. und S. 62ff.
10 Zu den Etymologien der Hürther Ortsnamen Müller, Ortsnamen, Teil I und Teil II.
11 Ulrich Ahlert: Daten zur Geschichte der Wasserburg Gleuel 1990, StAHü, Best. 9.04, Nr. 12.
12 Leonard Ennen: Geschichte der Stadt Köln, 5 Bde., Düsseldorf 1863–1880, Bd. 5 (1880), S. 796ff., zitiert das im Historischen Archiv der Stadt Köln (HAStK), Best. 30, Nr. G 256, aufbewahrte Verhörprotokoll der Kölner Turmmeister.
13 Rosellen, Dekanat Brühl, S. 296.
14 Jakob Baumann: Neues über den Duffesbach, in: HH 51/52 (1984), S. 71–75.
15 Elmar Brohl: Hermülheim und der Deutsche Orden, Hürth 1975, S. 30; auch die folgende Darstellung stützt sich weitgehend auf das Buch von Elmar Brohl.
16 Ebd., S. 14.
17 Severin Corsten: Das Valkenburger Lehen Hürth, in: HH 46 (1981), S. 6–12, hier S. 6ff.; Egon Conzen: 800 Jahre Alt-Hürth, Hürth 1985, S. 12ff.; A. K. Haas: de verdeeling van de landen van Overmaas, Assen 1978, S. 309.
18 Rosellen, Dekanat Brühl, S. 350f.; Schriftverkehr Bürgermeister Rosell und Gemeinde Hürth mit Landrat und Regierungspräsident Köln 1852–1865, HStAD, Best. Regierung Köln, Nr. 427.
19 Clemens Klug: Die mittelalterliche Herrlichkeit Kendenich. Eine Kurkölner Grundherrschaft, Hürth 1972, S. 39.
20 Josef Herber: Knapsack. Sein Werden und Wachsen, Brühl 1931, S. 29f.; Müller, Ortsnamen, Teil II, S. 75f.
21 Clemens Klug: Aus Knapsacks Gründerzeit, in: HH 26/27 (1970), S. 29–34, hier S. 30.
22 Jakob Baumann: Naturräumliche und wirtschaftliche Grundlagen des Klosters Burbach, in: HH 84 (2005), S. 51–56, hier S. 55f.; grundlegend zur Geschichte des Klosters: Hüsgen, Zisterzienserinnenkloster Burbach; vgl. ferner Eric Barthelemy: Kloster Burbach – Eine Versteigerungsexpertise vom 5. 9. 1809, in: HH 81 (2002), S. 29–32.
23 Brohl, Hermülheim, S. 119–126, vgl. die Karte oben S. 29.
24 Hans-Wolfgang Bergerhausen: Von der Provinzposse zum Reichspolitikum. Der Hürther Bach in der Reichspolitik des konfessionellen Zeitalters 1560–1617, in: HH 78 (1999), S. 7–18; Albert Prahl: Theodor Firmenich gegen Papst, Kaiser und den Rest der Welt. Zur Rechtsgeschichte des Duffesbaches, in: HH 76 (1997), S. 45–47.
25 Johann Nepomuk von Schwerz: Beschreibung der Landwirtschaft in Rheinpreußen. Mit einem Anhang über den Weinbau in Rheinpreußen, Stuttgart 1836; Jakob Baumann: Landwirtschaft im Kölner Raum zu Beginn des 19. Jahrhunderts, in: HH 16 (1967), S. 1–17; Baumann, Kloster Burbach; Brohl, Hermülheim, S. 147ff.
26 Kataster der Wassermühlen des Landkreises Cöln 1837, HStAD, Best. Regierung Köln, Nr. 8845 sowie StAHü, Best. 1.10, Nr. 145; Susanne Sommer: Mühlen am Niederrhein. Die Wind- und Wassermühlen des linken Niederrheins im Zeitalter der Industrialisierung (1814–1914), Köln 1991, S. 331ff.; Jakob Baumann: Die naturräumlichen Grundlagen der Hürther Mühlen, in: HH 76 (1997), S. 9–17, hier S. 16; Clemens Klug/Rainer Draaf: Ansiedlung und Betrieb von Wassermühlen am Gleueler Bach, in: HH 76 (1997), S. 18–44; Hans Desery/Rainer Draaf: Geschichte der Wassermühlen am Duffesbach in (Alt-)Hürth, in: HH 76 (1997), S. 48–78.
27 Norbert Zerlett: Das Verschwinden des Weinbaus am Vorgebirge, in: Rheinische Heimatpflege N.F. 7 (1970), S. 303–315; Clemens Klug: Der Weinbau in Hürths Ortsbezirken, in: HH 28/29 (1971), S. 3–7.
28 Rosellen, Dekanat Brühl, S. 217 und S. 393.
29 Verschiedene Berichte und Aufstellungen Bürgermeister Hürth 1835–1838, StAHü, Best. 1.10, Nr. 166a.
30 Horst Bursch: Bacchus im Vorgebirge. Vom einstigen Weinbau zwischen Bonn und Brühl, Bonn 1999, S. 44ff.

Die Franzosenzeit

1 Peter Paul Trippen/Clemens Klug (Bearb.): Der letzte Thurn und Taxis'sche Oberpostmeister von Köln als »Emigrant« im Siegtale, in: HH 59/60 (1987), S. 5–21, hier S. 5; Elmar Brohl: Hermülheim und der Deutsche Orden, Hürth 1975, S. 53.
2 Vgl. hierzu und zum Folgenden Fritz Wündisch: Aus der Franzosenzeit, in: Ders.: Brühl. Mosaiksteine zur Geschichte einer alten kurkölnischen Stadt, Köln 1987, S. 185–265; Peter Schreiner: Die Geschichte der Abtei Brauweiler bei Köln 1024-1802, Pulheim 2001, S. 297ff.; Eric Barthelemy: Die Franzosen in Hürth, in: HH 83 (2004), S. 7–75.
3 HStAD, Best. Lande zwischen Maas und Rhein, Nr. 1604; Hermann Cardauns/Reiner Müller (Hg.): Die Rheinische Dorfchronik des Joan Peter Delhoven aus Dormagen (1783–1823), Dormagen 1966, S. 106.
4 Protokollbuch der Munizipalität Brühl, 30. Juni 1795, Stadtarchiv Brühl, Akten 34,1.
5 Joseph Hansen (Hg.): Quellen zur Geschichte des Rheinlandes im Zeitalter der Französischen Revolution, Band 4, Bonn 1935, S. 666 und S. 698.
6 HStAD, Best. Roer Département, Nr.1541.
7 Barthelemy, Franzosen in Hürth, S. 23; Fritz Wündisch: Von Klütten und Briketts. Bilder aus der Geschichte des rheinischen Braunkohlenbergbaus, Brühl [3]1982, S. 110f.; Clemens Klug: Hürth – wie es war, wie es wurde, Köln-Zollstock 1961, S. 126; HStAD, Best. Roer Département, Nr. 1564.
8 HStAD, Best. Roer Département, Nr. 1564.
9 Georg Rolef: Die rheinische Landgemeindeverfassung seit der französischen Zeit, Berlin/Leipzig 1912, S. 26f.
10 HStAD, Best. Roer Département, Nr. 1721 (Mairie Hürth) und Nr. 1733 (Mairie Efferen); Barthelemy, Franzosen in Hürth, S. 7.
11 Brohl, Hermülheim, S. 52.
12 Barthelemy, Franzosen in Hürth, S. 45; Clemens Klug: 12 Groß-Hürther in den Vermißtenlisten der napoleonischen Rußlandkämpfer, in: HH 26/27 (1970), S. 18–25.
13 Clemens Klug: 1000 Jahre St. Severin in Hermülheim, Bd. 1: Von der Frühzeit bis Ende des 19. Jahrhunderts, Hürth 1984, S. 61–63.
14 Barthelemy, Franzosen in Hürth 2004, S. 40f.; Ders.: Kloster Burbach – Das endgültige Ende in den Jahren 1814–1828, in: HH 86 (2007), S. 29–33.
15 Napoleon hatte 1803 31 Senatorien geschaffen, die jeweils einem Senator unterstanden und mit einem jährlichen Einkommen von 20.000 bis 25.000 Franc aus den Nationalgütern ausgestattet waren; Richard Büttner: Die Säkularisation der Kölner geistlichen Institutionen, Köln 1971, S. 211.
16 Barthelemy, Franzosen in Hürth, S. 39ff.

19. Jahrhundert bis zum Ersten Weltkrieg

1 StAHü, Best. 1.10, Nr. 10; in dieser Akte finden sich auch mehrere Listen der Gemeinderäte aus der Zeit zwischen 1820 und 1845
2 Bürgermeister Weygold Hürth an Landrat Köln, 5. September 1846, HStAD, Best. Landratsamt Köln, Nr. 325.
3 HStAD, Best. Regierung Köln, Nr. 628.
4 Hierzu und zum Folgenden ausführlich StAHü, Best. 1.10, Nr. 4.
5 Gemeinderolle der Bürgermeisterei Hürth, 15. März 1846, ebd., 19ff.
6 Ebd., 4ff.; ohne Quellenangabe abgedruckt bei Clemens Klug: Hürth – wie es war, wie es wurde, Köln-Zollstock 1961, S. 124ff.
7 Robert Wilhelm Rosellen: Geschichte der Pfarreien des Dekanates Brühl, Köln 1887, S. 53ff.; Chronik der Pfarrgemeinde St. Wendelinus Berrenrath (Maschinenschr. Abschrift), StAHü, Best. 9.04, Nr. 9, 7ff.; Festbuch 700 Jahre Dorfgemeinschaft Berrenrath 1298–1998, Red. Hermann Plog, Hürth 1998, S. 16.
8 HStAD, Best. Regierung Köln, Nr. 423.
9 HStAD, Best. Landratsamt Köln, Nr. 325.
10 Revisionen des Landkreises Köln 1836 und 1842, HStAD, Best. Regierung Köln, Nr. 329.
11 Protokollbuch Bürgermeistereiversammlung Hürth 1851, StAHü, Best. 2.01, Ne. 1, 18ff.
12 Adalbert Hess: Das Parlament, das Bismarck widerstrebte. Zur Politik und sozialen Zusammensetzung des preußischen Abgeordnetenhauses der Konfliktzeit (1862–1866), Köln/Opladen 1964, S. 51ff.
13 Landrat an Regierungspräsident Köln, 20. November 1863, Regierungspräsident an Landrat Köln, 29. Januar 1864, HStAD, Best. Landratsamt Köln, Nr. 143.
14 Umfangreiches Aktenstück Unterschlagungen des Bürgermeisters Franz Weygold 1883ff., HStAD, Best. Landratsamt Köln, Nr. 258.
15 Ausführlicher Schriftverkehr zwischen Bürgermeister Hürth, Landrat und Regierungspräsident Köln 1852/53, HStAD, Best. Regierung Köln, Nr. 427.
16 Fragebogen betreffend das Vagabundenthum April 1881, StAHü, Best. 1.11, Nr. 212, 68ff.
17 Protokoll über die Sitzung des Beamten- und Angestellten-Ausschusses, 24. Oktober 1928, StAHü, Best. 1.11, Nr. 103, 79.
18 Resultat der Abstimmung 12. Februar 1867, StAHü, Best. 1.11, Nr. 194, 190.
19 Quellen: Verwaltungsberichte 1903/04 und 1909/10; StAHü, Best. 1.11, Nr. 194 und 195; Rheinische Zeitung Köln, 13. Januar 1912 und 18. Februar 1914.
20 Bürgermeistereien Hürth und Efferen, Verwaltungsbericht 1903/04, S. 40.
21 Fritz Wündisch: Von Klütten und Briketts. Bilder aus der Geschichte des rheinischen Braunkohlenbergbaus, Brühl [3]1982, S. 42f.; Arno Kleinebeckel: Unternehmen Braunkohle. Geschichte eines Rohstoffs, eines Reviers, einer Industrie im Rheinland, Köln 1986, S. 50ff.
22 Quelle: Wündisch, Klütten, S. 89 und 122.
23 Manfred Faust: Die Sielsdorfer Mühle – ein überraschendes Kapitel Hürther Industriegeschichte, in: HH 76 (1997), S. 1–8.
24 Mündliche Mitteilung Hans Dobers, 12. November 2002; im Nachlass Dobers befinden sich zahlreiche Dokumente zur Geschichte der Familie Ribbert, StAHü, Best. 3.75.
25 Bericht über den Stand und die Verwaltung der Gemeinde-Angelegenheiten [Verwaltungsbericht] 1898/99, S. 35; Clemens Klug: Die Vorläufer der Ribbertwerke, in: HH 65/66 (1990), S. 59–76.
26 Fritz Wündisch: Von guten und schlechten Zeiten der Grube Theresia, in: Ders., Klütten, S. 110–122.
27 Zur Gründungsgeschichte des Werkes Helmut Neßeler: 100 Jahre Chemiestandort Knapsack, Füssen 2007, S. 10ff. sowie die Chronik von Paul Wenzel: Vier Jahrzehnte Aktien-Gesellschaft für Stickstoffdünger, Knapsack (August 1946), StAHü, Best. 9.04, Nr. 30.
28 Helmut Enkler: Probleme der Industrialisierung des Rheinlands in der zweiten Phase der industriellen Revolution. Dargestellt am Beispiel der Entstehung des Industrieortes Knapsack bei Köln, Hausarbeit Universität Köln 1975, S. 76; Helmut Neßeler/Hans-Josef Blatt/Manfred Faust: Knapsack Chemie. Bilder aus 95 Jahren Industriegeschichte im Rheinland, Essen 2002, S. 203.
29 Verwaltungsberichte 1898/99, S. 35; 1903/04, S. 39; 1909/10, S. 45.
30 Jahres-Berichte Bergbehörden 1895, S. 703 und 1901, S. 469; Abdruck der Arbeitsordnung bei Josef Bernhard Siebert: Die Lage der Arbeiterschaft in der Rheinischen Braunkohlenindustrie, Phil. Diss. Bonn 1910 (Reprint Reinbek 1991), S. 212f.
31 Jahres-Berichte Bergbehörden 1910, S. 682.
32 Jahresbericht des Vereins für die Interessen der rheinischen Braunkohlen-Industrie 1901/02, S. 6 und 1907, S. 6.
33 Jahres-Berichte Bergbehörden 1903, S. 612.
34 Bürgermeister Hürth an Landrat Köln, 18. Juni und 4. August 1878, StAHü, Best. 1.11, Nr. 152; ausführlich zur Geschichte der Arbeiterbewegung in Hürth Manfred Faust: Entstehung und Entwicklung der sozialistischen und der christlichen Arbeiterbewegung in Hürth vor dem Ersten Weltkrieg, in: HH 73 (1994), S. 1–42; Ders.: Die Anfänge der Arbeiterbewegung im linksrheinischen Braunkohlenrevier, in: Internationale wissenschaftliche Korrespondenz zur Geschichte der deutschen Arbeiterbewegung 32 (1996), S. 297–339.
35 Rheinische Zeitung Köln, 6. Dezember 1902.
36 Bürgermeister Hürth, 28. Juli 1857 und 17. Juli 1872, StAHü, Best. 1.10, Nr. 170.
37 Statistik der Bürgermeisterey Hürth 1837, StAHü, Best. 1.10, Nr. 169; Gewerbe-Tabelle der Bürgermeisterei Hürth 1852, ebd., Nr. 239; 1 Morgen = 25 Ar = 0,25 Hektar.
38 Angaben aus StAHü, Best. 1.10, Nr. 170.
39 Clemens Klug: Neunzig Jahre Spar- und Darlehenskasse Kendenich, Hürth 1970; Olaf Lüken: Die Geschichte einer Bank. Vom Hürther Spar- und Darlehenskassenverein eGmuH zur Raiffeisenbank Frechen-Hürth, in: HH 74 (1995), S. 106–123.
40 StAHü, Best. 1.10, Nr. 236 und Best. 1.11, Nr. 305.
41 Hans Duell: Paul Henckels ne Hürther Jong, in: HH 57/58 (1986), S. 11ff.
42 Verwaltungsberichte 1898/99 und 1903/04.
43 Christian Caspary: Zur Geschichte des Männer-Gesangvereins 1863 Fischenich, in: Festschrift 100 Jahre Männer-Gesangverein 1863 Fischenich, S. 7ff., StAHü, Druckschriftensammlung 16.2.14; die Druckschriftensammlung des Stadtarchivs beinhaltet einen großen Bestand an Vereinschroniken und -festschriften.

44 Klug, Hürth, S. 83f.; Ders.: 1000 Jahre St. Severin in Hermülheim, Bd. 1: Von der Frühzeit bis Ende des 19. Jahrhunderts, Hürth 1984, S. 61ff.
45 Vorgänge in StAHü, Best. 1.10, Nr. 120; Klug, St. Severin, S. 69ff.
46 Rosellen, Dekanat Brühl, S. 352.
47 Klug, St. Severin, S. 78ff.; Rosellen, Dekanat Brühl, S. 197.
48 Zur Geschichte der Hürther Judengemeinde: Lothar Sterck/Maria Sterck: Zur Geschichte eines Fachwerkhauses in Alt-Hürth, in: HH 63/64 (1989), S. 57–67; Barbara Becker-Jákli: Juden in Brühl, Brühl 1988; Manfred Faust: Zur Geschichte der Hürther Juden, in: HH 69/70 (1992), S. 36–42.
49 Quellen: Bevölkerungsstatistiken in: StAHü, Best. 1.11, Nr. 205, 1.12, Nr. 239; Verwaltungsberichte 1898/99, 1903/04, 1909/10, 1926; Die Nachkriegsentwicklung der Gemeinde Hürth in der Statistik 1945-1960; Zahlen 1939 incl. Efferen und Stotzheim.
50 Georg Grosser: Evangelisches Gemeindeleben im Kölner Land. Eine Chronik für Brühl, Wesseling, Hürth-Knapsack, Liblar, Köln 1958, S. 52ff.
51 StAHü, Best. 1.10, Nr. 103; Best. 1.11, Nr. 271-274; Heimatbuch der Gemeinde Hürth, hg. vom NS-Lehrerbund Hürth-Efferen, Schriftleitung Franz Holl, Köln 1934, S. 171; H. Nettesheim: Das Goldenberg-Werk von 1913-1985. Eine Chronik, Hürth 1985, S. 161.
52 Nachweisungen über die Zahl der in den Bürgermeistereien Hürth und Efferen lebenden Ausländer 31. Juli und 31. Oktober 1916, StAHü, Best. 1.11, Nr. 217; Ergebnisse der Volkszählungen 1. Dezember 1916 und 5. Dezember 1917, ebd., Best. 1.10, Nr. 208 und 209.
53 Enkler, Probleme der Industrialisierung, S. 76f.; zur Entwicklung der Knapsacker Industrie im Ersten Weltkrieg ferner: Zeitungsbericht Bürgermeister Hürth und Efferen 21. Januar 1917, StAHü, Best. 1.10, Nr. 190 II; Neßeler, 100 Jahre, S. 17ff.; Walter Buschmann/Norbert Gilson/Barbara Rinn: Braunkohlenbergbau im Rheinland, Worms 2008, S. 309ff.
54 Arentz, Schwarze Bahn 2008.
55 Deutsche Barackenbau-Gesellschaft an Bürgermeisteramt Hermülheim, 15. Mai 1918, StAHü, Best. 1.10, Nr. 99; Rudolf Horbert: Die Geschichte des Ortes Kalscheuren. Schriftliche Hausarbeit Köln 1963, S. 28 und 35f.
56 Bürgermeister Hürth an Landrat Köln, 1. Juni 1915 und 28. März 1916, HStAD, Best. Landratsamt Köln, Nr. 195.
57 Berichte Bürgermeister Hürth an Landrat Köln, März-Juli 1917, StAHü, Best. 1.10, Nr. 190 II.
58 Manfred Faust: Sozialer Burgfrieden im Ersten Weltkrieg. Sozialistische und christliche Arbeiterbewegung in Köln, Essen 1992, S. 96ff.
59 Bürgermeister Hürth an Landrat Köln, 13. September und 4. Oktober 1917, StAHü, Best. 1.10, Nr. 190 II.
60 Niederschriften der Bürgermeisterei-Versammlungen Hürth, 21. Juni und 15. Oktober 1917, StAHü, Best. 2.01, Nr. 3.

Die Weimarer Republik

1 Vgl. hierzu und zum Folgenden HStAD, Best. Landratsamt Köln, Nr. 60; zum Kölner Arbeiter- und Soldatenrat ausführlich Manfred Faust: Sozialer Burgfrieden im Ersten Weltkrieg. Sozialistische und christliche Arbeiterbewegung in Köln, Essen 1992, S. 249ff.
2 Schulchronik der Volksschule Efferen November 1918, StAHü, Best. 2.41, Nr. 13.
3 StAHü, Best. 2.41, Nr. 10, S. 160.
4 KAREB, Best. AK Köln, Nr. A 356.
5 RWWA, Best. 170, Nr. 11–5.
6 Rheinische Zeitung Köln 19. Februar und 12. März 1921.
7 Regierungspräsident Köln an Interalliierte Rheinlandkommission Köln, 7. Juli 1920, HStAD, Best. Regierung Köln, Nr. 7871.
8 Helmut Neßeler: 100 Jahre Chemiestandort Knapsack, Füssen 2007, S. 26.
9 Sozialistische Republik Köln, 11. und 18. Januar, 1. Februar 1921; zur Entstehung und Entwicklung der USPD und der KPD im Kölner Raum vgl. Günter Bers: Der Bezirk Mittelrhein/Saar der Kommunistischen Partei Deutschlands (KPD) im Jahre 1922, Wentorf bei Hamburg 1975; Faust, Burgfrieden, S. 227ff.
10 Zu dem Streik ausführliche Aktenvorgänge in: HStAD, Best. Regierung Köln, Nr. 7871; ferner Sozialistische Republik Köln, 8., 10., 11., 18., 25., 28. Februar, 17., 232. und 29. März 1921; Rheinische Zeitung Köln, 1., 4., 5., 7., 8., 9.,10., 19., 21., 26. Februar, 2., 3., 12. März 1921.
11 Sitzung vom 30. Juni 1920, StAHü, Best. 2.01, Nr. 3.
12 Die genaue Bezeichnung der von Mehlich geleiteten Behörde lautete: Reichs- und Staatskommissar für gewerbliche Fragen für die Provinz Westfalen und den unbesetzten Teil des Regierungsbezirks Düsseldorf, vgl. Horst Romeyk: Verwaltungs- und Behördengeschichte der Rheinprovinz 1914–1945, Düsseldorf 1985, S. 83–86.
13 Rheinische Zeitung Köln, 23. und 24. Januar 1924; alle Kölner Zeitungen berichteten täglich ausführlich über den aufsehenerregenden Streik.
14 Schulchroniken (Alt-) Hürth und Knapsack 1924, StAHü, Best. 2.41, Nr. 2 und 30.
15 Schriftverkehr Bürgermeister Hürth mit Landrat Köln 1919/20, KAREB, Best. Landkreis Köln, Nr. 81.
16 Niederschrift der Zentrumsfraktion der Bürgermeisterei Efferen über die Beweggründe der Lösung der Personalunion 1920, KAREB, Best. Landkreis Köln, Nr. 39.
17 Vertrag betr. des bisher gemeinsamen Wasserwerkes der Bürgermeistereien Hürth und Efferen, 4./19. Oktober 1921, StAHü, Best. 1.11, Nr. 277.
18 Verzeichnisse der am Schulbau Knapsack beschäftigten Arbeiter, November 1923, StAHü, Best. 1.11, Nr. 11.
19 Hans Desery: Obst- und Gemüseabsatzgenossenschaft eGmbH Fischenich, in: HH 74 (1995), S. 82-105; Verwaltungsbericht Hürth 1931, S. 64.
20 Vgl. dazu Wilhelm Dohr: Das Siedlungs- und Wohnungsproblem im linksrheinischen Braunkohlenrevier, Diss. Universität Köln 1921, S. 170ff.
21 Verwaltungsbericht Hürth 1931, S. 19ff.; 1939 besaß die Gemeinde insgesamt 450 Mietwohnungen, StAHü, Best. 1.12, Nr. 4058.
22 Erhard Stang: Hürth und die Hürther 1918-1949. Ergebnisse einer Zeitzeugenbefragung unter Hürther Bürgern, in: HH 69/70 (1992), S. 16–35.
23 Pfarrchronik der Pfarrgemeinde St. Katharina Hürth (Kopie); StAHü, Best. 9.04, Nr. 3/I.
24 Zur Biografie Zimmermanns vgl. Peter Klefisch (Bearb.): Die Kreisleiter der NSDAP in den Gauen Köln-Aachen, Düsseldorf und Essen, Düsseldorf 2000, S. 238f.; ferner HStAD, Best. NW 1051, Nr. 2735 (Entnazifizierungsakte Jakob Zimmermann).
25 Kölner Tageblatt 245 vom 15. Mai 1930.
26 StAHü, Best. 1.12, Nr. 4725; Klefisch, Kreisleiter, S. 238f.
27 Verwaltungsberichte Hürth 1928–1932.
28 Gerd Greune: Der Nationalsozialismus in einer rheinischen Gemeinde 1933–1935. Aufgezeigt am Beispiel der Gemeinde Hürth-Efferen. Schriftliche Hausarbeit Pädagogische Hochschule Köln, Köln 1973, S. 32; Erika Dewitz: Hürth in der Zeit des Nationalsozialismus. Schriftliche Hausarbeit Universität Köln, Hürth 1984, S. 11f.
29 Vgl. zum Folgenden ausführlich Manfred Faust (Bearb.): Hürth um 1930. Bilder aus der Zeit, als die Großgemeinde entstand. Ausstellung des Stadtarchivs Hürth, Hürth 1989, S. 8–12.
30 Amtsblatt der Regierung zu Köln, Stück 16 vom 19. April 1930, Nr. 214, S. 78.
31 Manfred Faust: Vor 50 Jahren: Zwangsehe zwischen Hürth und Efferen, in: HH 51/52 (1984), S. 58–62.

Nationalsozialismus und Zweiter Weltkrieg

1 Josef Wißkirchen: Das Konzentrationslager Brauweiler 1933/34, in: Pulheimer Beiträge zur Geschichte und Heimatkunde 13 (1989), S. 153–196; Hermann Daners: »Ab nach Brauweiler...!« Nutzung der Abtei Brauweiler als Arbeitsanstalt, Gestapogefängnis, Landeskrankenhaus..., Pulheim 1996, insbesondere S. 182ff.; Hermann Daners/Josef Wißkirchen: Was in Brauweiler geschah. Die NS-Zeit und ihre Folgen in der Rheinischen Provinzial-Arbeitsanstalt, Pulheim 2006, S. 50ff.
2 HStAD, Best. Landratsamt Köln, Nr. 365.
3 Verwaltungsbericht Hürth 1932, S. 17ff.
4 Westdeutscher Beobachter 15. März 1933; Gerd Greune: Der Nationalsozialismus in einer rheinischen Gemeinde 1933–1935. Aufgezeigt am Beispiel der Gemeinde Hürth-Efferen. Schriftliche Hausarbeit Pädagogische Hochschule Köln, Köln 1973, S. 38ff.; Erika Dewitz: Hürth in der Zeit des Nationalsozialismus. Schriftliche Hausarbeit Universität Köln, Hürth 1984, S. 13ff.
5 StAHü, Best. 1.12, Nr. 2503.
6 Ausführliche Schilderung der Vorgänge in: KAREB, Best. AK Köln, Nr. 783.
7 StAHü, Best. 1.11, Nr. 65.
8 Landrat a. D. Philipp Heimann an Gemeindedirektor Räcke, 29. März 1956, StAHü, Best. 1.12, Nr. 1164.
9 Erinnerungsberichte Karl und Gerhard Gielen 1933, StAHü, Best. 9.06, Nr. 2.
10 Verwaltungsbericht Hürth 1933, S. 159–160.
11 Dazu ausführlich Manfred Faust: Verbot und Verfolgung im Nationalsozialismus, in: Michael Kleofasz u. a. (Red.): Hürth SPD 1903–2003, S. 27–36.
12 Strafakte Ferdinand Vosen, HStAD, Best. 112, Nr. 17810.
13 Manfred Faust: Bewegende Schicksale Hürther Kommunisten, in: HH 84 (2005), S. 65–68.
14 Personalakten Heinzen, Röllke und Lüttgenau, StAHü, Best. 1.12, Nr. 2501, 2502 und 2504.
15 Dazu verschiedene Zeugenvernehmungen in: HStAD, Best. 112, Nr. 14946.

16 Niederschriften über die Anhörung der Gemeinderäte und über die Entschließungen des Bürgermeisters 1935ff., StAHü, Best. 2.03; Dewitz, Hürth in der Zeit des Nationalsozialismus, S. 18ff.
17 Heinrich Goß: Nationalsozialistische Aufbauarbeit in der Gemeinde Hürth, in: Heimatkalender für den Landkreis Köln 10 (1937), S. 62.
18 Helmut Enkler: Probleme der Industrialisierung des Rheinlands in der zweiten Phase der industriellen Revolution. Dargestellt am Beispiel der Entstehung des Industrieortes Knapsack bei Köln, Hausarbeit Universität Köln 1975, S. 74ff.; Helmut Neßeler: 100 Jahre Chemiestandort Knapsack, Füssen 2007, S. 35ff.; Peter Hayes: Die Degussa im Dritten Reich. Von der Zusammenarbeit zur Mittäterschaft, München 2004, S. 453–461.
19 Local-Anzeiger und Westdeutscher Beobachter Köln, 24. März 1933.
20 Entnazifizierungsakte Dr. Walter B., HStAD, Best. NW 1049, Nr. 75267; Neßeler, 100 Jahre Chemiestandort, S. 35.
21 Vgl. dazu Johann Rohde: Meine Fahrt nach Italien, in: Werks-Nachrichten Aktien-Gesellschaft für Stickstoffdünger 1938, S. 43–45; Matthias Schneider: Meine Italienfahrt, in: ebd. 1939, S. 43–44.
22 Dewitz, Hürth in der Zeit des Nationalsozialismus, S. 30.
23 Vgl. hierzu und zum folgenden Manfred Faust: Die Hürther Schulen zwischen 1933 und 1945. Ein Beitrag zur Geschichte des Alltags im Nationalsozialismus, in: HH 49/50 (1983), S. 13–32, hier S. 27f.
24 Westdeutscher Beobachter Köln, 21. Januar 1934.
25 Chronik der Pfarrgemeinde St. Katharina (Kopie), StAHü, Best. 9.04, Nr. 3.
26 Verhandlungsniederschrift Volksschule Hürth, 18. April 1939, StAHü, Best. 1.51, Nr. 3.
27 Andreas S. an Volksschule Hürth, 28. April 1941, StAHü, Best. 1.51, Nr. 13.
28 Santa Pelham-Erder: Das ist meine Geschichte: Knapsack, Deutschland, Spanien, Frankreich, Rhodesien, in: HH 83 (2004), S. 76–83; Santa Pelham: Santa's Story, Cape Town 2008, S. 16ff.
29 Erhard Stang: Das Schicksal der Hürther Juden während der NS-Zeit, in: HH 69/70 (1992), S. 43–52, hier S. 51; Barbara Becker-Jákli (Bearb.): Ich habe Köln doch so geliebt. Lebensgeschichten jüdischer Kölnerinnen und Kölner, Köln 1993, S. 186ff. (Interview Anni Adler vom 14./15. November 1990).
30 Westdeutscher Beobachter, 29. November 1934.
31 Prozesssache Müller und Genossen wegen Verbrechen gegen die Menschlichkeit 1947–1949, HStAD, Best. 231, Nr. 132; Entnazifizierungsakten, ebd., Best. NW 1049, Nr. 20165, 76326, 76511; Rheinische Zeitung Köln, 26. Mai 1948; Zeitzeugeninterviews, StAHü, Best. 9.03, Nr. 5, 8, 16, 21, 38, 60, 72
32 StAHü, Best 2.22, Kasten 26; Entschädigungsakte Dr. Friedrich Grossmann, HStAD, Best. 266, Nr. 2616.
33 Schriftliche Mitteilungen KZ-Gedenkstätte Dachau, 11. November 2008, 21. Januar und 27. Februar 2009; Daners/Wißkirchen, Brauweiler, S. 74ff.
34 Barbara Distel: »Die letzte ernste Warnung vor der Vernichtung.« Zur Verschleppung der »Aktionsjuden« in die Konzentrationslager nach dem 9. November 1938, in: Zeitschrift für Geschichtswissenschaft 46 (1998), S. 985–990, hier S. 986ff.
35 Zum Folgenden ausführlich Dieter Corbach: 6:00 Uhr ab Messe Köln-Deutz. Deportationen 1938–1945, Köln 1999, S. 83ff.; Manfred Faust: Zur Geschichte der Hürther Juden, in: HH 69/70 (1992), S. 36–42; Ders.: Neue Erkenntnisse über das Schicksal der deportierten Hürther Jüdinnen und Juden 1941/4, in: HH 78 (1999), S. 69–71; Stang, Hürther Juden.
36 Zitiert nach Anselm Faust (Bearb.): Die »Kristallnacht« im Rheinland. Dokumente zum Judenpogrom im November 1938, Düsseldorf 1987, S. 144.
37 Zitiert nach Wißkirchen, Brauweiler, S. 328f.
38 Zu diesem Deportationstransport Corbach, Deportationen, S. 133ff.; Alfred Gottwaldt/Diana Schulte: Die »Judendeportationen« aus dem Deutschen Reich 1941–1954. Eine kommentierte Chronologie, Wiesbaden 2005, S. 217ff.
39 Bürgermeister Hürth an Landrat Köln, 29. Juli 1942, StAHü, Best. 1.12, Nr. 2139.
40 StAHü, Best. 2.41, Nr. 19.
41 Zitiert nach Clemens Klug: Die Kriegsjahre im Schatten der Knapsacker Großindustrie, in: HH 49/50 (1983), S. 33–75, hier S. 37ff.
42 Heinz Mayer-Wegelin: Aller Anfang ist schwer. Bilder zur hundertjährigen Geschichte der Degussa, Frankfurt am Main 1973, S. 99; Mechthild Wolf: Im Zeichen von Sonne und Mond. Von der Frankfurter Münzschneiderei zum Weltunternehmen Degussa AG, Frankfurt am Main 1993, S. 211; Wolf von Niebelschütz: Knapsack. Zum fünfzigjährigen Bestehen der Knapsack-Griesheim Aktiengesellschaft im September 1957, Bonn o. J. [1957], S. 73.
43 Zitiert nach Klug, Kriegsjahre, S. 51.
44 Hayes, Degussa, S. 323.
45 Entnazifizierungsakte Werner K., HStAD, Best. NW 1050, Nr. 1269.
46 Zeitzeugeninterviews 1995/96, StAHü, Best. 9.03, Nr. 64; ferner verschiedene Aussagen und Berichte in der Prozesssache gegen Bonstein./.Feldmann 1948/49, HStAD, Best. 231, Nr. 306.
47 TKA, Best. VSt, Nr. 2582.
48 Dazu und zum Folgenden Manfred Faust: Kriegsgefangene und Zwangsarbeiter/innen in Hürth 1939–1945, in: HH 83 (2004), S. 84–113, hier S. 84ff.
49 Verschiedene Berichte der Gruben Luise und Schallmauer sowie der Roddergrube Januar 1943, HStAD, Best. BR 1167, Nr. 748 und 749.

Die Nachkriegszeit von 1945 bis zur Gegenwart

1 Ursula Froitzheim: Der Wiederbeginn des kommunalpolitischen Lebens in Hürth 1945–48, in: HH 76 (1997), S. 107 ff.
2 Margrit Schüler: Die SPD in Hürth nach dem Zweiten Weltkrieg. Aufbau und Bewährungsjahre der Partei bis zu den Kommunalwahlen im Oktober 1948, Schriftliche Hausarbeit Universität zu Köln 1984, S. 8ff.
3 Aufrufe Albert Schneider und Erich Paschke an die Distriktleiter der SPD Köln-Land, 1./2. Januar 1946, StAHü, Best. 6.01, Nr. 8.
4 Jochem Georg: 50 Jahre CDU in Hürth. Chronik der historischen Ereignisse in Hürth von 1945–1995, Hürth 1996, S. 19
5 Niederschrift über die Sitzung des Gemeinderates der Gemeinde Hürth, StAHü, Best. 2.03, Nr. 3.
6 Vgl. die von Theodor Junghänel angelegte Materialsammlung zur Geschichte der Hürther FDP 1952–1986, StAHü, Best. 9.04, Nr. 11.
7 Personalakte Josef Arens, StAHü, Best. 1.12, Nr. 2478; Arens verstarb bereits am 11. März 1954.
8 Quellen: Die Nachkriegsentwicklung der Gemeinde Hürth in der Statistik 1945-1960; Statistiken der Gemeinde/Stadt Hürth 1961–1992; StAHü, Best. 1.12, Nr. 814; www.huerth.de.
9 Niederschrift Gemeinderatssitzung, 5. Mai 1953, StAHü, Best. 2.03, Nr. 4.
10 Herbert Sinz: Otto Räcke. Ein Leben für Hürth, Gummersbach 1984; Personalakte Otto Räcke, StAHü, Best. 1.12, Nr. 4692.
11 Kölnische Rundschau 5. und 10. September 1953, zitiert nach Michael Kleofasz u. a.: Hürth SPD 1903–2003, Festschrift, Hürth 2003, S. 40.
12 StAHü, Best. 1.12, Nr. 816.
13 Norbert F. Conzen: Die Grünen in Hürth, in: HH 53/54 (1985), S. 29.
14 Die Industriegewerkschaft Bergbau im Kölner Revier. Rückblick 1945–1951, Jahresbericht 1952, S. 1; zur schnellen Neugründung der Gewerkschaften siehe auch Heinz Thoma (Bearb.): Neuaufbau der Gewerkschaft von 1945 bis 1963 im Altkreis Köln-Land und Altkreis Bergheim, Brühl 1991.
15 Mündliche Mitteilung Änne Gurbiers geb. Schmitz vom 18. Oktober 2007; Kleofasz u. a., Hürth SPD, S. 31.
16 HStAD, Best. NW 1049, Nr. 77290 (Entnazifizierung Weibezahn, Karl).
17 Military Government of Landkreis Köln an AG für Stickstoffdünger, 21. April 1945, RWWA, Best. 170, Nr. 2–18.
18 AG für Stickstoffdünger an den Deutschen Entnazifizierungsausschuss Landkreis Köln Frechen, 29. Juni 1946, ebd., Nr. 1–9.
19 AG für Stickstoffdünger an Deutschen Entnazifizierungsausschuss Landkreis Köln Frechen, 21. Oktober 1946, ebd.
20 HH 37/38 (1977), S. 72.
21 Fr. Ritter: Die Geburt eines neuen Unternehmens. Unser Weg durch die Entflechtung, in: Werkszeitung AG für Stickstoffdünger 1 (1951), S. 3–5.
22 Lagebericht über die Bergbauabteilungen Vereinigte Ville und Berrenrath Oktober 1945, HStAD, Best. BR 1167, Nr. 770; Ernst Schmelcher: RWE 1898-1954. Von der Lokomobile zur Großraum – Verbundwirtschaft, Essen o. J. [1954], S. 16ff.; H. Nettesheim: Das Goldenberg-Werk von 1913–1985. Eine Chronik, Hürth 1985, S. 30ff.
23 Lagebericht September 1946 für Abtlg. Bergbau Vereinigte Ville und Berrenrath, HStAD, Best. BR 1167, Nr. 771. UNRRA war die 1943 schon vor den eigentlichen Vereinten Nationen gegründete United Nations Relief and Rehabilitation Administration, die humanitäre Hilfe in den von den Alliierten eingenommenen Gebieten leisten sollte.
24 Berichte und Schreiben Adolf Dasbach, Gewerkschaft Hürtherberg 4. und 8. Januar, 19. Dezember 1945 sowie 28. Januar 1946, TKA, Best. VSt, Nr. 2582; Vierteljahresberichte des Bergamtes Köln-West, 30. Juli 1945ff.; HStAD, Best. BR 1167, Nr. 770; Fritz Wündisch: Vereinigte Ville-Roddergrube; Marlen Meurer: Der Hürtherberg, in: Clemens Klug: Hürth – wie es war, wie es wurde, Köln-Zollstock 1961, S. 193ff.; Karl-Günter Flohr: Die Betriebsgeschichte der Grube Engelbert bei Berrenrath, in: HH 57/58 (1986), S. 20–32, hier S. 30.

25 Doris Schneider: Städtische Siedlung und ländliche Arbeit im Bereich der Gemeinde Hürth, Maschinenschriftliche Diplomarbeit Universität zu Köln 1967, S. 74.
26 25 Jahre Großgemeinde Hürth 1955, S. 17.
27 Horst Rauen: Landschafts- und Strukturwandel in der Großgemeinde Hürth seit etwa 1950, Maschinenschriftliche Prüfungsarbeit Pädagogische Akademie Köln, Kalscheuren 1961, S. 43; Klug, Hürth, S. 168.
28 Erläuterungsbericht zum Flächennutzungsplanentwurf 1965, StAHü, Best. 1.12, Nr. 2278.
29 Jakob Baumann: Hürth – zwischen Ville und Großstadt, Teil I, in: HH 65/66 (1990), S. 1-58, hier S. 34.
30 HH 28/29 (1971), S. 61.
31 StAHü, Best. 1.12, Nr. 5430 (Strukturdaten Gemeinde Hürth).
32 Georg Rogge: Grundzüge der Stadtentwicklung 1978–2003, in: HH 82 (2003), S. 7–28, hier S. 28.
33 Statistik Arbeitsamt Brühl, 30. Juni 1980.
34 1985 und 1992, Statistik Stadt Hürth 1992, S. 88.
35 www.landesdatenbank-nrw.de.
36 Ab 2001 Statistik der Bundesagentur für Arbeit.
37 Ingrid Seelig: Entwicklung und Struktur einer im Zuge der Rekultivierung der Braunkohlenabbaugebiete neu errichteten Gemeinde. Am Beispiel der Gemeinde Berrenrath 1960 bis heute, Examensarbeit, Essen 1975; Claudia Urbanek: Die Braunkohlenwirtschaft im Rheinland als bestimmender Faktor der Siedlungs- und Sozialstruktur bei Ortsverlegungen, dargestellt an den Beispielen von Berrenrath und Königshoven, Schriftliche Hausarbeit, Köln 1987.
38 Quellen: Die Nachkriegsentwicklung der Gemeinde Hürth in der Statistik 1945–1960; Statistik der Gemeinde Hürth 1964–1992; ZARWE, Best. 340/130; TKA, Best. BIW 343/44, VSt 2191–93.
39 Helmut Neßeler: Werden und Wandel des Industriestandortes Knapsack. Eine Chronik von den Anfängen bis in das Jahr 1998, in: HH 78 (1999), S. 50–63, hier S. 58ff.
40 Hausarbeit Günther Frentzel für die II. staatliche Fachprüfung im Fach Gartengestaltung 1948/49 [Thema: Landschaftsgärtnerische Neugestaltung des ausgekohlten Grubengeländes der Gewerkschaft Hürtherberg], in: StAHü, Best. 3.21, Nr. 1.
41 Astrid Stratmann: Die Rekultivierung im Raum Hürth, in: HH 45 (1981), S. 25–67.
42 Baumann, Tagebau Theresia 1985; Jakob Baumann: Landschaftswandel in Hürth durch Braunkohletagebau und Rekultivierung, in: HH 82 (2003), S. 90–99, hier S. 96ff.
43 Volker Wirth: Die neuen GuD- und EBS-Kraftwerke im Chemiepark Knapsack, in: HH 86 (2007), S. 73–88.
44 Helmut Neßeler: 100 Jahre Chemiestandort Knapsack, Füssen 2007, S. 92f.
45 Klug, Hürth, S. 201; Mechthild Wolf: Im Zeichen von Sonne und Mond. Von der Frankfurter Münzschneiderei zum Weltunternehmen Degussa AG, Frankfurt am Main 1993, S. 155f.; Volker Wirth: Von der Hoechst AG Werk Knapsack zum offenen »Chemiepark Knapsack«, in: HH 82 (2003), S. 69–89, hier S. 88.
46 Dieter Dörsam: Aus der Geschichte des Kraftwerkes Goldenberg der RWE Energie AG, in: HH 71/72 (1993), S. 1–25; Walter Buschmann: Kraftwerke im rheinischen Braunkohlerevier, in: Ders. (Hg.): Kohlekraftwerke. Kraftakte für die Denkmalpflege?!, Essen 1999, S. 86–111; Manfred Schückes: Kraftwerk Goldenberg im Strukturwandel eines Industriestandortes, in: HH82 (2003), S. 61–68; Walter Buschmann/Norbert Gilson/Barbara Rinn: Braunkohlenbergbau im Rheinland, Worms 2008, S. 343f.
47 Ernst Hartmann: Die Umsiedlung von Hürth-Knapsack und die Frage ihrer Übertragbarkeit auf ähnlich strukturierte Industriestandorte im Wirtschaftsraum Köln, Schriftliche Hausarbeit, Köln 1983; Josef Langen: Knapsack-Umsiedlung, in: HH 33/34 (1974/75), S. 67–75.
48 Die folgenden Angaben über einzelne Firmen beruhen vor allem auf den im StAHü überlieferten Gewerbe- und Gewerbesteuerakten, den Wirtschaftsförderungsakten sowie auf aktuellen Angaben der noch bestehenden Firmen: StAHü Best. 1.12, Nr. 510, 519, 540, 2425, 2428, 2438, 2688, 2774, 2798, 2910, 3325, 3572, 4451, 4831, 4832, 4841, 5133, 5329, 5520, 5522; Best. 1.13, Nr. 1377, 1418.
49 Bernhard Kuhlmann: Caspar Thywissen 1839–1989. Fünf Generationen unternehmerisches Wirken in Neuss, Neuss 1989, S. 63.
50 Herbert Sinz: Peter Langen. Portrait eines Hürther Unternehmers, Köln o. J. (1977).
51 Adam Mund: Wilhelm Göppner. Meine persönlichen Kenntnisse und Erlebnisse mit einem langjährigen Freund, einem bedeutenden und bewährten Hürther Unternehmer (1999), StAHü, Best. 9.04, Nr. 29.
52 Industriegeschichte in Hürth-Efferen: Die Firma Klefisch im Wandel der Zeit. Artikel in der »werkzeitschrift« des »werkzentrum P2« (Firma Bernd Reiter), StAHü, Best. 9.04, Nr. 37.
53 Hürth informiert seine Bürger 1969, S. 24, StAHü, Best. 6.01, Nr. 26.
54 Manfred Baumgärtner: Siedlungs-, wirtschafts- und sozialgeographische Entwicklung von Hürth seit 1950. Maschinenschriftliche Hausarbeit zur Ersten Staatsprüfung für das Lehramt, Weiden 1969, S. 41.
55 Statistiken in: StAHü, Best. 1.13, Nr. 1321 und 1439: Rogge, Stadtentwicklung, S. 28.
56 StAHü, Best. 1.01, Nr. 2013/1954.
57 StAHü, Best. 1.13, Nr. 1321; Dieter Schmitz: Die Wirtschaftsentwicklung in Hürth in den letzten Jahren, in: HH 59/60 (1987), S. 57–59; Bernd Rohde: Hürther Gewerbehof, in: Der Arbeitgeber 13/33 (1981), S. 669–672.
58 StAHü, Best. 1.01, Nr. 2028/557–558, Best. 6.20, Nr. 7.
59 Beschlussvorlage Finanzausschuss betr. Gewerbeansiedlung in der Stadt Hürth 78/10/7 und Aufstellung der Abteilung Wirtschaftsförderung zum Industriegebiet Knapsack Oktober 1983, in: StAHü, Best. 1.13, Nr. 1439.
60 Volker Wirth: Die Papierfabrik »Rhein Papier« auf dem Ville-Rücken, in: HH 83 (2004), S. 114–126.
61 www.ecc-knapsack.de; www.gaerten-der-technik.de, 6. Mai 2009; chemergie – Knapsacker Hügel. Auslobung zu einem einstufigen begrenzten Wettbewerb, Hürth 2008.
62 Vieth/Wesely, Medienstadt 1996; Medien Booklet Hürth 2007. Informationen zu technischen Dienstleistern, Produktions- und Ticketfirmen am Standort Hürth, hg. vom Amt für Wirtschaftsförderung, Hürth 2007.
63 Quellen: Die Nachkriegsentwicklung der Gemeinde Hürth in der Statistik 1945–1960; Statistiken der Gemeinde/Stadt Hürth 1961–1992; www.landesdatenbank-nrw.de.
64 Ab 1990 einschließlich Nebenwohnsitzen.
65 StAHü, Best. 1.01, Nr. 2010/2831.
66 Verwaltungsbericht des Sozialamtes für das Rechnungsjahr 1955, in: StAHü, Best. 1.12, Nr. 3633.
67 Gutachten zu der Denkschrift der Stadtverwaltung Köln über die Eingemeindung des Landkreises zur Stadt Köln. Erstattet von Dr. jur. Fachinger, Frechen, 10. Oktober 1945, StAHü, Best. 9.01, Nr. 63; Manfred Faust: Vor 50 Jahren: Zwangsehe zwischen Hürth und Efferen, in: HH 51/52 (1984), S. 58–62.
68 Ausführungen des Gemeindedirektors zum Problem Hürth-Mitte in der Hauptausschusssitzung vom 11. Januar 1966, in: StAHü, Best. 1.12, Nr. 5177; dort auch weitere Grundsatzreden Räckes über die Gemeindeentwicklung und Zentrumsbildung bis zu seiner Pensionierung 1972.
69 So auch Beigeordneter Strohmeyer an Gemeindedirektor Räcke, 18. Dezember 1969, StAHü, Best. 1.12, Nr. 4880.
70 Verkaufsverhandlungen und Verträge mit den belgischen Adligen und von Groote in: StAHü, Best. 1.12, Nr. 5600-5608; Best. 3.19, Nr. 8.
71 Mündliche Mitteilungen der Technischen Beigeordneten a. D. Gerd Nieke und Richard Welter sowie Fritz Bendler 2008.
72 Neues Gemeinde Zentrum in Hürth, Vorentwurf 1:200, 20. Juli 1960, StAHü, Best. 3.23, Nr. 8; mündliche Mitteilungen Gerd Nieke, 20. März 2008.
73 StAHü, Best. 1.12, Nr. 4330.
74 Herbert Sinz: Auf der grünen Wiese. Wie der Stadtkern von Hürth entstand, Brühl o. J. (ca. 1979), S. 78.
75 Rainer Disselbeck: Siedlungsgeographische Untersuchungen in Hürth und Hermülheim unter besonderer Berücksichtigung von Hürth-Mitte, Hausarbeit Universität zu Köln 1975, S. 89.
76 Herbert Heermann: Hürth und die Erftkreisgründung im Rahmen der nordrhein-westfälischen Gebietsreform, in: HH 75 (1996), S. 36–46; Ders.: Die Entstehung des Erftkreises 1966 bis 1976, Kerpen 1998.
77 Originalurkunde im StAHü, Best. 4.03, Nr. 2.
78 Bundesautobahn Krefeld-Ludwigshafen, hg. vom Bundesminister für Verkehr u. a., 1975.
79 Wolfgang Herdam: Die Köln-Bonner Eisenbahnen, Freiburg im Breisgau 1981; Eduard Bündgen: Die Köln-Bonner Eisenbahnen 1891–1992, Freiburg im Breisgau 1994; Alfred Schieb: Der Schienen- und Straßenverkehr gestern, heute und morgen, in: Klug, Hürth, S. 253ff.
80 Herbert Eidam: 10 Jahre Stadtbus. Vom Rundverkehr zum Mobilitätsdienstleister, in: Festschrift 10 Jahre Stadtbus, Hürth 2007.
81 Hermann Sieger: Schulen und Schulprobleme in der Gemeinde Hürth, in: HH 3/4 (1964), S. 5–10.
82 Ausführlich zur Baugeschichte der Hürther Kirchen Clemens Klug: Hürth – Kunstschätze und Denkmäler, Hürth 1978; Manfred Faust: Stadt Hürth, Neuss [3]1993 (Rheinische Kunststätten, Heft 36).

83 Helmut Fußbroich: Sankt Ursula in Hürth-Kalscheuren – ein Kirchenbau von transzendierender Schönheit, in: HH 85 (2006), S. 19–30, hier S. 27.
84 Engelbert Broich: Evangelische Johannes-Kirchengemeinde in Hürth-Gleuel feierte das 50-jährige Bestehen ihrer Martin-Luther-Kirche, Artikel vom 12. März 2007, in: www.kirche-koeln.de; zur Geschichte der Evangelischen Kirche in Hürth ferner: Georg Grosser: Evangelisches Gemeindeleben im Kölner Land. Eine Chronik für Brühl, Wesseling, Hürth-Knapsack, Liblar, Köln 1958; Katharina Heye: Die Entstehung und Entwicklung der evangelischen Kirche in Hürth im 20. Jh., Facharbeit Albert-Schweitzer-Gymnasium 2007, in: StAHü, Best. 9.04, Nr. 43; Thomas Hennig/Paul Mader: Die Geschichte der Evangelischen Kirche in Efferen, in: HH 74 (1995), S. 36–40.
85 Manfred Faust/Andrea Hoßfeld (Bearb.): 70 Jahre Krankenhaus Hürth. Ausstellung im Foyer des Sana-Krankenhauses, Hürth 1986.
86 Handakten des Sozialdezernenten Sieger 1955–1974, StAHü, Best. 1.12, Nr. 1761–1763.
87 Interessengemeinschaft Sport Groß-Hürth: Festschrift der Hürther Sportwerbewoche 1954, StAHü, Best. 6.01, Nr. 2.
88 Mitgliederzahlen in: StAHü, Best. 1.01, Nr. 2213/2009; Best. 1.13, Nr. 309, 660, 1809; Programme Hürther Sportwoche, Best. 6.01, Nr. 2; Statistiken Amt für Schule, Bildung und Sport 2001–2008.

Quellen und Literatur

Gedruckte Quellen

Aktiengesellschaft für Stickstoffdünger Knapsack. Geschäftsberichte 1909ff.
Der Begleiter auf der Bonn-Cölner Eisenbahn nebst einer Karte der Eisenbahn, Bonn 1844.
Bericht über den Stand und die Verwaltung der Gemeinde-Angelegenheiten der Bürgermeistereien Hürth und Efferen für das Jahr 1898/99, 1903/04, 1909/10.
Bericht über die Verwaltung und den Stand der Gemeinde- und Bürgermeisterei-Angelegenheiten [wechselnde Titel] für das Rechnungsjahr 1926–1934.
Braunkohlen- und Brikettwerke Roddergrube AG in Brühl: Geschäftsberichte 1909-1935; Berichte über das Geschäftsjahr 28 (1936)–50 (1958).
Firmenadressbuch für Haushaltungen und Gewerbe: Stadt Hürth, Rösrath 1987–2003.
25 Jahre Obst- und Gemüseabsatzgenossenschaft e.G.m.b.H. Fischenich, Bergisch Gladbach o. J. [1954].
Goldenberg Power Station at Knapsack, Germany. United States Strategic Bombing Survey, Physical Damage Division Report No. 23, o. O., [2]1947.
Haunfelder, Bernd/Pollmann Klaus Erich (Bearb.): Reichstag des Norddeutschen Bundes 1867–1870. Historische Photographien und biographisches Handbuch, Düsseldorf 1989.
Die Industriegewerkschaft Bergbau im Kölner Revier. Rückblick 1945–1951. Jahresbericht 1952, hg. von der Bezirksleitung III Köln, Frechen 1953.
Jahresberichte (später auch: Geschäftsberichte) des Vereins für die Interessen der rheinischen Braunkohlen-Industrie, Köln 1901/02ff.
Jahres-Berichte der Königlich Preußischen Regierungs- und Gewerberäthe und Bergbehörden 1895ff., Berlin 1986ff.
Kaspers's Adressbuch Behörden + Firmen. Stadt Hürth, Hilgen 1975–1980.
Kommunales Branchenbuch: Stadt Hürth, Rösrath 2004ff.
Der Landkreis Köln: Ein Strukturgutachten. Bearb. E. Otremba und H.F. Altrup, Wirtschafts- und Sozialgeographisches Institut der Universität zu Köln, Köln 1966.
Die Nachkriegsentwicklung der Gemeinde Hürth in der Statistik 1945–1960, o. O., o. J. [Hürth 1961].
Mann, Bernhard (Bearb.): Biographisches Handbuch für das Preußische Abgeordnetenhaus 1867–1918, Düsseldorf 1988.
Rheinische Eisenbahn: Bericht über die Resultate der Verwaltung, des Baues und Betriebes während des Jahres 1868, Köln 1869.
Rheinisch-Westfälisches Elektrizitätswerk AG (Hrsg.): Das Goldenberg-Werk, Essen 1921.
Schwarz, Max: MdR. Biographisches Handbuch der Reichstage, Hannover 1965.
Statistik der Gemeinde/Stadt Hürth 2 (1961)–27 (1992).
Thoma, Heinz (Bearb.): Neuaufbau der Gewerkschaft von 1945 bis 1963 im Alt-Kreis Köln-Land und im Altkreis Bergheim, Brühl 1991.
The United States Strategic Bombing Suervey, Physical Damage Division: Goldenberg Thermal Electric Power Station Knapsack, Second Edition, o. O. January 1947.
Verwaltungsbericht der Gemeinde Hürth für das Rechnungsjahr 1935–1939.
Vieth, Alexander/Wesely, Clemens: Von der Brikett- zur Medienstadt. Medienjubiläum im Jahr 2000. Public Relationskonzept für die Stadt Hürth, Hürth 1996.

Unveröffentlichte Quellen

Bundesarchiv Berlin (BAB)
RY1, Kommunistische Partei Deutschlands
Ehem. BDC, Zentrale Mitgliederkartei der NSDAP

Bundesarchiv, Abt. Militärarchiv Freiburg (BA-MA)
RH 53-6, Wehrkreiskommando VI (Münster)
RW 21–35, Rüstungskommando Köln

Landeshauptarchiv Koblenz (LHAKO)
403, Oberpräsidium der Rheinprovinz

NRW Hauptstaatsarchiv Düsseldorf (HStAD)
Stifts- und Klosterarchive: Burbach
Lande zwischen Maas und Rhein
Roer Département
Regierung Köln
Landratsamt Köln
112, Sondergericht Köln
226, Wiedergutmachungsamt beim Landgericht Köln
NW 1049, Entnazifizierungsakten
BR 1167, Bergamt Köln
Bergrevier Köln-Ost

Kreisarchiv des Rhein-Erft-Kreises Bergheim (KAREB)
A, Landkreis Köln (AK Köln)

Stadtarchiv Brühl
Akten

Stadtarchiv Hürth (StAHü)
1.01, Zwischenarchiv
1.10/1.11, Bürgermeistereien Hürth und Efferen 1800–1930
1.12, Gemeinde Hürth 1930–1978
1.13, Stadt Hürth ab 1978
2.01 ff., Rats- und Ausschussprotokolle
2.41, Schulchroniken
3.13, Sammlung Heinrich Schnitzler
3.19, Nachlass Otto Räcke
3.21, Nachlass Günther Frentzel
3.23., Vorlass Hanns Conzen
3.75, Depositum Hans Dobers
6.01, Druckschriftensammlung
6.20, Zeitungsausschnitte
9.04, Chroniken und Darstellungen
9.06, Personaliasammlung

Historisches Archiv der Stadt Köln (HAStK)
57, Hürther Bach
862, Bürgermeisterei Efferen
902, Büro Oberbürgermeister Adenauer

Rheinisch-Westfälisches Wirtschaftsarchiv Köln (RWWA)
170, Hoechst AG Werk Knapsack

Archiv der ThyssenKrupp AG Duisburg (TKA)
Bergbau- und Industriewerte GmbH (BIW)
Vereinigte Stahlwerke AG (VSt)

Zentralarchiv RWE Power Weisweiler (ZARWE)
Akten

Literatur

HH Hürther Heimat

Gesamtdarstellungen:

Heimatbuch der Gemeinde Hürth, hg. vom NS-Lehrerbund Hürth-Efferen, Schriftleitung Franz Holl, Köln 1934.
Klug, Clemens: Hürth – wie es war, wie es wurde, hg. vom Heimatverein der Gemeinde Hürth, Köln-Zollstock 1961.
Rosellen, Robert Wilhelm: Geschichte der Pfarreien des Dekanates Brühl, Köln 1887.

Epochenübergreifende Darstellungen

Baumann, Jakob: Hürth – zwischen Ville und Großstadt, Teil I, in: HH 65/66 (1990), S. 1–58; Teil II, in: HH 67/68 (1991), S. 66–118.

Baumann, Jakob: Das Hürther Vorgebirge und der östliche Villerand. Eine Untersuchung zur siedlungs- und wirtschaftsgeographischen Sonderstellung des Vorgebirges, in: HH 73 (1994), S. 43-55.
Baumann, Jakob: Aus der Geschichte der Hürther Bäche – eine abschließende Betrachtung, in: HH 77 (1998), S. 24-33.
Dewitz, Victor von: Der Kreis Köln. Geschichte, Kultur, Wirtschaft, Verwaltung, Oldenburg 1969.
Klug, Clemens: Die Familie von Groote. Über mehrere Jahrhunderte in Köln angesehen und einflußreich – mit Dependancen in Fischenich, Kendenich und Hermülheim, Hürth 1988.

Bildbände und Ausstellungskataloge
Faust, Manfred (Bearb.). Hürth um 1930. Bilder aus der Zeit, als die Großgemeinde entstand. Ausstellung des Stadtarchivs Hürth, Hürth 1989.
Faust, Manfred/Hoßfeld, Andrea (Bearb.): 70 Jahre Krankenhaus Hürth. Ausstellung im Foyer des Sana-Krankenhauses, Hürth 1986.
Neßeler, Helmut: Hürth, wie es früher war, Gudensberg-Gleichen 1999.
Neßeler, Helmut/Blatt, Hans Josef/Faust, Manfred: Knapsack Chemie. Bilder aus 95 Jahren Industriegeschichte im Rheinland, Essen 2002.
Schnitzler, Heinrich: 50 Jahre Ortsgemeinschaft Hürth-Gleuel. Gleuel und seine Vereine in alten Bildern, Hürth 1985.
Scholz, Gabriele/Schüler, Volker: Hürth 1948 bis 1978, Erfurt 2003.
Schüler, Volker/Coenen, Manfred: Das Rheinische Braunkohlenrevier 1877 bis 1957, Erfurt 2004.
Sinz, Herbert/Schnitzler, Heinrich: Hürth in alten Bildern. Ein Familienalbum der Stadt, Gummersbach 1980.

Geschichte der einzelnen Stadtteile
Alstädten – Burbach
Klug, Clemens: Altes muß Neuem weichen. Die Pescher Höfe und ihre geschichtliche Bedeutung für den Hürther Raum, in: HH 28/29 (1971), S. 8–14.

Alt-Hürth
Conzen, Egon: 800 Jahre Alt-Hürth, Hürth 1985.
Corsten, Severin: Das Valkenburger Lehen Hürth, in: HH 46 (1981), S. 6–12.
Haas, J.A.K.: De verdeling van de landen van Overmaas 1644–1662. Territoriale desintegratie van een betwist grensgebied, Assen 1978
Vilar Sánchez, Juan Antonio: Kerpen y Lommersum: Exclaves Brabanzones en el Sacro Imperio Germánico. Historia institucional de su período de unión a la monarquía hispánica 1516–1713, Granada 2000.

Berrenrath
Festbuch 700 Jahre Dorfgemeinschaft Berrenrath 1298–1998, Red. Hermann Plog, Hürth 1998.
Fußbroich, Helmut: St. Wendelinus in Hürth-Berrenrath, Köln 1995.
Seelig, Ingrid: Entwicklung und Struktur einer im Zuge der Rekultivierung der Braunkohlenabbaugebiete neu errichteten Gemeinde. Am Beispiel der Gemeinde Berrenrath 1960 bis heute, Examensarbeit, Essen 1975.
Urbanek, Claudia: Die Braunkohlenwirtschaft im Rheinland als bestimmender Faktor der Siedlungs- und Sozialstruktur bei Ortsverlegungen, dargestellt an den Beispielen von Berrenrath und Königshoven, Schriftliche Hausarbeit, Köln 1987.

Efferen
Clemens, Hans u.a.: Die alte Pfarre und Herrlichkeit Kriel, hg. vom Pfarramt St. Albertus Magnus Köln-Kriel, Köln ²1964.
Duell, Hans: 2000 Jahre Efferen im Wandel der Zeit, Hürth 1990.
Hennig, Thomas/Mader, Paul: Die Geschichte der Evangelischen Kirche in Efferen, in: HH 74 (1995), S. 36–40.
Wündisch, Fritz: Aus der Frühzeit von Efferen, in: HH 63/64 (1989), S. 22–26.

Fischenich
Desery, Hans: Obst- und Gemüseabsatzgenossenschaft eGmbH Fischenich, in: HH 74 (1995), S. 82–105.
Germund, Manfred: Fischenich – Historische Entwicklung und zeitgenössische Deutung, in: HH 75 (1996), S. 1–35.

Hermülheim, Hürth-Mitte
Brohl, Elmar: Hermülheim und der Deutsche Orden, Hürth 1975.
Brohl, Elmar: Hermülheimer Sippenbuch. Hermülheims Einwohner bis zum Jahre 1800, Köln 1986.
Klug, Clemens: 1000 Jahre St. Severin in Hermülheim, Bd. 1: Von der Frühzeit bis Ende des 19. Jahrhunderts, Hürth 1984.
Sinz, Herbert: Auf der grünen Wiese. Wie der Stadtkern von Hürth entstand, Brühl o. J. (ca. 1979).

Gleuel
Hamacher, Ferdinand: Die politische und wirtschaftliche Geschichte des Dorfes Gleuel, Schriftliche Hausarbeit [Hürth-] Gleuel 1950.
Klug, Clemens: Die schillernde Historie der Burg Schallmauer, in: HH 47/48, (1982), S. 3–14.
Welters, Hans: Aldenrath und seine Burgen. Neue Wüstungen auf dem Vorgebirge, in: Zwischen Scholle und Grube 4 (1950), S. 2–4.

Kalscheuren
25 Jahre Ortsgemeinschaft Kalscheuren: 1962–1987 [Festschrift Ortsgemeinschaft Kalscheuren 1987].
Fußbroich, Helmut: Sankt Ursula in Hürth-Kalscheuren – ein Kirchenbau von transzendierender Schönheit, in: HH 85 (2006), S. 19–30.
Horbert, Rudolf: Die Geschichte des Ortes Kalscheuren, Schriftliche Hausarbeit, Köln 1963.

Kendenich
Klug, Clemens: Die mittelalterliche Herrlichkeit Kendenich. Eine Kurkölner Grundherrschaft, Hürth 1972.
Klug, Clemens: Neunzig Jahre Spar- und Darlehenskasse Kendenich, Hürth 1970.

Knapsack
Grosser, Georg: Evangelisches Gemeindeleben im Kölner Land. Eine Chronik für Brühl, Wesseling, Hürth-Knapsack, Liblar, Köln 1958.
Hartmann, Ernst: Die Umsiedlung von Hürth-Knapsack und die Frage ihrer Übertragbarkeit auf ähnlich strukturierte Industriestandorte im Wirtschaftsraum Köln, Schriftliche Hausarbeit, Köln 1983.
Herber, Josef: Knapsack. Sein Werden und Wachsen. Maschinenschriftlichtes Manuskript, Brühl 1931.
Klug, Clemens: Aus Knapsacks Gründerzeit, in: HH 26/27 (1970), S. 29–34.
Langen, Josef: Knapsack-Umsiedlung, in: HH 33/34 (1974/75), S. 67-75.

Sielsdorf
Festschrift 1100 Jahre Sielsdorf 898–1998, hg. von der Dorfgemeinschaft Sielsdorf, Hürth 1998.

Stotzheim
Schorn, Jakob: Aus der Geschichte Stotzheims, hg. von der Dorfgemeinschaft, Hürth-Stotzheim 1959.

Vorgeschichte und Römerzeit
Baumann, Jakob. Neues über den Duffesbach, in: HH 51/52 (1984), S. 71–75.
Baumann, Jakob: Die frühe Besiedlung des Hürther Raumes, in: HH 74 (1995), S. 18–25.
Baumann, Jakob: Ländliche Siedlungen im Umland des römischen Köln, in: HH 75 (1996), S. 66–92.
Eck, Werner: Köln in römischer Zeit. Geschichte einer Stadt im Rahmen des Imperium Romanum, Köln 2004.
Frentzel, Günter: Neues von den römischen Wasserleitungen, in: HH 14/15 (1967), S. 36–40.
Frentzel, Günther: Die Grabkammer in Efferen, in: HH 14/15 (1967), S. 40–44.
Frentzel, Günther: Neues Rätsel um die Römische Wasserleitung, in: HH 23/24 (1970), S. 55–56.
Frentzel, Günther: Ausgrabungen in der Gemeinde Hürth, in: HH 39/40 (1977), S. 75–80.
Gottschalk, Raymund: Das Römerzeitliche Gräberfeld von Hürth-Hermülheim, in: HH 74 (1995), S. 1–17.
Gottschalk, Raymund: Neue Ausgrabungen im römerzeitlichen Gräberfeld von Hürth-Hermülheim, in: HH 86 (2007), S. 5–22.
Gottschalk, Raymund: Einen Besuch wert: Die römische Grabkammer in Hürth-Efferen, in: HH 86 (2007), S. 25–28.
Grewe, Klaus: Die römischen Wasserleitungen im Bereich des Burggeländes von Hürth-Hermülheim. Die Ergebnisse einer archäologischen Untersuchung von 1980, in: HH 46 (1981), S. 17–21.
Grewe, Klaus: Atlas der römischen Wasserleitungen nach Köln, Köln 1986.

Grewe, Klaus: Neue Befunde zu den römischen Wasserleitungen nach Köln. Nachträge und Ergänzungen zum ›Atlas der römischen Wasserleitungen nach Köln‹, in: BJ 191 (1991), S. 385–421.
Haberey, Waldemar: Die römischen Wasserleitungen nach Köln, Düsseldorf 1971.
Horn, Heinz Günter (Hg.): Die Römer in Nordrhein-Westfalen, Stuttgart 1987.
Jürgens, Antonius: Römische Siedlungsspuren am Tagebau Theresia in Hürth, in: HH 47/48 (1982), S. 26–27.
Klinkenberg, J.: Die Funde in Gleuel, in: BJ 94 (1893), S. 151–155.
Klug, Clemens: Römische und frühfränkische Altar- und Grabsteine aus Gleuel, in: HH 12/13 (1966), S. 1–7.
Lückger, H. J.: Altäre der Matronae Audrinehae und andere Steindenkmäler, in: BJ 132 (1927), S. 185–192.
Zerlett, Christa: Die römische Wasserleitung als Kulturdenkmal, in: HH 14/15 (1967), S. 3–35.

Mittelalter und Frühe Neuzeit

Barthelemy, Eric: Kloster Burbach – Eine Versteigerungsexpertise vom 5.9.1809, in: HH 81 (2002), S. 29–32.
Barthelemy, Eric: Kloster Burbach – Das endgültige Ende in den Jahren 1814-1828, in: HH 86 (2007), S. 29–33.
Baumann, Jakob: Zur Frage der Siedlungskontinuität im Hürther Raum. Siedlungsspuren, alte Wege und Ortsnamen, in: HH 80 (2001), S. 30–34.
Baumann, Jakob: Naturräumliche und wirtschaftliche Grundlagen des Klosters Burbach, in: HH 84 (2005), S. 51–56.
Bergerhausen, Hans-Wolfgang: Von der Provinzposse zum Reichspolitikum. Der Hürther Bach in der Reichspolitik des konfessionellen Zeitalters 1560–1617, in: HH 78 (1999), S. 7–18.
[Eichhoff, Johann Peter]: Historisch-geographische Beschreibung des Erzstiftes Köln. Eine nöthige Beilage zu des Herrn C. R. Büschings Erdbeschreibung, Frankfurt/Leipzig, 1783.
Fabricius, Wilhelm: Erläuterungen zum Geschichtlichen Atlas der Rheinprovinz. Zweiter Band: Die Karte von 1789. Einteilung und Entwicklung der Territorien von 1600 bis 1794, Bonn 1898.
Frentzel, Günter: Das Plattengrab in Fischenich, in: HH 9 (1966), S. 18–20.
Frentzel, Günter: Die Teufelsburg in der Kranzmaar, in: HH 28/29 (1971), S. 22–28.
Hesse, Heiko: Wie der Frankenhof zu seinem Namen kam. Frankengräber aus Hürth-Efferen, in: HH 80 (2001), S. 7–18.
Hüsgen, Hermann-J.: Das Zisterzienserinnenkloster Burbach, in: Helmut Weingarten (Red.): Klöster und Stifte im Erftkreis, Pulheim 1988, S. 151–176.
Mering, F.E. von: Geschichte der Burgen, Rittergüter, Abteien und Klöster in den Rheinlanden, Cöln 1837.
Müller, Lothar: Was hat Hürth mit Gürtel, Garten und Hradschin zu tun? Zur Bedeutung der Hürther Ortsnamen, Teil I, in: HH 86 (2007), S. 89–94; Teil II, in: HB 87 (2008), S. 73–80.
Nieveler, Elke: Die merowingische Besiedlung des Erftkreises und des Kreises Euskirchen, Mainz 2003.
Ossendorf, Karlheinz: »Sancta Colonia« als Weinhaus der Hanse. Teil 1: Reben intra muros und außerhalb der Stadt, Wiesbaden 1996.
Prahl, Albert: Theodor Firmenich gegen Papst, Kaiser und den Rest der Welt. Zur Rechtsgeschichte des Duffesbaches, in: HH 76 (1997), S. 45–47.
Die Regesten der Erzbischöfe von Köln im Mittelalter, bearb. von Friedrich Wilhelm Oediger, Richard Knipping u. a., Bonn/Düsseldorf 1909ff.
Schmitz, Friedrich: Die Freiherren von Roll zu Bernau in Kurköln, in: HH 33/34 (1974/75), S. 36–46.
Steuer, Heiko: Die Franken in Köln, Köln 1980.
Stommel, Karl: Das kurkölnische Amt Lechenich, seine Entstehung und Organisation, Euskirchen 1961.

Franzosenzeit (1794–1814)

Barthelemy, Eric: Die Franzosen in Hürth, in: HH 83 (2004), S. 7–75.
Büttner, Richard: Die Säkularisation der Kölner geistlichen Institutionen, Köln 1971.
Cardauns, Hermann/Müller, Reiner (Hg.): Die Rheinische Dorfchronik des Joan Peter Delhoven aus Dormagen (1783–1823), Dormagen 1966.
Hansen, Joseph (Hg.): Quellen zur Geschichte des Rheinlandes im Zeitalter der Französischen Revolution, Bände 3 und 4, Bonn 1935.
Kliesing, Georg: Die Säkularisation in den kurkölnischen Ämtern Bonn, Brühl, Hardt, Lechenich und Zülpich in der Zeit der französischen Fremdherrschaft, Diss. Bonn, Bendorf 1932.
Klug, Clemens: 12 Groß-Hürther in den Vermißtenlisten der napoleonischen Rußlandkämpfer, in: HH 26/27 (1970), S. 18–25.
Trippen, Peter Paul/Klug, Clemens (Bearb.): Der letzte Thurn und Taxis'sche Oberpostmeister von Köln als »Emigrant« im Siegtal, in: HH 59/60 (1987), S. 5–21.
Wündisch, Fritz: Aus der Franzosenzeit, in: Ders.: Brühl. Mosaiksteine zur Geschichte einer alten kurkölnischen Stadt, Köln 1987, S. 185-265.

Das 19. Jahrhundert bis zum Ersten Weltkrieg (1814–1918)

Barthelemy, Eric: Kloster Burbach – das endgültige Ende in den Jahren 1814–1828, in: HH 86 (2007), S. 29–33.
Croon, Helmuth: Die gesellschaftlichen Auswirkungen des Gemeindewahlrechts in den Gemeinden und Kreisen des Rheinlands und Westfallens im 19. Jahrhundert, Köln/Opladen 1960,
Faber, Karl-Georg: Die kommunale Selbstverwaltung in der Rheinprovinz im 19. Jahrhundert, in: Rheinische Vierteljahresblätter 30 (1965), S. 132–151.
Faust, Manfred: Grundzüge der Hürther Geschichte im 19. und 20. Jahrhundert – Thesen und Fragestellungen, in: HH 65/66 (1990), S. 95–104.
Henseler, Edmund und Helma: Das Reifferscheid'sche Mühlenjournal – ein Dokument über erfolgreiche wirtschaftliche Aktivitäten im frühen 19. Jahrhundert in Hürth, in: HH 77 (1998), S. 13–23.
Hess, Adalbert: Das Parlament, das Bismarck widerstrebte. Zur Politik und sozialen Zusammensetzung des preußischen Abgeordnetenhauses der Konfliktzeit (1862–1866), Köln/Opladen 1964.
Mann, Bernhard (Bearb.): Biographisches Handbuch für das Preußische Abgeordnetenhaus 1867–1918, Düsseldorf 1988.
Rolef, Georg: Die rheinische Landgemeindeverfassung seit der französischen Zeit, Berlin/Leipzig 1912.
Sterck, Lothar und Maria: Zur Geschichte eines Fachwerkhauses in Alt-Hürth, in: HH 63/64 (1989), S. 57–67.

Weimarer Republik, Nationalsozialismus, Krieg

Becker-Jákli, Barbara (Bearb.): Ich habe Köln doch so geliebt. Lebensgeschichten jüdischer Kölnerinnen und Kölner, Köln 1993.
Bers, Günter: Der Bezirk Mittelrhein/Saar der Kommunistischen Partei Deutschlands (KPD) im Jahre 1922, Wentorf bei Hamburg 1975.
Corbach, Dieter: 6:00 Uhr ab Messe Köln-Deutz. Deportationen 1938–1945, Köln 1999.
Daners, Hermann: »Ab nach Brauweiler...!« Nutzung der Abtei Brauweiler als Arbeitsanstalt, Gestapogefängnis, Landeskrankenhaus..., Pulheim 1996.
Daners, Hermann/Wißkirchen, Josef: Was in Brauweiler geschah. Die NS-Zeit und ihre Folgen in der Rheinischen Provinzial-Arbeitsanstalt, Pulheim 2006.
Dewitz, Erika: Hürth in der Zeit des Nationalsozialismus. Schriftliche Hausarbeit Universität Köln, Hürth 1984.
Distel, Barbara: »Die letzte ernste Warnung vor der Vernichtung.« Zur Verschleppung der »Aktionsjuden« in die Konzentrationslager nach dem 9. November 1938, in: Zeitschrift für Geschichtswissenschaft 46 (1998), S. 985–990.
Duell, Hans: Die Heimat im Bombenhagel, in: HH 19/20 (1968), S. 3–51.
Duell, Hans: Vor 40 Jahren – Als die Amis kamen, in: HH 55/56 (1985), S. 68–106.
Faust, Anselm (Bearb.): Die »Kristallnacht« im Rheinland. Dokumente zum Judenpogrom im November 1938, Düsseldorf 1987.
Faust, Manfred: Die Hürther Schulen zwischen 1933 und 1945. Ein Beitrag zur Geschichte des Alltags im Nationalsozialismus, in: HH 49/50 (1983), S. 13–32.
Faust, Manfred: Vor 50 Jahren: Zwangsehe zwischen Hürth und Efferen, in: HH 51/52 (1984), S. 58–62.
Faust, Manfred: Zur Geschichte der Hürther Juden, in: HH 69/70 (1992), S. 36–42.
Faust, Manfred: Henriette Rowson-Matzner geb. Berg ist tot, in: HH 77 (1998), S. 83–85.
Faust, Manfred: Neue Erkenntnisse über das Schicksal der deportierten Hürther Jüdinnen und Juden 1941/42, in: HH 78 (1999), S. 69–71.

Faust, Manfred: Verbot und Verfolgung im Nationalsozialismus, in: Michael Kleofasz u. a. (Red.): Hürth SPD 1903–2003, S. 27–36.
Faust, Manfred: Kriegsgefangene und Zwangsarbeiter/innen in Hürth 1939-1945, in: HH 83 (2004), S. 84–113.
Faust, Manfred: Bewegende Schicksale Hürther Kommunisten, in: HH 84 (2005), S. 65–68.
Gottwaldt, Alfred/Schulte, Diana: Die »Judendeportationen« aus dem Deutschen Reich 1941–1945. Eine kommentierte Chronologie, Wiesbaden 2005.
Greune, Gerd: Der Nationalsozialismus in einer rheinischen Gemeinde 1933-1935. Aufgezeigt am Beispiel der Gemeinde Hürth-Efferen. Schriftliche Hausarbeit Pädagogische Hochschule Köln, Köln 1973.
Greune, Gerd: Die Nationalsozialisten in Hürth 1926–1935, in: HH 49/50 (1983), S. 3–9.
Hayes, Peter: Die Degussa im Dritten Reich. Von der Zusammenarbeit zur Mittäterschaft, München 2004.
Klefisch, Peter (Bearb.): Die Kreisleiter der NSDAP in den Gauen Köln-Aachen, Düsseldorf und Essen, Düsseldorf 2000.
Klug, Clemens: Die Kriegsjahre im Schatten der Knapsacker Großindustrie, in: HH 49/50 (1983), S. 33–75.
Menne, Holger: Ausländische Zwangsarbeiter im rheinischen Braunkohlenrevier 1940 bis 1945, in: Klaus Tenfelde/Hans-Christoph Seidel (Hrsg.): Zwangsarbeit im Bergwerk. Bd. 1: Forschungen, Essen 2005, S. 341–369.
Pelham, Santa: Santa's Story, Cape Town [Kapstadt] 2008
Pelham-Erder, Santa: Das ist meine Geschichte: Knapsack, Deutschland, Spanien, Frankreich, Rhodesien, in: HH 83 (2004), S. 76–83.
Romeyk, Horst: Verwaltungs- und Behördengeschichte der Rheinprovinz 1914–1945, Düsseldorf 1985.
Schmidt, P.: Die NSDAP im Landkreis Köln. Ein Ehrenblatt in der Geschichte der Bewegung, in: Heimatkalender des Landkreises Köln 10 (1937), S. 21–34.
Stang, Erhard: Hürth und die Hürther 1918-1949. Ergebnisse einer Zeitzeugenbefragung unter Hürther Bürgern, in: HH 69/70 (1992), S. 16–35.
Stang, Erhard: Das Schicksal der Hürther Juden während der NS-Zeit, in: HH 69/70 (1992), S. 43–52.
Wißkirchen, Josef: Das Konzentrationslager Brauweiler 1933/34, in: Pulheimer Beiträge zur Geschichte und Heimatkunde 13 (1989), S. 153–196.
Wißkirchen, Josef: Von Brauweiler nach Dachau. Deportation rheinischer Juden nach Dachau, in: Pulheimer Beiträge zur Geschichte und Heimatkunde 30 (2006), S. 315–340.

Nachkriegszeit

Conzen, Norbert F.: Die Grünen in Hürth, in: HH 53/54 (1985), S. 29.
Disselbeck, Rainer: Siedlungsgeographische Untersuchungen in Hürth und Hermülheim unter besonderer Berücksichtigung von Hürth-Mitte, Hausarbeit Universität zu Köln 1975.
Eidam, Herbert: 10 Jahre Stadtbus. Vom Rundverkehr zum Mobilitätsdienstleister, in: Festschrift 10 Jahre Stadtbus, Hürth 2007.
Faust, Manfred: Von der Heimat- zur Stadtgeschichte. Der Beitrag des Heimat- und Kulturvereins zur Erforschung und Vermittlung der Hürther Geschichte und zum Schutz seiner Denkmäler, in: HH 79 (2000), S. 50–64.
Froitzheim, Ursula: Der Wiederbeginn des kommunalpolitischen Lebens in Hürth 1945–1948, in HH 76 (1997), S. 107–114.
Das Großzentrum Köln und seine Verflechtungen. Gemeindebeschreibungen, hg. von der Stadt Köln, Der Oberstadtdirektor, Köln 1972.
Georg, Jochem: 50 Jahre CDU in Hürth. Chronik der historischen Ereignisse in Hürth von 1945–1995, Hürth 1996.
Haschke, Ingeborg: Gründerjahre und erste Schülergeneration der Friedrich-Ebert-Realschule Hürth, in: HH 74 (1995), S. 71–79.
Heermann, Herbert: Hürth und die Erftkreisgründung im Rahmen der nordrhein-westfälischen Gebietsreform, in: HH 75 (1996), S. 36–46.
Heermann, Herbert: Die Entstehung des Erftkreises 1966 bis 1976, Kerpen 1998.
Rogge, Georg: Auf dem Weg zum Jahr 2000, in: HH 61/62 (1988), S. 123–136.
Rogge, Georg: Grundzüge der Stadtentwicklung 1978-2003, in: HH 82 (2003), S. 7–28.
Schüler, Margrit: Die SPD in Hürth nach dem Zweiten Weltkrieg. Aufbau und Bewährungsjahre der Partei bis zu den Kommunalwahlen im Oktober 1948, Schriftliche Hausarbeit Universität Köln 1984.
Sieger, Hermann: Schulen und Schulprobleme in der Gemeinde Hürth, in: HH 3/4 (1964), S. 5–10.
Sinz, Herbert: Hürth und das Bundessprachenamt, Köln o. J. (ca. 1978).
Sinz, Herbert: Otto Räcke. Ein Leben für Hürth, Gummersbach 1984.
Sinz, Herbert: Peter Langen. Portrait eines Hürther Unternehmers, Köln o. J. (1977).
Tietz, Bruno: Die Gemeinde Hürth als Einzelhandelsstandort. Eine Analyse der Entwicklung von 1950–1980, Saarbrücken 1968.

Wirtschafts- und Sozialgeschichte des 19. bis 21. Jahrhunderts

Arenz, Hans Peter: Der Personenverkehr der »Schwarzen Bahn«, in: Köln-Bonner Verkehrsmagazin 8 (4/2008), S. 15–25.
Baumann, Jakob: Landschaftswandel in Hürth durch Braunkohletagebau und Rekultivierung, in: HH 82 (2003), S. 90–99.
Baumann, Jakob /Wiese, Bernd: Der Erftkreis. Natur – Mensch – Wirtschaft, Köln 1986.
Baumgärtner, Manfred: Siedlungs-, wirtschafts- und sozialgeographische Entwicklung von Hürth seit 1950. Maschinenschriftliche Hausarbeit zur Ersten Staatsprüfung für das Lehramt, Weiden 1969.
Breuer-Trost, Marlies: Landschaftswandel im südlichen Braunkohlenrevier im Zuge des Tagebaus und der Rekultivierung, in: HH 31/32 (1973), S. 4–69.
Bündgen, Eduard: Die Köln-Bonner Eisenbahnen 1891–1992, Freiburg im Breisgau 1994.
Buschmann, Walter: Kraftwerke im rheinischen Braunkohlerevier, in: Ders. (Hg.): Kohlekraftwerke. Kraftakte für die Denkmalpflege?!, Essen 1999, S. 86–111.
Desery, Hans: Braunkohlentagebau am Hürther Berg. Geschichte der Gewerkschaft Hürtherberg, in: HH 73 (1994), S. 64–96.
Dörsam, Dieter: Aus der Geschichte des Kraftwerkes Goldenberg der RWE Energie AG, in: HH 71/72 (1993), S. 1–25.
Dohr, Wilhelm: Das Siedlungs- und Wohnungsproblem im linksrheinischen Braunkohlenrevier, Diss. Universität Köln 1921.
Dolata, Eduard: Das rheinische Vorgebirge als Industriegebiet, Würzburg 1935
Eger, Wolfgang: Die Wiege der Braunkohlenindustrie im Rheinland, in: HH 63/64 (1989), S. 43–52.
Enkler, Helmut: Probleme der Industrialisierung des Rheinlands in der zweiten Phase der industriellen Revolution. Dargestellt am Beispiel der Entstehung des Industrieortes Knapsack bei Köln, Hausarbeit Universität Köln 1975.
Enkler, Helmut: Die Vereinigte Ville 1901-1976. Ein Beitrag zu einer Betriebsgeschichte. Erster Teil: Aufbau und Ausbau (1901–1933), in: HH 37/38 (1977), S. 1– 35; Zweiter Teil: Im Zeichen der Rüstungswirtschaft (1933–1939), in: HH 39/40, S. 1–20.
Faust, Manfred: Sozialer Burgfrieden im Ersten Weltkrieg. Sozialistische und christliche Arbeiterbewegung in Köln, Essen 1992.
Faust, Manfred: Entstehung und Entwicklung der sozialistischen und der christlichen Arbeiterbewegung in Hürth vor dem Ersten Weltkrieg, in: HH 73 (1994), S. 1–42.
Faust, Manfred: Die Anfänge der Arbeiterbewegung im linksrheinischen Braunkohlenrevier, in: Internationale wissenschaftliche Korrespondenz zur Geschichte der deutschen Arbeiterbewegung 32 (1996), S. 297–339.
Faust, Manfred: Die Sielsdorfer Mühle – ein überraschendes Kapitel Hürther Industriegeschichte, in: HH 76 (1997), S. 1–8.
Flohr, Karl-Günter: Die Betriebsgeschichte der Grube Engelbert bei Berrenrath, in: HH 57/58 (1986), S. 20–32.
75 (Fünfundsiebzig) Jahre August Wegelin AG Kalscheuren bei Köln a. Rh. 1862–1937. Festschrift ..., Frankfurt am Main 1937.
Gründemann, Günter: Der wirtschafts- und sozialgeographische Aufbau der Ortschaften der Gemeinde Hürth, Diplomarbeit Universität Köln 1958.
Herdam, Wolfgang: Die Köln-Bonner Eisenbahnen, Freiburg im Breisgau 1981.
Kleinebeckel, Arno: Unternehmen Braunkohle. Geschichte eines Rohstoffs, eines Reviers, einer Industrie im Rheinland, Köln 1986.
Kleofasz, Michael u. a.: Hürth SPD 1903–2003, Festschrift, Hürth 2003.
Klug, Clemens: Kurzdarstellung der historischen Entwicklung der Hürther Braunkohlentagebaue, in: HH 45 (1981), S. 10–24.

Klug, Clemens: Der Aufschluss der Grube Engelbert, in: HH 57/58 (1986), S. 33–57.
Klug, Clemens: Die Vorläufer der Ribbertwerke, in: HH 65/66 (1990), S. 59–76.
Kuhlmann, Bernhard: Caspar Thywissen 1839-1989. Fünf Generationen unternehmerisches Wirken in Neuss, Neuss 1989.
Lüken, Olaf: Die Geschichte einer Bank. Vom Hürther Spar- und Darlehenskassenverein eGmbH zur Raiffeisenbank Frechen-Hürth, in: HH 74 (1995), S. 106–123.
Mayer-Wegelin, Heinz: Aller Anfang ist schwer. Bilder zur hundertjährigen Geschichte der Degussa, Frankfurt am Main 1973.
Neßeler, Helmut: Die Geschichte der Brikettfabriken Vereinigte Ville in Knapsack, in: HH 76 (1997), S. 79–97.
Neßeler, Helmut: Werden und Wandel des Industriestandortes Knapsack. Eine Chronik von den Anfängen bis in das Jahr 1998, in: HH 78 (1999), S. 50–63.
Neßeler, Helmut: 100 Jahre Chemiestandort Knapsack, Füssen 2007.
Nettesheim, H.: Das Goldenberg-Werk von 1913–1985. Eine Chronik, Hürth 1985.
Niebelschütz, Wolf von: Knapsack. Zum fünfzigjährigen Bestehen der Knapsack-Griesheim Aktiengesellschaft im September 1957, Bonn o. J. [1957].
Ott, Ulla: Die Stadt Hürth. Entwicklung zur Industriegemeinde, zur Siedlungsagglomeration und zur Stadt, Schrift liche Hausarbeit Universität Köln 1980.
Plönes, Richard: Die Übererzeugung im rheinischen Braunkohlenbergbau von 1877 bis 1914, Jena 1935.
Rauen, Horst: Landschafts- und Strukturwandel in der Großgemeinde Hürth seit etwa 1950, Maschinenschriftliche Prüfungsarbeit Pädagogische Akademie Köln, Kalscheuren 1961.
Schmelcher, Ernst: RWE 1898–1954. Von der Lokomobile zur Großraum – Verbundwirtschaft, Essen o. J. [1954].
Schmitz, Dieter: Die Wirtschaftsentwicklung in Hürth in den letzten Jahren, in: HH 59/60 (1987), S. 57–59.
Schneider, Doris: Städtische Siedlung und ländliche Arbeit im Bereich der Gemeinde Hürth, Maschinenschriftliche Diplomarbeit Universität Köln 1967.
Schückes, Manfred: Kraftwerk Goldenberg im Strukturwandel eines Industriestandortes, in: HH82 (2003), S. 61–68.
Schüddemage, Horst-Dieter/Pieper, Werner (Hg.): Knapsack Chemie. Von der Carbidfabrik zum Chemiepark, Essen 2002.
Semmler, Horst: 150 Jahre Eisenbahn Bonn-Köln, Nordhorn 1994.
Siebert, Josef Bernhard: Die Lage der Arbeiterschaft in der Rheinischen Braunkohlenindustrie, Phil. Diss. Bonn 1910 (Reprint Reinbek 1991).
Stratmann, Astrid: Die Rekultivierung im Raum Hürth, in: HH 45 (1981), S. 25–67.
Thoma, Heinz (Bearb.): Neuaufbau der Gewerkschaft von 1945 bis 1963 im Altkreis Köln-Land und Altkreis Bergheim, Brühl 1991.
Weingarten, Helmut: Die Eisenbahn zwischen Rhein und Erft. Ein Lesebuch für Eisenbahnfreunde, Köln 1987.
Wiegand, Margarete: Die wirtschaftlichen Verflechtungen des Landkreises mit der Stadt Köln, Diss. Universität Köln 1942.
Wirth, Volker: Von der Hoechst AG Werk Knapsack zum offenen »Chemiepark Knapsack«, in: HH 82 (2003), S. 69–89.
Wirth, Volker: Die Papierfabrik »Rhein Papier« auf dem Ville-Rücken, in: HH 83 (2004), S. 114–126.
Wirth, Volker: Die neuen GuD- und EBS-Kraftwerke im Chemiepark Knapsack, in: HH 86 (2007), S. 73–88.
Wolf, Mechthild: Im Zeichen von Sonne und Mond. Von der Frankfurter Münzschneiderei zum Weltunternehmen Degussa AG, Frankfurt am Main 1993.
Wündisch, Fritz: Die Anfänge des Braunkohlenbergbaus auf Hürther Gebiet, in: HH 23/24 (1970), S. 3–23.
Wündisch, Fritz: Von Klütten und Briketts. Bilder aus der Geschichte des rheinischen Braunkohlenbergbaus, Brühl 1982.

Kunst- und Kulturgeschichte, Denkmäler

Buschmann, Walter/Gilson, Norbert/Rinn, Barbara: Braunkohlenbergbau im Rheinland, Worms 2008.
Clemen, Paul (Hg.): Die Kunstdenkmäler des Landkreises Köln, Düsseldorf 1897.
Faust, Manfred: Stadt Hürth, Neuss ³1993.
Klug, Clemens: 1971, ein schwarzes Jahr für historische Bauten und Anlagen in Hürth, in: HH 28/29 (1971), S. 49–56.
Klug, Clemens: Hürth – Kunstschätze und Denkmäler, Hürth 1978.
Köllen, Johann u. a.: Siegel und Wappen, Burgen und Schlösser im Landkreis Köln, Köln-Zollstock 1966.

Landwirtschaft, Mühlen, Weinbau

Baumann, Jakob: Landwirtschaft im Kölner Raum zu Beginn des 19. Jahrhunderts, in: HH 16 (1967), S. 1–17.
Baumann, Jakob: Die naturräumlichen Grundlagen der Hürther Mühlen, in: HH 76 (1997), S. 9–17.
Bursch, Horst: Bacchus im Vorgebirge. Vom einstigen Weinbau zwischen Bonn und Brühl, Bonn 1999.
Desery, Hans: Obst- und Gemüseabsatzgenossenschaft eGmbH Fischenich, in: HH 74 (1995), S. 82–105.
Desery, Hans/Draaf, Rainer: Geschichte der Wassermühlen am Duffesbach in (Alt-) Hürth, in: HH 76 (1997), S. 48–78.
Draaf, Rainer: Die historische Burbacher Dorfmühle, in: HH 84 (2005), S. 35–42.
Draaf, Rainer: Die historische Efferener Wassermühle, in: HH 85 (2006), S. 5–18.
Klug, Clemens: Der Weinbau in Hürths Ortsbezirken, in: HH 28/29 (1971), S. 3–7.
Klug, Clemens/Draaf, Rainer: Ansiedlung und Betrieb von Wassermühlen am Gleueler Bach, in: HH 76 (1997), S. 18–44.
Schwerz, Johann Nepomuk von: Beschreibung der Landwirtschaft in Rheinpreußen. Mit einem Anhang über den Weinbau in Rheinpreußen, Stuttgart 1836.
Sommer, Susanne: Mühlen am Niederrhein. Die Wind- und Wassermühlen des linken Niederrheins im Zeitalter der Industrialisierung (1814–1914), Köln 1991.
Zerlett, Norbert: Das Verschwinden des Weinbaus am Vorgebirge, in: Rheinische Heimatpflege N.F. 7 (1970), S. 303–315.
Zschocke, Reinhart: Siedlung und Flur in der Kölner Ackerebene zwischen Rhein und Ville in ihrer neuzeitlichen Entwicklung, Köln 1959.

Verschiedenes

Andermahr, Heinz: Geschichte der Stadt Bergheim/Erft. Von den Anfängen bis zum 1. Weltkrieg, Köln 1993.
Becker-Jákli, Barbara: Juden in Brühl, Brühl 1988.
Ennen, Leonard: Geschichte der Stadt Köln, 5 Bde., Düsseldorf 1863–1880.
Köhler Hans (Bearb.): Der Landkreis Bergheim, Ratingen 1954.
Niessen, Josef (Bearb.): Geschichtlicher Handatlas der Rheinprovinz, hg. von Hermann Aubin, Köln/Bonn 1926.
Plett, Walter M.: Die Schützenvereine im Rheinland und in Westfalen 1789–1939, Köln 1995.
Schreiner, Peter: Die Geschichte der Abtei Brauweiler bei Köln 1024–1802, Pulheim 2001.

Personenregister

Sachregister

Abbildungsnachweis

Alle Abbildungen Stadtarchiv Hürth mit Ausnahme von:

AKG Images: *89* – Artemus GmbH Köln: *18 (unten)* – **Bachem Archiv, Köln:** *54, 111* – **Eric Barthelemy:** *15 (links)* – **Elmar Brohl,** Hermülheimer Sippenbuch. Hermülheims Einwohner bis zum Jahre 1800, Köln 1986, S. IX: *29* – **Ernst-Mach-Gymnasium:** *150* – **Fotoarchiv Infraserv im Stadtarchiv Hürth:** *143, 172, 183* – **Manfred Germund:** *212* – **Helmut Görtz:** *116 (rechts), 117, 218, 222* – **Raymund Gottschalk:** *14 oben* – **Klaus Grewe:** *13* (Atlas der römischen Wasserleitungen nach Köln, Köln 1986, S. 2), *15 (rechts)* – **Historisches Archiv der Stadt Köln:** *21 (oben), 23, 27 (oben), 31 (oben), 35, 37, 44, 68* – **Internationaler Suchdienst Bad Arolsen:** *137* – **Hans-Josef Kleinmann:** *223* – **Bernhard Clemens Klug:** Hürth – wie es war, wie es wurde, Köln-Zollstock 1961, S. 16: *75* – **Kuhlmann,** Caspar Thywissen 1839–1989. Fünf Generationen unternehmerisches Wirken in Neuss, Neuss 1989, S. 57: *72* – **Ute Ludemann:** *20* – **Wilhelmine Marzahn:** *210* – **Reinhold Mengel:** *12* – **nobeo GmbH:** *hinterer Umschlag* – **Willi Pütz:** *vorderer Umschlag* – **Csaba Peter Rakoczy:** *6, 10, 11, 14, 16, 17, 25 (oben), 26, 64, 215, vorderer Umschlag* – **Rheinisches Bildarchiv, Köln:** *45, 50 (unten), 53* – **Tohma (talk):** *27 (unten)* – **Foto Schnitzler,** Hürth-Gleuel: *28, 63, 73, 80, 81, 134, 204* – **Jürgen Schüring:** *204, 207, 216* – **Horst Semmler,** 150 Jahre Eisenbahn Bonn-Köln, Nordhorn 1994. S. 11: *69 (unten)* – **Universitäts- und Stadtbibliothek Köln:** *83* – **Reprowerkstatt Wargalla:** *14* (Vorlage: Günther Frentzel, in: HH 39/40 (1977), S. 77), *36* (Vorlage: Jakob Schorn: Aus der Geschichte Stotzheims, hg. von der Dorfgemeinschaft, Hürth-Stotzheim 1959, Anhang) – **Verwaltungsbericht Amt Hürth 1927,** 40: *115* – **Heinz Wöllert:** *216* – **Fritz Wündisch,** Von Klütten und Briketts. Bilder aus der Geschichte des rheinischen Braunkohlenbergbaus, Brühl 1982, S. 80f.: *51*. **Zentralarchiv RWE Power Weisweiler:** *vorderer Umschlag, 77 (links)*.

Abkürzungsverzeichnis

AG	Aktiengesellschaft
AWH	Arbeitskreis Wirtschaft Hürth
BAB	Bundesarchiv Berlin
BA-MA	Bundesarchiv – Militärarchiv Freiburg
Bd.	Band
BDC	Berlin Document Center (im BAB)
Bearb.	Bearbeiter
BDM	Bund Deutscher Mädel
Best.	Bestand
BIW	Bergbau- und Industriewerte GmbH
BJ	Bonner Jahrbücher
CDU	Christlich Demokratische Union
DAF	Deutsche Arbeitsfront
DDP	Deutsche Demokratische Partei
DDR	Deutsche Demokratische Republik
Degussa	Deutsche Gold- und Silber-Scheideanstalt
Ders.	Derselbe
DJK	Deutsche Jugendkraft (Katholische Sportvereine)
DNVP	Deutschnationale Volkspartei
DVP	Deutsch Volkspartei
Fa.	Firma
FDP	Freie Demokratische Partei
HAStK	Historisches Archiv der Stadt Köln
HB	Hürther Beiträge zur Geschichte, Kultur und Regionalkunde
Hg./hg.	Herausgeber / herausgegeben
HH	Hürther Heimat
HJ	Hitlerjugend
hl	Hektoliter
hl.	Heilige/r
HStAD	Hauptstaatsarchiv Düsseldorf
KAREB	Kreisarchiv des Rhein-Erft-Kreises Bergheim
KBE	Köln-Bonner Eisenbahnen
KdF	Kraft durch Freude (Freizeitorganisation der DAF)
KPD	Kommunistische Partei Deutschlands
KZ	Konzentrationslager
LHAKo	Landeshauptarchiv Koblenz
LVR	Landschaftsverband Rheinland
Mio.	Million
MW	Megawatt
Nr.	Nummer
NRW	Nordrhein-Westfalen
NSBO	Nationalsozialistische Betriebszellen-Organisation
NSDAP	Nationalsozialistische Deutsche Arbeiterpartei
NSV	Nationalsozialistische Volkswohlfahrt
PVC	Polyvinylchlorid
RWE	Rheinisch-Westfälisches Elekrizitätswerk
RWWA	Rheinisch-Westfälisches Wirtschaftsarchiv Köln
s. a.	siehe auch
SPD	Sozialdemokratische Partei Deutschlands
StAHü	Stadtarchiv Hürth
TKA	Archiv der Thyssen Krupp AG Duisburg
UN	United Nations (Vereinte Nationen)
UNRRA	United Nations Relief and Rehabilitation Administration
USPD	Unabhängige Sozialdemokratische Partei Deutschlands
VKPD	Vereinigte Kommunistische Partei Deutschlands
VSt	Vereinigte Stahlwerke AG
WHW	Winterhilfswerk
ZARWE	Zentralarchiv RWE Power Weisweiler

Altertum und Mittelalter

1. Jh. Römische Besiedlung, Bau von Straßen und Wasserleitungen nach Köln (CCAA)

6./7. Jh. Fränkische Siedlungen

898 Erste urkundliche Erwähnung (Gleuel, Sielsdorf)

12. Jh. (Alt-)Hürth kommt an die Herrschaft Valkenburg (Brabant)

1233 Gründung des Zisterzienserinnenklosters *Marienbrunn*

1256 Der Deutsche Orden erwirbt Hof und Ländereien in Hermülheim

Frühe Neuzeit

1560 – 1632 Langanhaltende Streitigkeiten und Prozesse um die Wasserrechte am Hürther Bach *(Duffesbach)*

1584 Zerstörung der Burg Fischenich

16. Jh. Entstehung der Einsiedelei und Siedlung Knapsack

1623 Bau einer Wendelinus-Kapelle in Berrenrath

1637 Hexenverfolgung in Gleuel

1664 Bau des Barockschlosses Kendenich

1794 Besetzung (oder Befreiung?) durch revolutionäre französische Truppen

19. Jahrhundert, Industrialisierung

1800 Bildung der Bürgermeistereien Hürth und Efferen durch die französische Verwaltung

1815 Die beiden Bürgermeistereien Hürth und Efferen werden mit dem Rheinland preußisch und kommen zum Landkreis Köln.

um 1820 Beginn des gewerbsmäßigen, konzessionierten Braunkohlenabbaus

1826 Erstes Schulgebäude (Berrenrath)

1844 Eisenbahnlinie Köln-Bonn mit Haltepunkt in der Nähe des Kalscheurener Hofes

1859 Bahnhof Kalscheuren

1875 Eisenbahnstrecke Köln-Kalscheuren-Euskirchen; Kalscheuren wird Kreuzungsbahnhof

1886 Beginn der Industrialisierung mit dem Aufschluss der Grube und dem Bau der Brikettfabrik der *Ribbertwerke* zwischen Kendenich und Hermülheim

1888 Die Bürgermeisterei Efferen verliert durch Eingemeindung die Gemeinde Kriel an Köln und wird vom Hürther Bürgermeister in Personalunion mitverwaltet.

1890 Erste Industrieansiedlungen am Bahnhof Kalscheuren

1898 Köln-Bonner Eisenbahn mit Haltepunkten in Efferen, Hermülheim, Kendenich und Fischenich

1899 Gemeinsames Wasserwerk der Bürgermeistereien Hürth und Efferen

20. Jahrhundert bis zum Ende des Zweiten Weltkrieges

1901 Bau des alten Rathauses in Hürth-Hermülheim (jetzt Türkisches Generalkonsulat)

seit 1901 Braunkohlengruben und Brikettfabriken *Vereinigte Ville* in Hürth-Knapsack,

1902 Gründung einer ersten Gewerkschaftsgruppe des *Freien Bergarbeiter-Verbandes* in Gleuel

1903 *Villenbahn* zwischen Kalscheuren und den Brikettfabriken *Vereinigte Ville* in Knapsack

1906 Braunkohlengrube und Brikettfabrik der Gewerkschaft *Hürtherberg* zwischen (Alt-)Hürth und Hermülheim

1907/08 *Stickstofffabrik* in Knapsack (später Werk Knapsack der Hoechst AG)

1914 Braunkohlenkraftwerk *Vorgebirgszentrale* (später *Kraftwerk Goldenberg*)

1916 Eröffnung des Bürgermeisterei-Krankenhauses

1920 Auflösung der gemeinsamen Verwaltung der Bürgermeistereien Hürth und Efferen, Efferen erhält wieder einen eigenen Bürgermeister; Wahl der Bürgermeister Werner Disse (Zentrum) in Hürth und Karl Kuenen (Zentrum) in Efferen

1921 Erste Evangelische Kirche (Knapsack); Streik in der chemischen Industrie in Knapsack; Bau der Bergarbeitersiedlung in Gleuel

1924 Bergarbeiterstreik, zwei Arbeiter werden in Knapsack von der Polizei erschossen

1926 Berufsschule in (Alt-)Hürth; Gründung einer NSDAP-Ortsgruppe in Hermülheim

1928 *Obst- und Gemüse-Absatzgenossenschaft* (Versteigerungsanlage) in Fischenich; neues zentrales Postgebäude in Hermülheim

1930 Zusammenschluss der sechs Einzelgemeinden Berrenrath, Fischenich, Gleuel (mit Sielsdorf und Burbach), Hermülheim, Alt-Hürth (mit Alstädten und Knapsack) und Kendenich (mit Kalscheuren) zur *Großgemeinde Hürth;* Hallenbad und Berufsschulneubau in (Alt-)Hürth